Untersuchungen zur deutschen Literaturgeschichte
Band 142

Joseph Roth –
Zur Modernität des melancholischen Blicks

Herausgegeben von
Wiebke Amthor und Hans Richard Brittnacher

De Gruyter

ISBN 978-3-11-028724-0
e-ISBN 978-3-11-028731-8
ISSN 0083-4564

Library of Congress Cataloging-in-Publication Data
A CIP catalog record for this book has been applied for at the Library of Congress.

Bibliografische Information der Deutschen Nationalbibliothek
Die Deutsche Nationalbibliothek verzeichnet diese Publikation in der Deutschen Nationalbibliografie; detaillierte bibliografische Daten sind im Internet über http://dnb.d-nb.de abrufbar.

Druck: Hubert & Co. GmbH & Co. KG, Göttingen
∞ Gedruckt auf säurefreiem Papier

Printed in Germany

www.degruyter.com

MIX
Papier aus verantwortungsvollen Quellen
FSC® C016439

Inhaltsverzeichnis

Wunder der Zeichen. Zur Einführung in diesen Band

Als Joseph Roth im Mai 1939 in Paris starb, fand sich zu seiner Bestattung *extra muros* auf dem kleinen, kaum bekannten Friedhof Thiais, wo gut 30 Jahre später auch Paul Celan beerdigt wurde, *tout Paris* ein.[1] Berühmte Schriftsteller, politische Funktionäre und unbekannte Vaterlandslose, Frauen, die Joseph Roth geliebt hatten, und Obdachlose, die er bei ihren Behördengängen begleitet hatte, gaben dem Dichter und Freund das letzte Geleit. Als Vertreter des Hauses Habsburg sprach Graf Trautmannsdorff am Grab, um Roth als treuem Kämpfer der Monarchie die letzte Ehre zu erweisen. Gegen diese legitimistische Vereinnahmung protestierten die unter der Führung von Egon Erwin Kisch ebenfalls am Grab angetretenen Kommunisten. Als der katholische Kaplan mit dem sprechenden Namen Johannes Oesterreicher mit der Trauerzeremonie beginnen wollte, murrten die gleichfalls anwesenden Ostjuden – aus Protest verzichtete Roths Freund Josef Gottfarstein darauf, den Kaddisch zu sprechen. Die Frage der politischen, religiösen, nationalen und sozialen Zugehörigkeit Roths blieb noch an seinem Grabe unbeantwortet. Einig waren sich die Trauernden nur darin, ihn ganz für sich zu beanspruchen und ihn keinesfalls einer anderen Gruppierung überlassen zu wollen.

Das hat sich, 70 Jahre nach Joseph Roths Tod, kaum geändert: Zwar ist Roth populär, aber politisch und literarhistorisch eher heimatlos. Die Forschung weist immerhin zwei Biographien von Rang auf,[2] aber in der Einschätzung des Autors und in der Präferenz für Früh- oder Spätwerk ist die Literaturwissenschaft nach wie vor uneins: Während dem frühen Roth, der seine Feuilletons gelegentlich als ‚roter Joseph' signierte, noch eine – von ihm selbst später heftig geleugnete – Affäre mit der Programmatik der Neuen Sachlichkeit zugestanden wird,[3] gilt spätestens für

---

1 So berichtet David Bronsen in einer bewegenden Passage seiner Biographie: David Bronsen: Joseph Roth. Köln 1974, S. 602ff.

2 Bronsen S. 602ff.; Wilhelm von Sternburg: Joseph Roth. Köln 2009.

3 Nur selten wird Roth als Kronzeuge für das Denken und die ästhetischen Verfahrensweisen der klassischen Moderne namhaft gemacht, etwa bei André Boucher: Repräsentation als Performanz. Studien zur Darstellungspraxis der literarischen Moderne. München 2004; und bei Ulrike Steigerwald:

den Joseph Roth nach 1930 das Diktum von der doppelten, politischen wie literarischen Konversion: Der vormals Linke wechselte die Seiten, der nüchterne Schriftsteller den Ton. Der Polemiker von einst wandelt sich zum Nostalgiker und schreibt von nun an in unüberhörbar elegischem Ton und mit den literarischen Mitteln des 19. Jahrhunderts der untergegangenen Welt Mitteleuropas und besonders Habsburgs das Requiem.[4] Roths frühe Romane und Erzählungen, so eine Deutungslinie, präsentieren einen eher schwerblütigen Erzähler von verblüffend hellsichtiger Diagnostik, der prägnant die Modernisierung als Prozess einer brutalen Nivellierung aller Lebensbereiche beschreibt und *en passant* seinen Lesern einen fast intimen Einblick in die soziale Genese des Faschismus, in die Struktur des autoritären Charakters und sogar in die totalitären Implikationen der Masse gewährt.[5] Die späten Texte hingegen, so eine weitere Tendenz der Forschung, generieren wortreiche Beschwörungen des Habsburgerreichs, sie operieren mit einem Erzähler, der als Virtuose des ‚raunenden Imperfekts' den untergegangenen Vielvölkerstaat beklagt und seiner letzten Majestät, dem Kaiser Franz Joseph, im Glanz der Legende zu einem ewig schimmernden Andenken verhilft. Eine dritte Deutungslinie sieht in Roth jenseits der Opposition von Früh- und Spätwerk v.a. den Chronisten der ostjüdischen Lebenswelt, der voller Anteilnahme der Shtetl und ihrer Bewohner in Galizien ge-

---

Leiden an der Geschichte: Zur Geschichtsauffassung der Moderne in den Texten Joseph Roths. Würzburg 1994. Zu Roths problematischer Nähe zur Neuen Sachlichkeit vgl. das Standardwerk: Jürgen Heizmann: Joseph Roth und die Ästhetik der neuen Sachlichkeit. Heidelberg 1990. Zur Neuen Sachlichkeit insgesamt: Helmut Lethen: Verhaltenslehren der Kälte. Frankfurt/Main 1994.

4 Die verdienstvolle Biographie von David Bronsen hat das Bild von Joseph Roth als dem elegischen Chronisten des untergegangenen Mitteleuropas geprägt. Markante Stimmen der deutschen Literaturkritik von Hilde Spiel bis zu Marcel Reich-Ranicki haben dieses Urteil zementiert. Es übersieht freilich das Nebeneinander von Nostalgie und Modernität in zahlreichen Werken Roths. Vgl. dazu Wolfgang Müller-Funk: Joseph Roth. München 1989; Wolfgang Müller-Funk: ‚Der Antichrist'. Joseph Roths Dämonologie der Moderne. In: Literatur und Kritik 1990, S. 115–123; Krysztof Lipinski: Vornational – übernational – postnational. Joseph Roth als Kritiker des modernen Nationalismus. In: Nationale Identität. Aspekte, Probleme und Kontroversen in der deutschsprachigen Literatur. Hg. von Joanna Jablkowska. Lódz 1998, S. 350–358.

5 Vgl. etwa die Arbeiten von Andreas Wirthensohn: Die „Skepsis der metaphysischen Weisheit" als Programm: das Fragment ‚Der stumme Prophet' im Lichte von Joseph Roths Romanpoetik. In: Deutsche Vierteljahrsschrift 27 (1998), S. 268–315; vgl. auch Joseph P. Strelka: Die beredten Vorhersagen des ‚Stummen Propheten'. Joseph Roths Roman der russischen Revolution. In: Joseph Roth. Der Sieg über die Zeit: Londoner Symposium. Stuttgart 1996, S. 44–61.

denkt, die in der Perspektive der assimilationswilligen Intelligenz oft nur als obsolete Relikte einer archaischen, ‚asiatischen' (Karl Emil Franzos) Kultur wahrgenommen wurden; Joseph Roth hat dem jüdischen Selbstverständnis der Diaspora zu einem gültigen poetischen Ausdruck verholfen.[6]

In ihren Einzelergebnissen sind sich die insgesamt eher disparaten Tendenzen der Roth-Forschung zuletzt wohl doch in der Diagnose einer wertkonservativen Grundhaltung einig, die sogar beim frühen Roth, dem ‚roten Joseph' des Journalismus, erkennbar ist und in ihren Urteilen mitunter so bedenklich erscheint, wie sie in den Details der Beobachtung soziologisch erstaunlich ergiebig ist.[7]

Mit der philologischen und kulturwissenschaftlichen Neuperspektivierung der Germanistik in den letzten beiden Jahrzehnten hat sich die Joseph-Roth-Forschung inzwischen dazu gefunden, sich aus dem Bannkreis der von Bronsens Biographie angeregten und von Claudio Magris befestigten, einflussreichen Thesen über Joseph Roth als den Rhapsoden Mitteleuropas zu lösen.[8] Bereits Wolfgang Müller-Funks kleine Monographie hat die besonderen zeitkritischen Implikationen, die auch in Roths restaurativen Seufzern schwer zu überhören sind, nachdrücklich ins Licht gerückt.[9] Mag Roth auch dem untergegangenen Altösterreich nachgetrauert haben, zeigen die Texte nicht allein die Ambitionen eines historischen Nostalgikers, der aus einer bedrückenden Gegenwart in die glanzvolle Vorgeschichte seines Zeitalters flüchtet,[10] sondern demonst-

---

6 Der hierzu noch immer wichtigste Text: Claudio Magris: Weit von Wo. Verlorene Welt des Ostjudentums. Wien 1974. Vgl. außerdem Eva Raffel: Vertraute Fremde: das östliche Judentum im Werk von Joseph Roth und Arnold Zweig. Tübingen 2002; Sonja Otte: Joseph Roth und das Judentum. Heidelberg 2001; Andreas Herzog: „Der Segen des ewigen Juden". Zur „jüdischen Identität" Joseph Roths. In: Habsburger Aporien? Geisteshaltungen und Lebenskonzepte in der multinationalen Literatur der Habsburger Monarchie. Hg. von Eva Reichmann, Bielefeld 1998, S. 113–132.

7 Vgl. am Beispiel von Roths problematischem Frauenbild zuletzt Wolfgang Müller-Funk: Mutterlosigkeit und Misogynie bei Joseph Roth. In: Die Lust im Text. Eros in Sprache und Literatur. Hg. von Doris Moser. Wien 2009, S. 147–158. Die Wertschätzung Roths als eines begnadeten Feuilletonisten hat sich dementsprechend auch in der Literaturwissenschaft endgültig durchgesetzt. So enthält die sechsbändige Werkausgabe zu etwa gleichen Teilen Roths Romane und Erzählungen sowie seine journalistischen Texte.

8 Claudio Magris: Der habsburgische Mythos in der österreichischen Literatur. Salzburg 1966.

9 Wolfgang Müller-Funk: Joseph Roth. München 1989.

10 Pointiert bei Hartmut Scheible: Joseph Roths Flucht aus der Geschichte. In: Text und Kritik 1974, S. 56–66. Zum Geschichtspessimismus Roths vgl. Ulrike Steigerwald: Leiden an der Geschichte. Zur Geschichtsauffassung der Moderne in den Texten Joseph Roths. Würzburg 1994; vgl. auch Thomas Düllo: Zufall und Melancholie. Untersuchungen zur Kontingenzsemantik in Texten von Joseph Roth. Münster 1994.

rieren Roths Reaktion auf die politischen Verwerfungen des *entre deux guerres* und den sich etablierenden Faschismus: Seine Texte sind, noch in ihrer zuweilen schrulligen Antiquiertheit, als literarische Trauerarbeit zu lesen. Angesichts der desaströsen Realität, auf die Roths Werke reagieren, ist noch der aus heutiger Sicht problematisch anmutende Legitimismus des Autors gelegentlich verständlich.

In kulturwissenschaftlicher Perspektive entwickelt sich im Zuge des *spatial turn*, der auch die Aspekte von Macht und Ausgrenzung in die Untersuchung mit einbezieht, insgesamt ein neuer Blick auf Roths Texte. Schon Müller-Funk hat auf die Dominanz des Räumlichen bei Joseph Roth hingewiesen, was sich für ihn aus dem historischen Pessimismus des Autors schlüssig ergab. Und tatsächlich scheint Roths Blick auf die Welt in erster Linie räumlich perspektiviert: Ob es Roths Faible für die kleinen Städte im Osten, für die Grenzstädte mit ihrer mythischen Topographie ist, ob es ihm um zwischenmenschliche Dramen in Grenzschänken und Bordellen geht, ob er das flache ukrainische Land beschreibt mit seinem endlosen Himmel, in den seine Bewohner starren, wenn sie von der Auswanderung träumen, oder ob er seine Heimkehrer und Abenteurer von Sibirien schwärmen lässt, einem Land an der Peripherie der Welt, mit giftigen Sümpfen und wilden Tieren, das doch auch ein Ort regressiver Sehnsüchte und eines atavistischen Verlangens ist,[11] oder ob er die Vorzimmer der Macht in den Blick nimmt – immer haben Hoffnung und Verzweiflung einen räumlichen Index. Gerade die Raumsymbolik vermag auch die Dynamik sozialer Veränderungen prägnant zu veranschaulichen. Roth macht deutlich, wie wenig sich in der Moderne der Raum noch als das Beharrende denken lässt, das dem Sturz in die Zeit widerstehen kann: Die Geschichte ist auf Treibsand gebaut. Die Präferenz für das Räumliche ist, so zeigt neuerdings die Forschung, mit einer weiteren Obsession des Autors, seiner Vorliebe für die Schicksale der Gescheiterten und Gestrauchelten, zusammenzudenken.[12] Die Figuren des „Dritten", die Grenzgänger und Hochstapler, Krisengewinnler, Schmuggler und Vagabunden, die ‚Zigeuner' und Maronibrater sind nicht nur die Leidtragenden eines Jahrhunderts der Deterritorialisierun-

11 Vgl. dazu auch Müller-Funk, Joseph Roth, S. 51–67.

12 Einen ersten wichtigen Forschungsbeitrag in dieser Richtung lieferte der Sammelband von Thomas Eicher (Hg.): Joseph Roth: Grenzüberschreitungen. Oberhausen 1999 (= Übergänge – Grenzfälle. Österreichische Literatur in Kontexten. Hg. von Thomas Eicher, Fritz Hackert und Bernd Hamacher, Bd. 1, unter Mitarbeit von Peter Sowa), darin besonders der Aufsatz von Ute Gerhard: Von Paßfälschern und Illegalen. Literarische Grenzüberschreitungen bei Joseph Roth, S. 65–87. Ute Gerhard hat einen schon früh bei Roth bemerkten Sachverhalt neu kontextualisiert und weiter radikalisiert.

gen und Verwerfungen, sondern zugleich dessen Exponenten, die keineswegs alle nur willenlos ihr Schicksal erdulden, sondern sich mal geduldig, mal pragmatisch, mitunter aber auch virtuos den Mobilitätsansprüchen einer sich neu formierenden Welt aussetzen.[13] Nicht zufällig sind es immer wieder Räume des Übergangs, der buchstäblichen Passage, oder Orte an der Peripherie, die zum Schauplatz der Figuren werden: Grenzstationen, Hotels, Bahnhöfe usf. In Romanen und Erzählungen, aber auch in Reisefeuilletons hat Roth das Europa der Nomaden mit seinen Flüchtlingen, Exilierten und Depossedierten anschaulich geschildert. Deren Biographien geben Auskunft über einen dramatischen Geschichtsverlauf, der sich in Zyklen von De- und Reterritorialisierungen bewegt. Am eindrücklichsten zeigt sich das Menetekel der Menschen im Raum der Geschichte beim Blick auf die Juden Galiziens und Osteuropas: Sie können nicht bleiben und doch können sie nirgendwohin, es sei denn, sie nehmen in Kauf, wie Mendel Singer im *Hiob* oder Henry Bloomfeld im *Hotel Savoy*, entwurzelt zu sein und keine Steine mehr auf die Gräber der ihren legen zu können.

Neben dem kulturwissenschaftlichen Zugewinn durch den *spatial turn* bei der Interpretation der Werke Roths[14] können vor allem an die Narratologie besondere Erwartungen formuliert werden. Denn oft genug versetzt Roths Prosa den Leser in eine ähnliche Gefühlslage wie den Rittmeister Taittinger, den im Heurigenlokal der Wein traurig macht, während ihn die laue Luft zugleich heiter stimmt. Wenn Phantasie, Einsamkeit und Ironie als die Gravitationszentren von Roths Prosa richtig bestimmt sind, dann kann der Geburtstagsbrief an seine 19-jährige Cousine Paula Grübel von 1916 als antizipierende Selbstcharakteristik gelesen werden: „Was soll ich Dir schenken? Ich habe kein Geld (…) Was soll ich Dir wünschen? Drei königliche Dinge: eine Krone, einen Scharlachmantel, ein Szepter. Die goldene Krone der Phantasie, den Scharlachmantel der Einsamkeit und das Szepter der Ironie. Es ist schwer, mit 19 Jahren diese Dinge zu haben. Selten kriegt man sie."[15] Die Untersuchung von Roths Erzählverfahren kann über diese Selbstbeschreibung hinaus dazu beitragen, nicht nur die Modernität oder Traditionshaltigkeit

---

13 Grundsätzlich zu dieser Problematik: Unterwegs. Poetik des Vagabundentums im 20. Jahrhunderts. Hg. von Hans Richard Brittnacher und Magnus Klaue. Weimar 2008.

14 Vgl. dazu bes. Ute Gerhard, Von Passfälschern, sowie Telse Hartmann: Kultur und Identität. Szenarien der Deplatzierung im Werk Joseph Roths. Tübingen 2006.

15 Joseph Roth an Benno Reifenberg am 22. April 1926. In: Joseph Roth. Briefe 1911–1939. Hg. und eingeleitet von Hermann Kesten. Köln, Berlin 1970, S. 29.

der Texte zu erweisen, indem sie in den frühen Zeitromanen neue, experimentell mit dem Traditionsbestand verfahrende Techniken des Erzählens identifiziert[16] und die späteren Werke auf ihre Annäherung an Erzählverfahren des poetischen Realismus überprüft. Auch den spezifischen Reiz, der Roths Texte ausmacht, kann die narratologische Analyse erkennbar machen, indem sie seine erzähltheoretischen Fundamente freilegt.

Die Rezeption von Roths Texten ist von den insgesamt perspektiven-, wenn nicht konfliktreichen Ergebnissen der Forschung quasi unbeeindruckt geblieben. Roth zählt zu den emphatisch gelesenen Autoren des 20. Jahrhunderts – und auch der *dégout* der 1968er-Bewegung, die Roths dezidierten Monarchismus anprangerte, hat daran nichts geändert. Das mag nicht zuletzt daran liegen, dass Roth so einprägsam „das Gesicht der Zeit" zeichnete,[17] ohne dabei die Gesichter der Einzelnen aus dem Blick zu verlieren. Wie aus den Fotografien August Sanders blicken uns aus Roths Texten die unverwechselbaren Physiognomien einer vergangenen Welt an. Aus den Gesichtern und Schicksalen, den Abenteuern der Gestrauchelten, der Verlorenen und der Versager entsteht ein literarisches Universum voller einzigartiger Figuren, eine Totenwelt mit Seelengeleitern, mit abgeschminkten Freudenmädchen und depossedierten Adligen, mit Heimkehrern, die in den Schützengräben emotional gestorben sind und sich nun eigentümlich ungerührt und unversehrt durch eine Welt der Verstellung und des Maskenspiels bewegen, mit Engeln im Bordell und betenden Clochards. Wie die Texte Balzacs oder Zolas – was Roth in die Nähe der großen Erzähler des 19. Jahrhunderts rückt – zeichnen auch seine Romane und Erzählungen Gestalten, die mehr Leben als nur eines haben und deren Präsenz in mehreren seiner Werke die Geschlossenheit dieses literarischen Universums bezeugt: den geistig etwas schwerfälligen Baron und Rittmeister Taittinger, den Passfälscher und Schleuser Kapturak, den pflichtbewussten Wachtmeister Slama, der sich mit stummer Geduld von seiner Frau betrügen lässt, den unermesslich reichen polnischen Graf Chojnicki, den findigen und tückischen Ungarn Jenö Lakatos, den Regimentsarzt und Frauenkenner Skowronnek und die treuen Diener Jacques und Onufrij.

Schon in den scheinbar so kühlen Romanexperimenten des frühen Roth ist neben der politischen Ernüchterung bereits die Trauer über die

---

16 Dies zeigt z.B. Irene Schroeder für Roths frühe Texte. Irene Schroeder: Experimente des Erzählens. Joseph Roths frühe Prosa 1916–1925. Frankfurt/Main 1998 (= Narratio. Arbeiten zur Geschichte und Theorie der Erzählkunst. Bd. 13. Hg. von Rolf Tarot).

17 Roth, Briefe, S. 88.

Auflösung vertrauter Lebenswelten spürbar, so wie in den elegischen Erzählungen des späteren ‚heiligen Trinkers' immer noch das Seziermesser des politischen Analytikers spürbar bleibt. Den politischen Optimismus hat Roth dann gründlich aufgegeben, nicht aber die Kunst des Polemikers. Sein Werk scheint so von einem gewissen Strabismus gekennzeichnet, dem bei der Fixierung eines Objekts eine Gesichtslinie in die Vergangenheit weist, während die andere schon längst in die Richtung der anbrechenden Moderne geht. Der desillusionierte Heimkehrer und seine neusachliche Prosa und der rückwärtsgewandte Legitimist mit seinem Legendenton sind Vexierbilder eines und desselben Objekts, das sich in immer neuen Mustern bildet – sei es im Roman, in der Erzählung oder in journalistischer Prosa.

*

Die in diesem Band versammelten Texte differenzieren die vorstehenden Überlegungen hinsichtlich der historischen und politischen Semantik der Moderne (I), der Poetik des Liminalen und Transitorischen als Ausdruck einer Verbindung der Raumsemantik mit der Figur des Dritten (II) und schließlich im Hinblick auf die Erzählverfahren Roths (III) weiter aus.

I

Die Beiträge des ersten Teils rekonstruieren entlang unterschiedlicher Texte und Deutungsparadigmen, wie Roths Texte die Frage nach der Zugehörigkeit zur Tradition bzw. zu ihrer Partizipation an der Moderne unterlaufen oder in der Schwebe lassen. Eine gemeinsame Perspektive gewinnen die vielseitigen Blicke auf unterschiedliche Facetten des Werks in der nachdrücklichen Relativierung der Roth gerne zugeschriebenen Position konservativer ästhetischer Verstocktheit. Gewiss hat Roth von der Welt Altösterreichs immer wieder voller Nostalgie gesprochen – warum aber ausgerechnet ihm das zweifelhafte Etikett des Evangelisten einer untergegangenen Welt nachgerade exklusiv verliehen wurde, ist ohne weiteres nicht einzusehen. Auch das Spätwerk Arthur Schnitzlers verweigert rigoros jeden Zeitbezug und jeden Hinweis auf den Großen Krieg, scheint einen regelrechten Unwillen zu empfinden, über die Welt nach 1918 zu sprechen, über die soziale Umschichtung, den Wertewandel oder den politischen Wechsel von der Monarchie zur Republik. Aber nicht er, sondern Joseph Roth gilt als der Rhapsode Kakaniens, obwohl doch in seinem Werk die gravierenden Themen der Zeit, Grenzregulierungen, Migrationen, brotlose Offiziere, Schieber und Fälscher, Hochstapler und Defraudanten, Valutenveränderung und Inflation präsent sind. JACQUES LERIDER vergleicht das in diesem Zusammenhang exemplarische Werk Roths, den *Radetzkymarsch*, mit einem anderen Werk, das wie kein anderes die Erinnerung an Alt-Österreich topisch werden ließ, mit Robert Musils *Der Mann ohne Eigenschaften*, aber bezweifelt die übliche Entgegensetzung von legendenhafter Verklärung einerseits und ironischer Intellektualität andererseits. Tatsächlich, so die These, schreibt Musil den Mythos fort, während Roths Roman die mythische Konstruktion des historischen Selbstbetrugs bloßlegt.

Die Signatur einer Moderne, die ihren Protagonisten ein Leben nach Maßgabe idealistischer Selbstentwürfe nicht länger zugestehen kann, ist von Autoren wie Georg Simmel oder Helmuth Plessner markant beschrieben worden – sie findet in Roth, wie IRMELA VON DER LÜHE zeigt, ihren aufmerksamen und melancholisch faszinierten literarischen Chronisten. Statt sich zum Apologeten einer neusachlichen Coolness zu machen, studiert Roth die strukturelle Ereignislosigkeit der modernen Welt, die allein im Raum der Literatur und des poetischen Bildes angemessen reflektiert werden kann – schon der frühe Roth argumentiert nicht im Kontext neusachlicher Kälte, sondern in der Tradition einer Aufklärung, die sich immer auch melancholisch der Möglichkeit ihres Scheiterns bewusst bleibt.

Wie voreilig etwa das Urteil über Roths Evokation der Vergangenheit als Zuflucht zu einer regressiven oder antimodernen Haltung ist, zeigt BASTIAN SCHLÜTER in seinem Kommentar zu Roths selten interpretiertem Napoleon-Roman *Die Hundert Tage*, der zwei konkurrierende Zeitkonzepte gegeneinanderstellt: die Zeit als *longue durée*, als ereignisloses Beharren, und die Zeit als die von usurpatorischen Mächten nach dem 1. Weltkrieg emphatisch gesättigte Haltung der Erwartung auf Ereignisse, Taten, Umbrüche. Ein 1936 geschriebener historischer Roman eines bekennenden Legitimisten könnte einen Vergleich der Herrschaft des Empereurs mit der Monarchie Franz Josephs und der Diktatur Hitlers insinuieren – aber Roths Roman differenziert allzu naheliegende Zuordnungen. Nicht im Sieg, sondern im Scheitern findet Napoleon, der Herr der Schlachten und Ereignisse, wieder seinen Platz in einer mit der natürlichen Ordnung der Dinge im Einklang stehenden Geschichte – Roth verwirft nicht die Moderne schlechthin, sondern nur jene, die zur Reflexion ihrer selbst nicht fähig ist und daher besinnungslos, im Hunger nach dem Ereignis, in die Katastrophe hastet.

Die vielen grundsätzlichen Konflikte in Roths Texten – zwischen Europa und Nicht-Europa, Osten und Westen – deutet Alexander Chertenko als Erscheinungsformen eines grundlegenderen Konflikts zwischen einer rechnenden Ordnung der Moderne und einer vom Chaos affizierten Welt des Lebens und der Wunder. In *Das falsche Gewicht* findet die Gegenüberstellung dieser beiden Prinzipien in der Gestalt eines einzelnen Menschen, des Eichmeisters Eibenschütz statt, der nach außen hin eine Ordnung vertritt und durchsetzt, gegen die in seinem Inneren die Mächte des Chaos und die Leidenschaft wüten. In dieser eigentümlichen Zerrissenheit scheint Eibenschütz ein später Nachfahre des Don Quijote, auch er ein Ritter von der traurigen Gestalt, der einen vergeblichen Kampf kämpft. Die Nähe zu Cervantes' Roman erstreckt sich in dieser Deutung auch auf Nebenfiguren wie den Wachtmeister Slama (Sancho Pansa) und Euphemia (Dulcinea). Dass Roth sich nachdrücklich von einer Literatur distanzierte, die sich an literarischen Prätexten orientierte, hinderte ihn offensichtlich nicht, eben jenem Roman, den Lukacs als paradigmatischen Roman einer desorientierten Moderne charakterisiert, in seinem späten Werk eine Reverenz zu erweisen.

Die von Claude Levi-Strauss formulierte Unterscheidung von ‚warmen' und ‚kalten' Kulturen erlaubt es PHUONG DUONG, die besondere Nostalgie, die Roth für die ‚kalte Kultur' des untergegangenen Mitteleuropas, die „kalte Sonne der Habsburger",[18] empfindet, als Sehnsucht nach einer Welt zu deuten, die sich einer modernen, versachlichten und zunehmend vom Geld regierten Welt gegenüber durch ein besonderes Pflichtethos empfahl, durch eine im Einzelnen rigide, mitunter auch gefühlsarme und im Extremfall sogar absurde, im Ganzen aber sittlich stabilisierende Ordnung. Der flexible Mensch der Moderne, den Richard Sennet als Produkt des Kapitalismus begreift, reagiert mit Gleichgültigkeit und Kälte und zeigt so die stromlinienförmige Persönlichkeitsstruktur, die seinen Erfolg garantiert. An ihm ist Joseph Roth dezidiert nicht interessiert; seine Aufmerksamkeit verdienen vielmehr die Repräsentanten der Vergangenheit, ehrenwerte Fabrikanten, gewissenhafte Staatsbeamte und redliche Diener, die mit dem Charme einer verlorenen Sache für sich einnehmen.

In seinen Berlin-Feuilletons hat Joseph Roth eine charakteristische Sprache gefunden, deren Beobachtungen und Einsichten sich mosaikartig zu einem Bild der Gestehungskosten der Moderne fügen. JANUSZ GOLEC zeigt, dass Joseph Roth mit den expressionistischen Lyrikern den faszinierten Blick auf die Verworfenen der Gesellschaft, auf Obdachlose, Prostituierte und Verbrecher teilt, ohne jedoch dies mit einem pathetischen Appell an das Erbarmen zu verbinden. Roth, der Flaneur auf den Amüsiermeilen der Stadt, erkennt im Schicksal der Ausgestoßenen, die sich feilbieten oder ohne Bleibe sind, Symptome eines zivilisatorischen Zerfalls, die Signatur eines modernen Zeitalters, in dem das Vorläufige

---

18 Joseph Roth: Werk und Wirkung. Hg. von Bernd M. Kraske. Bonn 1988, S. 74.

zur unveränderlichen Lebensform zu werden droht, gleichmütig hingenommen von den saturiert lebenden Städtern. In der Beobachtung von Volksbelustigungen und ihrer Rohheiten gewinnt Roths Blick eine fast prognostische Qualität, der bereits den völkischen Populismus als Konsequenz aus Passivität und grundlegender Gewaltbereitschaft zu ahnen scheint.

Während es zu Roths Männlichkeitsbild bereits einige Darstellungen gibt,[19] blieben die Frauen seines Werks bislang weitgehend unterhalb der akademischen Aufmerksamkeit. Von den politischen Amazonen über die patenten Lebenskünstlerinnen und die abgebrühten *new women* bis zu den Klischees von der beleibten jüdischen Mutter und der nymphomanen Tochter sittenstrenger Chassidim reichen die Facetten eines Frauenbildes, das kaum emanzipiert genannt werden kann, aber doch deutlich den literarischen Erwartungshorizont der Zeit überschreitet.[20] Im Blick auf einige journalistische Arbeiten Roths überprüft GESA DANE Roths Einstellung zur Geschlechterfrage – wenn Roth auch mit einem dezidiert männlichen Blick der zeitgenössischen Emanzipationsbewegung und dem Auftritt der ‚Neuen Frau' wenig abgewinnen konnte, lässt sich seine Haltung doch nicht als Diskriminierung bezeichnen. Wie immer in seinen journalistischen Arbeiten verweilt sein Blick lange genug auf dem Gegenstand seines Interesses, um an ihm in melancholischem Eingedenken auch die Spuren eines Verlustes zu verzeichnen. Gegen den letztlich prüden Nudismus der ‚Girls' und eine auf Sportlichkeit und Zweckdienlichkeit gerichtete Mode plädiert Roth für die Eleganz der Verhüllung, in der die Schönheit der Frau, die Roth auch als eingeschworener Feind modischer Liberalität nicht missen möchte, wirkungsvoller zur Geltung komme.

II

Im zweiten Teil des Bandes geht es um das Paradigma des Dritten, greifbar in Räumen, die sich der dichotomischen Struktur des Hüben und Drüben widersetzen, oder verkörpert in Personen, die in den etablierten Ordnungen des Entweder-Oder keinen Platz finden, diesen oft nicht

---

19 Johannes Mattes: Für Gott, Kaiser und Vaterland: Männlichkeitskonstruktionen in Joseph Roths „Radetzkymarsch". In: MannsBilder. Literarische Konstruktionen von Männlichkeiten. Hg. von Stefan Krammer. Wien 2007, S. 64–80; vgl. auch Eberhard Ostermann: Desillusionierte Männlichkeit in Joseph Roths Erzählung „Stationschef Faltermeyer". In: Literatur für Leser 27 (2004), S. 61–71; John Margetts: Die Vorstellung von Männlichkeit in Joseph Roths „Radetzkymarsch". In: Joseph Roth. Der Sieg über die Zeit. Hg. von Alexander Stillmark. Stuttgart 1996, S. 79–93.

20 Eine erste Orientierung findet sich bei Katja Garloff: Femininity and assimilatory desire in Joeph Roth. In: Modern fiction studies 51 (2005), S. 354–373.

einmal einnehmen wollen. Das immer wieder bemerkte Faible Roths für Galizien oder die Ukraine gilt Landschaften, deren mythische Konturen resistent bleiben gegen den Eingriff der Geschichte; im Hotel, das auch der privilegierte Lebensraum Roths selbst gewesen ist, findet eine Zeit, die auf dem Sprung ist, ihren angemessenen Ausdruck in einer Mischung aus Ratlosigkeit und Impromptu, so wie Roths Faible für die Figur des Vagabunden und seine historischen Kostümierungen als Wanderheiliger, Korallenhändler oder Schmuggler dem ‚unbehausten Menschen' (Holthusen) der Moderne eine charakteristische Physiognomie verleiht.

Das Hotel Savoy, das Roths erstem Roman den Titel gab, ist einer jener für Roth typischen Orte, in dem sich topographische Grenzlinien treffen, soziale Konflikte zuspitzen und die fast karnevalistische Konstellation des Personals für Turbulenz und Tiefsinn sorgt – dennoch handelt es sich hier nicht, wie JOANNA JABLKOWSKA nachweisen kann, um einen von Roths imaginären Orten, sondern um ein literarisches Symbol, dem das tatsächliche Hotel Savoy in der polnischen Stadt Lodz zugrunde liegt – vielfältige Indizien wie die Hinweise auf die Industrie und die von ihr verursachten Katastrophen, auf die elende Lage der Tucharbeiter, die politischen Krawalle, die Kloaken in der nicht kanalisierten Stadt, das Völkergemisch aus Heimkehrern, Juden, Polen und Deutschen weisen zudem nicht nur auf das tatsächliche Lodz der Zwischenkriegszeit, sondern zeigen auch eine erstaunliche Nähe zu den Lodzbeschreibungen polnischer Autoren wie W. S. Reymont oder Israel Rabon. Auch der Romancier Roth blieb seinem Ruf als ‚roter Joseph' treu und beschrieb die soziale Verelendung in Lodz als ein kritischer Beobachter, der Anteil an der Lage der Deklassierten nahm.

Die vielfältige Präsenz des Raumthemas schon in der journalistischen Prosa Roths, in den politischen Reportagen wie in den Reiseessays, scheint das Konzept eines ‚künstlerischen Raumes' (Lotman), wie es sich mit Gewinn an Roths Romanen und Erzählungen studieren lässt, bereits früh zu erproben. Roths Hotel Savoy ist jenseits seiner realhistorischen und topographischen Referenz eben auch ein hochcodierter literarischer Topos, WIEBKE AMTHOR kann in ihrem Beitrag die in den Essays und Reportagen noch weitgehend implizite Systematik des Raums und seine diskursiven Geltungen explizit machen, die Roths Prosa in einem Zeitalter der Erosion von Grenzen und ihrer Restabilisierung ihren raumtheoretisch wie politisch gleichermaßen bedeutsamen Charakter verleiht – was Roths Texte literarisch oder feuilletonistisch durchspielen, findet sich in machtpolitischen Analysen wie denen Carl Schmitts auf den Begriff gebracht. Foucaults Konzept der Heterotopie kommt eine besondere Bedeutung dabei zu, Roths Schreiben als einen Versuch zu charakterisieren, immer wieder Räume – des Liminalen, des Transitorischen, der Vermischung – zu gestalten, die dem Heterogenen, also dem, was aus den jeweils homogenen sozialen, politischen und räumlichen Ordnungen ausgegrenzt wurde, einen Platz des Überlebens und des Eingedenkens in der Literatur gewähren.

Mit Joseph Roth teilt auch der zeitgenössische polnische Erzähler und Essayist Andrzej Stasiuk die Faszination für Galizien als exemplarische Landschaft Mittelosteuropas und für seine Bewohner als nonkonformistische, einem poetischen Lebensentwurf noch nahe stehende Gestalten. MAREK JAKUBÓW führt diese galizische Obsession auf die Randständigkeit beider Autoren zurück. Roth erinnert sich an Galizien aus der räumlichen Ferne des Emigranten, Stasiuk schildert es aus der seelischen Distanz des zeitgenössischen Beobachters. Roth hat den Untergang einer Lebenswelt beschrieben, die von der Abweichung von der Regel und dem Widerstand gegen die Macht der Moderne geprägt war. Bei Stasiuk erlebt sie ihre Wiederauferstehung: Roths Zlotograd findet sich nun in der *Welt hinter Dukla,* wo sich in einem ähnlich multikulturellen Biotop die Streuner und Heimatlosen in der Schänke treffen und dem Autor Stoff für erzählerische Miniaturen liefern, in denen sich die Elemente mythischer Erzählungen erhalten haben.

Ähnlich wie Roths Bild von Galizien in den Texten von Andrzej Stasiuk eine späte Resonanz fand, wird sein Bild der Ukraine von Jurij Andruchowitsch zwar aufgerufen, aber eher als Phantom eines Mythos, dessen Elemente neu kombiniert werden, um den Ursprungsmythos verwerfen zu können. JEWGENIJA WOLOSCHTSCHUK weist auf den poetischen Ursprung von Roths Ukraine-Bild hin, das dem zivilisatorischen Hochmut des Westens einen Landstrich voller poetischer und bukolischer Details nahe bringen sollte – eine Ukraine, die den Ansprüchen Roths an die Poetik des Völkerschmelztiegels zu genügen hatte, aber kaum der Realität entsprach. Die Ukraine Roths ist ein Land auf der Grenze zur Zivilisation, durchaus verwandt mit jener Ukraine, wie sie in der russischen Literatur von Nikolaj Gogol wahrgenommen und besungen wurde, ein Land, in dem die Menschen mit dem Herzen denken und ihre Zeit in Schänken und auf Märkten verbringen, den bei Roth so beliebten Chronotopoi, Orte karnevalesker Überschreitungen und Kontaminationen, in denen die Poesie der Vergangenheit noch lebendig ist, aber auf das bereits die Schatten der modernen Geschichte fallen.

An drei Erscheinungsformen des improvisierten Lebens untersucht HANS RICHARD BRITTNACHER Roths Poetik der Ortlosigkeit: Während die Heimkehrer in Roths Werk noch am ehesten als Vertreter der *lost generation* erscheinen, denen mit dem Krieg auch die Grundlage ihrer

Existenz genommen wurde, zeigen die vagabundischen Existenzen Roths bereits eine eigentümliche Zustimmung zu einem Leben ohne feste Mitte; im Hochstapler, der nicht nur die Grenzen zwischen Ländern, sondern auch die zwischen den sozialen Schichten mühelos passiert, gewinnt diese Ortlosigkeit auch soziale Konturen. In der regressiven Sehnsucht nach Selbstauslöschung konvergieren zuletzt die Phantasien einer nomadischen Existenz.

III

Die Beiträge des dritten Teils widmen sich, wieder von verschiedenen Positionen aus ihr Objekt anvisierend, der eigentümlichen, oft bemerkten und bislang noch nicht überzeugend begriffenen Erzählkunst Roths, die süchtige Leser und verlegene Literaturwissenschaftler produziert. Auch wenn die unterschiedlichen Annäherungen an den Zauber von Roths Prosa, die Untergangsgeschichten im Tonfall chassidischer Legenden erzählt[21] und Geschichten von Mord und Totschlag wie eine Mimikry an die burleske Ästhetik des pikarischen Romans oder der *commedia dell'arte* erscheinen lässt, keine einheitliche, reduktionistische Formel finden, kommen sie doch überein im Befund einer vertrackten Ironie, mit der sich Roth, *vis à vis* der Moderne, einen eigenen und unverwechselbaren poetischen Ort erobert hat.

Vor dem Hintergrund des in der Germanistik zunehmend einflussreichen narratologischen Interesses fragt JÜRGEN HEIZMANN in vier exemplarischen Analysen nach Besonderheiten von Roths Erzählkunst und damit auch nach dem Verhältnis Roths zu Tradition und Avantgarde. Roth stellt weniger als Zeitgenossen wie Musil und Broch den mimetischen Konsens der traditionellen Literatur in Frage – auch nicht in jenen Romanen, die noch nicht die Flucht vor der Gegenwart in die österreichische Geschichte betreiben. Die Protagonisten der Zeitromane Roths sind dem Figurenarsenal des *quest*-Schemas entnommen, aber verhalten sich nicht als Akteure voller Ambition, die ihr Schicksal dominieren, sondern als Figuren, an denen sich Geschichte ereignet – das *plot driven*-Schema handlungsstarker Romane kollidiert mit dem Modus der

21 Zum ‚Legendenton' bei Roth vgl. Fritz Hackert: Zum Gebrauch der Gattung Legende bei Joseph Roth. In: „Die Schwere des Glücks und die Größe der Wunder". Joseph Roth und seine Welt. Karlsruhe 1994, S. 109–123; vgl. auch Hans Wagener: Von der Legende zum Pogrom: Joseph Roths Romane „Hiob" und „Tarabas". In: Vier große galizische Erzähler im Exil. Hg. von Robert G. Weigel, Frankfurt/Main 2004, S. 36–52; Hans Otto Horch: Zeitroman, Legende, Palimpsest: zu Joseph Roths ‚Hiob'-Roman im Kontext deutsch-jüdischer Literaturgeschichte. In: Germanisch-Romanische Monatsschrift 39 (1989), S. 210–226.

Desillusionierung, wie er eher für *character driven*-Romane verbindlich ist, und erfüllt sich zugleich in ihm. Die elegische Sprache der Texte gibt gewissermaßen die musikalische Partitur für ein Scheitern ab, zu dem Roths Figuren *a priori* designiert sind und das daher auch den tröstlichen Charakter einer Rückkehr in den Mythos besitzt.

Roth hat einige Rezensionen zum Film geliefert, die freilich wenig Gespür für die ästhetischen Innovationen des jungen Mediums zeigen – sein von maßlosem Hass erfüllter *Antichrist* verteufelt den Film geradezu als Ausdruck eines von den nivellierenden Kräften der Moderne erfüllten Schattenreiches. Umso erstaunlicher ist es, dass Roths Schreibweise selbst filmisch ist, eine kinemorphe Darstellungsweise, in der die Feder des Dichters fast dem Auge einer Kamera zu folgen scheint. THOMAS KOEBNER charakterisiert diese filmische Schreibweise und erklärt ihre Herkunft aus einem am Detail interessierten Realismus, was schon einen Regisseur wie Eisenstein bei einem Realisten wie Dickens an ein Pré-Cinéma-Phänomen denken ließ. Roths ausgeprägtes narratives Gespür für Situationen und Momente, sein Faible für die große Geste, für ein szenisches Erzählen, das die Umstände des prägnanten Augenblicks erfasst, indem es kleinste Details der Kulisse ins Auge fasst und gleichzeitig die Choreographie der Körper im Raum aus bedrängender Nahsicht beobachtet, und nicht zuletzt der Blick auf die mimische Arbeit im Gesicht seiner Protagonisten haben den Regisseuren, die einige von Roths Werken verfilmten – darunter Axel Corti, Johannes Schaaf, Michael Kehlmann und Bernhard Wicki – geradezu unwiderstehliche szenographische Vorgaben geliefert.

Die Modernität des üblicherweise dem Lager des literarischen Traditionalismus zugeschlagenen Joseph Roth begründet MARKUS MAY mit einer eigentümlichen Intensität der Prosa Roths, scheinbar selbstverständliche Semiotisierungsprozesse außer Kraft zu setzen. Die herkömmliche Semiotik versagt angesichts einer neuen, vornehmlich durch Besitz charakterisierten Ordnung. Bedeutungen, die einst selbstverständlich zugewiesen werden konnten und allgemeine Gültigkeit besaßen, verlieren ihre Verbindlichkeit: der Enkel des Helden von Solferino, der den Kaiser vom Pferd riss und ihm so das Leben rettete, bringt nur noch das Abbild des Kaisers aus einem brennenden Bordell in Sicherheit. Semantische und referenzielle Destabilisierungen kultureller Codes und ihrer Deutungsansprüche, onomastische Ironien und aporetische Konstruktionen charakterisieren die Ambivalenz von Roths Schreibweise, die auf die Kontingenzerfahrung der Moderne eben nicht durch die vollständige Preisgabe bewährter Semiotisierungen reagiert, sondern diese bis an die Grenze der Belastbarkeit ausdehnt, mit sich selbst in Widerspruch bringt und damit ein elementares Theorem moderner Hermeneutik vorwegnimmt: nämlich dass Erkenntnis anders als immer wieder von neuem deutend und umdeutend nicht zu haben ist.

Die kategorische Entgegensetzung eines frühen, neusachlichen und eines späteren, poetisch restaurativen Joseph Roth ist schon früh relativiert und seither immer nachdrücklicher bezweifelt worden. In dieser Tradition steht auch der Beitrag von ULRIKE WEYMANN. Das Programm der Neuen Sachlichkeit ist falsch verstanden, wenn dessen Anspruch auf Authentizität mit Dokumentarismus verwechselt wird. Realität bedeutet für Roth eben nicht das Faktuale, sondern immer ein ästhetisch behandeltes Substrat. Schon der Joseph Roth der zeitkritischen und der Heimkehrerromane stilisiert die Realität, die er schildert, durch sein ‚physiologisches Erzählen', durch Leitmotive und romantische Doppelgängerphantasien. Nicht zuletzt das durchgängige Scheitern seiner Figuren verleiht seinem Werk Kohärenz.

Roths Reise nach Russland steht am Beginn der literarischen Karriere des Journalisten Roth. Wie Döblin, Toller, Kisch u.a. reist auch Roth in ein Land, in dem der Atem einer neuen Zeit wehen soll, aber merkwürdigerweise blickt Roth nicht auf die Revolution und den sich etablierenden Stalinismus, sondern von hier aus zurück auf das Europa, das sich allen Verwerfungen zum Trotz gleich geblieben ist: der Roman *Flucht ohne Ende* ist das Dokument dieser Erfahrung. Mit Blick auf die Widersprüche, Lügen und Finten dieses Romans fragt INSA WILKE nach der Berechtigung, den Roman weiter im Kontext des Sozialisationsparadigmas, ob nun als Entwicklungs- oder Desillusionsparabel, zu deuten. Das Besondere an ihm, das spezifisch Antibiographische in Roths Erzählung, ergibt sich aus dem deprimierten Blick in die Geschichte als Wiederholung des Immergleichen. Die Geschichte Franz Tundas illustriert weder Aufstieg noch Abstieg, sondern entblößt die Nichtigkeit allen Handelns.

*

Die Beiträge des Bandes gehen zurück auf die Tagung *Zur Modernität des melancholischen Blicks – zum 70. Geburtstag von Joseph Roth*, die im Dezember 2009 am Institut für Deutsche Literatur der FU Berlin stattfand. Für ihre Impulse bei der Konzeption der Tagung haben wir Irmela von der Lühe zu danken, für technische und redaktionelle Hilfe sind wir Claudia Sandig, Jacqueline Bohlmann und Bernd Fiedler verpflichtet. Die DFG hat die Tagung mit einem großzügigen Zuschuss gefördert, auch dafür danken wir.

H.R.B., W. A.

Ordnungen der Moderne

Jacques Le Rider

Arbeit am Habsburgischen Mythos

Joseph Roth und Robert Musil im Vergleich

Der Vergleich von Joseph Roths *Radetzkymarsch* und Robert Musils *Mann ohne Eigenschaften* kann von Soma Morgensterns *Joseph Roths Flucht und Ende* auf ausgehen. Um 1930 herum kam Roth auf der Durchreise nach Polen auf kurzen Besuch nach Wien. Morgenstern war damals der Wiener Korrespondent der *Frankfurter Zeitung*; ihm gegenüber hatte Musil den Wunsch geäußert, Roth kennenzulernen. Morgenstern brachte beide im Café Museum zusammen.

Genaugenommen war es nicht die erste Begegnung zwischen Musil und Roth: Sie hatten sich in den frühen Nachkriegsjahren, 1919/20, während der Mitarbeit am *Neuen Tag* flüchtig kennengelernt.[1] „Ich war fast sicher, dass die zwei nicht zueinanderfinden würden“, schreibt Morgenstern.

> Musil war ein *poeta doctus*. […] Roth hatte eine Abneigung gegen Denker-Künstler. Schriftstellern wie Ernst Bloch, Walter Benjamin […] wich er in weitem Bogen aus. Gegen den damals mit mir befreundeten Dr. Wiesengrund-Adorno zeigte er offene Gehässigkeit.[2]

Seinerseits sprach Musil von Roth „mit dem süffisanten Lächeln, das ihm so eigen war“, berichtet Morgenstern, und es war ein vorsichtiges Kompliment, wenn er Morgenstern sagte:

> Ihr Freund Roth ist in einem seiner Bücher einmal ein Dichter. […] Wie der arme Mendel Singer [in *Hiob*] seine Tochter engumschlungen mit einem Kosaken aus einem Getreidefeld herauskommen sieht, in seiner Bestürzung davonläuft und atemlos nach langem Lauf die Synagoge erreicht und dort betet – das ist der Einfall eines Dichters.[3]

In diesen Seiten wird eine Polarität zwischen dem Denker-Künstler Musil und dem emotionalen Dichter Roth konstruiert, die von der Literaturwissenschaft kaum in Frage gestellt wurde. Zwei Seiten weiter kommt bei Morgenstern die prägnante Formel:

---

1 Karl Corino: Robert Musil. Eine Biographie. Reinbek b. Hamburg 2003, S. 1019.
2 Soma Morgenstern: Joseph Roths Flucht und Ende. Erinnerungen. Köln 2008, S. 90f.
3 Morgenstern, S. 91.

> Roth kannte natürlich Musils *Zögling Törleß*. Musil hatte damals schon seine Romantheorie, der große Roman war aber noch nicht erschienen. Roth interessierte sich für Romantheorien sehr wenig. In dieser Hinsicht war er der „naive" Künstler.[4]

Naiv… und sentimentalisch also.

In dieser Gegenüberstellung von Musil und Roth verdichtet sich der Dissens der literarischen Moderne im 20. Jahrhundert zwischen dem experimentellen Literaturbegriff, der von dem Befund der „Krisis des modernen Romans" ausgeht, und dem „naiven" Romanbegriff, der Leser voraussetzt, „die sich sehr gern etwas erzählen lassen."[5] In dem Gespräch mit Musil, das Soma Morgenstern in seinen Erinnerungen an Joseph Roth wiedergibt, sagt Roth ganz deutlich:

> Ich bin kein Denker. Soma hat mich verleitet, eine Romantheorie von Georg Lukács zu lesen. Ich habe ihm zuliebe den Versuch gemacht, das Buch zu lesen. Zwei Seiten lang habe ich mich quälen lassen. Und damit war ich mit dem Buch fertig. Aber Soma hält auch Kafka für einen großen Schriftsteller. Kafka ist ein Schriftsteller für Schriftsteller.[6]

Das sind bedenkenswerte Worte, die für die Diskussion über Joseph Roths und Robert Musils Modernität wertvolle Stichwörter enthalten, die mich aber für einen Augenblick von meinem eigentlichen Thema entfernt haben. Die Folge des Berichts von Soma Morgenstern bringt mich dazu zurück. Nachdem Musil sich verabschiedet hat, geht das Gespräch zwischen Morgenstern und Roth so weiter:

> Roth: Er spricht wie ein Österreicher, aber er denkt wie ein Deutscher. Fast so, wie deine Freunde Benjamin oder Bloch. Lauter Philosophen.
>
> Morgenstern: Musil denkt klar und geistreich wie ein Franzose. Wenn du ihn mit einem Deutschen vergleichen willst, dann eher mit Lichtenberg.[7]

Diese Völkercharakterologie wäre wenig aufschlussreich, wenn Roth nicht etwas weiter bemerkt hätte, nachdem Morgenstern ihm berichtet hatte, Musil habe in *Hiob* „den Einfall eines Dichters" entdeckt und bewundert: „Das überschätzt der Goj. […] So etwas fällt einem Juden leicht ein."[8] Fassen wir diese Aperçus zusammen: Musil spreche wie ein typischer Österreicher, denke aber so tief wie ein Deutscher mit einem französischen Einschlag à la Lichtenberg; Roth spreche ebenfalls wie ein

4 Morgenstern, S. 93.

5 Robert Musil: Aufzeichnungen zur Krisis des Romans (1930). In: Tagebücher, Aphorismen, Essays und Reden. Hg. von Adolf Frisé. Reinbek b. Hamburg 1955, S. 864.

6 Morgenstern, S. 94.

7 Morgenstern, S. 95.

8 Morgenstern, S. 95.

Österreicher, als Dichter sei er aber eher ein Jude, etwa in der Art von Scholem Alejchem (ich erwähne in diesem Zusammenhang nicht Sholem Asch, von dem sich Roth in der Folge des Gesprächs mit einem Seitenhieb gegen „das Schund-Drama *Gott der Rache*“[9] distanziert).

Schade, dass sich Roth und Musil nicht wieder begegnet sind, nachdem Musils *Mann ohne Eigenschaften* und Roths *Radeztymarsch* erschienen waren, meint Soma Morgenstern. „Sie hätten sich vielleicht besser verstanden und sicherlich ein großes Thema gefunden: die österreichisch-ungarische Monarchie.“ Hätten Sie sich wirklich besser verstanden? Acht oder neun Jahre später ist in einem Kreis von österreichischen Emigranten in Paris die Reden von dem *Mann ohne Eigenschaften.* Roth fasst seine Meinung so zusammen: „Ich habe ein ganzes Stück mit Vergnügen gelesen. Aber wie er dann auf tausend Seiten Österreich immer wieder Kakanien nennt, und noch einmal Kakanien und noch einmal Kakanien, habe ich aufgehört. Das ist ekelhaft!“[10] Inzwischen war Roth von der Nostalgie erfüllt. Die 1918 zerschlagene Monarchie erschien ihm als ein verlorenes Paradies, als eine unwiederbringliche Belle Époque. Die kritische Ironie Robert Musils konnte er nicht mehr goutieren.

Auf der anderen Seite war das Missverständnis ebenso groß. Nach seiner Rückkehr aus Berlin im Juli 1933 fragte Soma Morgenstern Musil, ob er *Radetzkymarsch* gelesen habe. Noch nicht, war die Antwort. „Nach vielen Monaten kam er darauf zurück“, berichtet Morgenstern. Musils Urteil war eher negativ:

> Es ist ein sehr hübsch geschriebener Kasernenroman. Halten Sie dieses Buch für einen bedeutenden Roman? [...] In seinem *Hiob* ist Roth einmal ein Dichter. [...] Im *Radetzkymarsch* ist er es keinmal.[11]

Der Vergleich, den ich heute trotzdem versuchen möchte, hätte also Musil und Roth irritiert. Nur selten wurde er ernsthaft angestellt.[12] In der klassisch gewordenen Studie von Claudio Magris zum *Habsburgischen Mythos in der modernen österreichischen Literatur* werden beide Autoren miteinander kontrastiert. Auf der einen Seite Roth, der „geborene Erzähler“,

---

9 Morgenstern, S. 95.
10 Morgenstern, S. 95.
11 Morgenstern, S. 97.
12 Philippe Chardin: Le Roman de la conscience malheureuse. Svevo, Gorki, Proust, Mann, Musil, Martin du Gard, Broch, Roth, Aragon. Droz 1983; und Ph. Chardin: Imaginaire et problématique des deux mondes dans La Marche de Radetzky de Joseph Roth et dans Les Désarrois de l'élève Törless de Robert Musil. In: La Galicie habsbourgeoise (1772–1918): histoire, société, cultures en contact. Hg. von Jacques Le Rider und Heinz Raschel. Tours: Presses Universitaires François Rabelais, 2010 haben die vorliegende Arbeit angeregt.

der ironische Beobachter, der scharfblickende Realist und „lyrische Neuromantiker“, der epische Dichter, der die mitteleuropäische Welt von gestern zu einer kosmopolitischen Utopia mit slawischem Herzen und jüdischer Seele verklärte. Auf der anderen Seite Musil, der scharfsinnige Intellektuelle, der Antikonformist und Provokateur, der die Poetik der Gesellschaftsromans revolutionierte, Literatur als Philosophie, als Vernunftkritik und als *science de l'homme* neudefinierte, eine Enzyklopädie der europäischen Kultur im Gewand der Fiktion entwarf und in einem die umfassendste Rekapitulation und die radikalste Destruktion des Habsburgischen Mythos unternahm.

Jenseits der von Soma Morgenstern bis zu Claudio Magris behaupteten Polarität Roth-Musil möchte ich auf einige Gemeinsamkeiten der „Arbeit am Habsburgischen Mythos“ bei beiden Autoren eingehen.

Der *Radetzkymarsch* und *Der Mann ohne Eigenschaften* sind auf der Dialektik von Ordnung und Chaos aufgebaut, die dem Gegensatz zwischen der rigiden Ordnung der Väter und der qualvoll erlittenen oder provokativ herbeigeführten Unordnung der Söhne entspricht. Diese Dialektik von Ordnung und Unordnung strukturiert ebenfalls den historischen Bruch zwischen der angeblich heilen Welt von gestern und der chaotischen Zeit nach dem Weltkrieg.

Beide Romane spielen mit den herkömmlichen Gattungen des historischen Romans; Joseph Roth will die Familiengeschichte Trotta mit der Verfalls-geschichte des Hauses Habsburg verflechten. Robert Musil verdichtet ebenfalls die Zeitgeschichte Mitteleuropas am Vorabend des Ersten Weltkriegs im Mikrokosmos des Manns ohne Eigenschaften. Musil verlässt sich nicht mehr aufs Erzählen: „Unsere Zeit nimmt die Geschehnisse und Abenteuer, von denen sie voll ist, ja sicher nicht ernst“, sagt Ulrich.[13] Und doch geht es darum „wie ein großes Ereignis entsteht.“ Denn „Seinesgleichen führt zum Krieg. […] Alle Linien münden in den Krieg.“[14] Es wird gezeigt, wie „gute Menschen eine grausame Nation bilden können“[15] und wie im Sommer 1914, ein knappes Jahr also nach dem ersten Kapitel des Romans, das „einem schönen Augusttags des Jahres 1913“[16] passiert, d.h. ca. 1900 Seiten weiter, der „Zusammenbruch der Kultur (u. des Kulturgedankens)“ eingeleitet wird.[17] Beide Romane schildern eine verlorene Welt und

---

13 Robert Musil: Der Mann ohne Eigenschaften. Hg. von Adolf Frisé. Neue durchgesehene und verbesserte Auflage. Reinbek bei Hamburg 1978, zitiert nach der Taschenbuchausgabe 1987 (in der Folge als Musil, MoE zitiert), S. 900.

14 Musil, MoE, S. 1902.

15 Musil, MoE, S. 1903.

16 Musil, MoE, S. 9.

17 Musil, MoE, S. 1904

deuten an, „dass der Teufel die europäische Welt aufgebaut hat und Gott seinen Konkurrenten zeigen lassen will, was er kann."[18]

Keiner der beiden Romane begnügt sich mit der Antithese zwischen der Welt von gestern und der chaotischen Epoche, die nach dem Ersten Weltkrieg begonnen hat: Vielmehr werden die Wurzeln des heutigen Übels in der Vorkriegszeit zurückverfolgt. Deshalb bleibt *Die Kapuzinergruft* für den Vergleich von Musil und Roth weniger ergiebig. In dieser Fortsetzung aus dem Jahre 1938 wie überhaupt in Joseph Roths letzten Texten wird der Habsburgische Mythos erst recht nostalgisch, manchmal sogar unkritisch. Im *Radetzkymarsch* aber wird die Welt der Ahnen nicht als ein goldenes Zeitalter sondern als ein Welttheater auf morschen und brüchigen Brettern dargestellt.

Die Dialektik von Ordnung und Unordnung bei Musil einerseits, bei Roth andererseits wurde oft behandelt.[19] Seltener wurden beide Autoren aus dieser Perspektive verglichen. Die ordnungserhaltenden Institutionen sind die Erziehungsanstalten, das Militär, die Kirche, die k. u. k. und die k. k. Behörden und die väterliche (bei Joseph Roth auch großväterliche) Norm. Diesen Institutionen gegenüber steht die Generation der Söhne, die an die überlieferte *ordo* nicht mehr glauben oder nicht mehr anknüpfen kann und bei Roth den Zerfall der Ordnung mit einem brennenden Schuldgefühl erlebt, während sie bei Musil den Zerfall mit höhnischer Ironie registriert, als Entlastung wahrnimmt und als Ermutigung zu allerlei Transgressionen wahrnimmt.

Zwar sind Carl Joseph und Ulrich grundverschiedene Charaktere. Der eine verinnerlicht die Vergreisung seiner Umwelt und wird von seinem Todestrieb zerstört. Der andere erscheint am Beginn von Musils Roman als ein überlegener Intellektueller, der sich sagen darf, „in seiner Wissenschaft nicht wenig geleistet"[20] zu haben, und der als Nietzscheaner „die Umkehrenden, Verzagten, Weichlichen" nicht leiden kann.[21] Und doch gehen beide Figuren, der starke wie der schwache Charakter, an dem Zusammenbruch der geordneten Welt zugrunde. Gegen Ende des zweiten Teils des Romans erinnert sich Ulrich, „dass er […] einmal angekündigt habe, er werde sich töten, wenn das Jahr seines Lebensurlaubs ohne Ergebnis verstreiche."[22]

---

18 Musil, MoE, S. 639.

19 Vgl. unter anderen Publikationen Stéphane Pesnel: Totalité et fragmentarité dans l'oeuvre romanesque de Joseph Roth. Berlin, Bern u.a. 2000; Stéphane Gödicke: Désordres et transgressions chez Robert Musil. Paris: Presses de la Sorbonne Nouvelle 2006.

20 Musil, MoE, S. 44.

21 Musil, MoE, S. 46.

22 Musil, MoE, S. 599.

Der dritte unabgeschlossene und vermutlich unabschließbare Teil „Ins tausendjährige Reich (die Verbrecher)" ist durch die Polarität Eros und Thanatos strukturiert. Der Destruktions-, der Todestrieb ist unentwirrbar mit der Libido vermischt. Die Moral ihrer Zeit wollen Ulrich und Agathe überwinden. Doch erweist sich die Behauptung einer neuen Sittlichkeit als unmöglich: „Ich sehe keine Möglichkeit, aus eigener Kraft gut zu sein. Ich verstehe nicht, wann ich Gutes, wann Böses tue", gesteht Agathe, indem sie mit einem Zitat aus Augustinus spielt (bei Augustinus geht es mit dem Satz weiter: „Nur seine Gnade kann mich emporreißen").[23] Die Unordnung der Welt hat das Stadium der Regel- und Gesetzlosigkeit erreicht: das Vatergesetz, die Tradition, die Kultur haben ihre normative Kraft verloren, und in diesem Vakuum erweist sich die Suche nach einer neuen Moral „für freie Geister" als aussichtslos.

Bei Joseph Roth wird der Zerfall der Werte und das Versagen der Väter in einer Welt, die dem Gesetz der Entropie, der stets wachsenden Unordnung, unterworfen ist, mit weniger philosophischer Strenge, dafür aber anschaulicher als bei Robert Musil dargestellt. Wie der greise Kaiser passiv und fatalistisch der Krise seines Reichs und dem Verfall aller Traditionen zuschaut, so steht der alte Herr von Trotta ohnmächtig seinem Sohn gegenüber.

> Er fühlte, dass es um Hilfe aus dem Leutnant rief, und er konnte nicht helfen! Er war an die Grenze gekommen, um selbst ein bißchen Hilfe zu finden. Denn er war ganz allein in dieser Welt! Und auch diese Welt ging unter! Jacques lag unter der Erde, man war allein, man wollte den Sohn noch einmal sehen, und der Sohn war ebenfalls allein und vielleicht, weil er jünger war, dem Untergang der Welt näher. [...] Wie aber sollte man sich benehmen, wenn der Sohn betrunken war? wenn er ‚Vater' rief? wenn es aus ihm‚Vater!' rief?[24]

Die Unordnung der Welt haben die Söhne nicht verschuldet, sondern nur ererbt und erlitten. Auch die Väter gehen in dieser wachsenden Unordnung unter: Herr von Trotta verstummt wie ein Schauspieler, der eine neue Rolle spielen muss in einem Stück, das er nicht versteht. Herr von Trotta hat immer nach der Vorschrift der Tradition gehandelt. „Für jede Lage gab es eine bestimmte Haltung."[25] Jetzt aber sieht er sich in einer Lage verstrickt, in der er nicht weiß, wie man sich zu verhalten hat.

Der Gegensatz zwischen der Darstellung des Verfalls der letzten Generation im *Radetzkymarsch* und der kritischen Infragestellung der konventionellen Moral und der überlieferten Institutionen im *Mann ohne*

---

23 Musil, MoE, S. 1470.

24 Joseph Roth: Werke 5. Romane und Erzählungen 1930-1936. Hg. von Fritz Hackert. Köln 1990, S. 297.

25 Roth, Werke 5, S. 297.

Eigenschaften liegt auf der Hand. Zweifellos ist Carl Joseph ein schwacher Charakter, während Ulrich ein Suchender der Art ist, die Nietzsche in der zweiten *Unzeitgemäßen Betrachtung* beschwört:

> Menschen, die auf diese Weise dem Leben dienen, dass sie eine Vergangenheit richten und vernichten, sind immer gefährliche und gefährdete Menschen.[26]

Und doch steht Carl Joseph keinen festeren und glaubwürdigeren Institutionen gegenüber als Ulrich. Der alte Kaiser und sein Ebenbild der Bezirkshauptmann wissen schon ganz genau, daß die Habsburgische Monarchie auf eine verlogene Mythologie gegründet ist, die für den Vielvölkerstaat überlebenswichtig ist. Selbst eine historische Heldentat wie die Rettung des jungen Kaisers Franz Joseph durch Joseph Trotta auf dem Schlachtfeld von Solferino wurde in den österreichischen Geschichtsbüchern für die Jugend zu einer Lüge umgedichtet. Doch soll niemand die historische Wahrheit an die Stelle der durch die Tradition geheiligten Lüge setzen. Denn es geht nicht darum zu berichten, wie es wirklich gewesen ist, sondern *ficta* und *facta* so zu vermengen, dass die Geschichte „dem Fassungsvermögen der Schüler“[27] angepaßt wird, antwortet ein Sekretär des Unterrichtsministers dem Hauptmann von Trotta. Der habsburgische Mythos war zuerst die Summe solcher kleinen und mancher größeren Lügen. Der Erzähler Joseph Roth kreiert keineswegs den Mythos. Nicht er verwandelt die Geschichte in einen Mythos, sondern er arbeitet am schon lange vorhandenen Mythos weiter, indem er die Familien-Saga der Trottas erzählt, vom Helden von Solferino, der noch an die historische Wahrheit glaubte, bis zum unglückseligen Carl Joseph, der als *dégénéré supérieur* die *dégénérescence politique* der Donaumonarchie verkörpert.

So gesehen ist Carl Joseph ein Bruder Hanno Buddenbrooks, der ebenfalls das letzte Stadium der *dégénérescence* einer Familie und der bürgerlichen Kultur einer Lübecker Händlerfamilie verkörperte. Ein solches mythisierendes Interpretationsmodell der Zeitgeschichte ist übrigens keineswegs eine deutsche Spezialität, sondern eine europäische Gattung: ich verweise auf Émile Zolas Zyklus der Rougon-Macquart, in dem die Theorie der *hérédité,* der Vererbung, die Familien-Saga strukturiert und zugleich dem Verfallsprozess der französischen Kultur und Politik von Staatsstreich Napoléons des Kleinen am 2. Dezember 1851 bis zum Debakel von Sedan entspricht. Der Vergleich zwischen Roths *Radetz-*

---

26 Friedrich Nietzsche: Unzeitgemässe Betrachtungen, II. Vom Nutzen und Nachtheil der Historie für das Leben. Kritische Studienausgabe, 1, S. 270.

27 Roth, Werke 5, S. 147.

kymarsch und Zolas Rougon-Macquart-Romanzyklus scheint mir um so näherliegend, als in beiden Fällen der Alkoholismus als Symptom der Vererbung und der Degeneration ein bedeutendes Motiv ist. Der große Unterschied ist, dass Zola den Zusammenbruch des Second Empire als eine Erlösung und als eine Chance der Auferstehung der französischen Nation interpretiert, während Roth um die Welt von gestern trauert und der Zukunft angsterfüllt entgegenblickt.

Indem Joseph Roth den Habsburgischen Mythos im *Radetzkymarsch* auf- und ausbaut, entmystifiziert er ihn zugleich durch den Hinweis auf die Lüge, die die Legende vom Helden von Solferino von der historischen Wahrheit entfernt hat und die das Emblem der lügenhaften politischen Mythologie bildet, mit der die alte Monarchie ihre vielfältigen Konstruktionsfehler verschleierte. Indem Robert Musil den Habsburgischen Mythos im *Mann ohne Eigenschaften* entmystifiziert, arbeitet er *nolens volens* am Mythos weiter. So wird die verwirrende Paradoxie einer „dekonstruktiven Konstruktion" erreicht. Immer wieder stößt man in Musils Roman auf Sätze, die ein emphatisches Lob aussprechen: „Das Gesetz der Weltgeschichte ist nichts anderes als der Staatsgrundsatz des ‚Fortwurstelns' im alten Kakanien. Kakanien war ein ungeheuer kluger Staat."[28] überlegt sich Ulrich, und man kann sich vorstellen, dass Joseph Roth einen solchen Satz in seine Pariser Gedenkrede auf den Kaiser Franz Joseph vom August 1938 gern aufgenommen hätte.

„Auch ein Mann ohne Eigenschaften hat einen Vater mit Eigenschaften", heißt das dritte Kapitel des ersten Teils. Ulrichs Vaterkomplex führt zum symbolischen Vatermord und zugleich zur Anerkennung des Vatergesetzes. Den Wunsch des Vaters, dass sein Sohn sich an der Parallelaktion beteiligt, erfüllt Ulrich zwar auf seine unberechenbare Art und Weise, ohne jedoch im vorbereitenden patriotischen Komitee ganz aus der Rolle zu fallen. Im uferlosen Konvolut der Entwürfe und Versuche aus dem Nachlass findet sich ein Abschnitt „Zu Kakanien", in dem sich Musil mit der Frage nach der Schuld am Großen Krieg unter dem Stichwort „Kakanien als der Herd des Weltkriegs" auseinandersetzt. Da geht Musil von der Frage der unendlichen Kette der Ursachen zum Thema der Generationen unmittelbar über:

> Verfolgt man Ursachen geradlinig zurück, so führen sie schnurstracks auf Gott als die Prima Causa alles Geschehens [...]. Anderseits ist das aber so, wie wenn einer vom Vater zum Vatersvater, vom Vatersvater zum Vater und Vatersvater des Vatersvaters und in dieser Linie weiter geht.[29]

---

[28] Musil, MoE , S. 361.
[29] Musil, MoE, S. 1438.

Ulrich der Vatermörder und vaterlandslose Verräter am kakanischen Mythos ist zugleich von der Treue zum Vatergesetz und von einer unausrottbaren Liebe zu Kakanien erfüllt. Während er im Privatleben alle Tabus und Verbote verletzt, fungiert er als offiziöser quasi-Generalsekretär des patriotischen Komitees, das das 70jährige Jubiläum der Thronbesteigung Kaiser Franz Josephs I. als Parallelaktion zum 30jährigen Regierungsjubiläum Kaiser Wilhelms II. Vorbereitet, die 1918 fällig sind. Also verdient dieses Komitee nicht nur den Namen „Komitee zum Ungeschehen-Machen der Weltkriegs", sondern auch den Namen „Komitee für das Rückgängig-Machen von Königgrätz".

Auf seine bescheidene Weise bemüht sich Carl Joseph von Trotta ebenfalls um die Rettung der k.u.k. Monarchie und somit um den Auftrag, der ihm als dem Enkel des Helden von Solferino erwachsen ist. Ein erstes Mal ahmt er die Heldentat seines legendären Vatersvaters nach, indem er das im Bordell der Resi Horwath frevelhaft verwahrloste Bild des „Allerhöchsten Kriegsherrn" aus dem Rahmen herausnimmt. Max Demant ist Zeuge von Carl Josephs Rettung des Kaiserbilds und denkt dabei an seinen Großvater den Hauptmann Joseph Trotta von Sipolje. „Ich bin sein Enkel! sagt Carl Joseph. „Ich hab' keine Gelegenheit, ihm das Leben zu retten; leider!"[30] Ein zweites Mal gelingt dem Enkel die Vatersvater-*imitatio*. Nachdem er den Schießbefehl gegen die protestierenden Arbeiter der Borstenfabrik erteilt hat, wird er im chaotischen Durcheinander des Straßenkampfs am Schlüsselbein verletzt: „Ein offenbar sinnloser Zufall hatte dem Enkel des Helden von Solferino eine Verletzung am Schlüsselbein beschert. (Im übrigen hätte keiner von den Lebenden, der Kaiser vielleicht ausgenommen, wissen können, dass die Trottas ihren Aufstieg einer Schlüsselbeinverletzung des Helden von Solferino zu verdanken haben.)"[31] Ein letztes Mal zeigt sich Carl Joseph seinem Auftrag als Enkel des Helden von Solferino gewachsen. Nach der Bekanntgabe des Mords am Erzherzog Thronfolger Franz Ferdinand machen die ungarischen Offiziere aus ihrer Freude kein Hehl. „Das Schwein ist hin!" schreit Graf Benkyö auf ungarisch. „Skandal", ruft Carl Joseph aus.

> Wer noch ein Wort gegen den Toten sagt, den schieß' ich nieder!" […] Da der betrunkene Benkyö etwas zu murmeln anfing, schrie Trotta: „Ruhe!", mit einer Stimme, die ihm wie eine geliehene vorkam, einer donnernden Stimme, vielleicht war es die Stimme des Helden von Solferino. Er fühlte sich eins mit seinem Großvater. Er selbst war der Held von Solferino. […] Zum ersten-

30 Roth, Werke 5, S. 209.
31 Roth, Werke 5, S. 338.

> mal, seitdem es eine österreichische Armee gab, befahl ein Leutnant Rittmeistern, Majoren und Obersten Ruhe.[32]

Im Moment, in dem er seine militärische Karriere zunichtemacht, erscheint Carl Joseph als der würdige Erbe seiner Familienlegende. Im gleichen Augenblick brechen der Weltkrieg aus und die österreichisch-ungarische Monarchie zusammen, und der Habsburgische Mythos hört auf, eine ideologische Mystifikation im Dienste der Staatsräson zu sein, um zu einem der eindrucksvollen Mythen Europas zu werden.

Drei Jahre nach Erscheinen von *Radetzkymarsch* setzt Joseph Roth seine Arbeit am Mythos im historischen Roman *Die Hundert Tage* fort. Diesmal geht es nicht mehr um den „Habsburgischen Mythos" sondern um den Napoleonischen. Historisch und ideologisch waren die Habsburger Monarchie und Napoleons Empire in jeder Hinsicht Antagonisten. Und doch verbindet eine gemeinsame Thematik beide Romane Roths: beide Verfallsgeschichten eines glorreichen Reiches werden als „Privatgeschichten" dargestellt: beide Kaiserfiguren werden aus der „Privatansicht" als vom Schicksal geprüfte, passive und leidende Subjektivitäten interpretiert („ein Gott wird wieder zu einem Menschen", schreibt Roth[33] an die französische Übersetzerin Blanche Gidon); mit beiden Herrschern und Staatsaktionen wird die Geschichte eines anonymen Einzelnen (der letzte Trotta, der als treuer Diener seines Kaisers stirbt und in den *Hundert Tagen* Angelina Pietri, die aus Liebe ihr Leben für den Empereur opfert). Zum Thema Napoléon hat Joseph Roth keine affektive Beziehung wie zum Habsburgischen Mythos. Deshalb wirkt der Roman künstlich und skizzenhaft. Am Ende erscheint der Napoleonische Mythos dem Habsburgischen Mythos polar entgegesetzt : Der Prototyp des zeitgenössischen Diktators, der den europäischen *ordo* revolutionierte, wird mit dem letzten Monarchen, der den 1815 halbwegs restaurierten *ordo* zu retten versuchte, in Kontrast gesetzt. Der um die Gunst des Volkes schielende Führer der *grande nation*, der nach Roths Auffassung jedoch sein eigenes Volk und die Völker Europas geringschätzte, wird der großväterlichen Gestalt des ergreisten Kaisers entgegengesetzt, mit dem sich jeder Volksstamm der Donaumonarchie und nicht zuletzt die Juden als Staatsbürger *par excellence* identifizieren konnten.

---

32 Roth, Werke 5, S. 424f.

33 Aus Nizza, am 17. November 1934.

Irmela von der Lühe

Zur Anthropologie der Kälte im Romanwerk Joseph Roths

Deklassierte und desillusionierte Bürgersöhne, aggressiv-melancholische Offiziersanwärter, handlungsgehemmte, aber tatendurstige Frontheimkehrer, politische Hasardeure und intellektuelle Parvenüs – die Porträtgalerie des „virilen Narzißmus",[1] die das Romanwerk Joseph Roths bereitstellt, ist ebenso umfangreich wie ausdrucksstark. Die Modernität dieser zwischen verdruckstem Heroismus und neusachlichem Ästhetizismus oszillierenden Helden wird neuerdings gern im Anschluss an die durch Helmut Lethens Studien populär gewordene „kalte persona" beschrieben.[2] Danach wären die Figuren der Roth'schen Romane, d. h. insbesondere Theodor Lohse (*Das Spinnennetz*), Gabriel Dan (*Hotel Savoy*), Franz Tunda (*Die Flucht ohne Ende*), Paul Bernheim und Nikolai Brandeis (*Der stumme Prophet*) und Alexander Perlefter (*Perlefter. Die Geschichte eines Bürgers*) Variationen zum Thema Indifferenz; zu einem modernetypischen Paradigma mithin, dessen antike Ursprünge man in Epikurs Ataraxie oder im Stoizismus und dessen modisch-aktuelle Variante man in der heutigen „Coolness" ausmachen könnte.[3] Ob die Roth'schen Helden für eine Literatur- und Diskursgeschichte des Anti-Gefühls taugen, ob sie als Belegstellen-Ressource für Genesis und Geltung einer nihilistischen Gefühlskultur und damit einer poetischen Sprache programmatischer emotionaler Distanz fungieren können, soll hier nicht untersucht und schon gar nicht entschieden werden. Vielmehr versuche ich an einigen exemplarischen Figuren und Konstellationen, die insbesondere in Romanen wie *Die Flucht ohne Ende* und *Rechts und Links* vorkommen, die

1 So die treffende Formulierung von Helga Geyer-Ryan: Zur Geschichte des weiblichen Vernunftverbots. In: Chr. Kulke/E. Scheich (Hg.): Konstellationen der Moderne. Rationalität – Weiblichkeit – Wissenschaft. Freiburg 1992, S. 7. Zur Kritik an diesem Begriff vgl. Helmut Lethen: Verhaltenslehren der Kälte. Lebensversuche zwischen den Kriegen. Frankfurt/Main 1996, S. 69.

2 Vgl. dazu neuerdings: Daniel Morat: Kalte Männlichkeit? Weimarer Verhaltenslehren im Spannungsfeld von Emotionen- und Geschlechtergeschichte. In: Manuel Borutta/Nina Verheyen (Hg.): Die Präsenz der Gefühle. Männlichkeit und Emotion im 19. und 20. Jahrhundert. Bielefeld 2010, S. 153–177.

3 Dorothee Kimmich: Coole Lover oder „Die Wand zwischen Netzhaut und Seele". Bemerkungen zu Joseph Roths *Flucht ohne Ende*. In: Cahiers d'Etudes Germaniques 2008, S. 79–92.

Verschränkung politischer und ästhetischer, zeitdiagnostischer und narrativer Anliegen deutlich zu machen, die Roth mit den Entwürfen seiner „modernen Menschen" verfolgt.

Der werkgeschichtliche Status, der dem gern als narrative Programmschrift der „Neuen Sachlichkeit" apostrophierten Roman *Die Flucht ohne Ende*[4] zukommt, ist hinlänglich bekannt. Sein vielzitiertes Vorwort („Ich hab nichts erfunden, nichts komponiert. Es handelt sich nicht mehr darum zu ‚dichten'. Das wichtigste ist das Beobachtete")[5] hatte nach Roths eigenem späteren Bekunden „seinen relativen Erfolg einem absoluten Mißverständnis zu verdanken",[6] denn es enthielt gerade nicht das Plädoyer für das Kunstlos-Authentische, sondern eine Invektive gegen die „verlogenen ‚Erfindungen'",[7] gegen das also, was man heute die Fiktion des Authentischen, die Inszenierung oder auch die strukturelle Performativität des Dokumentarischen nennen würde.

Jenseits solcher modischen Termini belegt bereits das kompositorische Verfahren des Romans die Plausibilität des Roth'schen Plädoyers: Der Erzähler entwirft sich als Freund des Protagonisten, er erzählt Franz Tundas Geschichte, bedient sich dabei seiner Briefe, seiner Aufzeichnungen. Er macht sich zum Sprachrohr und zum Chronisten einer Lebensgeschichte, deren Stationen durch das große Weltgeschehen, durch den Untergang der k.u.k.-Monarchie, die russische Revolution und die Neuordnung der westlichen Gesellschaften nicht lediglich dominiert, sondern gleichsam determiniert werden. Das Subjekt dieser Geschichte, ihr Held, büßt seinen Subjektstatus unaufhaltsam ein. Ziellos in seinen Reisen von West nach Ost, gesinnungslos in seinen politischen Positionen und Parteinahmen, sind die räumlichen, die ideologischen und die emotionalen Fluchtbewegungen des Franz Tunda insgesamt Ausdruck einer irreversiblen Bindungslosigkeit; einer Entwurzelung, die sowohl die Herkunfts- und Aufenthaltsorte, die Reiseziele und Sehnsuchtsorte betrifft als auch Franz Tundas geistige und mentale, seine politischen und

---

4 Joseph Roth: Die Flucht ohne Ende. In: Werke 4: Romane und Erzählungen 1916–1929. Hg. von F. Hackert. Köln 1989, S. 389–496. Im Folgenden als Roth, Flucht ohne Ende, Seitenzahl.

5 Roth, Flucht ohne Ende, S. 391.

6 Zit. nach: Wilhelm von Sternburg: Joseph Roth. Eine Biographie. Köln 2009, S. 340.

7 Joseph Roth: Es lebe der Dichter! In: Werke 3: Das journalistische Werk. Hg. von Klaus Westermann. Köln 1991, S. 44–46, hier S. 45. Siehe auch Joseph Roth: Schluß mit der ‚Neuen Sachlichkeit'. In: Werke 3, S. 153–164. Zur Diskussion um Roths Haltung zur Neuen Sachlichkeit vgl. Reiner Wild: Beobachtet oder gedichtet? Joseph Roths Roman „Die Flucht ohne Ende". In: S. Becker/Chr. Weiß (Hg.): Roman und Neue Sachlichkeit. Neue Interpretationen zum Roman der Weimarer Republik. Stuttgart 2002, S. 27–48.

affektiven Innen- und Bewusstseinsräume. Lange bevor der Erzähler die Geschichte seines „Freundes, Kameraden und Gesinnungsgenossen"[8] mit der lakonisch-ultimativen Feststellung enden lässt: „Er hatte keinen Beruf, keine Liebe, keine Lust, keine Hoffnung, keinen Ehrgeiz und nicht einmal Egoismus. So überflüssig wie er war niemand in der Welt.",[9] wird Franz Tunda Objekt einer Zeit- und Gesellschaftsdiagnose, die ihrerseits vom Anspruch narrativer Präzision ebenso beherrscht ist wie von der ästhetischen Anpassung an den Gegenstand der Erzählung, d. h. an die mentale Disposition des Helden. Als Freund des Protagonisten spricht der Erzähler in Sätzen, mit denen ein Darstellungsverfahren praktiziert und erprobt wird, das in seiner pathetischen Coolness, seiner artifiziellen Indifferenz, d.h. mit dem gesamten Furor seiner Kälte als Medium und Analogon für Charakter und Bewusstsein des Protagonisten zu firmieren vermag.

Ein Beispiel mag genügen. Der romaninternen protodokumentarischen Wiedergabe eines Briefes von Franz Tunda an den „liebe[n] Freund Roth", in dem der Protagonist über seinen derzeitigen Aufenthalt und seine Erlebnisse im revolutionären Russland berichtet – ein Bericht, der die Leitmotive des Textes, Fremdheitserfahrung und Wurzellosigkeit, epistolarisch authentifiziert –, folgt ein fragenderörternder Kommentar des Erzählers, in dem auch jener Satz fällt, der diesem Beitrag den Titel gab; und zwar als Resümee einer Serie von Diagnosen und Feststellungen, die der Intention nach auf Eindeutigkeit, in Semantik und Metaphorik hingegen auf eine irritierende Ambivalenz zielen.

> Mein Freund aber war das Muster eines unzuverlässigen Charakters. Er war so unzuverlässig, daß man ihm nicht einmal Egoismus nachsagen konnte. Er strebte nicht nach sogenannten persönlichen Vorteilen. Er hatte ebensowenig egoistische Bedenken wie moralische. Wenn es unbedingt nötig wäre, ihn durch irgendein Attribut zu kennzeichnen, so würde ich sagen, daß seine deutlichste Eigenschaft der Wunsch nach Freiheit war. Denn er konnte seine Vorteile ebenso wegwerfen, wie er Nachteile abzuwenden wußte. Er tat das meiste aus Laune, manches aus Überzeugung, und das heißt: alles aus Notwendigkeit. Er besaß mehr Lebenskraft, als die Revolution augenblicklich nötig hatte. Er besaß mehr Selbständigkeit, als eine Theorie, die sich das Leben anzupassen sucht, brauchen kann. Im Grund war er ein Europäer, ein »Individualist«, wie gebildete Menschen sagen. Er brauchte, um sich auszuleben, kompliziertere Verhältnisse. Er brauchte die Atmosphäre verworrener Lügen, falscher Ideale, scheinbarer Gesundheit, haltbaren Moders, rotbemalter Gespenster, die Atmosphäre der Friedhöfe, die wie Ballsäle aussehen, oder wie Fabriken, oder wie Schlösser, oder wie Schulen, oder wie Salons. Er brauchte

8 Roth, Flucht ohne Ende, S. 389.
9 Roth, Flucht ohne Ende, S. 496.

die Nähe der Wolkenkratzer, deren Baufälligkeit man ahnt und deren Bestand für Jahrhunderte trotzdem gesichert ist. Er war ein ‚moderner Mensch'.[10]

So heißt es zu Beginn des 12. Romankapitels, das sich auch als literarische Ausgestaltung von Plessners Schrift über *Grenzen der Gemeinschaft. Eine Kritik des sozialen Radikalismus* aus dem Jahre 1924 lesen lässt.[11] Der Deutungsversuch, den der Romanerzähler für seinen Protagonisten anbietet, radikalisiert solche Gedanken einerseits syntaktisch mit klaren Zuschreibungen („Muster eines unzuverlässigen Charakters", „Er hatte ebenso wenig egoistische Bedenken wie moralische"), andererseits mit Möglichkeiten, mit Fremdzuschreibungen. Die Schwierigkeit, ja die Unmöglichkeit, Franz Tunda nach Charakter und geistiger Physiognomie definitorisch zu fassen, wird explizit gemacht und überführt in ein emphatisch-metaphorisches Bekenntnis zur Singularität des Freundes. Freilich formuliert er dies nur in Anführungszeichen und wiederum in Übernahme einer Fremdperspektive: „Im Grund war er ein Europäer, ein ‚Individualist', wie gebildete Menschen sagen." Mit solch harmlos anmutenden Sätzen erfolgt eine gleich zweifache Distanzierung: vom Europäer und sog. Individualisten, also dem vermeintlich geographisch, moralisch und mental bindungslosen Individuum, und von jenen „gebildete[n] Menschen", deren Definitionsmacht die zitierten Zuschreibungen entstammen. Tunda, der Europäer und Individualist aus bildungsbürgerlicher Optik, gewinnt sein tatsächliches Gesicht, sein wirkliches Profil allerdings erst durch eine ganz andere definitorische Anstrengung. Es ist die Anstrengung des Erzählers, des Freundes und Gesinnungsgenossen, und diese aus problematisierter Nähe und deutlich markierter Distanz gespeiste Anstrengung liefert eine Beschreibung Franz Tundas, die ihn als „moderne[n] Mensch[en]" ausweist und seine ‚Modernität' wiederum in einer unhintergehbaren Ambivalenz situiert: „Wenn es unbedingt nötig wäre, ihn durch irgendein Attribut zu kennzeichnen" – so heißt es mit ausdrücklichem Vorbehalt –, „so würde ich sagen, daß seine deut-

---

10 Roth, Flucht ohne Ende, S. 432.

11 Helmut Plessner: Grenzen der Gemeinschaft. Eine Kritik des sozialen Radikalismus. In: Helmut Plessner, Gesammelte Schriften V. Hg. von G. Dax, O. Marquard u.a. Frankfurt/Main 1981, S. 7–134: „Kann der Mensch es nicht wagen, einfach und offen das zu sein, was er ist, so bleibt ihm nur der Weg, etwas zu sein und in einer Rolle zu erscheinen. [...] Der Mensch verallgemeinert und objektiviert sich durch eine Maske, hinter der er bis zu einem gewissen Grade unsichtbar wird, ohne doch völlig als Person zu verschwinden." (S. 82) Vgl. zum gesamten Komplex den instruktiven Beitrag von Dorothee Kimmich: Moralistik und Neue Sachlichkeit. Ein Kommentar zu Helmut Plessners „Grenzen der Gemeinschaft". In: W. Eßbach/J. Fischer/H. Lethen (Hg.): Plessners „Grenzen der Gemeinschaft". Frankfurt/Main 2002, S. 160–182.

lichste Eigenschaft der Wunsch nach Freiheit war."[12] „Wenn es unbedingt nötig wäre", „so würde ich sagen" und „gebildete Menschen sagen": die Serie konjunktivischer Einschränkungen für eine offenbar doch als notwendig empfundene Beschreibung ließe sich fortsetzen und endet in dem Befund:

> Er tat das meiste aus Laune, manches aus Überzeugung, und das heißt: alles aus Notwendigkeit. Er besaß mehr Lebenskraft, als die Revolution augenblicklich nötig hatte. Er besaß mehr Selbständigkeit, als eine Theorie, die sich das Leben anzupassen sucht, brauchen kann.[13]

Franz Tundas Unabhängigkeit wird in solchen Sätzen über Distanznahmen greifbar: Er ist vitaler als die Revolution, intellektuell selbständiger als im Theoriediskurs vorgesehen, er hält aus „Notwendigkeit" heraus eine Position jenseits der zeittypischen Antithetik von Geist und Tat, Kunst und Leben, Theorie und Praxis, Denken und Handeln. Eben diesen Antinomien, die in der Weltanschauungsessayistik der Weimarer Republik, aber auch schon in der Vorkriegszeit kräftig durchdekliniert worden waren, begegnet Franz Tunda in der Sicht seines Freundes durch Aktivierung seines eigenen Gesetzes, d.h. distanziert, unzuverlässig, egoistisch und unberechenbar, mit offenkundiger Unberührbarkeit durch die Postulate des Zeitgeistes, seien diese nun theoretischer oder politisch-revolutionärer Art. Franz Tundas Modernität besteht mithin in einer vorreflexiven und keineswegs handlungsorientierten Selbstbindung an das, was ohne Einschränkung „Notwendigkeit" genannt wird. Seine Vitalität resultiert daraus, dass er nur sich selbst und sein Gesetz kennt, dem er aus Notwendigkeit folgt. So erscheint es in den Worten des Erzählers, der nun freilich keinen pathetischen Helden, keinen Rebellen gegen die väterliche und die göttliche Weltordnung auftreten lässt, der dann auch noch an seinen blutig-selbstermächtigenden Taten zugrunde ginge. Das Gesetz des Ichs, die innere Notwendigkeit des Subjekts, wie sie an Franz Tunda betont werden, ist im Grunde leer; es erweist sich in der Negation zeittypischer Dichotomien, aber nicht in einem macht- oder auch nur genussorientierten Gegenentwurf. Er ist weder Schillers Franz Moor noch Büchners Robespierre, aber ebenso wenig Wallenstein oder Danton; die Absenz des Tragischen und die Präsenz des Überflüssig-Ziellosen bestimmen ihn. Gesetz und Notwendigkeit, aus denen heraus Tunda sein Leben vollzieht, verschaffen ihm weder Größe noch Tragik; sie enthalten weder egoistische Leidenschaften noch altruistische Ziele; vielmehr enthüllt sich in dieser „Notwendigkeit" und an ihm ein

12 Roth, Flucht ohne Ende, S. 432.
13 Roth, Flucht ohne Ende, S. 432.

kollektives Bewusstsein, eine Epochenphysiognomie, die ihrerseits freilich nur in poetischen Bildern greifbar wird.

Im Anschluss an die erwähnten Dualismen (Revolution und Leben, Theorie und Sinnlichkeit) liefert der Erzähler eine aufschlussreiche Sammlung solcher Bilder:

> Er brauchte, um sich auszuleben, kompliziertere Verhältnisse. Er brauchte die Atmosphäre verworrener Lügen, falscher Ideale, scheinbarer Gesundheit, haltbaren Moders, rotbemalter Gespenster, die Atmosphäre der Friedhöfe, die wie Ballsäle aussehen, oder wie Fabriken, oder wie Schlösser, oder wie Schulen, oder wie Salons. Er brauchte die Nähe der Wolkenkratzer, deren Baufälligkeit man ahnt und deren Bestand für Jahrhunderte trotzdem gesichert ist.[14]

Bilderreich und ausdrucksstark, dabei antithetisch bis zum Widersinn und ambivalent bis an die Grenze des Absurden, machen solche Sätze Franz Tunda zur Verkörperung der modernetypischen Auflösung von materiellen, moralischen und topographischen Grenzen. Das „stahlharte Gehäuse“ der Moderne, ihre Komplexität und Kompliziertheit, wird ihm freilich auch zum Elixier. Er braucht – so heißt es in der zitierten Stelle – komplizierte Verhältnisse; d. h. Lügen und falsche Ideale, haltbaren Moder, rot bemalte Gespenster, Friedhöfe, die zugleich Ballsäle, Fabriken, Schlösser, Schulen und Salons sein können; Wolkenkratzer, deren Verfall ahnbar, aber deren Bodenständigkeit doch gesichert ist.

In solchen Bildern evoziert Roth die Analogie zwischen einem radikal veränderten Begriff von Individualität und einer nicht minder radikalen Auflösung gesellschaftlicher Wahrnehmungs- und Ordnungssysteme. Dies geschieht *ohne*, vor allem ohne *negative* Bewertung. Fast schon klingt es wie ein positives Einverständnis mit seinem Protagonisten, wenn der Erzähler davon spricht, Franz Tunda „brauchte, um sich auszuleben, kompliziertere Verhältnisse“. Die Unübersichtlichkeit und Amoralität der modernen Welt, ihre dissoziierende und diffundierende Dynamik wird in den zitierten Bildern in positiver Entsprechung zur charakterlichen Disposition Franz Tundas beschrieben. Ein Lebensgesetz, eine Notwendigkeit wird betont, deren Vollzug allerdings von Glücks- und Befreiungserlebnissen, vom erfüllten Augenblick oder gar vom geglückten Leben weit entfernt ist. Nicht kulturpessimistisch und auch nicht fortschrittsskeptisch, ambivalent ist der durchweg melancholische Blick auf den modernen Menschen Franz Tunda, der den zeittypischen Tendenzen einen Körper und der Uneindeutigkeit der Moderne ein Gesicht gibt.

14 Roth, Flucht ohne Ende, S. 432.

Wenig hat ein solcher Entwurf mit Apologie und nur bedingt hat er mit Opposition zu tun. Das Moderne an Franz Tunda, so wie der Freund und der Erzähler es uns vor Augen führt, entstammt radikalem Perspektivismus, d. h. einer Auflösung von Subjektivität und Objektivität, von Subjektkernen und Raumordnungen, so dass die Figur Franz Tunda zur reinen Wahrnehmungs-, Beschreibungs- und Deutungsfolie avanciert. Eindeutigkeit ist dabei nicht vorgesehen und Vieldeutigkeit erscheint nicht als Gewinn. Lediglich – so zeigen die zitierten Textpassagen – für die entgrenzenden und entgrenzten Topographien der modernen Welt kann Franz Tunda Repräsentationsfunktion übernehmen. Wo in ihm überhaupt Leben und Vitalität aktiviert werden können, da muss die Wirklichkeit in ihrer topographischen, moralischen und semantischen Ordnung zerbrochen, es muss Wirklichkeit in die Vielheit konkurrierender Sinneseindrücke, widerstreitender Deutungskonzepte und uneindeutiger, dichotomischer Konstellationen transformiert worden sein.

Solche Befunde lassen sich zweifellos mit Simmels Diagnosen in *Die Großstädte und das Geistesleben* (1903),[15] mit der Renaissance einer Anthropologie der Kälte und der Konjunktur eines Heroismus erklären, der Ich-Panzerung oberstes Gut und ubiquitäre „Masken-Zivilisation“[16] ein unerschöpfliches Elixier der Freiheit sind. Helmut Lethen hat die Traditionen und Adaptationen dieser „Verhaltenslehren der Kälte“ im Einzelnen rekonstruiert und zugleich dafür plädiert, sie nicht lediglich als horrende Negation des aufklärerischen Humanitäts- und Individualitätsoptimismus zu lesen, sondern als notwenige (womöglich wiederum aufklärerische) Korrektur einer wohlfeilen und wohlmeinenden „Aufrichtigkeitskultur“,[17] d. h. eines selbstgefälligen Einverständnisses mit einer längst zur Lüge gewordenen positiven Anthropologie.

Dass Roths Helden letzterer nicht folgen, bedarf keines Beweises; dass die Modernität seines melancholischen Blicks auf die Kälte-Konstellationen, die Krieg und Nachkrieg als Realitätsprinzip etabliert hatten, auch die Figuren und Motive seiner Romane prägt, ist evident. Aber diese Modernität ist nicht nur melancholisch, sie ist zugleich avantgardistisch, indem sie den Spielraum, die Darstellungs- und Deutungsräume des Ästhetischen erweitert, programmatisch nutzt und schließlich politisch-mentalitätsgeschichtlich überformt. Am Beispiel von Franz Tunda ließ sich die zunächst konstatierte anarchische Unzuverlässigkeit seines Charakters als bloße Projektion dechiffrieren, seine kalte Individu-

15 Georg Simmel: Die Großstädte und das Geistesleben. In: Georg Simmel: Das Individuum und die Freiheit. Essais. Berlin 1984, S. 192–204.

16 Marcel Mauss, zit. nach Helmut Lethen, Verhaltenslehren der Kälte, S. 60.

17 Helmut Lethen, Verhaltenslehren der Kälte, S. 68.

alität als Produkt eines bildungsbürgerlichen Perspektivismus diagnostizieren, um schließlich das Lebensgesetz, die Notwendigkeit, nach der sich Franz Tundas Leben vollzieht, als Analogon zur verwirrenden Komplexität der modernen Welt zu enthüllen. Eben für letzteres aber liefert nur die poetische Sprache, liefern nur genuin ästhetische Muster überhaupt ein Darstellungsmedium. Will man – und Joseph Roth will genau dies – das Lebensgesetz, dem Franz Tunda unterliegt, jenseits von konventionellen Deutungsmustern (unzuverlässig, egoistisch, Individualist, Europäer) und ohne moralisch-anthropologischen Urteilszwang überhaupt erfassen, so bleibt nur der Raum der Literatur, des poetischen Bildes, der literarischen Sprache; diese ihrerseits ist Medium einer Wahrnehmungsästhetik, die Friedhöfe und Ballsäle, Fabriken und Schlösser, Schulen und Salons entdifferenzierend aneinanderrückt, und zwar ohne Rücksicht auf ihre soziale, institutionelle, funktionale Bedeutung, sondern ausschließlich als objektives Gegenüber für ein Subjekt, dem seinerseits aus der performativen Vergleichgültigung und Selbstpanzerung kein Glück erwächst.

Will man Roths *Flucht ohne Ende* als Beitrag zur ästhetischen Instrumentalisierung und Radikalisierung einer Anthropologie der Kälte verstehen, so wie es hier an den Beschreibungs- und Darstellungsmodi für Franz Tunda versucht wurde, so ließe sich der zwei Jahre später, 1929, erschienene Roman *Rechts und Links* als literarische Auseinandersetzung mit der politischen Instrumentalisierbarkeit, als narrative Abrechnung mit der ökonomischen und materiellen Fungibilität des Kältekults lesen.

Stärker noch als der vorangegangene Roman ist *Rechts und Links* als Generationenroman konzipiert, als literarisches Porträt einer scheiternden, heimat- und gesinnungslosen Generation von Söhnen und verantwortungslosen Vätern. Freilich fehlt jegliche Attitüde der Empörung, des Zornes oder auch nur der Klage über die Welt der reichen Väter, labil-lasziven Mütter und verwöhnten Söhne, die aus blasierter Langeweile, luxurierendem Snobismus und dandyhafter Gleichgültigkeit wahlweise Verpflegungsoffizier oder Revolutionär, Politiker oder Bankier werden können. Im Modus der Gleichgültigkeit, der Desinvolture präsentiert sich von Kindesbeinen an der eine der beiden Protagonisten, Paul Bernheim, der schon als Schüler aus dem Wissen heraus lebt: „Mein Vater kann die ganze Schule kaufen“[18] und dessen Lebensweg sich vor Ausbruch des Krieges als Abfolge modischer Launen vollzieht:

---

18 Joseph Roth: Rechts und links. In: Werke 4. Hg. von F. Hackert. Köln 1989, S. 611–772, hier S. 614.

> Die Mädchen konnten Paul Bernheim keineswegs einschüchtern. Er wurde mit der Zeit ein flotter Tänzer, ein angenehmer Plauderer, ein wohldressierter Sportsmann. Im Laufe der Monate und Jahre wechselten seine Neigungen und seine Talente. Ein halbes Jahr galt seine Leidenschaft der Musik, einen Monat dem Fechten, ein Jahr dem Zeichnen, ein Jahr der Literatur und schließlich der jungen Frau eines Bezirksrichters, deren Bedarf an Jünglingen in dieser nur mittelgroßen Stadt kaum gedeckt werden konnte. In der Liebe zu ihr vereinige er alle seine Talente und Leidenschaften. Für sie malte er Landschaften und weiße Kühe, für sie focht er, komponierte er, dichtete er Lieder über die Natur. Schließlich wandte sie sich einem Fähnrich zu, und Paul versenkte sich, um ‚sie zu vergessen', in die Kunstgeschichte. Ihr beschloß er nun sein Leben zu widmen. Er konnte bald keinen Menschen mehr sehn, keine Straße, kein Stückchen Feld, ohne einen berühmten Maler und ein bekanntes Bild zu zitieren. In der Unfähigkeit, etwas unmittelbar aufzunehmen und einfach zu bezeichnen, übertraf er schon in jungen Jahren alle Kunsthistoriker von Rang.
> Aber auch diese Leidenschaft erlosch. Sie machte einem gesellschaftlichen Ehrgeiz Platz. Sie hatte vielleicht nur zu diesem übergeleitet. Sie war die Hilfswissenschaft einer gesellschaftlichen Karriere.[19]

Der Krieg macht aus dem anglophilen Kavalleristen einen pflichtbewussten Verpflegungsoffizier, einen koketten Pazifisten, einen temporären Revolutionär und gleichmütig-aggressiven Heimkehrer.

> Verworren sind in den Herzen und Hirnen der Menschen Überzeugungen und Leidenschaften, und es gibt keine psychologische Konsequenz,[20]

kommentiert lakonisch der Erzähler, um den mehrfachen Gesinnungswechsel Paul Bernheims an späterer Stelle auf die Formel zu bringen: „So vielfältig und unbegreiflich ist der Mensch"[21]. Solche Sentenzen, die als Anthropologismen ausgeben, was herkunfts- und zeitbedingte Realitätstüchtigkeit ist, durchziehen den Roman und bestimmen auch seine Komposition. So gesinnungslos wie seine Protagonisten, so intentionslos verläuft das Roman-Geschehen. Paul Bernheim hat einen Antipoden in Gestalt von Nikolai Brandeis, der ebenso opportunistisch während der russischen Revolution die Fronten gewechselt und im Nachkriegsdeutschland einen Konzern aufgebaut hat, in dessen Abhängigkeit sich sowohl Paul Bernheim als auch sein rechtsradikaler Bruder Theodor gern begeben haben. Opportunistisch und erfolgreich, zugleich ungebunden und nur dem eigenen Gesetz verpflichtet, ist Brandeis die radikalere

---

19 Roth, Rechts und links, S. 615f.
20 Roth, Rechts und links, S. 630.
21 Roth, Rechts und links, S. 633.

Variante von Franz Tunda; ein Apologet nicht etwa der Stärke, des Macht- und Eroberungsprinzips, sondern der Distanz, des Abstands:

> Denn es gehört keine Stärke dazu, etwas zu erobern. Alles ist morsch und ergibt sich Ihnen. Aber verlassen, verlassen, darauf kommt es an. Dennoch habe ich nicht das Gefühl, etwas Außerordentliches zu tun. Es treibt mich fort von hier. So wie es mich einst hierhergetrieben hat. Es treibt mich fort, und ich folge. [...]
>
> Ohne mich, dachte Brandeis, wird die Welt ihren ewigen, langweiligen Gang weitergehn. Paul Bernheim wird schließlich zur Chemie kommen. Herr Enders wird im nächsten Krieg das Vaterland retten, Theodor wird die Leitartikel des Blattes schreiben, dessen Aktien mir gehören. Ich werde fahren: wohin? Die Häfen der ganzen Welt warten auf mich. [...]
>
> Ihren alten, langweiligen Gang geht die Welt.
>
> Es war das letztemal, daß man Brandeis sah. Seit jenem Tage wußte niemand mehr etwas von ihm zu berichten.
>
> Er stieg in den Zug, und es wurde wieder ein neuer Nikolai Brandeis geboren.
>
> Und also beginnt hier ein neues Kapitel.[22]

Mit solchen Sätzen – es sind die letzten des Romans – subvertiert Roth das zeittypische Pathos der Distanz; er demontiert die neusachliche Anthropologie der Kälte zugunsten einer lakonisch-melancholischen Diagnostik, die dem gepanzerten Ich und dem erfolgreichen Opportunisten den Status eines geschichtsmächtigen Helden verweigert. Die Franz Tundas, Paul und Theodor Bernheims, Gestalten wie Benjamin Lenz („Das Spinnennetz") oder Nikolai Brandeis mögen Verkörperungen einer realitätsmächtigen Amoralität, einer negativen Vitalität und einer pathetischen Kälte-Programmatik sein; für Roth sind sie vor allem Figurationen einer Moderne, der weder durch politische noch durch ethische Visionen beizukommen ist, in der „links" und „rechts" nicht länger als distinkte Zuschreibungen fungieren, in der die Gesetze des Marktes und des Machterhalts als überhistorisch wirksam werden und der Raum des Subjekts vom Gebot der Maskerade beherrscht ist. Nicht konservativ-kulturpessimistische Verlustrhetorik, nicht restaurative Apologie der Vormoderne, kein bildungs- und kunstsinniges Plädoyer für die Restitution verlorener Gemeinschaften und Werte spricht aus Roths Diagnosen, sondern die melancholische Faszination für die strukturelle Ereignislosigkeit der modernen Welt. Genau hier eröffnet sich der Raum der Literatur, der Ort kritischer, aufklärerischer Sprachkraft. Roth selbst hat es so formuliert:

---

22 Roth, Rechts und links, S. 770–72.

> Mein Roman *Rechts und Links* leugnet ganz unmittelbar die Existenz von Charakteren, das heißt von Gestalten mit konsequenter Psychologie. Er hat zwar einen Anfang, aber nur, weil er doch anders nicht hätte beginnen können. Er hat dafür keinen Schluß, er hat ganz demonstrativ keinen Schluß. Seine Spannung kommt höchstens aus der Sprache, nicht aus den Vorgängen.[23]

Solche Sätze, dem berühmten „Selbstverriß" entnommen, insistieren jenseits der Hofmannsthal'schen Sprachskepsis und gegen die expressionistische Sprachmagie auf der Möglichkeit eines poetischen, eines Sprach-Raums, der als Spiegel, als Zerrspiegel der kalten Wirklichkeit und gerade nicht als poetische Wärmestube fungiert. Er entstammt melancholischer Neugier und obsessiver Beobachtung, er entmystifiziert und verdichtet die komplexen und konkurrierenden sozialen Ordnungssysteme, verhindert freilich, dass ihr „haltbarer Modus", ihre falschen Ideale und hohlen Charaktere den Status „modriger Riten" erhalten, die den Autor zum Verstummen bringen. Im Gegenteil: der Romancier Joseph Roth – ähnlich wie der Reisejournalist und Feuilletonist – ist der „banalen Trostlosigkeit dieser Welt"[24] und ihren unumstößlichen ökonomischen Gesetzen („An den Börsen der Welt wird die Moral der Gesellschaft bestimmt."[25]) mit einer Beharrlichkeit auf der Spur, die ihn als modernen Exponenten jener Tradition ausweist, nach der Melancholie und Aufklärung aufs Engste verknüpft sind.

---

23 Joseph Roth: Selbstverriß. In: Werke 3, S. 130–132, hier S. 130f.
24 Roth, Werke 3, S. 132.
25 Roth, Werke 4, S. 659.

Bastian Schlüter

Der Kaiser und das Meer

Ereignis und Dauer im Spätwerk Joseph Roths

Die Trauer um eine verlorene, eine untergegangene Welt ist eine der Dominanten in Joseph Roths Spätwerk, das ist häufig beobachtet worden. Bilder von Geschichte und Geschichtlichkeit umschreiben so in der literarischen Evokation eine gleichsam absolute Vergangenheit, eine Vergangenheit, die wirklich und uneinholbar Geschichte geworden ist, obwohl ihre zeitliche Distanz gering ist, sich in der Zahl weniger Jahren ausdrücken lässt. Es waren Veränderungen fundamentalen Ausmaßes, die sie so weit von der Gegenwart entfernt haben, dass sie geradezu legendenhafte oder mythische Züge annehmen konnte. Diese untergegangene Welt ist die europäische Ordnung vor dem Ersten Weltkrieg, an erster Stelle das Habsburgerreich mit seiner weit in den Osten reichenden Geographie. Geschichte umfasst so in dieser Literatur nicht nur die Dimension der Zeit, sie ist buchstäblich auch Raum, ist Landschaft, die nicht mehr zugänglich und einheitlich ist wie früher. Das Ende einer historischen Epoche in Zeit und Raum lässt vorher konsistente Sinnzusammenhänge instabil werden, die hinein reichen bis in die individuellen Lebensläufe. Sie werden durcheinander gebracht, quasi rückwirkend umgeschrieben. Ihnen fehlt nunmehr das eigene Fundament.

Das Leiden an der Geschichte und die Trauer um das Verlorene haben bei Roth zweifellos auch Argumentationsmuster hervorgebracht, die man als regressiv oder als antimodern bezeichnen kann. Sie finden sich in seinen feuilletonistischen Arbeiten, besonders einschlägig in seinem Essay *Der Antichrist* von 1934. In der Roth-Forschung ist mehrfach darauf hingewiesen worden, dass in den Romanen eine solche zugespitzte Gegenwartskritik nicht zu finden ist. In den literarischen Texten sind die Geschichtskonstruktionen mehrdimensional angelegt. Roths melancholischer Blick entfaltet in den Romanen und Erzählungen ein differenzierteres Sensorium für Geschichte und Geschichtlichkeit in einer problematisch gewordenen Moderne.

Es erscheint lohnenswert, im Folgenden einige Thesen und Reflexionen zu Roths Verhältnis zu dieser Moderne anzubringen. Dass das Bewusstsein für die Geschichtlichkeit all dessen, was ist, zu den intellektuellen wie mentalen Signaturen der westlich-europäischen Moderne seit der

„Sattelzeit" zwischen 1750 und 1800 gehört, ist grundlegend erforscht und dargestellt worden.[1] Auch die Trauer um das Vergangene, die Melancholie im Blick auf die Geschichte sind nur auf der Grundlage eines solchen modernen Geschichtsdenkens und Geschichtsempfindens vorstellbar. Im Falle Roths lässt sich so fragen, ob dieses gleichsam gesteigerte Geschichtsbewusstsein, das sich in seinem Werk findet, als Ausdruck einer Ablehnung, einer Flucht aus der modernen Verlusterfahrung, aus den Fährnissen der Gegenwart zu verstehen ist – oder ob es nicht vielmehr die spezifische Modernität des Schriftstellers ausmacht. Modernität dürfte hierbei allerdings nicht einseitig im Sinne einer Beschränkung auf die semantischen Umfelder von Innovation, Avantgardismus und Progressivität gedeutet werden. Der Begriff erweist sich dann als passend, wenn er sehr viel grundlegender den Modus der Reflexion umschreibt, also auf ein besonders ausgeprägtes Bewusstsein für eine sich selbst zum Problem gewordene Moderne verweist. Hier wäre es dann zunächst zweitrangig, ob sich die Ergebnisse dieser Reflexion als ästhetisch progressiv oder eher konservativ beschreiben lassen; der Grad der Reflexivität und des Problembewusstseins ist dann höher zu veranschlagen; er wäre Ausweis von Modernität.[2] Solche Problemstellungen ergeben sich zweifellos für die Literatur- und Kulturgeschichte der Klassischen Moderne immer wieder; das Werk Joseph Roths lässt sich im Rückgriff auf eine solcherart gefüllte Semantik des Modernitäts-Begriffes aber besonders gut beschreiben, nur von hier aus lässt sich zu seiner Position innerhalb einer Kultur- und Literaturgeschichte der Moderne vordringen.[3]

Sucht man nach einer solchen Reflexivität bei Joseph Roth, dann findet man sie – diese These soll die folgenden Ausführungen leiten – im Geschichtsdenken des Schriftstellers. Sie lässt sich beschreiben als ein ausgeprägtes Bewusstsein für die *Zeitlichkeit* der Geschichte, für ihre *temporale Struktur*. Dieses Bewusstsein lässt sich in Roths Werk herausar-

---

[1] Vgl. Reinhart Koselleck: Art. ‚Geschichte V'. In: Geschichtliche Grundbegriffe Bd. 2. Hg. v. Otto Brunner u.a. Stuttgart 1975, S. 647–691.

[2] Für ein solches Deutungskonzept der „zweiten" oder „reflexiven Modernisierung" ab der zweiten Hälfte des 19. Jahrhunderts hat der Soziologe Stefan Breuer plädiert; vgl. Stefan Breuer: Anatomie der Konservativen Revolution. Darmstadt 1993, S. 15f.; wieder in Stefan Breuer: Die Völkischen in Deutschland. Kaiserreich und Weimarer Republik. Darmstadt 2008, S. 13ff.; Breuer führt die Begriffsfügungen in historischer Abwandlung eines Konzepts von Ulrich Beck ein, der damit auf die zweite Hälfte des 20. Jahrhunderts zielt; vgl. Ulrich Beck: Risikogesellschaft. Auf dem Weg in eine andere Moderne. Frankfurt/Main 1986, bes. S. 249ff.

[3] Vgl. Helmuth Kiesel: Geschichte der literarischen Moderne. Sprache, Ästhetik, Dichtung im zwanzigsten Jahrhundert. München 2004, bes. S. 233ff.

beiten als ein reflexives Moment in Bezug auf das moderne Geschichtsdenken als solches.[4]

In der Tat hatten sich in diesem Bereich nach dem Ersten Weltkrieg in den verschiedensten Diskursen sehr evidente Veränderungen ergeben. Das ist zunächst innerhalb eines weiteren diskursiven Rahmens zu verstehen, der unter dem Stichwort der „Krise des Historismus" zu den bekannten und inzwischen gut erforschten ideengeschichtlichen Phänomenen der Klassischen Moderne zählt. „Krise des Historismus" meint zum einen das gebrochene Vertrauen in die Sinnstiftungsfunktion des Historischen, wie es sich im Verlauf des 19. Jahrhunderts entwickelt hatte.[5] Zum anderen gehört darüber hinaus zu diesen Krisendiagnosen und ihren Folgen aber auch der Abschied vom historistischen Zeitparadigma der Linearität und Kontinuität. Geschichte wurde fortan immer wieder imaginiert nicht mehr nur in den Mustern des kontinuierlichen Verlaufs, der Entwicklung, des Fortschritts, sondern es fanden sich vermehrt auch Geschichtskonstruktionen, die das Historische anders ausformulieren wollten. Im Rückgriff auf ein organisch-zyklisches Denken zum Beispiel oder auch als verdichteter Augenblick und damit prononciert diskontinuierlich. Das Erlebnis des Ersten Weltkrieges radikalisierte diese antihistoristischen Zeitkonstruktionen noch. Der Krieg als erster „moderner" verlegte das Kampfgeschehen von der räumlichen Ordnung des Schlachtfeldes in die zeitliche Ordnung des Verharrens, des Abwartens in den Stellungen. Das Warten wurde zu einer Zeiterfahrung der subjektiv unendlichen Ausdehnung – gewartet wurde aber auf ein *Ereignis*, auf den plötzlichen, entscheidenden Moment. Diese neue Zeiterfahrung im Krieg schrieb sich ein in das Repertoire historischer Zeitimaginationen nach 1918; es war das polare Spannungsverhältnis zwischen einer ereignislosen, einer quasi unendlichen Dauer auf der einen Seite und eines verdichteten, plötzlichen Zeit*punktes* auf der anderen Seiten.[6]

---

4 In diesem Sinne sei die These hier verstanden als Erweiterung und zeithistorischen Kontextualisierung der in der Forschung immer wieder vermerkten Zeitproblematik im Werk Roths; vgl. etwa David Bronsen: Joseph Roth. Eine Biographie. Köln 1974, S. 247; Michel-François Demet: Vom neurotischen Zeiterlebnis zur überlegten Zeitproblematik im Mythos und Werk. In: Michael Kessler, Fritz Hackert (Hg.): Joseph Roth. Interpretation – Kritik – Rezeption. Tübingen 1990, S. 77–89.

5 Vgl. Wolfgang Bialas, Gérard Raulet (Hg.): Die Historismusdebatte in der Weimarer Republik. Frankfurt/Main 1996; Otto Gerhard Oexle: Krise des Historismus – Krise der Wirklichkeit. Eine Problemgeschichte der Moderne. In: Otto Gerhard Oexle (Hg.): Krise des Historismus – Krise der Wirklichkeit. Wissenschaft, Kunst und Literatur 1880–1932. Göttingen 2007, S. 11–116.

6 Vgl. Ulrich Raulff: Die lange Dauer. In: Ulrich Raulff: Der unsichtbare Augenblick. Zeitkonzepte in der Geschichte. Göttingen 1999, S. 13–49, bes. S. 32f.; Bernd Hüppauf: Der Erste Weltkrieg und die Destruktion von Zeit. In: Hartmut Eggert u.a. (Hg.):

Vornehmlich letzteres, also die Augenblickskonstruktionen, waren es, die sich in den unterschiedlichsten politischen, wissenschaftlichen und ästhetischen Diskursen der Zwischenkriegszeit fanden, Begriffe wie Tat oder Entscheidung spielten eine wichtige Rolle. Erinnert sei hier nur an Ernst Jünger, an Carl Schmitts dezisionistische Souveränitätslehre, an die Kairos-Konzepte der protestantischen Theologie um Paul Tillich und andere.[7] Solche radikal antihistorischen Konstruktionen konnten dort problematische Züge annehmen, wo ihr Übertritt aus den intellektuellen Debatten und ästhetischen Evokationen in eine politische Wirklichkeit vorangetrieben wurde und wo ein Umbruch oder eine alles entscheidenden Tat gefordert wurden. Die Vorstellung von Politik im zeitlichen Ereignisraum der Verdichtung stand einer politischen Kultur diametral gegenüber, die auf zeitintensiver Aushandlung und Kompromissbildung basierte. Es waren zuletzt *auch* solche Zeitsemantiken und ihre Übernahme in die politische Sprache, die einer demokratischen und republikanischen Ordnung nach dem Ende des Krieges entgegenwirkten.

Im Werk Joseph Roths spiegelt sich eine große Sensibilität für diese neue Polarisierung historischer Zeit. Er reflektierte das neue Zeitbewusstsein der Zwischenkriegszeit, indem er es selbst zu den wichtigen Ordnungsmustern seiner Prosa machte und dessen narrative und symbolische Potentiale in seine Texte einfließen ließ. Dazu zunächst zwei Beispiele, wie Roth beide Pole des Geschichtsdenkens, also Ereignis und Dauer, in seinen Texten zur Darstellung bringt. „Im August des Jahres neunzehnhundertvierzehn lebte in New York ein junger Mann namens Nikolaus Tarabas. Er war der Staatsangehörigkeit nach Russe. Er entstammte einer jener Nationen, die damals noch der große Zar beherrschte und die man heute als ‚westliche Randvölker' bezeichnet."[8] Die ersten Zeilen von *Tarabas* stecken einen eingegrenzten Zeitraum ab. Selbstverständlich wird jeder Leser sofort erkennen, dass es sich bei dem genannten August nicht um einen zufällig gewählten Monat handelt, sondern um jenen, der den Ausbruch des Ersten Weltkrieges gebracht hatte. Dass seitdem etwas Einschneidendes geschehen ist, ein buchstäblich epochales Ereignis, unterstreichen die Zeitadverbien im zweiten Satz. Das *große*

Geschichte als Literatur. Formen und Grenzen der Repräsentation von Vergangenheit. Stuttgart 1990, S. 207–225.

7 Vgl. Christian Graf von Krockow: Die Entscheidung. Eine Untersuchung über Ernst Jünger, Carl Schmitt, Martin Heidegger. [1958] Frankfurt/Main, New York 1990; Friedrich Wilhelm Graf: Geschichte durch Übergeschichte überwinden. Antihistoristisches Geschichtsdenken in der protestantischen Theologie der 1920er Jahre. In: Wolfgang Küttler u.a. (Hg.): Geschichtsdiskurs, Bd. 4. Frankfurt/Main 1997, S. 217–244.

8 Joseph Roth: Werke 5: Romane und Erzählungen 1930–1936. Herausgegeben und mit einem Nachwort von Fritz Hackert. Köln 1990, S. 481 (im Folgenden zitiert als: Roth, Werke 5).

Ereignis, der Kriegsausbruch, korrespondiert auf den ersten Seiten des Romans mit dem *individuellen*, mit Tarabas‘ Eifersuchtsverbrechen. In erlebter Rede wird es erzählt, der Augenblick der Tat wird ausgefaltet, und es werden seine mentalen Folgen und damit die Motivation für die weitere Handlung dargestellt:

> Tarabas erhob die Faust und ließ sie mitten in das Angesicht des Wirtes sausen. Ein winziger Blutstropfen zeigte sich an der breiten Nasenwurzel des Wirtes, floß die Wange hinunter, wurde ein schmaler, roter Streifen. Ein schöner Schlag, dachte Tarabas, sein Herz freute sich und füllte sich mit noch heißerem Grimm. Das Blut, das er vergossen hatte, entzündete seine Lust, noch mehr Blut zu sehn. Es war, als ob der Wirt erst in dem Augenblick, in dem sein Blut zu fließen begonnen hatte, sein wirklicher, großer Feind geworden wäre [...].[9]

Dies geschieht an *einem* Tag, am *darauf folgenden* erfährt Tarabas vom Kriegsausbruch und entschließt sich *sofort* zur Rückkehr nach Europa. Die Nacht zwischen diesen beiden Tagen verbringt er allerdings an einem für Roths Zeitsymbolik einschlägigen Ort. Es ist ein „[...] Kinotheater, die damals noch ‚Bioskope‘ oder ‚Kinematographen‘ hießen und manchmal die ganze Nacht bis zum Morgengrauen ihr vielfältiges Programm abrollen ließen, ohne Unterbrechung“.[10] Das Kino als ein Medium, das die natürliche Zeit aus der Ordnung bringt und damit auch die Lebenszeit der Menschen, deren Schatten es auf die Leinwand wirft, sie dehnt, sie in die Unendlichkeit der Wiederholung zwingt – solche Vorstellungen waren es, die Roth mit dem Kino verband.[11] In *Tarabas* heißt es:

> Allein, Müdigkeit überfiel ihn – und außerdem begann das Programm von neuem. Tarabas blieb sitzen, während vor, hinter ihm und neben ihm die alten Zuschauer gingen und neue Zuschauer kamen. Fünfmal sah er das Programm des Kinematographen ablaufen. Endlich kam der Morgen, und man schloß das Haus.[12]

Die Imagination einer Zeit in der Schleife der Wiederholung im Kino wird also auf den ersten Seiten von Roths Roman eingerahmt von den beiden Evokationen einer punktuellen, handlungsbestimmenden Zeit als Tat oder Entschluss. Zeit als Ereignis und Zeit als Dauer sind narrativ und symbolisch dargeboten im Text.

---

9 Roth, Werke 5, S. 486.

10 Roth, Werke 5, S. 488.

11 So im Abschitt „Hollywood, der Hades des modernen Menschen“ in *Der Antichrist* – Joseph Roth: Werke 3: Das journalistische Werk 1929–1939. Herausgegeben und mit einem Nachwort von Klaus Westermann. Köln 1991, S. 571ff. (im Folgenden im Text zitiert als: Werke 3).

12 Roth, Werke 5, S. 489f.

In ihrer symbolischen Funktion noch eindeutiger erscheint eine Passage aus *Radetzkymarsch*. In ihr ist es kein anderer als Kaiser Franz Joseph selbst, der höchste Repräsentant der alten Habsburger Welt, dessen historischer Existenz Roth im Roman ein besonderes Zeitkonzept einschreibt. Als der alte Kaiser am Rande seines Reiches auf Manöverbesuch ist, steht er nachts im Schlafzimmer und sinniert:

> Er erinnerte sich, daß er vor langer Zeit schon Manöver in dieser Gegend besucht haben mußte. Auch dieses Schlafzimmer tauchte aus vergessenen Zeiten wieder empor. Aber er wußte nicht, ob zehn, zwanzig oder mehr Jahre seit damals verflossen waren. Ihm war, als schwämme er auf dem Meer der Zeit – nicht einem Ziel entgegen, sondern regellos auf der Oberfläche herum, oft zurückgestoßen zu den Klippen, die er schon gekannt haben mußte. Eines Tages würde er an irgendeiner Stelle untergehen.[13]

Diese kurze Szene, im elegischen Tonfall dargeboten, ist von zentraler Aussagekraft für Roths Geschichtsdenken. Die historische Zeit wird als eine radikal antihistoristische imaginiert, die vollständig dem Paradigma des Linearen und Kontinuierlichen entgegen gesetzt ist. Zeit ist nicht wie auf einem Strahl abzuzeichnen, auf dem sich Entwicklung und Ereignis in einer chronologischen Struktur hintereinander ordnen, sie ist vielmehr richtungslos oder „regellos", wie es bei Roth heißt. Mit dem Verweis auf das „Meer der Zeit" gewinnt diese Beschreibung topische Qualitäten. Das Meer ist immer in Bewegung, das Wasser kann in alle Richtungen strömen, es bildet auf der Oberfläche Wellen und Wirbel und steht dennoch in der Tiefe nahezu still. Ganz wichtig aber: Es ist fast unendlich ausgedehnt, hat dabei aber keinen Anfang und kein Ende. Die Bildlichkeit eines (natürlichen) Raumes mündet in eine Zeitvorstellung, und diese erlangt durch ihre symbolische Verknüpfung mit dem Kaiser eine privilegierte Position. Sie ist das Zeitmaß der alten Ordnung, der verlorenen Welt. Sie ist, so lässt sich deuten, die *vor-moderne* Zeit, die in Roths erzählten Welten gegen die moderne Zeit gestellt wird. Diese letztere beginnt mit dem Ausbruch des Krieges und bringt das andere Zeitmaß des Augenblicks und des Zeit*punktes* mit sich – oder aber die Dauer als unnatürlicher und künstlicher Effekt der Wiederholung im modernen Kinematographen.

In der Forschung ist herausgearbeitet worden, dass das Zeitkonzept der Dauer, wie es in *Radetzkymarsch* privilegiert erscheint, prägend für das Erzählprinzip des Autors im Allgemeinen ist. Ulrike Steierwald hat dieses Zeitmodell passend als eine „Permanenz der Dauer" bezeichnet.[14] Roths

13 Roth, Werke 5, S. 346.

14 Ulrike Steierwald: Leiden an der Geschichte. Zur Geschichtsauffassung der Moderne in den Texten Joseph Roths. Würzburg 1994, S. 32.

Romane, zumal die späten, gestalten so gleichsam ein Warten ohne Ziel literarisch aus. Dennoch ist diese ziellose Zeit als Ordnung der alten Welt positiv konnotiert, zumal sie sich in die Bilder des Naturhaften kleidet. Der Weltkrieg, der den europäischen Raum so grundstürzend verändert, bringt auch das neue Zeitmaß der ereignisbezogenen Verdichtung hervor. Es ist als negatives Signum der neuen Zeit zu verstehen.

Im Folgenden soll der Blick auf einen Roman Joseph Roths gelenkt werden, in dem Geschichte noch einmal in anderem Zugriff dargeboten wird und der damit eine durchaus singuläre Stellung in Roths Œuvre einnimmt. Es ist sein Napoleon-Roman *Die hundert Tage* von 1936. Kann man bei vielen der Texte Roths darüber streiten, ob es sich bei ihnen um historische Romane handelt, so ist dies für *Die hundert Tage* doch unstrittig. Dennoch ist der Roman in mehrerer Hinsicht von Ambivalenzen geprägt. Das trifft schon auf Roths Aussagen im Zusammenhang mit dieser Arbeit zu. „Das ist das erste und das letzte Mal, daß ich etwas ‚Historisches' mache", so äußerte er sich René Schickele gegenüber, und weiter: „Es ist unwürdig, einfach unwürdig, festgelegte Ereignisse noch einmal formen zu wollen – und respektlos. Es ist was Gottloses drin – ich weiß nur nicht genau, was?"[15] Einem anderen Korrespondenzpartner, dem Schweizer Schriftsteller Carl Seelig, berichtete er hingegen: „Ich schreibe übrigens zum ersten Mal einen historischen Roman – gewiß nicht, weil ich ‚Erfolg' haben will – muß ich das noch sagen? Aber weil ich im Stoff ein Mittel gefunden habe, mich *direkt* auszudrücken."[16] In diesem letzteren Sinne ist der Roman auch verstanden und immer wieder gelesen worden: Er ziele in historischer Einkleidung direkt auf die Gegenwart – und hier die Gegenwart des Nationalsozialismus, zu der der Autor im Exil Stellung nehme, die er im historischen Geschehen spiegele. Geschichte fungiert also als „Distanzierungsmittel" und „Gleichnis", wie sich Lion Feuchtwanger diesbezüglich ausgedrückt hatte.[17] Tatsächlich sind die Möglichkeiten des historischen Vergleichs in *Die hundert Tage* evident: Der Diktator und charismatische Herrscher Napoleon, der für ein gutes Vierteljahr im Frühjahr 1815 von Elba nach Paris zurückkehrt und die Massen noch einmal für sich gewinnen kann, der mit seiner

---

15 Joseph Roth: Briefe 1911–1939. Herausgegeben von Hermann Kesten. Köln, Berlin 1970, S. 412.

16 Roth, Briefe, S. 394.

17 Lion Feuchtwanger: Vom Sinn und Unsinn des historischen Romans. [1935] In: Eberhard Lämmert u.a. (Hg.): Romantheorie. Dokumentation ihrer Geschichte in Deutschland seit 1880. 2. Aufl., Königstein/Ts. 1984, S. 235; vgl. zu diesem Zusammenhang Dieter Kliche: Joseph Roths Napoleon-Roman „Die hundert Tage". In: Michael Kessler, Fritz Hackert (Hg.): Joseph Roth. Interpretation – Kritik – Rezeption. Tübingen 1990, S. 157–166; Bruce M. Broerman: Joseph Roth's „Die hundert Tage". A New Perspective. In: Modern Austrian Literature 11/2 (1978), S. 35–50.

Armee in eine neue Schlacht zieht, die das Ruder noch einmal zugunsten Frankreichs herumreißen soll. Hier lassen sich offensichtlich die Parallelen zu dem auffinden, was in Deutschland 1935/36 Gegenwart war oder was – durchaus hellsichtig – für die Zukunft befürchtet werden musste. Die Anlage des Romans ist geschickt gewählt. Zwei Bücher nähern sich dem Empereur selbst, zwei sind der Wäscherin Angelina Pietri gewidmet, die sich als prototypische Vertreterin des Volkes interpretieren lässt, das der Herrscher Napoleon in taumelnde Begeisterung versetzen kann. Die Inszenierung seiner Propaganda ist deshalb so erfolgreich, weil er sich selbst als Teil dieses Volkes zu präsentieren vermag. Er ist der machtvolle Aufsteiger aus kleinen Verhältnissen an die Spitze der Nation. Ein Potential des Charismatikers, das die traditionale Herrschaft der Bourbonen nicht aufzubieten hat. Im Text heißt es dazu: „Indem er sich selbst erhob, adelte, krönte, erhob er alle Namenlosen im gemeinen Volk, und also liebte es ihn. [...] Sie liebten ihn, weil er ihresgleichen zu sein schien – und weil er dennoch größer war als sie.“[18] Hinzu kommt, von Roth in der Napoleon-Angelina-Konstruktion sehr klar hervor gekehrt, die erotische Dimension der Verführung durch die Macht.[19] Trotz dieser unabweisbaren und – so mag man urteilen – auch sehr gelungenen, weil treffenden Parallelbildungen zwischen Vergangenheit und Gegenwart, konterkariert der Roman die so erzielten Einsichten immer wieder selbst. Roth scheint seine Deutung, die man als herrschaftssoziologisch und massenpsychologisch akzentuiert bezeichnen kann, selbst nicht wirklich zufrieden gestellt zu haben. Es sind Widerstände in die erzählerischen Darlegungen eingebaut, die sich vor allem gegen die Gegensatzbildung in der historisch-politischen Diagnose stellen, also gegen die Opposition vom Herrscher auf der einen Seite und den Beherrschten auf der anderen. Die Ankunft Napoleons in Paris vor den Massen wird im Roman aus der Perspektive des Kaisers dargeboten: „Als der Kaiser aus dem Wagen stieg, streckten sich ihm viele weiße, offene Hände entgegen. In diesem Augenblick, gebannt von den beschwörenden Händen, verlor er Willen und Bewußtsein.“[20] Die Bewunderung der Massen führt hier nicht zum Bewusstseinsschwund bei den Vielen, sondern zur Ohnmacht des Einzelnen, der der Hybris seiner Selbstvergottung innewird. Lenkt Napoleon souverän den Willen seiner Untertanen? Oder ist er inzwischen selbst gefangen in den übergroßen Bildern von sich selbst? Bei Roth zeigen sich beide Dimensionen dieser

---

18 Roth, Werke 5, S. 680.

19 Vgl. Barbara Beßlich: Der deutsche Napoleon-Mythos. Literatur und Erinnerung 1800–1945. Darmstadt 2007, S. 408ff.

20 Roth, Werke 5, S. 686.

Machtausübung. Die erzählerische Präsentation allerdings profiliert stärker das Bild des gebrochenen, des nicht mehr souveränen Kaisers, denn in den Napoleon-Abschnitten des Romans wird fast immer auf das Innenleben des Kaisers fokussiert, das häufig in erlebter Rede dargestellt wird. Roth ging es so um eine eigenständige und differenzierte Reaktion auf eine solche charismatische Herrschaftsausübung, nicht ausschließlich um eine vorschnelle Analogiebildung zwischen Historischem und Gegenwärtigem. Man kommt Roths Napoleon näher, wenn man an der literarischen Schilderung seiner Herrschaft eher die Unterschiede zu Hitler betont und nicht die Gemeinsamkeiten. Es bietet sich an, *Die hundert Tage* besser als Teilstück einer historisch angelegten Typologie moderner Herrschaft zu verstehen, die im frühen 19. Jahrhundert in Napoleon ihren mächtigsten Vertreter gefunden hatte. Dass diese im 20. Jahrhundert dann bei ähnlichen Grundlagen zu ganz anderen Auswüchsen führt, ist davon nicht berührt. In diesem Sinne hat sich Roth auch selbst geäußert, wenn er über Grillparzers berühmtes Diktum „von Humanität durch Nationalität zur Bestialität“ ausführt, dass dies bedeute: „von Erasmus durch Luther, Friedrich, Napoleon, Bismarck zu den heutigen europäischen Diktaturen“ – so Roth 1937.[21] Resümierend heißt das: Roths historischer Roman aus der Exilzeit über Napoleons Herrschaft ist kaum ohne die „heutigen europäischen Diktaturen“ vorstellbar, er sollte aber nicht ausschließlich im Modus der historischen Analogie verstanden werden. Was aber, so ist zu fragen, beschreibt Roth anhand seiner Napoleon-Imagination, welche Interpretation und welche Bewertung erfährt die Herrschaft des Kaisers? Auf einer ersten Ebene, darauf ist in der Forschung mehrfach verwiesen worden, stellt Roth die Hybris der quasi göttlichen Inszenierung des Kaisers heraus.[22] Im ersten Buch gibt es eine markante Szene, in der er ein Kruzifix vom Altar stößt, das auf dem Boden zerbricht. Diese Versündigung ist mit einer Traumvision des besiegten, gescheiterten Kaisers nach der Schlacht von Waterloo in Beziehung zu setzen, in der ihm ein Greis erscheint, den Napoleon als „Heiligen Vater“ anspricht und der ihn zurechtweist. Der Greis erklärt: „Alle gehorchen dir, aber der Gehorsam der Gewaltsamen ist anders als der meine. Denn ich bin kein Gewaltsamer! Ich bin der einzige Gewaltlose, der dir gehorcht – und daran wirst du untergehen.“[23] Es ist aber schließlich nicht die geistige Macht der Kirche, vor der der Kaiser in dieser Vision niederknien wird. Denn im Text heißt es weiter:

---

21 Roth, Werke 3, S. 745.

22 Vgl. Carl Steiner: Frankreichbild und Katholizismus bei Joseph Roth. In: Bernd M. Kraske (Hg.): Joseph Roth. Werk und Wirkung. Bonn 1988, S. 89–100.

23 Roth, Werke 5, S. 832.

> ‚Du bist vergänglich', sagte der Greis, ‚wie ein Komet. Du leuchtest allzu stark! Dein Licht verzehrt sich selbst, indem es leuchtet, während es leuchtet. Aus dem Schoß einer irdischen Mutter bist du geboren!' In diesem Augenblick war es dem Kaiser, als verwandelte sich die Gestalt des Greises in die Gestalt seiner Mutter. Er sank auf die Knie und verbarg seinen Kopf in ihrem Schoß.[24]

Der Herrscher kehrt zurück an den Anfang, buchstäblich in den Schoß der Mutter. Dieses Bild, sein regressiver Gestus ist kaum zu leugnen, birgt aber noch mehr in sich. Es ist die Rückkehr in die durch den Machtdrang zerstörte natürliche Ordnung, die eine Ordnung der Geschichte ist und damit eine Ordnung auch der historischen Zeit. Der beschriebenen Traumszene im dritten Buch korrespondiert eine Passage im ersten Buch, angesiedelt kurz nach der Rückkehr Napoleons nach Paris:

> Er [Napoleon] wollte das Bild seines Sohnes sehn. Es verlangte ihn in trüben Stunden eher nach seinem Kind als nach seiner Mutter. Außergewöhnlich, wie er war, Erzeugnis einer Willkür der Natur und ihre Ausgeburt, hatte er gleichsam auch ihre Gesetze verkehrt, und er war nicht mehr das Kind seines Geschlechts, sondern geradezu wie der Vater seiner Vorfahren. Von seinem Namen lebten seine Ahnen.[25]

Der Kaiser hat in der Anmaßung seiner Macht die natürliche, hier die genealogische Ordnung der Geschichte durcheinander gebracht, ja, sie geradezu verkehrt. Nicht seine eigene Geschichte hat ihn geformt, sondern er wirkt zurück auf seine eigene Geschichte: „Von seinem Namen lebten seine Ahnen". Die charismatische Herrschaft Napoleons steht gegen Natur und Geschichte, so ist Roths literarische Interpretation in ihrer Symbolik zu verstehen. Der Text expliziert dies durch eine deutlich herausgestellte Thematisierung der Zeitlichkeit.[26] Im Zentrum steht hier der Bezug des Kaisers zur Zeit als einer Ordnung, die in direkter Verbindung mit seiner Herrschaft steht. Trotz der großen Begeisterung der Volksmassen über seinen Wiedereinzug erkennt Napoleon schon im ersten Buch des Romans mehr und mehr, dass es die Zeit ist, die ihm nun nicht mehr gewogen ist. „So hatte der Kaiser seine Feindin, die Zeit, ständig vor Augen", so heißt es beim Anblick einer der vielen Uhren, die im Roman vorkommen.[27] „Die Zeit lief, die Zeit rannte", so an anderer

---

24 Roth, Werke 5, S. 832f.

25 Roth, Werke 5, S. 694.

26 Dies ist in der Forschung schon lange erkannt, zumeist aber im Zusammenhang mit der schon erwähnten und zweifelsfrei dominanten religiösen Thematik des Romans (und Roths Spätwerks im Allgemeinen) interpretiert worden; vgl. Steiner 1988. Esther Steinmann: Von der Würde des Unscheinbaren. Sinnerfahrung bei Joseph Roth. Tübingen 1984, S. 79ff.

27 Roth, Werke 5, S. 695.

Stelle.[28] Es ist eine Beschleunigung der Zeit, die dem Kaiser nunmehr aus der Hand zu gleiten droht. Das wird wie folgt umschrieben:

> Die Zeit ging unaufhaltsam, hurtiger schien sie dem Kaiser als je zuvor in seinem Leben. Zuweilen hatte er die beschämende Empfindung, daß sie ihm nicht mehr gehorchte wie einst, wie vor Jahren. [...] Früher bestimmte und lenkte er allein den Gang der Stunden, sein Maß hatten sie und seine Fülle, seine Macht und seinen Namen verkündeten sie in vielen Teilen der Welt. Heute gehorchten ihm noch vielleicht die Menschen, die Zeit aber rannte ihm davon, zerfloß und verschwamm, sobald er sie greifen wollte.[29]

Der Kaiser reagiert darauf, wie er schon früher reagiert hatte. Er versucht, die Zeit in Besitz zu nehmen. Er will sie gestalten als Verdichtung im Ereignis, das heißt: Er will Krieg führen. Das geschieht, doch der Erfolg bleibt aus, die Schlacht wird zur großen Niederlage – zur Niederlage auch in der Beherrschung der Zeit. Einer seiner Minister ahnt dies schon vorher: „Er kann nur Kriege machen und keine Politik!“[30] Nicht die *Dauer* der Zeit kann Napoleon beherrschen, das soll dieses Urteil sagen, sondern nur das *Ereignis*, seine Herrschaft ruht auf den gewonnenen Schlachten, nicht auf der für die Dauer angelegten Ordnung der Politik. Am Ende aber versagt sich eine solcherart beherrschte Zeit dem Imperator. Markant eröffnet Roth das dritte Buch des Romans, dessen erster Satz lautet: „In dieser Stunde erkannte der Kaiser, daß er die Schlacht von Waterloo verloren hatte“.[31] Auch hier also wieder der nachdrückliche Verweis auf die Zeit und ihre Ordnung. In der Folge erzählt der Roman gleichsam die Rückkehr des Kaisers in eine natürliche Zeit jenseits der augenblickhaften Verdichtung wie auch jenseits der zunehmenden Beschleunigung. Es ist die erzählerische Wiedereingliederung des charismatischen Herrschers in das natürliche Zeitmaß der Geschichte. Roth imaginiert auf diesem Wege eine Aufhebung der diktatorischen Herrschaft, die auf dem Versuch einer Überwältigung der geschichtlichen und temporalen Ordnung beruht hat. Am Rande sei bemerkt, dass Roth mit einer solchen Analyse durchaus recht genau auf eine Ideenkonstellation zielt, wie sie auch das Geschichtsdenken des Nationalsozialismus mit seinem aggressiven Utopismus prägte. Auch die NS-Ideologie war in weiten Teilen beeinflusst von einer Geschichtsvorstellung, in der der gleichmäßige historische Verlauf zugunsten einer

---

28 Roth, Werke 5, S. 688.
29 Roth, Werke 5, S. 693.
30 Ebd.
31 Roth, Werke 5, S. 789.

absolut gesetzten Zukunft überwunden wurde – die Rhetorik des „Endsieges“ ist dafür nur das bekannteste Beispiel.[32]

Die Zeit, die nach Napoleons Niederlage wieder in ihr Recht gesetzt wird, ist dagegen von anderem Zuschnitt. Der Morgen des letzten Tages, den der Kaiser vor seiner Verschiffung nach St. Helena noch in Frankreich verbringt, wird folgendermaßen eingeleitet: „Alle Vögel jubelten dem siegreichen Morgen zu. Der Wind war verstummt, in einem hellblauen, stillen Glanz standen die Bäume unbeweglich und wie für alle Ewigkeit gewachsen“.[33] In der Nacht vor der Abreise wird der Schlaf Napoleons von seinem Diener bewacht. Auch hier ist die literarisch-symbolisch Einfassung des Zeitmaßes prägnant dargestellt:

> Von Zeit zu Zeit blickte er auf die kleine Standuhr am Kaminsims. Die Zeit ging langsam, die Stunden flossen nicht dahin wie sonst, obwohl die Uhr fleißig und gleichmäßig tickte wie alle Tage. Auch hörte man vom Kirchturm her die tiefe Glocke. Aber zwischen einem Glockenschlag und dem nächsten lagen Ewigkeiten, erfüllt von düsterer Stille, tiefschwarze Ewigkeiten.[34]

Bei dieser Zeitdarstellung belässt es Roth allerdings nicht; sie wird kombiniert mit einem Motiv, das sich an entscheidender Stelle schon in *Radetzkymarsch* gefunden hatte. Der Kaiser, der das von ihm beherrschte Land verlässt, er geht buchstäblich ein in die naturhaft symbolisierte Zeit:

> Das Land brauchte ihn nicht! Es schickte ihn fort. Von der Küste aus hatte er es gewonnen. Es schickte ihn wieder an die Küste zurück! Er wußte es. ‚Weiter, weiter‘, befahl er, und: ‚Das Meer! Das Meer!‘ [...] Jetzt war das Meer da, nach dem er sich so gesehnt hatte, das ewige Meer.[35]

Damit ist die Herrschaft des Kaisers, eine moderne, charismatische, machtvolle, gebrochen, sie wird geradezu überwölbt von einem vormodernen Zeitmaß, wie Roth es schon mit der Regentschaft Kaiser Franz Josephs assoziiert hatte, der in seiner Typologie wie ein ferner Vorgänger Napoleons erscheint. Franz Josephs „Meer der Zeit“ in seiner ewigen Gleichmäßigkeit hat nun auch Napoleon wieder. „Weit war das Meer, weiter als alle Schlachtfelder gewesen waren. Weiter war es auch als das Schlachtfeld von Waterloo. All die weiten Schlachtfelder des Kaisers reihten sich jetzt aneinander, über dem grenzenlosen Spiegel des Meeres.“[36] Roth formuliert auf diese Weise die quasi mythische Destruktion

---

32 Vgl. Frank-Lothar Kroll: Utopie als Ideologie. Geschichtsdenken und politisches Handeln im Dritten Reich. Paderborn u.a. 1998.

33 Roth, Werke 5, S. 809.

34 Roth, Werke 5, S. 831.

35 Roth, Werke 5, S. 828.

36 Roth, Werke 5, S. 835.

einer modernen Herrschaftsform aus, wie sie in ihren Grundzügen auch im 20. Jahrhundert wieder erscheinen sollte. Dass eine solche literarische Imagination als reale politische Hoffnung allerdings kaum tragfähig sein konnte, das scheint der Autor erkannt und seinem Napoleon-Roman eingeschrieben zu haben. Der Text endet nicht mit dem Kaiser auf dem Meer; das letzte, vierte Buch ist wiederum der Wäscherin Angelina Pietri gewidmet. Sie stellt sich tapfer den Anhängern der zurückkehrten Bourbonen in den Weg und wird dabei von der begeisterten Masse zu Tode getreten. Ihr Leben für den Kaiser endet nicht am Meer – sondern an der Seine, am Fluß. Am Ende des Textes steht symbolisch der Fluß und damit zuletzt die Einsicht in die Macht einer unweigerlich fortschreitenden Zeit, die die Rückkehr in das ewige, naturhafte Zeitmaß des Meeres unmöglich werden lässt. In den letzten Zeilen des Romans steht Angelinas Begleiter, der Schuster Wokurka, neben ihrem Leichnam.

> Eifrig gurgelte die Seine an ihm vorbei, er sah hartnäckig, gedankenlos, betäubt in das hurtig dahinfließende Wasser. Es trug den Himmel, der sich darin spiegelte, mit sich fort und alle seine silbernen Sterne.[37]

An dieser Stelle, so mag man deuten, an der die Zeit in ihrer Unerbittlichkeit den Himmel und die Sterne mit sich fortreißt, nähert sich Roth literarisch einem anderen Kritiker des modernen Geschichtsdenkens an: Es ist Walter Benjamin. Die Geschichte, die im Bild des Flusses am Ende von *Die hundert Tage* aufgerufen wird, sie ähnelt jenem Bild von der Geschichte als Sturm, den Benjamins Engel im Auge hat. Auch der Fluß, der alles mit sich fortreißt, ist „[d]as, was wir den Fortschritt nennen".[38]

---

37 Roth, Werke 5, S. 848.

38 Walter Benjamin: Gesammelte Schriften I, 2. Herausgegeben von Rolf Tiedemann und Hermann Schweppenhäuser. Frankfurt/Main 1974, S. 698.

Alexander Chertenko

Zufall und Ordnung

Zwei Pole der Moderne in Joseph Roths *Das falsche Gewicht*

Am Anfang seines neuesten Romans *Anatolin* (2008)[1] berichtet Hans Ulrich Treichel, wie er, um seinen „Morbus biographicus" loszuwerden, sich zuerst nach Lemberg, dann in ein Dorf mit dem für die deutsche Sprache unverdaulichen Namen „Bryschtsche" begibt, und, da der Drang nach Heilung offenbar auch andere Wünsche zulässt, zusätzlich einen Abstecher nach Brody macht. Die Reise, die im Unterschied zu allen anderen autobiographischen Wanderungen des Romanprotagonisten eher literaturwissenschaftlich motiviert ist, endet in lauter Enttäuschungen. In dem Maße, in dem der Geburtsort Joseph Roths, der in den Prosawerken dieses Autors in Camouflage fiktionaler oder fiktionalisierter Topoi wie Schwaby, Zlotogrod, Progrody, Zuchnow, Kluczysk, Lopatin u.a. mehrmals auftritt,[2] für Treichel schärfere Konturen gewinnt, erweist er sich als Domäne fremder (d.h. ostslawischer) Lebensweisen, die, so Treichel, weder mit dem Prosa-Universum Roths noch mit der Atmosphäre des jüdischen Stetls, in dem der Schriftsteller aufwuchs, die geringste Ähnlichkeit haben. Treichels Unfähigkeit, Umrisse des ihm bestens bekannten *literarischen* oder, wenn man über die Biographie des „schillernden Chamäleons"[3] spricht, *literarisierten* Topos in einer *realen* Ortschaft auszumachen, ist sicherlich auch damit zu erklären, dass die Stadt infolge zweier Weltkriege und der darauf folgenden städtebaulichen Unifizierung der Sowjetzeit erhebliche architektonische Verluste erlitt, dass ihr ferner der Großteil ihres jüdischen Charmes tatsächlich abhanden kam und dass Fiktion und Realität erwartungsgemäß nie zusammenfallen können. Dass diese Erklärungen die Frage trotzdem keinesfalls erledigen, dessen kann man sich sowohl anhand des einfachen Vergleichs

---

1 Vgl. Hans-Ulrich Treichel: Anatolin. Frankfurt/Main 2008.

2 Näheres zur strukturellen Einheitlichkeit galizischer Toponyme in den Texten Joseph Roths, die ihre Behandlung als fiktionale Gegenstücke zu Brody erst recht legitimiert, bei Maria Klanska: Die galizische Heimat im Werk Joseph Roths. In: Michael Kessler, Fritz Hackert (Hg.): Joseph Roth. Interpretation - Rezeption - Kritik. 2. Auflage, Tübingen 1994, S. 148–149.

3 Mit diesem Ausdruck brachte Géza von Cziffra Roths Hang zur biographischen Mystifizierung auf den Punkt. Vgl. Géza von Cziffra: Der heilige Trinker. Erinnerungen an Joseph Roth. Frankfurt/Main, Berlin 1989, S. 11.

der Fotoaufnahmen aus den beiden Fin de siècles vergewissern (und sie zeugen von einem verhältnismäßig guten Erhaltungsgrad der Rothschen Attraktionen von Brody[4]) als auch anhand der genauen Lektüre der Reiseeindrücke Treichels, die mit einer fotografischen, zuweilen ziemlich peinlichen Präzision das chaotische, mit Bestechungsbazillen total verseuchte, dabei aber auch mit einer vorzivilisatorischen Authentizität beladene Wesen ehemaliger Kronländer fixieren – und damit die für das Spätschaffen Roths tendenziellen Ausführungen im Kern bestätigen. Im Hinblick auf diese Gemeinsamkeiten lässt sich das geschwächte Erkenntnisvermögen der Romanprojektion Treichels als eine Erscheinungsform jenes europäischen kulturellen Stereotyps auslegen, das die unmittelbare Wahrnehmung blockiert. Im Kontext der „imaginären Topographie" Rothscher Texte, wie Wolfgang Müller-Funk es nennt, funktioniert dieses Stereotyp, ob Treichel es will oder nicht, die blanke Konfrontation eines deutschen Schriftstellers mit der ukrainischen Stadt Brody in eine postmoderne Variation über den für Roth äußerst bedeutsamen Widerstreit zwischen Europa und Nicht-Europa um, der sich laut Joseph P. Strelka in Form einer Ost-West-Spannung „durch einzelne Figuren, durch die Konfigurationen seiner Romane [zieht] und … die ‚Kurven' ihrer Strukturen [bestimmt]".[5]

Solch ein Widerstreit darf, ungeachtet seiner recht geradlinigen Verarbeitung etwa in *Die Flucht ohne Ende* oder in vielen Spätromanen Roths, keineswegs auf seine offensichtlichste Modifikation beschränkt werden. Im Rothschen Oeuvre ist, wie Strelka zutreffend bemerkt,

> der Osten nur in einem sehr übertragenen Sinn … ein geographischer Begriff … Er [stellt] weniger [einen] äußerlich-geographischen als innerlich existenziellen Raum … [dar]. Der Westen hingegen steht nicht nur für die große geschichtliche Welt, sondern überhaupt für die geregelte und geordnete Welt, die nach außen hin so sicher und gesichert aussieht, ohne es zu sein.[6]

Wenn man Strelka Recht gibt, so muss die konflikthafte Begegnung von Europa und Nicht-Europa als Chiffre einer umfassenderen Konfrontation gelesen werden, – nämlich einer Konfrontation zwischen dem als westlich konnotierten Rationalismus, der die Ordnung oder: das Gesetz, das Schicksal, die Hierarchie, kurzum „das Geordnetsein, [den] ordentli-

---

4 Solch ein Vergleich lässt sich z.B. anhand eines prächtigen Bildbandes anstellen: Heinz Lunzer, Victoria Lunzer-Talos: Joseph Roth. Leben und Werk in Bildern. Köln 1994.

5 Joseph Peter Strelka: Auf der Suche nach dem verlorenen Selbst. Zu deutscher Erzählprosa des 20. Jahrhunderts. Bern 1977, S. 71.

6 Strelka, S. 70–71.

che[n], übersichtliche[n] Zustand"[7] beschwört, und dem als östlich konnotierten, entweder slawischen oder jüdischen Antirationalismus, der auf dem Chaos basiert und „von Wundern lebt"[8], sich dem Zufall überlässt oder seine Hoffnung auf Abenteuer setzt, kurzum, das Dasein oder die Ereignisse evoziert, die, um mit Karl Jaspers zu sprechen, „selbst nicht als notwendig begriffen werden [können]".[9]

Dass sich hinter der Kulisse dieses „clash of civilizations" latent eine viel abstraktere Auseinandersetzung vollzieht, und dass folglich die lokale Begegnung zweier Kulturen in Wirklichkeit das Epiphänomen eines globalen Beieinanders zweier invertierter und doch komplementärer Lebensführungen ist, lässt sich unter anderem auch durch den Hinweis auf die wenigen grundsätzlichen, immer aufs Neue wiederkehrenden Handlungskonfigurationen bekräftigen, die verschiedene Aspekte der „Zufall und Ordnung"-Problematik aufweisen und dabei die „Europa/Nicht-Europa"-Opposition nicht unbedingt wiedergeben. So findet man in fast allen Texten Roths Armeefanatiker verschiedenster Herkunft, die das Heer als Ausdruck universalen Geordnetseins wahrnehmen und sich daher in der Welt der Zivilisten, wo der verheerende Zufall herrscht, nicht zurechtfinden können. Diesem Konflikt entstammen revolutionäre und/oder hochstaplerische Energien, die sich gegen das Chaos der befriedeten Welt richten oder es zu beherrschen suchen, aber entweder in eine ebenso mangelhafte Unordnung umschlagen oder, nach einer Formulierung Hartmut Scheibles, „die erstarrten Formen überlieferter Herrschaft"[10] aufleben lassen. In allen oder fast allen Texten Roths werden eine oder mehrere Versuchungssituationen modelliert, in denen sich der jüdische Schicksalsfatalismus implizit oder explizit niederschlägt, während die Beteiligten allen möglichen Ethnien angehören können. Ihre sichtbare, wohl aber nicht wahrhaftige Ordnung, die verdächtig oft als Familienordnung erscheint, wird dabei nicht selten von einzelnen verhängnisvollen Figuren (vor allem Frauen), in denen sich die Intentionen einer in der Regel nicht näher präzisierbaren höheren Ordnung verdichten, zu Grabe getragen. Sagenumwoben ist auch das Rothsche Wunschbild der Donaumonarchie, die der Unordnung der Zwischen-

---

7 Diese Definition der Ordnung stammt aus dem „Duden"-Wörterbuch (CD-ROM, Bibliographisches Institut & F.A. Brockhaus AG, 2000).

8 Joseph Roth: Erdbeeren. Romanfragment. In: Text + Kritik Sonderband Joseph Roth. München 1982, S. 116.

9 So definiert Karl Jaspers den Zufall (Karl Jaspers: Psychologie der Weltanschauungen. Berlin 1922, S. 270).

10 Hartmut Scheible: „Eine in Hässlichkeit sterbende Welt". Joseph Roths Romanfragment „Perlefter". In: Text + Kritik Sonderband Joseph Roth, S. 144.

kriegszeit eine ideale Ordnung entgegenhalten soll. Die Monarchie erscheint als Wunschbild einer Ordnung, die die realhistorische Unordnung gewissermaßen zähmt, und erspart dieser Ordnung das Schicksal der Erstarrung, weil sie durch die lokal ungeordneten Verhältnisse das ideal geordnete Dasein wieder zum Chaos degradiert.

Alle hier nur angedeuteten Kollisionen findet man im Roman *Das falsche Gewicht* exemplarisch dargestellt, und zwar in dermaßen potenzierter Form, dass sich von einer Modellhaftigkeit des Textes sprechen lässt. Zu dieser Modellhaftigkeit trägt in erster Linie der Pakt des Protagonisten Anselm Eibenschütz, der sich als private Person von anderen „vom Schicksal gezeichneten“[11] Figuren Roths nur wenig unterscheidet, mit der statischen (oder scheinbar statischen) Ordnung der Staatsmacht bei. Dadurch wird nicht nur der Held, sondern auch die von ihm vertretene Ordnung verabsolutiert: Diese wird, der hebräischen Denkweise des Protagonisten entsprechend, mit der göttlichen Ordnung der Heiligen Schrift gleichgesetzt[12]. Die nachgerade ideale Beschaffenheit seines Amtes, in dem es um die Festlegung der für alle gültigen Maße und Gewichte geht, unterscheidet Anselm Eibenschütz von den meisten Beamten Roths – sowohl von den nur vorübergehend im Staatsdienst beschäftigten wie Paul Bernheim, als auch von den symbolisch konnotierten, mustergültig ihre Plicht verrichtenden Figuren wie dem Bezirkhauptmann Franz Trotta. Für den Rothschen Eichmeister ist die Ordnung nicht mehr ein Synonym für die unverständliche und unaufhaltsam strafende Gottheit, sondern ein handhabbares Gesetz, und die Erhaltung der Ordnung nicht mehr ein rein formeller Begriff, sondern alltägliche Routine; dabei leuchtet ihm ein, dass, obschon er anscheinend nur die Messelemente prüft, seine Aufgabe auch darin besteht, „Maß und Gewicht der Begebenheiten festzustellen und zu prüfen“.[13] Indem der ehemalige Unteroffizier und spätere Feuerwerker zum Eichmeister ernannt wird, wird er in den Brennpunkt der Moderne gerückt, der für die meisten Hauptfiguren Roths unerreichbar bleibt.[14] „Es ist das klassische Denken“,

---

11 Hugo Dittberner: Über Joseph Roth. In: Text + Kritik Sonderband Joseph Roth, S. 12.

12 Alle Zitate aus dem Roman „Das falsche Gewicht“ beziehen sich auf diese Ausgabe: Joseph Roth: Das falsche Gewicht. Die Geschichte eines Eichmeisters. Köln, Amsterdam 1977, S. 5

13 Roth, Gewicht, S. 35.

14 „[…] in den meisten Werken […] stellt Roth „die Figur des schwachen Helden“ (Petra Klass-Meenken) dar“, konstatiert Tymofiy Havryliv. „Es muss darauf hingewiesen werden, dass diese Schwäche vor allem in der Unfähigkeit besteht, die Moderne als Epoche zu betreten“ (Tymofiy Havryliv: Try „ljubowni“ istoriji Josepha Rotha, in: Tymofiy Havryliv (Hg.): Fakt jak

schreibt beispielsweise Michel Foucault in Bezug auf das Denken der Neuzeit, „das die Ähnlichkeit als fundamentale Erfahrung und erste Form des Wissens ausschließt und in ihr eine konfuse Mischung denunziert, die man in Termini der Identität und des Unterschieds, des Maßes und der Ordnung analysieren muss".[15] In Übereinstimmung mit diesem Befund definierte auch Georg Simmel das Wesen des modernen Denkens, wobei der Lebensphilosoph die für den Dienst des Eichmeisters unabdingbare finanzielle Dimension hinzufügte:

> Die geistigen Funktionen, mit deren Hilfe sich die Neuzeit der Welt gegenüber abfindet und ihre inneren – individuellen und sozialen – Beziehungen regelt, kann man großenteils als rechnende bezeichnen. Ihr Erkenntnisideal ist, die Welt als ein großes Rechenexempel zu begreifen, die Vorgänge und qualitativen Bestimmtheiten der Dinge in einem System von Zahlen aufzufangen ....[16]

Von der Bedeutung der monetären Dimension zeugt außer der dienstlichen Kompetenz des Eibenschütz selbst auch die markante „Kommerzialisierung" mancher leitmotivischer Figuren des späten Roth, die im Roman in den Aufgabenbereich des Eichmeisters fallen. So verwandelt sich der Korallenhändler Nissen Piczenik, der wegen seiner romantischen Monomanie von manchen Kritikern als Quasikünstler bezeichnet wurde,[17] zu einem der Bewerber um das vakante Amt des Grenzwirts. So wird der edle Diener mit dem unaussprechlichen Namen Onufrij aus dem *Radetzkymarsch* zum Diener des Schiebers Jadlowker. So entpuppt sich der redliche Lehrer Mendel Singer aus *Hiob* lediglich als der Mann einer bettelarmen Händlerin, der die Ergebnisse einer allzu strengen Revision ungeschehen zu machen sucht.

Da die „rechnende" Ordnung im Roman auch ein einfältiges, doch äußerst zuverlässiges System der Wertedifferenzierungen aufbaut (das falsche – das richtige Gewicht) und die verschiedensten Facetten des menschlichen Daseins umfasst („Maß und Gewicht der Begebenheiten"), gewinnt sie einen universalen Rang und wird dadurch zum Äquivalent

---

eksperyment. Mechanismy fikzionalisaziji dijsnosti u tworach Josepha Rotha. Lwiw 2007, S. 121).

15 Michel Foucault: Die Ordnung der Dinge. In: Michel Foucault: Die Hauptwerke. Frankfurt/Main 2008, S. 89.

16 Georg Simmel: Philosophie des Geldes. In: Georg Simmel: Philosophische Kultur. Frankfurt/Main, o.J., S. 678.

17 Vgl. z.B.: Gershon Shaked: Kulturangst und die Sehnsucht nach dem Tode. Joseph Roths „Leviathan" – die intertextuelle Mythisierung der Kleinstadtgeschichte. In: Michael Kessler, Fritz Hackert (Hg.): Joseph Roth. Interpretation – Rezeption – Kritik. 2. Auflage Tübingen 1994, S. 288–290 (Abschnitt „Auseinandersetzung mit der modernen Kunst"); Tymofiy Havryliv. Try „ljubowni" istoriji Josepha Rotha, S. 110–114, u.a.

anderer abstrakter Ordnungen, an denen die Fiktionen Roths so reich sind. (Genannt seien hier die soziale Ordnung in *Hotel Savoy*, die Ordnung des Schicksals in *Die Rebellion*, die Ordnung der Monarchie in *Radetzkymarsch* sowie die religiöse Ordnung in *Hiob*.) Im Sinne der Moderne zieht ein derartiger Universalismus zugleich eine drastische Verringerung der Wahrnehmungsmöglichkeiten nach sich. Daran ist vor allem die antiuniversalistische Natur des Menschen schuld, oder, um es präziser auszudrücken, der ureigene, von der Literatur der Moderne wiederentdeckte und von den Philosophen und Psychologen dieser Zeit, etwa von Freud, Simmel oder Karl Jaspers, theoretisch belegte Bezug des Individuums zu dem Zufälligen in sich – dasjenige „Körnchen Wahrheit", das Menschen „gewöhnlich sehr plötzlich erkennen", vor dem sie dann „gewaltig erschrecken"[18] und das als Abglanz der höchsten Ordnung ihre fehlerhafte innere Ordnung und das innere Gesetz konstituiert. Solch ein Bezug ist aber keine Novität dieses Romans. Auch in anderen Prosawerken Roths spielt er eine wichtige, wenn nicht eine *Schlüssel*rolle, die im erzwungenen Geständnis der Erzähler oder – viel seltener – der handelnden Personen erkennbar wird. So kommt beispielsweise der Erzähler aus *Rechts und Links*, nachdem er die Wirrnisse des jungen Paul Bernheim summiert hatte, zu einem bündigen Schluss: „Verworren sind in den Herzen und Hirnen der Menschen Überzeugung und Leidenschaften, und es gibt keine psychologische Konsequenz".[19] Beinahe identisch ist die Beobachtung, die die Schilderung des Leutnants von Trotta beim Schreiben eines Bittbriefes zum Vater krönt: „So merkwürdig, so wandelbar und so verworren ist die menschliche Seele"[20]. Und in *Hiob* überzeugt sich Deborah nach dem zeitweiligen Verschwinden Miriams, dass sie „ein Unglück … im Schoß [trägt]";[21] sie denkt an den noch nicht geborenen Menuchim und meint dabei das Austragen des Schicksals schlechthin. In allen drei Zitaten, gleichwie in der zitierten Passage aus *Das falsche Gewicht*, wird die (innere) Zufälligkeit als unabdingbarer Parameter der menschlichen Natur reflektiert, der, auf die konkreten Lebensumstände projiziert (äußere Zufälle), die erlebten Schicksalsschläge unbegreiflich und die dahinter verborgene höhere Ordnung unkenntlich macht, aber zugleich das einzige Verbindungsstück zwischen dem Individuum und der Transzendenz darstellt (das „Körn-

---

18 Roth, Gewicht, S. 102.

19 Joseph Roth: Rechts und links. In: Werke 4: Romane und Erzählungen 1916–1929. Hg. und mit einem Nachwort versehen von Fritz Hackert, Köln 1989, S. 630.

20 Joseph Roth: Radetzkymarsch. Berlin 1971, S. 320.

21 Joseph Roth: Hiob. Köln, Amsterdam 1974, S. 30.

chen Wahrheit" als Metapher für den Widerschein des Makrokosmos im Mikrokosmos).

Und doch, obschon die in *Das falsche Gewicht* inszenierte Konfrontation zwischen der inneren Zufälligkeit und der universalen Weltordnung in der Literatur der Moderne sowie in der Prosa Roths zum üblichen Themenrepertoire gehört, ist die Durchführung dieses Themas im Roman eher untypisch. In den drei erwähnten (und mehreren unerwähnten) Texten spielt sich der Widerstreit von ideeller Ordnung und seelischem Durcheinander des Menschen auf der realen (oder als real stilisierten) Weltbühne ab, wodurch die grundlegenden „Abenteuer der Moderne"[22], d.h. Konflikte „zwischen der Unbeirrbarkeit und Objektivität der Zeitläufe und dem Wollen und Wünschen von Akteuren, die diese Zusammenhänge nicht durchschauen",[23] oder, um mit Th. W. Adorno zu sprechen, „zwischen den lebendigen Menschen und den versteinerten Verhältnissen"[24] entstehen. Der Ausgang dieser Kollision scheint, trotz aller Ähnlichkeit mit den griechischen Tragödien, auch im Wesentlichen zufällig zu sein (daher das Prädikat „Abenteuer"); deswegen gibt Roth die Hoffnung auf eine ausgleichende Gerechtigkeit, eine Wiedergutmachung der versäumten Gelegenheit nicht völlig auf. Dies ist an der Rothschen Poetik der Unabgeschlossenheit abzulesen. So werden die vor *Das falsche Gewicht* entstandenen Prosatexte Roths in der Regel mit einer von drei grundsätzlichen Schlussszenen versehen: entweder werden seine Protagonisten auf Wanderwege geschickt (wie im Fall Brandeis'), oder der Autor lässt seinem Helden die Ahnung eines sich noch erfüllenden Schicksals vorschweben (der Fall Mendel Singers), oder er lässt seinen Helden sich selbst opfern, was der „Prosa der Verhältnisse" einen vagen Sinn verleiht (wie im Fall Franz Joseph von Trottas).

Anders in *Das falsche Gewicht*, wo der Protagonist nicht nur als Objekt, sondern auch als Bevollmächtigter der universalen Weltordnung auftritt: Hier wird die Handlung auf den Wahrnehmungs- und Erfassungshorizont des Anselm Eibenschütz radikal beschränkt. Eines der wichtigsten Indizien dafür ist die Hinwendung Roths zu einem einzigartigen rhapsodischen Stil, der den Sprach-Kanon der Legende durch unzählige Unwahrscheinlichkeitshinweise erweitert und damit die Handlungen und Meinungen des Eichmeisters konsequent relativiert. (Dazu gehören vor allem die konjunktivischen Wendungen und Verbformen (*als wäre/hätte, als ob, wie*); modale Adverbien (*wahrscheinlich, vielleicht*); Verben der Wahr-

---

22 Wolfgang Müller-Funk: Joseph Roth. München 1989, S. 27.
23 Müller-Funk, S. 27.
24 Theodor W. Adorno: Standort des Erzählers im zeitgenössischen Roman. In: Theodor W. Adorno: Noten zur Literatur. Frankfurt/Main 1981, S. 43.

nehmung, die die Authentizität sinnlicher Eindrücke in Frage stellen; Vergleiche durch subjektive Erinnerungen oder durch fantastische Bilder aus dem Fundus der Romantik („(stumme) Blume“,[25] der „unterirdische Schnee“[26], „die Stimme einer Nachtigall“[27] usf.) Der Autoreferenzialität seiner Wahrnehmung und der daraus resultierenden Autoreferenzialität der Romanwelt wegen gerät der Eichmeister nicht nur „unversehens“ hinter den Ladentisch, um das Beisammensein mit seiner geliebten Euphemia zu genießen; nicht nur „weiß er nicht“, dass er in die leere Grenzschenke kam, um da zu bleiben; auch der Wechsel der Jahreszeiten wird ihm unberechenbar („Der Sommer kam plötzlich, ohne Übergang“,[28] „Es war … so als ob der Winter plötzlich aufgehört hätte ein Winter zu sein“[29]). Aus denselben Gründen erweist sich die schöne Zigeunerin, dieser Inbegriff schicksalhafter Verführung, zugleich als Phantasma des Eichmeisters, das ausgerechnet darum so verlockend wirkt, weil Eibenschütz ihm seine verborgenen Wünsche und Schuldgefühle angesichts des erstmals gebrochenen Tagesrhythmus zuschreibt: So erscheint sie gewissermaßen als Widerhall einer beiläufigen Bemerkung des Erzählers („… die Nacht war die große Freundin des Leibusch Jadlowkers“ – „Er ruft seine kleine Freundin herunter“[30]) und nimmt die Extreme des Wunders und der Sünde auf sich[31], die ihren Schöpfer schon überkommen haben. (Der gleichen Logik gehorchend, wird Euphemia nach der Ankunft Sameschkins in den Augen Eibenschütz’ zu einem „fernen Abbild“[32] degradiert, zu einem „Bild“[33] ihrer selbst.) Zum Schluss zerfällt der autoreferenzielle Romanprotagonist nicht nur in einen oberen Eibenschütz, der das Verhältnis des früheren Eichmeisters zur Ordnung noch pflegt, und einen unteren Eibenschütz, der „im guten Dunkel“ unter dem Tisch sich nach der Berührung seiner Geliebten sehnt, – denn in diesem Fall wäre er auch den anderen „vom Schicksal gezeichneten“ Figuren Roths ähnlich: einem Nikolai Brandeis etwa, dem Baron Taittinger oder dem angeblichen Mörder Golubtschik. Darüber hinaus schneidet er in einem Anfall alkoholisierter Schwachsinnigkeit seinem eigenen Spiegelbild Grimassen, die mit den Grimassen einer gehässigen Gottheit in *Die Rebellion* wortwörtlich korrespondieren („[er]

---

25 Roth, Gewicht, S. 127.
26 Roth, Gewicht, S. 47.
27 Roth, Gewicht, S. 49.
28 Roth, Gewicht, S. 102.
29 Roth, Gewicht, S. 133.
30 Roth, Gewicht, S. 44.
31 Roth, Gewicht, S. 46.
32 Roth, Gewicht, S. 121.
33 Roth, Gewicht, S. 158, 159.

konnte nicht mehr umhin, sich allerlei Grimassen vor dem Spiegel zu schneiden"[34]– „[…] Fratzen wehten über den Himmel und Gott schnitt Grimassen"[35]) und dadurch die symbolische Übernahme göttlicher Vollmachten anzeigen; da zudem sein Verhalten von einem unbekannten und lächerlichen Trieb bestimmt wird und keine Folgen nach sich zieht, wirkt es als Karikatur, die den menschlichen Ansprüchen eine Grenze setzt.

Die internalisierte Opposition ruft Bedeutungsverschiebungen hervor. Indem die dramatische Auseinandersetzung des Menschen mit dem ihm allseitig überlegenen Schicksal in *Das falsche Gewicht* aus allen (oder fast allen) Beziehungen mit den „versteinerten Verhältnissen" gelöst und in der Sphäre des „lebendigen Menschen" hermetisiert wird, verwandelt sie sich in das Drama der unwiederbringlichen Abgegrenztheit der menschlichen Ordnung von der Ordnung des Welt, wobei die letztere dem Rezeptionsvermögen der ersteren angepasst wird. Somit wird auch der äußere Zufall dem Privatisierungsprozess ausgesetzt: Er hört auf, eine Äußerungsform des objektiven Gesetzes zu sein, und wird zu einem unwiderstehlichen – weil in sich geschlossenen – Hirngespinst, das den Spinnenden zu grenzenloser Einsamkeit verurteilt und ihn in seinem inneren Chaos untergehen lässt. Der Abstieg ins Reich der Subjektivität, zu dem die „rechnende" (also auch unpersönliche) Ordnung der Moderne sich gezwungen sieht, mehr noch – die offizielle Anerkennung und Festlegung des Abstiegs sind Zeichen offensichtlicher Delegitimierung: Früher, etwa zu den Zeiten von Anselms Vorgänger, benötigte die Ordnung nur eine symbolischen Ermahnung, um weiter bestehen zu können; jetzt sind auch aktive, manchmal gewalttätige und in jedem Fall unregelmäßige Interventionen wenig hilfreich.

Als Stellvertreter der von „ironischer Ungläubigkeit" (eine Formulierung aus *Die Kapuzinergruft*) untergrabenen Ordnung der Moderne distanziert sich Anselm Eibenschütz, Angehöriger der untergehenden Donaumonarchie, vom Archetyp des „objektiven" Dulders Hiob, dessen frühmoderne Figur die Schicksale machtloser und von eigener Ungläubigkeit geplagter Dulder Roths vor und nach dem gleichnamigen Roman auf den Punkt brachte. Stattdessen nähert er sich der für den späten Roth und für die späte Moderne paradigmatischen Figur des Don Quixote – eines „subjektiven" Dulders aus den Zeiten des Verfalls Spaniens, dem es gelang, den Glauben an die archaisch gewordene Gerechtigkeit christlicher Prägung aufrechtzuerhalten, und der daher hofft, „in diesem unserem eisernen Zeitalter […] dasjenige, das man das goldene

[34] Roth, Gewicht, S. 155.
[35] Joseph Roth: Die Rebellion. Berlin 1924, S. 94.

zu nennen pflegt, wieder erstehen zu lassen".[36] Die typologische Affinität des Ritters aus dem provinziellen La Mancha und des Eichmeisters aus dem provinziellen Zlotogrod lässt sich auch im Einzelnen verfolgen. So wie der Eichmeister braucht auch Don Quixote die konventionelle, wenngleich veraltete soziale Maske des Ritters, um seiner Rolle Gestalt zu verleihen, – und, wie im Fall des Eichmeisters, bleibt auch hier diese Rolle für die ganze Umgebung undurchschaubar. So wie Eibenschütz sieht er seine Mission in einer energischen Bekämpfung des Zufalls, der im Widerspruch zu dem für ihn gültigen Gesetz steht, und eben dadurch vermehrt er, wie Eibenschütz, das Zufällige erheblich – sowohl in seinem eigenen Leben, als auch im Leben der von ihm Beschützten. Ähnlich wie bei Eibenschütz lebt die absterbende universale Ordnung in seinem Herzen fort, so dass „wenn die Vorschriften und Gesetze der Fahrenden Ritterschaft verloren gingen, sie in … [seiner] Brust … wie in ihrem eigentlichen Archiv wiedergefunden werden könnten".[37] Indem er dem in Schutz genommenen universalen Gesetz menschliche Züge beimisst, koloriert er, dem Rothschen Eichmeister gleich, die dürftige und düstere Wirklichkeit spanischer Peripherie mit seinen belletristischen Fantasien und nicht zu verwirklichenden Wunschträumen, welche die von ihm bereiste Welt in die Tonart des „Als ob" transponieren: „alle mit fahrenden Rittern zusammenhängenden Dinge [scheinen] Phantasien, Hirngespinste und Unsinn zu sein … und in ihr Gegenteil verändert [zu] werden".[38] Die grundsätzliche Ambivalenz von Cervantes' Held, der „über andere Dinge sehr vernünftig redet"[39], diese seine Fähigkeit aber den „bedeutungsvollen Torheiten"[40] unterordnet, bildet ein weiteres Bindeglied zwischen ihm und dem pathologisch gespaltenen Protagonisten Roths, der seinen Dienst an der rationalen Ordnung allmählich in ein Art Deckmantel für das Chaos irrationaler Leidenschaft umfunktioniert. Daneben gibt es auch Parallelen in Randfigurenkonstellationen: Wie Eibenschütz mit dem allmächtigen Fälscher Jadlowker kämpft, so misst sich Don Quixote mit allmächtigen Zauberern; wie Eibenschütz der ephemeren Euphemia verliebt auf dem Fuße folgt so streut Don Quixote seiner imaginierten Dulcinea Weihrauch.

Und dennoch liegen trotz aller auffallenden formalen Ähnlichkeit im geistigen Sinne zwischen Eibenschütz und Don Quixote Welten – viel

36 Miguel de Cervantes Saavedra: Leben und Taten des scharfsinnigen edlen Don Quijote von La Mancha. Übersetzt von Roland Schacht. Bd. 1. Potsdam 1951, S. 173.

37 Saavedra, Don Quijote, Bd. 2, S. 148.

38 Saavedra, Don Quijote. Bd. 1, S. 244.

39 Saavedra, Don Quijote. Bd, 1, S. 328.

40 Saavedra, Don Quijote. Bd. 2, S. 8.

mehr als zwischen dem Ritter und seinen weniger vollkommenen Kopien wie etwa Franz Joseph von Trotta, den Helmuth Nürnberger zu Recht als „Don Quixote von Sipolje" bezeichnete.[41] Im Unterschied zum Ritter von der traurigen Gestalt, der, einzelner Exzesse seines Ritterdienstes ungeachtet, „niemandem etwas Böses ... sondern allen nur Gutes [tut]",[42] richtet der Ritter von der rationalistischen Gestalt das Unheil bewusst an. Paradoxerweise wächst die Härte des Eichmeisters direkt proportional zu seiner Pedanterie bei der Ausübung seines Dienstes: je energischer der Protagonist das um ihn (aber nicht in ihm) herrschende Chaos zügelt, um so mehr verursacht er unnötige Tragödien. Nach einer Periode sporadischer Rechtspflege, zu deren Opfer unter anderen die zufällig festgenommene Frau Czaczke und der aus persönlichen Gründen inhaftierte Spekulant Jadlowker gehören, wird die gesetzliche Willkür des Anselm Eibenschütz systematisch: Da er später auch die Qualitätskontrolle der Waren übernimmt, „wütet er schlimmer als die Cholera"[43] (so die Einwohner Zlotogrods), und Mendel Singer erschrickt vor ihm mehr, „als er vor einem Brand erschrocken wäre".[44] Als wichtiges Symptom, das die Abweichung vom Prätext Cervantes' illustriert, gilt die Abkommandierung des Wachtmeisters Slama, der im Roman die Rolle Sancho Pansas spielt, und seine Ersetzung durch den Wachtmeister Piotrak – eine „immer nüchterne und immer böse"[45] rothaarige Bestie, deren offensichtliche Dämonie sie von einem echten Sancho Pansa und sogar von Slama weit entfernt. Der Disqualifizierung des Wachtmeisters (Sancho Pansa) entspricht die Disqualifizierung des neuen Don Quixote: „Zugleich fühlte er auch, dass er ja selbst ein böser Mensch geworden war und dass Piotrak gar nicht so viel übler war als er selber".[46] Die Disqualifizierung des „rechnenden" Don Quixote manifestiert sich auch darin, dass Eibenschütz selber, wenngleich indirekt, zum letzten Opfer seines eigenen Diensteifers wird: Nachdem die Spucke des unter den Gästen der Schänke unerkannt weilenden Jadlowkers im Glas des Eichmeisters gelandet ist, versucht sein negativer Doppelgänger Piotrak, den Ruhestörer zu fangen; da er aber, im Unterschied zu seinem Vorgänger, in voller Rüstung herumläuft, sinkt er unter dem Druck des Gesetzes im Schnee ein und kann den „leichtfüßigen"[47] Hochstapler

41 Helmut Nürnberger: Joseph Roth mit Selbstzeugnissen und Bilddokumenten. Reinbek b. Hamburg 1990, S. 88 u. 91.
42 Saavedra, Don Quijote. Bd. 2, S. 105.
43 Roth, Gewicht, S. 162.
44 Roth, Gewicht, S. 171.
45 Roth, Gewicht, S. 160.
46 Roth, Gewicht, S. 161.
47 Roth, Gewicht, S. 147.

nicht einholen, seinem Rückfall in die Mordlust also auch nicht vorbeugen.

Die grundsätzliche Differenz zwischen dem spanischen Don Quixote und seiner österreichisch-ungarischen Variante unterstreicht auch die Figur des Maronibraters Sameschkin. Ein wandernder „Zigeuner", der längere Aufenthalte strikt vermeidet; ein halbplatonischer Verliebter, der, von Euphemias Treue irrational überzeugt, sie ohne Weiteres seine Frau nennt und ihr keine unnötigen Fragen stellt; ein harmloser kleiner Mann, mit dem sogar sein Nebenbuhler Eibenschütz sympathisiert und der, äußerem Anschein zum Trotz, über einen nüchternen Verstand verfügt, vertritt Sameschkin nicht die äußere, vielmehr die innere Donquixotterie und wird dadurch zu einem „positiven Doppelgänger" des Eichmeisters, welcher nicht zuletzt darum seine unerklärliche Neigung zu ihm als brüderliche Liebe identifiziert.[48] Auf die sozusagen komparative Funktion Sameschkins weist auch die markante Transformation seines Profils im Vergleich mit *Hiob* hin: Obwohl er, der „kommerziellen" Wandlungstendenz des Romans gehorchend, vom Fuhrmann zum Händler mutiert, bewahrt er seine innere Freiheit der „rechnenden" Ordnung gegenüber und schließt sich daher weder den Anwälten der Ordnung (wie dem Eichmeister) noch ihren erbitterten Gegnern (wie Kapturak oder Jadlowker) an. Daraus gewinnt er eine besondere Scharfsichtigkeit, die es ihm erlaubt, die Ausweglosigkeit der im Roman geschilderten Konfiguration von Zufall und Ordnung als Erster zu erkennen. Eben dies spornt ihn zum endgültigen Abschied an, wodurch seine von Hans Richard Brittnacher konstatierte Rolle als „Zigeuner", d.h. als mehr oder weniger effektiver Widerstandskämpfer gegen die Moderne, plakativ bestätigt wird.[49]

Die Einführung eines negativen und eines positiven Doppelgängers des Protagonisten soll m.E. als Zuspitzung einer Logik gelesen werden, nach der Anselm Eibenschütz nur dann seine präskriptive Ordnung in die Tat umsetzen kann, wenn er auf die Nächstenliebe von der Art Don Quixotes verzichtet. Eine derartige Logik kompromittiert nicht den Protagonisten selbst, der alles in allem nur eine Metapher des abgelebten Weltmodells ist, sondern die in ihm hypostasierte Ordnung der Moderne: Diese hält dem donquixottischen Abstieg ins Menschliche nicht stand und legt dadurch ihre gefährliche Unabhängigkeit von dem Einzel-

48 Roth, Gewicht, S. 132.

49 Hans Richard Brittnacher: Femme fatale in Lumpen. Zur Darstellung der Zigeunerin in der Literatur. In: Lügen und ihre Widersacher. Literarische Ästhetik der Lüge seit dem 18. Jahrhundert. Ein deutsch-polnisches Symposium. Hg. von Hartmut Eggert und Janusz Golec. Würzburg 2004, S. 109–121.

nen bloß.[50] Neben der Diskreditierung des zufälligen Daseins und des Menschen an der Peripherie, die durch einen Vergleich zwischen *Das falsche Gewicht* und dem Erzählfragment *Erdbeeren* besonders deutlich hervortritt,[51] signalisiert die im Roman vollzogene Diskreditierung des anordnenden Impulses, von dem mehrere Fäden in die Metropole führen, eine offensichtliche Enttäuschung Roths über das österreichische Modell als Ausgleich beider Pole der Moderne und damit über die Möglichkeit, das Projekt der Moderne zu retten. Diese Enttäuschung wird aus der Gegenüberstellung von *Das falsche Gewicht* und *Radetzkymarsch* ersichtlich. In *Radetzkymarsch* statuiert der Autor das fortschreitende Auseinanderdriften der Ordnung und des Zufalls: Für den Helden von Solferino waren sie noch das harmonische Ganze; beim Beamten Franz Trotta erstarrt das Ganze zu einer Ordnung, die keine heldische Energie mehr kennt; und beim Krieger Franz Joseph degradiert diese Ordnung zum Chaos des zufälligen Daseins, das aber zugleich die Potenzen eines donquixottischen Humanismus einschließt. In *Das falsche Gewicht* versucht Roth dagegen, die anfängliche Einheit zu rekonstruieren; indem er aber notwendige Elemente zusammensetzt, modelliert er stattdessen einen tödlichen Zweikampf fehlerhafter Gegensätze, der mit dem vermutlichen (donquixottischen) Humanismus österreichischer Utopie sehr wenig gemeinsam hat und ihren Niedergang dadurch nur bekräftigt. Die prämortale Vision des Anselm Eibenschütz, welche, wie Dmitrij Satonskij einmal bemerkte, „keineswegs versöhnend wirkt",[52] ist, wie die gleichartige Vision Andreas Pums, sozusagen ein Nagel zum Sarg der Illusion. In dem frühen Roman Joseph Roths, der die so genannte Heimkehrerliteratur repräsentiert, wirft der sterbende Unglücksrabe und ehemalige Soldat die Hölle seines Lebens ins Gesicht des Himmlischen Richters und wird darauf durch göttliche Gnade mit einer vagen Hoffnung auf die Verbesserung seiner Lage belohnt; diese Hoffnung schattiert aber nur die fortbestehende Hölle der Welt ab, die ohne Gnade ist und den Verstorbenen

50 Selbst die Hinwendung zur Figur des Don Quixote ist in diesem Kontext ein unmissverständlicher Hinweis auf die kritische Intention des Autors, denn das wichtigste Bekämpfungsobjekt des Cervantes'schen Ritters ist eben die Ordnung der Neuzeit, der Moderne.

51 Wie David Bronsen zutreffend feststellt, malt Roth im „Erdbeeren"-Fragment den „beschwingte[n] Ort des Lebens- und Leben-Lassens" aus, wogegen „Das falsche Gewicht" erfüllt ist von „Düsterkeit, Verderbnis und Melancholie", die von demselben Laissez-faire-Prinzip hervorgerufen wurden (David Bronsen: Zum „Erdbeeren"-Fragment. Joseph Roths geplanter Roman über die galizische Heimat. In: Text + Kritik Sonderband Joseph Roth, S. 129).

52 Dmytro Satonskij: Joseph Roth, in: Wikno w swit: Sarubischna literatura: naukowi doslidschennja, istorija, metodyka wykladannja, 1998, No. 1, S. 145.

aufs schnellste aus der Liste streicht. In einem der letzten Romane Joseph Roths, der die Literatur der exilierten Heimkehrer repräsentiert, weist der sterbende Pechvogel und Beamte dem Großen Eichmeister seine falsche Gewichte vor und wird darauf durch donquixottische Nachsicht „nicht mit der Sündenvergebung, sondern mit der Freilassung“[53] belohnt, die lediglich die Differenz relativiert; diese Freilassung hebt aber nur das Falschsein der Welt hervor, die von der donquixottischen Großmut nach wie vor nichts wissen will und in der nach dem Verstorbenen kein Hahn kräht.[54] In *Die Rebellion* rechnete Roth mit der ungeordneten Nachkriegswelt ab, die den hilflosen Menschen in das Inferno verhängnisvoller „Abenteuer der Moderne“ hinuntergeworfen hatte. In *Das falsche Gewicht* orchestriert er das Requiem für die Moderne, deren Ordnung, gleichwie der Zufall, sich als „falsches Gewicht“ erweist und die Menschheit langsam aber sicher in den Sumpf des Chaos hinunterzieht.

53 Satonskij, S. 145.
54 Roth, Gewicht, S. 195.

Phuong Duong

Das Schwinden vertrauter Welten

Das Thema Nostalgie ist bei Roth zwangsläufig mit seinem berühmtesten Roman verbunden. Seinen *Radetzkymarsch* durchzieht in jeder Zeile eine äratische Wehmut nach dem Österreich der k.u.k. Monarchie: der sonntägliche Radetzkymarsch vor der Amtsvilla des Bezirkshauptmannes, die weißen Handschuhe Jacques` beim Servieren des Tafelspitzes, die Liebe des Vaters, die sich nicht ausspricht. Von Anfang an hat mich die Zärtlichkeit für die Feierlichkeit und Antiquiertheit der Gesten gerührt. Gleichzeitig erstaunte es mich. Denn diese Rituale repräsentieren eine zutiefst strenge und unlebendige Kultur. Es wird ein Lebensstil beschrieben, der durch und durch bourgeois ist, mit all seiner Befangenheit, seiner Enge und Autoritätshörigkeit. Das passte gar nicht zum „Roten Joseph“,[1] der bis dato seine journalistischen Arbeiten im Stil der Neuen Sachlichkeit geschrieben hatte und mit dem Sozialismus liebäugelte, ein Joseph, der im Herzen Pariser war. Und wenn ich Paris sage, meine ich Paris Rive Gauche, also das Paris der Bohemiens, Künstler und Intellektuellen, der Straßencafés und billigen Hotels. Roth war also kein Stubenhocker. Er kannte sich aus in der Welt, war Reisender, Bonvivant, ein scharfzüngiger Beobachter der Straße und der sozialen Missstände. Eine Feder also, die kosmopolitisch, sozial- und zeitkritisch bis unter die Haarspitzen ist, bekennt sich zu Vaterland und Monarchie und schilderte gleich zweimal, im *Radetzkymarsch* und in der *Kapuzinergruft*, den lebenslangen Gehorsam und die Bescheidenheit eines alten Dieners Jacques, dessen Leben im Dienste seiner Herren stand; und man fragt sich bei dessen Sterben, ob es nicht ein vergeudetes Leben war, weil es nur dem Wohlbefinden der Anderen unterstand. Der Rahmen von Jacques` Leben fand in einem bescheidenen Umkreis statt. Er hat diesen Rahmen nie verlassen. Er lebte in einem erbärmlich bescheidenen Hinterhaus mit einem Kanarienvogel und einer weißen Gardine, die zu kurz für das Fenster war. Und hinterließ nach seinem Tod nichts als ein Sparkassenbüchl mit etwas Erspartem für sein Begräbnis, eine alte Konfektschachtel mit zwei Heiligenbildern und eine Lohwurzel, die er dem

---

1 Roth unterzeichnete seine Artikel für den sozialdemokratischen „Vorwärts“, das Zentralorgan der SPD, gelegentlich mit „Der Rote“ oder „Der rote Joseph“.

Enkel seines Herren hinterließ. Vordergründig war Jacques nie präsent, sondern verrichtete seine Dienste mit pünktlicher Konstanz. So wird der Bezirkshauptmann bezeichnenderweise durch ein Detail nur, durch den kleinen Bruch einer Gewohnheit darauf aufmerksam, dass Jacques im Sterben liegt: Eines Tages Ende Mai liegt seine Post nicht neben dem Frühstück. Es ist nur ein Detail, aber seine Reaktion darauf spricht Bände und verrät viel über die konstante Präsenz von Jacques` Diensten.

> Herr von Trotta geht zum offenen Fenster, wie um sich zu überzeugen, daß draußen die Welt noch bestand. Ja, die alten Kastanien im Stadtpark trugen noch ihre dichten, grünen Kronen. In ihnen lärmten unsichtbar die Vögel wie an jedem Morgen. Auch der Milchwagen, der um diese Zeit vor der Bezirkshauptmannschaft zu halten pflegte, stand heute da, unbekümmert, als wäre es ein Tag wie alle anderen. Es hat sich also draußen gar nichts verändert, stellte der Bezirkshauptmann fest.[2]

Obwohl der alte Jacques zeitlebens immer nur im Hintergrund mit Dezenz und Diskretion seine Dienste verrichtete, wird sein Ableben als Naturbeben wahrgenommen. Als er stirbt, befällt den Bezirkshauptmann Phantomschmerz nach der alten Welt, die Jacques wie kein anderer repräsentierte.

> Wenn Jacques stirbt, so stirbt gewissermaßen der Held von Solferino noch einmal und vielleicht – und hier stockte eine Sekunde das Herz des Herrn von Trotta – derjenige, den der Held von Solferino noch einmal vor dem Tode bewahrt hatte.[3]

> Nach Jacques Tod erschien dem Bezirkshauptmann sein Haus verändert, leer und nicht mehr heimisch. Er fand die Post nicht mehr neben seinem Frühstückstablett, und er zögerte auch, dem Amtsdiener neue Anweisungen zu geben. Er rührte nicht mehr eine einzige seiner kleinen, silbernen Tischglocken an, und, wenn er manchmal zerstreut die Hand nach ihnen ausstreckte, so streichelte er sie nur. Manchmal, am Nachmittag, lauschte er auf und glaubte, den Geistesschritt des alten Jacques auf der Treppe zu vernehmen.[4]

In postfeudalen Zeiten, wo Freiheit, Individualismus und Demokratie als positive Errungenschaften der Moderne gefeiert werden, wo der Zeitgeist nach vorne gerichtet ist, wendet Roth seinen Blick trotzdem nach hinten. Und das mit erstaunlich viel Sympathie und Wärme. Dieses „Trotzdem“ soll uns im Folgenden interessieren. Ich werde der Frage nachgehen, was das Anziehende an Roths nostalgischer Erzählweise ist und welche Impulse sie selbst unserer heutigen Welt im 21. Jahrhundert

---

2 Joseph Roth: Werke. 6 Bde. Hg. von Fritz Hackert und Klaus Westermann. Bd. 5: Romane und Erzählungen 1930–1936. Köln 1990, S. 268f.

3 Roth, Werke 5, S. 271f.

4 Roth, Werke 5, S. 281.

geben könnte, einer Welt, die süchtig ist nach Dynamik, Fortschritt und der Sensation des Neuen.

Roths Geschichten handeln vorwiegend von Schwellenzeiten, Übergangssituationen, Exil- und Umbrucherfahrungen. Im *Radetzkymarsch* ist es der Übergang von einer vormodernen Gesellschaft in die Moderne, im *Hiob* die Auswanderung von einem russischen Provinzdorf vor der Jahrhundertwende in ein modernes Amerika, in *Flucht ohne Ende* findet ein Mann nach langer Abwesenheit nicht mehr in die Gesellschaft zurück, die er einst verlassen hat. Seine Heimat hat sich ihm unmerklich entfremdet.

Im *Radetzkymarsch* begegnet uns eine Welt der geschlossenen Ordnungen und Hierarchien.

Die Nachfahren des Helden von Solferino leben in einem großbürgerlichen, konservativen Milieu. Es ist eine biedere und spartanische Welt. Den Alltag bestimmen Rituale und Gewohnheiten. Jeden Sonntag spielt die Militärkapelle um die Mittagszeit vor der Amtsvilla des Bezirkshauptmannes. Zu ihren Klängen serviert Jacques den sonntäglichen Tafelspitz, und der Bezirkshauptmann selbst zerschneidet ihn. Es ist auch eine Welt der selbstgewählten Kargheit, in der die Menschen sich den Gewohnheiten und der Pünktlichkeit einzufügen haben, und nicht umgekehrt. Beispielsweise muss der junge Carl Joseph immer an einem Sonntag seine Sommerferien zu Hause antreten, ob die Ferien nun an einem Sonntag begonnen haben oder nicht. Der Ofen im Hause Trotta bleibt ab jedem fünfzehnten April ohne Rücksicht auf die Witterung unbeheizt. Und auch der Bezirkshauptmann fängt an diesem Datum pünktlich seine Sommerspaziergänge an, egal wie das Wetter ist. Auch die Beziehung zwischen den Vätern und ihren Söhnen ist in einer ähnlichen Korrektheit organisiert. Alle Trotta-Söhne schreiben ihren Vätern pünktlich alle zwei Wochen einen Brief. Der Inhalt dieser Briefe folgt einem immer gleichklingenden Berichtschema, und auch die äußerliche Form – Links, vier Finger Abstand vom oberen Rand und zwei vom seitlichen- ist streng festgelegt. Emotionen bleiben konsequent hinter dem Pflichtbewusstsein und der Angemessenheit zurück. Das zeigt sich in der Unbeholfenheit des Bezirkshauptmannes, als sein Sohn zum Leutnant befördert wird.

> Er überlegte einen passenden Anfang. Ein Tadel war diesmal nicht anzubringen, mit einem Ausdruck der Zufriedenheit konnte man nicht beginnen.[5]

---

5 Roth, Werke 5, S. 170.

Einzig, dass er Wein bringen lässt und zwanzig Minuten später gegessen wird als gewöhnlich, gibt seinen Stolz zum Ausdruck. Als Jacques dem Sohn flüsternd gratuliert, geht der Vater zum Fenster, weil die Szene drohte rührend zu werden.

Die verhaltenen Gefühlsäußerungen finden zwischen den Zeilen statt. Aus diesen Leerstellen der Verhaltenheit lassen sich auch viele ungeweinte Tränen herauslesen. So bleiben die Beerdigungen aller Väter trocken. Auch der Hauptmann vergießt um seinen Vater, der ja nur ein einfacher Gendameriewachtmeister war, vordergründig keine Träne. Auf dem Bahnsteig sagt er trotzdem zu seinem Sohn: „Vergiß ihn nicht, den Großvater!“[6]

Überbordende Herzlichkeit sucht man bei den Trottas also vergebens. Ihre Welt der Affektbeherrschung steht repräsentativ für die Gefühlswelt zur Zeit der k. u. k.-Monarchie, eine Welt, die Roth seit den 30er Jahren demonstrativ als seine Heimat bezeichnete.

Es hatte so gar nichts mit den „weißen Städte“ gemein, die Roth voller Bewunderung in seinen gleichnamigen Reisereportagen über Arles, Avignon, Lyon, Nîmes oder Marseille beschreibt. Die „sehr heiße, sehr helle Sonne“,[7] die über den kosmopolitischen Mittelmeerstädten scheint, steht in Kontrast dazu, wie er die Strahlen der Habsburger Sonne beschrieb: „Die kalte Sonne der Habsburger erlosch, aber es war eine Sonne gewesen“.[8]

Nach Lévi-Strauss‘ Unterscheidung zwischen „kalten“ und „warmen“ Kulturen, sind „kalte“ Kulturen jene, die danach streben, den historischen Wandel einzufrieren. Darum leisten sie gegen jede „Veränderung ihrer Struktur, die ein Eindringen der Geschichte ermöglichen würde, verzweifelt Widerstand“.[9] „Kalte“ Kulturen funktionieren mechanisch. Mit Hilfe außerordentlicher komplexer Sozialmechanismen zelebrieren diese Kulturen die Wiederholung. Anstelle von Fortschritt streben sie den „Nullpunkt der historischen Temperatur“[10] an. Sie stehen im Gegensatz zu „warmen“ Kulturen, die dynamisch funktionieren. Diese „warmen“ Kulturen haben sich den Prinzipien der Produktivität und der fortlaufenden Erneuerung verschrieben, um „in einem bisher undenkbaren und ungeahnten Rhythmus Kultur zu schaffen“.[11]

---

6 Roth, Werke 5, S. 152.
7 Roth, Werke 2, S. 499.
8 Joseph Roth: Werk und Wirkung. Hg. von Bernd M. Kraske. Bonn 1988, S. 74.
9 Claude Lévi-Strauss: Das Feld der Anthropologie. In: Strukturale Anthropologie, Bd. 2. Frankfurt/Main 1975, S. 39.
10 Lévi-Strauss, S. 40.
11 Lévi-Strauss, S. 41.

Das Milieu der Trottas wäre nach Lévi-Strauss‘ Unterscheidung ein „kaltes“ Milieu, wofür allein schon die Berufsstände der Trottas sprechen: Staatsbeamte und Soldaten. Besonders die militärische Tradition ist in diesem Kontext interessant. Das Militär ist nämlich immer „kalt“, egal ob in einer „warmen“ oder „kalten“ Kultur. In „heißen“ Gesellschaften, wie zum Beispiel der industriellen Gesellschaft, fungiert es als Kühlsystem, wie Mario Erdheim in seinem Aufsatz „‚Heiße‘ Gesellschaften und ‚kaltes‘ Militär“[12] darlegt. Denn das Militär unterstützt selten Veränderung, also Revolutionen, sondern sorgt für Ordnung und Stabilität. Dies veranschaulicht am besten die Szene, wo Leutnant Trotta mit seinen Jägern losgeschickt wird, um die Unruhen des Arbeiterstreiks zu schlichten. Signifikant bei den letzten beiden Sprössen der Trotta-Dynastie, dem Bezirkshauptmann und dem unglücklichen Leutnant Carl Joseph, ist, dass ihr Patriotismus vor allem an den Kaiser, „den Allerhöchsten Kriegsherrn“, gebunden ist. Diese Idolisierung einer Führer- oder Vaterfigur hat Erdheims Argumentation zufolge einen gewünschten, ‚kühlenden‘ Effekt.

Denn das Bild des Führers oder des Kaisers verbreitet ein Gefühl von Einheit und Sinnhaftigkeit und spielt dadurch in Institutionen wie dem Militär eine tragende Rolle.
Es korrespondiert mit dem Phantasma des guten Vaters, und Erdmann sieht in der diffusen, ständig vorhandenen Vatersehnsucht in der Armee eine bedeutende Funktion der Loyalitätsschaffung. Als Beispiel sei die Zuneigung des Leutnant Trotta zur Königsfamilie aufgeführt:

> Carl Joseph fühlte sich ein wenig den Habsburgern verwandt, deren Macht sein Vater hier repräsentierte und verteidigte und für die er einmal selbst ausziehen sollte, in den Krieg und in den Tod. Er kannte die Namen aller Mitglieder des Allerhöchsten Hauses. Er liebte sie alle aufrichtig, mit einem kindlich ergebenen Herzen, vor allen andern den Kaiser, der gütig war und groß, erhaben und gerecht, unendlich fern und sehr nahe und den Offizieren der Armee besonders zugetan.[13]

Das Vaterbild im Militär reaktiviert die Identifizierung, die nach Freud die früheste Äußerung einer Gefühlsbindung an eine Person ist. Das heißt, der Vorgesetzte ist kein Gegenüber, kein Objekt mehr, sondern wird internalisiert. Dadurch erscheinen dem Einzelnen das Weltbild und die Ziele des Führers wie die eigenen. Insofern ist das Maß der Empörung des Bezirkshauptmanns über die Auswüchse der roten Partei unter

---

12 Mario Erdheim: ›Heiße‹ Gesellschaften und ›kaltes‹ Militär. In: Mario Erdheim: Psychoanalyse und Unbewußtheit in der Kultur. Frankfurt/Main 1988, S. 331–344.

13 Roth, Werke 5, S. 160.

den Arbeitern aufschlussreich. Denn er nimmt einen Vorfall, der ihn amtlich betrifft, persönlich:

> All dies bekümmerte den Bezirkshauptmann, es schmerzte ihn, es kränkte ihn, es verwundete ihn. Alles was die ungehorsamen Teile der Bevölkerung unternahmen, um den Staat zu schwächen, Seine Majestät den Kaiser mittelbar oder unmittelbar zu beleidigen, das Gesetz ohnmächtiger zu machen, als es ohnehin schon war, zu verhöhnen, oppositionelle Abgeordnete durchzusetzen: all das waren gegen ihn selbst, den Bezirkshauptmann, unternommene Handlungen.[14]

Die alte Welt, wie Roth sie im *Radetzkymarsch* schildert, ist also eine im Untergang begriffene Welt. Der österreichische Publizist Klaus Nüchtern nannte ihn deswegen auch den „Zombie-Roman einer Epoche“,[15] denn er „enthält alles, was zeit- und milieubedingt vorzukommen hat: Krieg, Liebschaften, Spielschulden, Duelle – und doch scheinen diese Vorkommnisse schon leicht aus der Zeit gefallen“.[16] Die neue Zeit zeigt sich immer wieder im Hintergrund, in kleinen Anekdoten: der bereits erwähnte Arbeiterstreik repräsentiert diese neue Welt, die im Kommen ist. Und Bezirkshauptmann Trotta muss zu seinem eigenen Leidwesen zunehmend mit Volksresolutionen, Revolutionen und Sozialdemokraten herumschlagen:

> Zuerst hatte er die Nationen, die Autonomie und das „Volk“, das „mehr Rechte“ verlangte, nur geringgeschätzt. Allmählich begann er, sie zu hassen, die Schreiner, die Brandstifter, die Wahlredner. Er schärfte dem Bezirkskommissär ein, jede Versammlung sofort aufzulösen, in der man es sich etwa einfallen ließ, „Resolutionen“ zu fassen. Von allen in der letzten Zeit modern gewordenen Worten haßte er dieses am stärksten; vielleicht, weil es nur eines winzigen andern Buchstabens bedurfte, um in das schändlichste aller Worte verwandelt zu werden: in Revolution. Dieses hatte er vollends ausgerottet. In seinem Sprachschatz, auch im dienstlichen, kam es nicht vor; und wenn er in dem Bericht eines seiner Untergebenen etwa die Bezeichnung „revolutionärer Agitator“ für einen der aktiven Sozialdemokraten las, so strich er dieses Wort und verbesserte mit roter Tinte: „verdächtiges Individuum“. Vielleicht gab es irgendwo Revolutionäre: im Bezirk des Herrn von Trotta kamen sie nicht vor.[17]

Zu den Errungenschaften der neuen, modernen Zeit gehören auch die Überwindung starrer Standeshierarchien und die Möglichkeit zu persönlicher Freiheit und Individualität.

---

14 Roth, Werke 5, S. 270f.

15 Klaus Nüchtern: „Schwabyland ist abgebrannt“. In: Literaturen 06/2009, S. 81.

16 Nüchtern, in: Literaturen 06/2009, S. 81.

17 Roth, Werke 5, S. 270f.

Dennoch schildert Roth das Schwinden der vertrauten Welt als Verlust. Könnte man die eingangs gestellte Frage nach dem „Trotzdem" von Roths Nostalgie eventuell mit einer Art erzählerischem *l'Art pour l'Art* beantworten?

Also in dem Sinne, dass die alte Welt weder zukunftsträchtig noch erhaltenswert ist, Roth sich aber trotzdem die künstlerische Freiheit nimmt, noch einmal den Glanz einer sterbenden Welt zu schildern, die er trotz allem liebte, weil sie die erste war, die er kannte?

Oder um auf Thomas Manns Unterscheidung zwischen „Zivilisationsliteraten" und „Ästheten" zurückzugreifen: Ist es der asoziale, sinn- und zweckfreie Erinnerungsrausch des Ästheten an seine seelische Heimatwelt?

Wenn man genau hinsieht ohne sozialdemokratische Sendung gibt es auch viel Schätzenswertes, das mit der alten Welt verloren geht. So sind die feudalen Festlichkeiten nicht nur unnötiger und teurer Herrschaftspomp, sondern bedienen auch das Bedürfnis der Menschen nach Spektakel und gegenwartsfüllender Feierlichkeit. Die strenge Standesehre kostet in ihrem Extremfall zwar sinnlos Menschenleben im Duell, als soziales Reglement appelliert sie jedoch auch an den eigenen Anspruch an Anstand und Verantwortung.

Es hat sein Gutes, dass feudale Standeshierarchien durchbrochen werden. Aber die Aufhebung der Distinktion über Kultur und Lebensart geht parallel mit der Versachlichung von Wertesystemen einher, in denen die Geldwirtschaft unabhängig von Tugend oder Verantwortlichkeit an Einfluss gewinnt. So wie Roth die geordnete Welt der Großväter und Väter und ihrer treuen Diener schildert, birgt sie im Gegensatz zur neuen Welt eine Sphäre der Festigkeit, Ruhe und Sicherheit. Ihr Verlust korrespondiert mit den Risiken der Moderne: Gleichgültigkeit, soziale Kälte, Unsicherheit und Orientierungslosigkeit. Auch Trotta Seniors Schachpartner, Doktor Skowronnek, befremdet die neue Zeit:

> Es war damals anders. Nicht einmal der Kaiser trägt heute Verantwortung für seine Monarchie. Ja, es scheint, daß Gott selbst die Verantwortung für die Welt nicht mehr tragen will. Es war damals leichter! Alles war gesichert. Jeder Stein lag auf seinem Platz. Die Straßen des Lebens waren wohl gepflastert. Aber heute, Herr Bezirkshauptmann, heute liegen die Steine auf den Straßen quer und verworren und in gefährlichen Haufen, und jeder muß selber wissen, welche Straße er geht und in was für ein Haus er zieht.[18]

Es ist nicht zu leugnen, dass der Verlust eines allbietenden Zentrums, sei es ein Kaiser, eine Monarchie oder ein Glaube, Instabilität und Unruhe im Menschen verursacht.

---

18 Roth, Werke 5, S. 371.

Gegensätze, Relativitäten und Parallelitäten intellektuell und emotional auszuhalten, ist selbst für uns Heutige, immerhin schon etwas geübtere Gemüter, noch immer nicht leicht.

Sei es Lyotards Feststellung, dass es nach dem „Ende der großen Erzählungen", das heißt dem Verlust der Verbindlichkeit aller Grundideen, „kein Zentrum gibt"[19] oder Giddens Bild vom Dschangarath-Wagen,[20] der in Anlehnung an die indische Mythologie die Moderne als ungezügelte, mächtige Maschine beschreibt, die alles zermalmt, das sich ihr in den Weg stellt.

Das Individuum ist in der Moderne einem unberechenbaren, fluktuierenden Wertewandel ausgesetzt und läuft Gefahr, Erfahrungen von Einsamkeit und Orientierungslosigkeit durchzumachen; hinzu tritt noch das Phänomen der Nervosität als permanentem Gefühl des Nichtfertigwerdens und der Unabgeschlossenheit.

Die Diagnose des Dr. Skowronnek über seine Zeit sagt aus, dass sie nicht in der Lage ist, den Menschen sittlichen Halt und klare Orientierung zu geben. Es gibt kein klares Gefüge mehr, alles ist im Zustand der Desintegration. Das Schwinden der vertrauten Welt, wie die Trottas sie bisher kannten, mit all ihren Gesetzen, Regeln, Hierarchien und Werten stürzt Trotta Junior und Senior in vollkommene Haltlosigkeit. Vater und Sohn machen die Grunderfahrung einer beginnenden Auflösung ihrer fest geglaubten Wirklichkeitsstruktur und fühlen sich dadurch aus ihrer bisherigen Welt herausgerissen. Unfähig und unwillig sich in die neue Welt, die im Entstehen ist, einzufügen, kreisen sie ohne Hoffnung auf die Zukunft in Fatalismus, Angst und Ohnmacht.

Insofern stehe ich meiner eigenen l`Art-pour-l`Art-These skeptisch gegenüber.

Es ist freilich schon gewagt, in Zeiten des Aufbruchs Figuren, die sich in aller Einfalt nach Heimat und Vergangenheit sehnen, mit derart viel Sympathie und Mitgefühl zu schildern.

Die Trottas sind ein wenig die konservativen und auch romantischen Verlierer der Modernisierung. Ganz anders als Manns *Felix Krull* oder Keuns *Kunstseidenes Mädchen* Doris, die sich spielerisch der „feinen Unter-

---

19 Jean-François Lyotard: Das postmoderne Wissen. Ein Bericht. Hg. von Peter Engelmann. Aus dem Französischen von Otto Pfersmann. Wien 1994, S. 112.

20 Dschagannath steht im Hindi für „Herr der Welt", einen Titel des Gottes Krischna. Dessen Bildnis wurde in einem alten hinduistischen Ritual einmal im Jahr auf einem riesigen Wagen durch die Straßen gefahren. Dabei sollen sich manche Anhänger vor Verehrung unter diesen Wagen geworfen haben, um sich von ihm zermalmen zu lassen, wie Giddens schreibt; vgl.: Anthony Giddens: Konsequenzen der Moderne. Aus dem Englischen von Otto Schulte. Frankfurt/Main 1996, S. 173f.

schiede" bedienen, oder Walter Serners „Hochstapler und solche die es werden wollen" , bleibt der letzte Trotta-Spross im *Radetzkymarsch* statisch und kann die Last der Verantwortung für den eigenen Lebensentwurf nicht tragen.

Roths Figuren sind Anti-Krulls und unfähig zum Kunstseidentum. Sie durchlaufen eher einen Abstieg durch die Modernisierung als eine Befreiung. Unflexibel ihrem Standesethos und ihrer untergehenden Lebensform verhaftet, stehen sie auf der Verliererseite, denn sie sehnen etwas herbei, dessen Schwinden nicht einmal der Kaiser mehr aufhalten kann: das Gefühl der Unmodernität als Ruhe- und Schutzzone. Damit stehen sie im konträren Gegensatz zu einem Zeitgeist, der sich konsequent der Flexibilität verschrieben hat und sich heute in den westlichen kapitalistischen Ländern durchgesetzt hat. Diese neue Flexibilität im Sinne immer schneller erfolgender Veränderungen und der damit einhergehenden Auflösung einer sinnvollen Erwerbsbiographie beschreibt Richard Sennett in seinem Buch *Der flexible Mensch*.[21] „Der flexible Mensch" ist für Sennett das Resultat des modernen Kapitalismus. Sennett beschreibt darin die Entwicklung vom Industriekapitalismus (dem Fordismus) zu unserem heutigen System der flexiblen Spezialisierung[22] und Austauschbarkeit von Arbeitskräften. Das wirkt der Loyalität in der Arbeitswelt entgegen und hat erhebliche negative Auswirkungen auf das emotionale und psychologische Wohlbefinden der Arbeitnehmer. Zusammenhängende Narrative einer beruflichen Laufbahn als Lebensgesamtwerk werden zu einem Ensemble kontingenter Jobs, Projekte und Anstellungsepisoden. Die Möglichkeit, seine Fertigkeiten auf eine lange Perspektive hin zu bessern oder eine authentische und zusammenhängende Erzählung des eigenen Selbst zu schaffen, hat in einer flexibilisierten Arbeitswelt keinen Platz mehr ebenso wie das qualitative Arbeitsethos der Effizienz zu weichen hat.

Ein gutes Beispiel dafür ist Irenes Vater aus der *Flucht ohne Ende*, der Bleistiftfabrikant Hartmann, der seine Fabrik wegen seines kamikazehaften Qualitätsethos verlor. Er wollte während des Kriegs partout kein schlechtes Blei verwenden und lieferte den Soldaten im Feld Millionen hochwertiger Bleistifte, obwohl es jenen gleichgültig gewesen sein dürfte, welcher Qualität ihre Schreibgeräte waren. Während seine Konkurrenten das gute Blei für die Nachkriegszeit aufsparen konnten, hatte er nach

---

21 Richard Sennett: Der flexible Mensch. Die Kultur des neuen Kapitalismus. Aus dem Englischen von Martin Richter. Berlin 2006.

22 Beispielsweise wurde in der Autoindustrie die Fließbandproduktion in einer Fabrik abgelöst von spezialisierten Produktions- und Zuliefererbetrieben, die ihren Standort und ihre Arbeitsabläufe ständig flexibel den Notwendigkeiten der globalisierten Wirtschaft anpassen.

dem Krieg nur noch schlechtes Material. Roth schildert die sture Redlichkeit des Fabrikanten Hartmann folgendermaßen:

> Es gibt eine geheimnisvolle, rührende Anhänglichkeit an die Qualität der eignen Ware, deren Gediegenheit zurückwirkt auf den Charakter des Erzeugers, eine Treue zum Fabrikat, die ungefähr dem Patriotismus jener Menschen gleicht, die von der Größe, der Schönheit, der Macht ihres Vaterlandes die eigene Existenz abhängig machen. [...] Der alte Herr stammte aus jener Zeit, in der ein Wille die Qualität bestimmte und in der man noch mit Ethik Geld verdiente.[23]

Sennetts wichtigste These ist, dass die neue Flexibilität der Entwicklung eines stabilen Charakters entgegen wirkt. Der flexible Mensch ist also ein Mensch ohne Rückgrat und ein Mann ohne Eigenschaften. Damit Charakter sich festigen kann, braucht es einen stabilen Kontext von Werten und Tugenden wie Loyalität, Vertrauen und Verbindlichkeit, Verantwortungsbewusstsein und Arbeitsethos, ebenso wie die Fähigkeit, auf sofortige Befriedigung von Wünschen zu verzichten und Ziele langfristig zu verfolgen. Stattdessen fördert der moderne Kapitalismus eher die Oberflächlichkeit und Instabilität zwischenmenschlier Beziehungen.

In Anbetracht der vorangegangenen Überlegungen hege ich die Vermutung, dass der Widerspruch zwischen Roths Nostalgie für ein konservatives Milieu und seiner eigentlich urbanen und linkspolitischen Mentalität, den ich am Anfang meines Vortrags erwähnt habe, auch mit Roths skeptischem Bewusstsein zu tun hat. Er muss früh erkannt haben, dass im Positivismus der Moderne, im Neuen, das er auch begrüßt hat, ein Ethos verloren geht, der nicht nur schützenswert ist, weil es ein ihm vertrauter war. Roth trauerte im Grunde einer ritterlich-generösen Antiquiertheit nach, die nur aus einer Ganzheitlichkeit von Person und Werten resultieren kann. Im August 1929 wirft der damals 34-Jährige einen *Blick auf die Nachwelt* und stellt fest:

> Ich weiß heute schon, welch elender Trost mich in meiner letzten Stunde begleiten wird: der Trost, nicht fünfzig oder hundert Jahre später geschrieben zu haben; ebenso wie mich mein ganzes Leben hindurch das Bedauern begleitet, nicht fünfzig oder hundert Jahre früher geschrieben zu haben.[24]

Die Antwort auf meine Eingangsfrage, warum ein moderner, freier Geist wie Roth eine derart unverhohlene Sympathie für das Alte, Überholte hegte, dürfte sich aufgrund der Überlegungen vielleicht so beantworten: Gerade weil Roth ein freier, undogmatischer Erzähler war, ließ er sich seine Nostalgie, dieses Halten, Harren und Zurückschauen nicht neh-

---

23 Roth, Werke 4, S. 399.
24 Roth, Werke 3, S. 73.

men. Von der Warte des 21. Jahrhunderts aus stellt diese Haltung mittlerweile eine Heterotopie inmitten einer Allgegenwart von Optimismus, Positivismus und Selbst-Optimierung dar.
In ihrer Naivität und Schlichtheit sind Trotta Senior und Junior in ihrer Sehnsucht nach Einbettung in eine gefestigte Gesellschaftsordnung dennoch sehr feinsinnige Gestalten.

Zwar machen die allgemeinen Veränderungen sie unglücklich, dennoch klammern sie sich nicht zwanghaft oder aggressiv an die Vergangenheit, begehen Selbstbetrug oder projizieren ihre Ängste auf Sündenböcke. Anders als Hermann Brochs Pasenow zum Beispiel sind sie keine rückwärtsgewandten Dogmatiker. Die Nostalgie der Trottas wird nicht als hegemoniale Status-quo-Erhaltung geschildert, sondern mehr als anachronistische Dissidenz vor der gleichgültigen, rücksichtslosen Veränderung der Welt. Man denke nur an die Szene – einem Bubenstreich ähnlich – in der Trotta und Demant das Bildnis des Kaisers aus dem Hurenhaus retten. Oder an Trotta Seniors Trauer um Jacques. Erinnern wir uns an das Beben, das Jacques` Unpässlichkeit beim Bezirkshauptmann auslöst.

> Oh! Nicht nur Jacques war heute krank geworden![25]

Für mich ist es ein Zeichen von Roths über die Grenzen der Ideologie hinausgehendem Humanismus, dass er seinen zärtlichen Blick „trotzdem“, aus reiner Sympathie für die Verlierer und die von der Geschichte Zurückgelassenen nach hinten richtet, auch wenn es produktiver, optimistischer oder im Sinne einer Goetheschen Turmgesellschaft „tätiger“ wäre, nach vorne zu schauen.

[25] Roth, Werke 5, S. 272.

Janusz Golec

Wolkenkratzer und Asyle

Joseph Roths Feuilletons über das Berlin der 20er Jahre

> Die Vollbartmänner, die Ernstlinge und Würderiche, geringschätzen das Feuilleton.
> Ich könnte jetzt wunderbare bunte Seifenblasen schreiben: wahre Regenbogenblasen. Aber nur die Frauen und Kinder Gebliebenen würden sich daran freuen. Die Männer dagegen behaupten, sich lediglich mit ewigen Dingen zu beschäftigen.
> […] ein Kesselpauker sagte mir einmal: ‚Das Feuilleton ist eine bürgerliche Kunstgattung.‘ Und er schüttelte den Kopf im Trauermarschrhythmus wie ein Leichenwagenpferd.
> Eine bürgerliche Kunstgattung: weil es den Bürger mit jener Kulturtünche anstreiche, die ihm gelebte Schminke ist. Weil er das Feuilleton lesen könne zwischen Mittagsschläfchen und Vesper; ein Bildungsdessert.
> Das Feuilleton sei entstanden aus dem Wunsch nach Unterhaltung, oder noch weniger: Amüsement. Und ein Würderich amüsiert sich nicht. Pfui![1]

Auf diese Weise beschreibt Joseph Roth die kritischen Stimmen über das Feuilleton, ein Genre, das sich in den 20er Jahren in Berlin entwickelte, einer Großstadt, wo zahlreiche Zeitschriften und Magazine, vor allem aber Tages-, Wochen- und Monatszeitungen erschienen, die jungen Männern eine Chance boten, sich als Schriftsteller zu etablieren und einen Namen zu machen.[2] Der in Galizien geborene Roth kam nach Berlin, ähnlich wie seine Kollegen Alfred Kerr oder Robert Walser, aus der Provinz in die Hauptstadt, weil er hier seine Produkte am besten verkaufen und ein interessiertes Publikum finden konnte, seien es jene Bürger, über die sich die oben zitierten ‚Würderiche‘ mokierten. Er gehörter damit zu denjenigen, die die „Aufwertung des Feuilletons ebenso

---

1 Joseph Roth: Feuilleton. In: Roth: Werke 1: Das journalistische Werk 1915–1923. Hg. von Klaus Westermann. Mit einem Vorwort zur Werkausgabe von Fritz Hackert und Klaus Westermann. Köln 1989, S. 616. (Im Folgenden als Roth, Werke mit entsprechender Bandnummer, Seitenzahl).

2 Vgl. dazu: Susanne Scharnowski: „Berlin ist schön, Berlin ist groß“. Feuilletonistische Blicke auf Berlin: Alfred Kerr, Robert Walser, Joseph Roth und Bernard von Brentano. In: Matthisa Harder/Almut Hille (Hg.): Weltfabrik Berlin. Eine Metropole als Sujet der Literatur. Würzburg 2006, S. 68.

wie die des Journalismus emphatisch“[3] forcierten und zugleich nach dessen gleichzeitigen künstlerischen Überhöhung strebten. Das Feuilleton versteht Roth als eine Kunst des Schauens, in der ein jedes Element der Wirklichkeit einen hohen Wert besitzt, auch wenn er für die meisten unbedeutend, ja unbemerkt bleibt. Seine Texte enthalten einen diagnostischen Blick, „der, frei über Zeit und Raum verfügend, in die Tiefe dringt.“[4] Man kann sogar die These wagen, dass Roth im Feuilleton sein eigenes ‚sanftes Gesetz‘ entwickelt, nach dem er die Welt beschreibt, in der gerade nicht das Große und Tragische, sondern das Kleine und Unscheinbare im Vordergrund steht. Einen Nachweis für diese These liefert Roths Feuilleton „Spaziergang“, wo es heißt:

> Was ich sehe, ist der lächerlich unscheinbare Zug im Antlitz der Straße und des Tages. Ein Pferd, das mit gesenktem Kopf in den gefüllten Hafersack sieht, […] ein Kind am Straßenrande, das mit Murmeln spielt […], einen Schutzmann, der sich einbildet, absoluter Ruhepunkt im Wirrsal des Geschehens zu sein und die Säule irgendeiner ordnenden Macht. Ein Mädchen sehe ich im Rahmen eines offenen Fensters, […] einen Mann, der […] Papierschnitzel sammelt und Zigarettenstummel. Eine Litfasssäule, […] eine Caféterrasse […]. Kellner in weißen Gewändern, […] einen Liftboy, einen Neger.[5]

Roths Spaziergänger, der „die Diagonale eines späten Frühlingstages durchmarschiert“[6], interessiert sich nicht für die große Tragödie der Weltgeschichte, die man in den Leitartikeln finden kann, auch nicht für Schicksale von Menschen, die Helden jener Tragödie sein könnten, sondern für das „Diminutiv der Teile“, das für ihn „eindrucksvoller als die Monumentalität des Ganzen“ ist.[7] Er will jedes Pathos vermeiden und sich zum Kleinen neigen. Das Flanieren dient ihm zum kaleidoskopischen Registrieren der Wirklichkeit –, zur Darstellung von Reflexen, die ihn dann zur Reflexion anleiten, einer Reflexion, die vor allem die Negativa der modernen großstädtischen Zivilisation aufzählt. Dies ist nicht zuletzt durch das neue Medium Film beeinflusst, der den Schreibprozess

---

3 Christian Jäger, Erhard Schütz: Städtebilder zwischen Literatur und Journalismus. Wien, Berlin und das Feuilleton der Weimarer Republik. Wiesbaden 1999, S. 258.

4 Karl Prümm: Die Stadt der Reporter und Kinogänger bei Roth, Brentano und Kracauer. Das Berlin der zwanziger Jahre im Feuilleton der „Frankfurter Zeitung“. In: Klaus R. Scherpe (Hg.): Die Unwirklichkeit der Städte. Großstadtdarstellungen zwischen Moderne und Postmoderne. Reinbek bei Hamburg 1988, S. 82.

5 Roth, Werke 1, S. 564.

6 Roth, Werke 1, S. 565.

7 Roth, Werke 1, S. 565.

vieler Autoren dieser Zeit modernisiert.[8] Als Beschreibungsmethode verwendet Roth häufig die Gegenüberstellung oder Aneinanderreihung von Großstadtphänomenen, in erster Linie ist es die postexpressionistische Konfrontation von Natur und Technik, Geist und Materie, Individuum und Masse. Dazu kommen sehr viele Feuilletons, in denen er sich mit den sozialen und politischen Fragen seiner Zeit auseinandersetzt: mit Armut und Reichtum sowie mit dem sich bereits in den zwanziger Jahren entwickelnden Faschismus und der Gefährdung alter Werte. Roths Zeitbilder stützen sich auf reale Begebenheiten, sie haben jedoch keinen Anspruch auf Historizität, sie sind seine Konstrukte, weil er nur bestimmte Bilder auswählt und aus ihnen sein Stadtbild entwickelt. Häufig sind das nur Details, sie lenken aber „das Augenmerk auf Fluchtpunkte der alltäglichern Wahrnehmung und bedeuten diese, laden sie mit Sinngehalt."[9] Roths Flaneur ist durch eine viel stärkere Wahrnehmungskraft gekennzeichnet als ein „gewöhnlicher" Stadtbesucher, der sich am „Baedecker" orientiert. Sein Ziel ist, ein Bild zu entwerfen, das noch die natürliche Ursprünglichkeit des Sehens bewahrt und damit das Eigentliche der Natur zurückzuholen imstande ist und nicht eines, das durch Zivilisation und Großstadt kommerzialisiert und damit verfälscht wurde, also eines, das gerade in der Gegenwart dominiert:

> [Der Westeuropäer] hört nicht den Plätscherklang der Welle und weiß nicht, daß wichtig das Zerplatzen einer Wasserblase ist. An dem Tage, an dem die Natur ein Kurort wurde, war's aus.[10]

Auf diese Weise ist eigentlich auch ein Bemühen „um ein Leben unter dem sanften Gesetz von Liebe, Recht und Sittlichkeit, dem einzig menschenerhaltenden Gesetz",[11] wie es von Stifter propagiert wurde, am Anfang des 20. Jahrhunderts und insbesondere in den Krisenjahren unmöglich, ja utopisch geworden. Diese Skepsis ist in Roths Feuilletons sehr deutlich, Karl Prümm schreibt sogar von Roths „unmittelbare[m]

---

8 „Filme sind für sie (diese Autoren, J.G.) nicht nur ein urbanes Ereignis, sondern sie repräsentieren zugleich eine avancierte Wahrnehmung, die der Stadt, dem Inbegriff der Modernität, adäquat ist". Prümm, Die Stadt der Reporter, S. 82.

9 Jäger/Schütz, Städtebilder. S. 258.

10 Jäger/Schütz, Städtebilder, S. 567.

11 Vgl. dazu: Ralf Georg Bogner: Lenau eroticus, Stifter neuroticus, Grillparzer tristis. (Re)Konstruktionen der Lebenswege dreier österreichischer Schriftsteller des 19. Jahrhunderts in neueren fiktionalen Dichterbiographien. In: Christian von Zimmermann (Hg.): Fakten und Fiktionen. Strategien fiktionalbiographischer Dichterdarstellungen in Roman, Drama und Film seit 1970. Tübingen 2000, S. 63.

Erschrecken über die Stadt"[12]. Er gehört keineswegs zu den Apologeten der Modernität, sondern es geht ihm um die Rettung und Bewahrung der Reste von Menschlichkeit, die in der großstädtischen Zivilisation Berlin begrenzt oder gar getötet wird. Vereinzelung, Entfremdung und soziale Kälte sind die Charakteristika der modernen Zivilisation. Deshalb haben für Roth die Großstadtphänomene erst dann einen Wert, wenn sie den sozialen Bedürfnissen des Menschen dienen. Die ästhetischen Qualitäten des Großstadtlebens rücken damit in den Hintergrund, wie im Falle der Wolkenkratzer, deren Bau für Roth erst dann einen Sinn bekommt, wenn damit das Problem der Wohnungsnot behoben wäre.[13] Den Schriftsteller fasziniert zwar die moderne Bautechnik, dank der die Errichtung der Wolkenkratzer möglich geworden ist (er beschreibt sie auch mit seiner poetischen Gründlichkeit), im Zentrum seines Interesses steht jedoch die soziale Frage, die Chance, „den *obdachlosen Mietern* ihre Wohnungen zurückzugeben und Kommissionen und Behörden in eigens für sie errichteten Räumen unterzubringen",[14] schreibt er im Jahre 1921. Ein Jahr später modifiziert er jedoch seine Meinung, er sieht die Wolkenkratzer jetzt als „die körpergewordene Auflehnung gegen angebliche Unerreichbarkeit; gegen das Geheimnis der Höhe; gegen die Jenseitigkeit der Himmelsregion" und „einen jener Gipfel technischer Entwicklung, auf dem die Nüchternheit der „Konstruktion" bereits überwunden ist und sich der Romantik des Natürlichen zu nähern beginnt."[15] Diese Ambivalenz resultiert daraus, dass Roth diesmal noch einen neuen Aspekt erblickt, ohne den alten aus den Augen zu verlieren, und nämlich

> ein Bündnis mit den Elementen. Mensch und Natur werden wieder eins. Und in den Wolkenkratzern wohnt die Freiheit ebenso wie auf den Bergen.
> Langersehnte Erfüllung phantastischen Erdenwunsches: die Raumnot zu bezwingen durch Aufstieg und Höheneroberung. [...]
> Es ist unmöglich, daß die Nähe der Wolken ohne Einfluß bleibt auf den Menschen. Der Blick, der aus dem Fenster schweifend die Grenzenlosigkeit des Horizonts umfasst, wirkt auf Herz und Seele. Die Lunge atmet Himmelsluft. Um die Stirn eines Sterblichen ziehen Wolken wie bisher nur um olympische Stirnen.[16]

Hinter diesen Worten versteckt sich eine Prise Ironie, die die „Dielenkolonisationsgesellschaft" betrifft, wie Roth die ganze Menschheit nennt. Die Menschen zielen darauf, immer einen praktischen Nutzen aus ihrer

---

[12] Prümm, Die Stadt der Reporter, S. 84.
[13] Roth, Werke 1, S. 448.
[14] Roth, Werke 1, S. 447.
[15] Roth, Werke 1, S. 765.
[16] Roth, Werke 1, S. 766f.

Tätigkeit zu ziehen. Den Wolkenkratzern, die in Berlin erst in den Bauplänen erwogen werden, setzt er die Asyle entgegen, also Orte, deren Existenz das Leben der Nachkrisenjahre determiniert. Massenverarmung und Massenobdachlosigkeit gehören zum konstanten Stadtbild am Anfang der 20er Jahre. Es verwundert deshalb nicht, dass Roth mehrere Feuilletons gerade dieser Problematik widmet. Wie kein anderer Feuilletonist ist er in der Lage, sich in die Situation der Ärmsten hineinzuversetzen, was wahrscheinlich aus seinem eigenen Unbehaustsein resultiert. Man kann sogar sagen, dass Roth mit Vorliebe die Berliner Unterwelt besucht, um sie zur Darstellung zu bringen. Er beschreibt Häuser und Säle, Begebenheiten und Menschen, denen das Vorläufige eine unveränderliche Lebensform geworden ist und die in der Heimatlosigkeit zu Hause sind.[17] Auch diese Stellen zeichnen sich durch die typisch Rothsche Akribie aus:

> Groteske Gestalten, als kämen sie alle aus den Armen- und Abenteuerromanen der Weltliteratur. Fast sind sie unwirklich. Alte Männer in Lumpen, mit grauen Bärten, Landstreicher, die Huckepack ein Bündel Vergangenheit auf gekrümmten Rücken schleppen. Ihre Stiefel tragen den Staub zerwanderter Jahrzehnte.[18]

Von Armut und Arbeitslosigkeit werden aber nicht nur die einzelnen Menschen heimgesucht, sondern ganze Familien, die in getrennten, in den Sälen der Obdachlosenasyle gezimmerten Holzbuden wohnen. Ihre Kinder beschreibt Roth scheinbar distanziert, ohne mitleidigen Kommentar. Dasselbe lässt sich vom Kunstasyl sagen, über das der Feuilletonist zweimal berichtet,[19] was davon zeugt, dass ihm dieses Problem als wichtig erschien. Dieses Feuilleton dient dem Schriftsteller dazu, über die Problematik der Kunst und ihre Kommerzialisierung zu sprechen sowie – in seiner Art – auf die Gefahren wie „Diebe, Polizei, Börse und Film"[20] hinzuweisen. Das Panorama der Berliner Unterwelt wird ergänzt durch Porträts von Einbrechern, Dieben, Schiebern, Zuhältern und Prostituierten, wie sie im Feuilleton-Zyklus *Nächte in Kaschemmen* dargestellt werden, in dem der Schriftsteller solche Orte wie *Café Dalles*, das *Reeselokal*, den *Albert-Keller*, die *Mulackstraße*, die *Tippelkneipe*, und die *Gipsdiele* schildert.

---

17 Roth, Werke 1, S. 375ff.

18 Roth, Werke 1, S. 375.

19 Kunstasyl. Das Heim der hungrigen Künstler. In: „Neue Berliner Zeitung" vom 7.1.1921 und „Klosterstrassen-Boheme. Ein Besuch im Kunstasyl. In: Berliner Börsen-Courier vom 14.11.1921. Roth, Werke 1, S. 444–446 und 677–667.

20 Roth, Werke 1, S. 444.

> Das Café Dalles in der Neuen Schönhauser Straße 13 hieß einmal Engelspalast. So ändern sich die Zeiten.[21]

So führt uns Roth in die Welt der Verbrecher ein. „Der Name *Engelspalast* bezieht sich vordergründig auf die (erhaltene) Engelsfigur zwischen den Fensterbögen, spielt aber auch auf die in solchen Kneipen verbreitete Prostitution an. *Dalles* ist ein jiddisches Wort und bezeichnet Armut, Elend und Not (hebräisch *dallùt*)."[22] Das Reeselokal soll sich auch in der Neuen Schönhauser Straße befunden haben und war genauso wie die anderen genannten Orte Asyl der kriminellen Aktivitäten. Darüber hinaus schreibt Roth eine ganze Reihe von Texten über die Lokale in der Friedrichsstraße mit ihren zahlreichen Vergnügungseinrichtungen und den *Friedrichstraßenmädchen*, die nicht nur in den 20er sondern bereits in den 10er Jahren für regen nächtlichen Verkehr sorgten und sehr gern von den expressionistischen Großstadtlyrikern wie Jakob van Hoddis oder Paul Boldt thematisiert wurden.[23]

Dazu kommen noch die Begegnungen mit Menschen des Alltags wie *Boy* oder *Clown*, die Roth in kleinen literarischen Miniaturen als Typen schildert, die Produkte ihrer Zeit sind. Enges Spezialistentum und die Zerrissenheit zwischen dem Beruf und dem Privatleben sind ihre Eigenschaft. Dies betrifft besonders den *Clown*, der kurz vor seinem Auftritt im Zirkus durch den Schlag getroffen wird. „Der Clown hat alle Witze in der Manege gemacht, und zu Hause ist er schweigsam. Er denkt vielleicht an Teuerung und dergleichen", stellt Roth im Feuilleton fest, womit er die Problematik der Kurzgeschichte *Der Lacher* von Heinrich Böll vorwegnimmt.[24]

„Die Texte aus den Berliner Jahren weisen Roth als einen Vielschreiber aus, der mosaikartig das Gesicht seiner Zeit gezeichnet hat", schreibt Klaus Westermann.[25] Aus der ganzen Menge solcher Texte Roths sollten diejenigen hervorgehoben werden, die unter dem gemeinsamen Titel *Berliner Bilderbuch* publiziert wurden. Darin verwandelt sich der Flaneur in den Chronisten seiner Zeit, der „die Symptome der Zeit und des Ortes

---

21 Roth, Werke 1, S. 477.

22 Anmerkungen zu: Joseph Roth in Berlin. Ein Lesebuch für Spaziergänger. Hg. von Michael Bienert. Köln 1996, S. 261.

23 Vgl. dazu: Janusz Golec: Die Großstadt Berlin in den Gedichten von Jakob van Hoddis und Paul Boldt. In: Maria Katarzyna Lasatowicz (Hg.): Städtische Räume als kulturelle Identitätsstrukturen. Schlesien und andere Vergleichsregionen. Berlin 2007, S. 29–39.

24 Roth, Werke 1, S. 676.

25 Klaus Westermann: Joseph Roth. Journalist: eine Karriere 1915–1939. Bonn 1987, S. 11.

aufzuzeichnen" bemüht ist.[26] Auch in diesen Texten, die deutlich nicht nur das Verfahren der Montage adaptieren, sondern auch kameraähnliche Operationen nachahmen, wählt Roth die Stadtbilder aus und kontaminiert die Einzelteile zu seinem typischen Stadtentwurf. Irmgard Wirtz betont, dass es im *Berliner Bilderbuch*, wie in den früheren Feuilletons, eine deutliche Diskrepanz gibt zwischen der historischen Darstellung der Wirklichkeit und der Subjektivität von Roths Schilderung. Der Schriftsteller ist sich dessen bewusst, dass

> die Darstellung der Symptome nicht allein den Zeitwandel sichtbar macht, [...] sondern daß [die Symptome] an den Ort gebunden sind und somit die spezifischen Eigenarten der jeweiligen Lebenswelt zur Lesbarkeit bringen. Er verfaßt also keine Lokalgeschichte im engen Sinne, legt keine Notizen zu den Tagesereignissen der Stadtpolitik an, sondern beschäftigt sich mit den nationalen Belangen und deren Niederschlag im Bewußtsein der städtischen Bevölkerung. Er betreibt Mentalitätsgeschichte, insofern er die geistigen Strukturen, die ‚Gesamtheit der Formen, durch die geistige Tätigkeit reguliert wird – seien dies ästhetische Bilder, sprachliche Codes, expressive Gesten, religiöse Rituale oder soziale Bräuche' – untersucht und sich nicht allein auf die Ideen der geistigen Eliten beschränkt.[27]

Indem Roth in diesen Feuilletons deutlich mehr einem Gegenüber seine Aufmerksamkeit widmet, erfüllt er auch stärker seine moralisch-ethische Botschaft, die es bereits früher gab, als er für die Armen und Ausgestoßenen Partei ergriffen, aber auch nach der Menschlichkeit des modernen Menschen gefragt hat. Jetzt geht es ihm noch mehr um den Kampf gegen die selige Immunität der Großstädter, die sich jeder Verantwortung entziehen wollen und den negativen Phänomenen ihrer Zeit gleichgültig gegenüber stehen.

Bereits im ersten der Berliner Bilder thematisiert der Chronist simultan – also im Unterschied zur traditionellen Chronik, die linear ist – drei solche Phänomene: eine Begebenheit auf der Straße und nämlich die Gewalttat eines Betrunkenen gegenüber einer Inderin, das Sechstagerennen im Velodrom am Kaiserdamm und die Sitzung des Reichstags. Mit dem Überfall auf die Inderin setzt Roth die Problematik des Ausländerhasses fort, die es in seinen früheren Feuilletons gab, in denen er das Leben der Flüchtlinge oder der Auswanderer aus Ost- und Südeuropa, aber auch Asien und anderen Ländern der Welt schilderte. Der Ausländerhass gehört nach ihm zu den zentralen Symptomen der Zeit – er

---

26 Roth, Werke 2, S. 92.

27 Irmgard Wirtz: Joseph Roths Fiktionen des Faktischen: das Feuilleton der zwanziger Jahre und „Die Geschichte von 1002. Nacht" im historischen Kontext. Berlin 1997, S. 66.

zeugt von dem wachsenden Nationalismus und seiner Tabuierung in der Öffentlichkeit, die Roth auf die folgende Weise pointiert:

> Obwohl nämlich die Verprügelte keine Jüdin war, sondern eine Inderin und die Schilderung des Vorfalls den jüdischen Blättern Berlins in deutschnationaler Beziehung nicht geschadet hätte, erzählten sie diese amüsante und lehrreiche Geschichte an sehr verborgenen Stellen [...] Der Lokalredakteur eines [...] jüdischen Blattes, den ich fragte, weshalb er die interessante Mitteilung der indischen Korrespondenz nicht gebracht habe, sagte mir: ‚Wissen Sie, man bekommt dann von nationalen Lesern solche Zuschriften! *Lieber nicht!*'[28]

Das Sechstagerennen wird assoziiert mit dem Drama Georg Kaisers *Von morgens bis mitternachts*, in dem der expressionistische Dramatiker in der Sportpalastszene gerade diese Sportdisziplin schildert und wo seine Hauptfigur, Kassierer, seine Macht und seine Verführungskunst kraft des Geldes ausprobiert (durch die immer höheren Preisstiftungen des Kassierers gerät das Publikum in Ekstase) und wo die Beziehung des Kassierers zum Publikum dem späteren Verhältnis Führer – Masse gleicht. Joseph Roth entlarvt dagegen nicht nur die Vermassung des Individuums bei solchen Spektakeln, sondern er analysiert in diesem Teil seines Feuilletons den Sadismus, der sich in der Reaktion der Zuschauer manifestiert und der auch eine allgemeine Erscheinung ist:

> Das Logenpublikum ist nicht leicht begeisterungsfähig. Sektkübel häufen sich zu seinen Füßen. Belegte Brötchen, Kaviar, Schinken, Eier türmen sich auf den Tischen. [...] Es jauchzt, wenn drei, vier Rennfahrer zusammenstoßen und einen Knäuel aus blitzendem Stahl, blutenden Nasen, zerschundenen Knien bilden. So jubelte einmal die römische Bourgeoisie, die sich noch anders nannte, rings um die Arena.[29]

Ein Logenpublikum schilderte Jakob van Hoddis zehn Jahre früher. In seinem Berliner Gedichtzyklus *Varieté* steht ohne Zweifel die Gesellschafts- und Kulturkritik des wilhelminischen Zeitalters im Zentrum. Van Hoddis zeigt den Verfall der Werte und die fortschreitenden Veränderungen im Kulturverhalten des deutschen Bürgertums. Massenunterhaltungsmittel wie Varieté und Film tragen nach ihm zu diesen Veränderungen erheblich bei. Großstädte wie Berlin produzieren neue Menschentypen, die am Konsum aller möglichen Produkte orientiert sind. „Durch die ironischen und grotesken Bilder der anspruchslosen und vulgären Unterhaltung demaskiert der Lyriker die angeblichen moralischen und intellektuellen Ansprüche der Bürger. Die Menschen sind Karikaturen ihrer selbst geworden, deshalb werden sie vom Dichter

28 Roth, Werke 2, S. 93.
29 Roth, Werke 2, S. 93.

deformiert und abgewertet".[30] Dies alles kann man auch auf das zitierte Feuilleton Joseph Roths beziehen. Doch seine Kritik geht noch weiter und ist tiefgründiger: Er entlarvt nicht nur die Doppelmoral der Berliner der 20er Jahre, sondern das „Zurückschrecken der Moral vor der drohenden Gewalt".[31]

Dieser Gedanke bekommt im dritten Teil des Feuilletons seine Ergänzung. Hier vergleicht Roth den Reichstag zuerst mit einem Velodrom, weil sich die Abgeordneten durch ähnliche Verhaltensweisen des Velodrompublikums ausweisen, dann aber nimmt das Bild noch schärfere Konturen an, indem der Sitzungssaal mit dem Reichstagsbuffet verschmilzt, wohin

> die Bierfässer in den Saal rollen, die völkischen Schinken, die agrarischen Schweinskeulen, die junkerlichen Ochsenköpfe. Noch grausiger aber war die Vision, die mich draußen, vor dem Hause befiel: Da sah ich, rings um die Siegessäule, zu faschiertem Fleisch gewandelt, das deutsche Volk, dessen Vertreter drinnen ‚berieten'.[32]

Dieses letzte Bild war zur Zeit der Entstehung des Feuilletons, also im Jahre 1924, nur eine Schreckensvision, sie erfüllte sich aber leider binnen nächster zwanzig Jahre. Nach dem gewonnenen Hitler-Krieg sollten die osteuropäischen Völker, darunter auch die Polen zum Hackfleisch gemacht werden, wie sich dies Hans Frank wünschte, das hat sich aber gegen das deutsche Volk umgekehrt. Deshalb ist dieser visionäre Blick des Chronisten so erstaunlich prophetisch: Die Gewalt des zum „faschierten Fleisch" verwandelten Volkes führt zu seiner Selbstvernichtung.

Damit verschmelzen die oben genannten Momente des öffentlichen Lebens tatsächlich zu einem Symptom der Zeit. Roth reflektiert über die Toleranz gegenüber der Gewalt und prangert die passive Mittäterschaft der Menschen der 20er Jahre an. Die Gründe dafür sieht er in der Triebnatur des Menschen und im autoritären Charakter der damaligen Ordnung, die die Weimarer Demokratie und die aus der Verfassung resultierenden Freiheiten missachtet, was zu ihrem Ende führen wird. Die neue Technik des Berichts – der fließende Übergang zwischen den einzelnen Bildern – ermöglicht die Hervorhebung der zentralen Idee des Feuilletons: „Die verschiedenen sozialen Schichten sind durch eine Gewaltwelle

---

30 Golec, Die Großstadt Berlin, S. 34.
31 Wirtz, Joseph Roths Fiktionen des Faktischen, S. 70.
32 Roth, Werke 2, S. 94.

verbunden, die von der breitesten Schicht, dem ‚deutschen Volk', ausgeht und darauf zurückschlägt."[33]

Die Sorge um die Zukunft des Volkes, die Betonung der völkischen Gefahr zieht sich durch mehrere Feuilletons Roths aus den 20er Jahren hindurch. Diese Zukunft des ‚deutschen Wesens' sieht der Feuilletonist folgendermaßen:

> eine Knochenkeule als Kopf, mit Brillantine eingefettet; Schlagringe als Fäuste; ein vaterländisch pochender Totschläger in der national fühlender Brust; Gedärm-Zündschnüre im Bauch; Berserkergrimm als treibende Kraft und geistige Richtung. Alles in allem: das Resultat aus der Multiplikation: deutsche Politik mal deutscher Volkserziehung mal kleinbürgerlicher Weltanschauung.[34]

Die Symptome der Zeit werden vom Feuilletonisten in seinen Berichten im Laufe der 20er Jahre immer mehr für „die Symptome des nationalen Verfalles" gehalten, wie dies im Feuilleton vom 8.7.1924 formuliert wird.[35] Mit Schrecken konstatiert er, dass er immer weniger Material hat, um über „edle, schöne und humane Ereignisse aus Berlin zu berichten."[36] Es verwundert deshalb nicht, dass sich Roth in den kommenden Jahren immer mehr in die fiktionale Welt versetzen wird, eine Welt, in der noch Ordnung und Harmonie möglich sind.

---

33 Wirtz, Joseph Roths Fiktionen des Faktischen, S. 72.
34 Roth, Werke 2, S. 107.
35 Roth, Werke 2, S. 126.
36 Roth, Werke 2, S. 126.

Gesa Dane

Frauenfragen – Modefragen?

Zu Joseph Roths *Brief an eine schöne Frau im langen Kleid*

Am 26. April 1931, einem Sonntag, erschien in der *Frankfurter Zeitung* ein Essay von Joseph Roth, überschrieben mit dem vielsagenden Titel: *Brief an eine schöne Frau im langen Kleid.*[1] Julia Bertschik hat zeigen können, wie diese – im Spektrum der zeitgenössischen Medien – liberale Zeitung die weibliche Kleidermode der Zwanziger Jahre kritisch begleitet hat.[2] Die konfektionierte Massenbekleidung sei, so Bertschik, in der Redaktion der *Frankfurter Zeitung* zwar auf einige Akzeptanz gestoßen, doch „galt Mode hier im Sinne der präsentierten Haute Couture-Modelle weiterhin als Zeichen damenhafter Eleganz einer gehobenen Gesellschaftsschicht zur Aufrechterhaltung einer gerade durch den modischen Habitus der 'Neuen Frau' gefährdet erscheinenden Geschlechterpolarität."[3]

Roths *Brief an eine schöne Frau im langen Kleid* wird in diesem Kontext publiziert. Der Essay ist als Kommentar zu den sich verändernden weiblichen Kleidermoden der 20-Jahre lesbar. Er verbindet, wie bereits Joseph Roths Artikel *Abschied von der Schaffnerin*[4] einige Jahre zuvor, die thematischen Bereiche Mode, Gleichberechtigung der Frauen und die Möglichkeit der Teilhabe von Frauen am öffentlichen Leben mit dem schwierigen Thema der erotischen Attraktivität. Der Verfasser plädiert offen für eine Kleidermode, die nicht den Gesetzen der Nützlichkeit folgt.

Exemplarisch lässt sich an dem *Brief an eine Frau im langen Kleid* ein durchgehendes Motiv von Roths Denken aufzeigen: die zeitgenössischen rechtlichen und sozialen Veränderungen auch im Verhältnis der Geschlechter zueinander werden nicht allein als Fortschritt gedeutet. Roth hat stets auch den Verlust im Blick, die mit diesen Veränderungen verbunden sein können. Dabei verklärt er keineswegs unkritisch vergangene

---

1 Joseph Roth: Brief an eine Frau im langen Kleid. In: Joseph Roth: Werke. Neue erweiterte Ausgabe in vier Bänden, Bd. 4: Kleine Prosa. Hg. von Hermann Kesten. Köln 1976, S. 162–165 (die Nachweise erscheinen im Folgenden mit der Sigle Roth, Werke, Seitenzahl).

2 Vgl. Julia Bertschik: Mode und Moderne. Kleidung als Spiegel des Zeitgeistes in der deutschsprachigen Literatur (1770–1945), Köln/Weimar 2005, S. 180–185.

3 Bertschik, S. 184f.

4 Joseph Roth: Abschied von der Schaffnerin. In: Werke 4, S. 61–63.

Zeiten, doch markiert er eine deutliche Distanz gegenüber den vor seinen Augen sich vollziehenden Entwicklungen. Joseph Roth wirft einen dezidiert männlichen Blick auf die Frauen, einen Blick, durch den die Geschlechterdifferenz geradezu hervorgehoben wird,[5] entgegen allen Tendenzen, diese zu negieren, wie er dies in der zeitgenössischen Kleidermode für Frauen zu erkennen meint. Sowohl sein Artikel *Abschied von der Schaffnerin* wie auch sein *Brief an eine schöne Frau im langen Kleid* sind aus einer sich als männlichen bekennenden Perspektive geschrieben. Die in der Literaturwissenschaft postulierte Nichtkongruenz von Autor und Erzähler sollte einmal auf die Essays von Roth übertragen werden, denn auf diese Weise entginge man der Gefahr, eine scheinbar eindeutige Position Roths mit Blick auf die zeitgenössischen Debatten herausarbeiten zu wollen. Schließlich wollte er in seinen Feuilletons nicht einfach nur Meinungen verkünden oder scharfsinnige Beobachtungen vermitteln. Sein Anspruch ging weit darüber hinaus: „Ich mache keine ‚witzigen Glossen'. *Ich zeichne das Gesicht der Zeit.* Das ist die Aufgabe einer großen Zeitung".[6] Das Gesicht einer Zeit zeichnen, das bedeutet eben auch, gegenläufige Positionen miteinander zu konfrontieren oder Diskussionen anzustoßen. Das umfangreiche journalistische Œuvre von Roth kann geradezu als eine Fundgrube auch für im weitesten Sinne kulturhistorische Fragen gelesen werden.[7]

---

5 Hierin mag auch ein Grund dafür liegen, dass die kulturwissenschaftlich orientierte literaturwissenschaftliche Geschlechterforschung, die im Zeichen von *gender* nicht nur die kulturellen Attribute der Geschlechterdifferenz als Konstruktionen deutet, sondern auch biologische Geschlechtsdualität in die Konstruktion einbezieht, dem Œuvre von Joseph Roth so wenig Beachtung schenkt; es sind Roths männliche Figuren, die vornehmlich untersucht werden, so John Margretts: Die Vorstellung von Männlichkeit in Joseph Roths *Radetzkymarsch*. In: Joseph Roth: Der Sieger über die Zeit. Londoner Symposium. Hg. von Alexander Stillmark. Stuttgart 1996, S. 79–93; vgl. weiter: Hans Richard Brittnacher: Priester und Paria. Der Offizier in der Literatur des Fin de siècle. In: Ursula Breymayer, Bernd Ulrich, Karin Wieland (Hg.): Willensmenschen. Über deutsche Offiziere, Frankfurt/M. 1999, S. 189–205, bes. S. 195ff.; Johannes Mattes: Für Gott, Kaiser und Vaterland: Männlichkeitskonstruktionen in Joseph Roths *Radetzkymarsch*. In: MannsBilder. Literarische Konstruktionen von Männlichkeit. Hg. von Stefan Krammer. Wien 2007, S. 64–80; Eberhard Ostermann: Desillusionierte Männlichkeit in Joseph Roths Erzählung *Station Faltermeyer*. In: Literatur für Leser 27 (2004), S. 61–71; anders Katja Garloff: Feminity and assimilatory Desire in Joseph Roth. In: Modern Fiction Studies 51 (2005), S. 354–373.

6 Joseph Roth an Benno Reifenberg am 22. April 1926. In: Joseph Roth: Briefe 1911–1939. Herausgegeben und eingeleitet von Hermann Kesten. Köln, Berlin 1970, S. 88.

7 „Roths im Verlauf von 24 Jahren entstandenes journalistisches Werk umfasst in der zuletzt erschienenen Werkausgabe annähernd 3000 Druckseiten (...). Die Bibliographie enthält eine vierstellige Zahl von Nachweisen in etwa 120 Zeitungen und anderen Periodika." Helmuth Nürnberger: „Alles wird bei

Der *Brief an eine schöne Frau im langen Kleid* gibt Einblicke in ein Denklaboratorium, in dem Probleme aus unterschiedlichen Blickwinkeln angeschnitten und verschiedene Denkmöglichkeiten durchgespielt werden. Anlaß für Roths Artikel über die Schaffnerin war der Plan der Wiener Straßenbahnen, vom 1. November des Jahres 1919 an keine Schaffnerinnen mehr zu beschäftigen. Roth votiert hier nicht zuerst für das Recht der Frauen auf Erwerbsarbeit, auch wenn er gleich eingangs bemerkt, dass die Schaffnerin von „allen Neuerungen der letzten Jahre die sympathischste“[8] gewesen sei. Roth handelt von der Schaffnerin im Imperfekt. Zwei Typen von Schaffnerinnen stellt er vor, die ältere, auch die Mütterliche genannt, mit einem sorgenvollen und strengen Gesicht, die ihren Dienst resolut versah. Die andere ist die „‘Flotte’“.[9] Beide sind in Habitus und Kleidung grundverschieden ebenso in der Ausübung ihres Berufes. Die ältere trägt Knöpfelschuhe oder Ziehstiefeletten mit Gummieinsatz, ihre Schuhe haben breite Absätze, die Spitzen der Schuhe sind vom langen Tragen gewölbt.[10] Die mütterliche Schaffnerin veranlasst den Beobachter zu einer erstaunlichen Feststellung: „Sie war der lebendige Beweis für die Gleichberechtigung der Geschlechter. Den Gegenbeweis liefert die andere, die ‘Flotte’“.[11] Diese war selbstverständlich blond, auch „wenn sie schwarz war, spielte ein Schimmer von Blondheit um ihre Persönlichkeit“.[12] Wenn das Substantiv „Flotte“ in dem Essay mit Distanzierungsmerkmalen versehen ist, dann deutet dies auf die Subjektivität des Urteils hin. Diese attraktive Schaffnerin verändert ihre Uniform mit kleinen Accessoires, trägt keine Knöpfelschuhe, sondern „Halbstiefelchen mit hohen Absätzen und eine schwarze Masche an der Schnalle. Ästhetik auf Kosten der Hygiene“.[13] Wenn sie ruft „Vorgehn, bitte!“, dann ist es nicht eine Auforderung, sondern eine Einladung. Sie fasziniert den Betrachter und vermag sein Begehren zu wecken. Der

---

mir persönlich“ – Joseph Roth als Journalist. Nachwort zu: Joseph Roth: „Ich zeichne das Gesicht der Zeit“. Essays – Reportagen – Feuilletons. Hg. und kommentiert von Helmuth Nürnberger. Göttingen 2010, S. 499–539, hier S. 538.

8 Roth, Abschied, Werke 4, S. 61.

9 Roth, Abschied, Werke 4, S. 61.

10 Vgl. Roth, Abschied, Werke 4, S. 62. Knöpfelschuhe, also seitlich geknöpfte Schuhe, waren um 1919 bereits ein wenig altmodisch, sie waren um die Jahrhundertwende zu längeren Röcken getragen worden; inzwischen wurden die zumeist nur wadenlangen Röcke mit höheren Schnürstiefel kombiniert, vgl. dazu: Ingrid Loschek: Reclams Mode- und Kostümlexikon. 5. aktualisierte und erweiterte Auflage. Stuttgart 2005, S. 197–208, hier S. 206 [Art.] Fußbekleidung; S. 342 [Art.] Kriegskrinoline.

11 Vgl. Roth, Abschied, Werke 4, S. 61.

12 Vgl. Roth, Abschied, Werke 4, S. 61.

13 Vgl. Roth, Abschied, Werke 4, S. 62.

Betrachter folgert: „Sie war das einzig liebliche Produkt des Krieges. Sie versöhnte mich sogar mit der Frauenemanzipation. Denn sie widerlegte die These von der Gleichberechtigung der Geschlechter so nachdrücklich, wie es nur – eine Frau kann. Eine schöne Frau allerdings“.[14] Der Essay schließt mit einer pointierten Forderung:

> Meine Straßenbahnfahrten werden nüchterne Alltagsgeschäfte sein. Der Glanz einer stillen Festlichkeit ist dahin. Ich beantrage: Einstellung der Elektrischen ab 1. November.[15]

Fast zehn Jahre später dann erscheint der *Brief an eine schöne Frau im langen Kleid*, ein Text, in dem Roth zum wiederholten Mal mit dem Genre des offenen Briefs spielt und dies auch begründet: „Dieser Brief hat die etwas vermessene Absicht, über das Private hinwegzugehen, und erhebt den Anspruch auf ein allgemeines Interesse“.[16] Der Brief beginnt mit einer galanten Wendung: „Liebe, sehr verehrte und schöne Frau“.[17] Und er knüpft an einen gemeinsamen Abend bei Bekannten am Tag zuvor an, dem zufälligen Anlass einer Wiederbegegnung nach vier Jahren. Zugleich erinnert er die Frau an das frühere Treffen, damals habe sie ein schönes Kleid getragen:

> Es war kurz, wie alle Kleider damals, aber es enthüllte einen ungewöhnlichen, ja außergewöhnlichen Teil körperlicher Schönheit: Knöchel, Bein, Waden – das öffentliche Interesse erfordert anatomische Genauigkeit – von tadelloser Gesundheit und rührender Zartheit. Ich war glücklich, so viel sehen zu dürfen.[18]

Seither, so gesteht der Beobachter, sei er älter geworden, ganz im Gegensatz zu ihr. Doch jetzt sind ihm „verborgene [ ] Wunder lieber […] als die offenbarten“.[19] Statt Enthüllung bevorzugt er eine raffinierte Verhüllung: Durch lange Kleider werde die Schönheit nur verhüllt, nicht gänzlich entzogen. So kann er freilich nur schreiben, weil er, dank der zeitgenössischen Mode, vor Jahren ihre Beine gesehen hat und weiß, was sich unter dem langen Kleid verbirgt. Offenkundig also ergeht dieser Rat nicht aus Prüderie. In diesem Zusammenhang streift er eine zentrale Forderung der Frauenbewegung: die nach der gleichen Entlohnung: „Vielleicht erzieht das lange Kleid […] die arbeitende Frau zu der Einsicht, daß sie mehr Geld verdienen muß und nicht weniger als der Mann.“[20] Hier wird deutlich, dass es nicht ausschließlich um die Klei-

---

14 Vgl. Roth, Abschied, Werke 4, S. 62f.
15 Vgl. Roth, Abschied, Werke 4, S. 63.
16 Roth, Brief, Werke 4, S. 162.
17 Roth, Brief, Werke 4, S. 162.
18 Roth, Brief, Werke 4, S. 162.
19 Roth, Brief, Werke 4, S. 162.
20 Roth, Brief, Werke 4, S. 164.

dermode geht, um die Länge von Röcken oder darum, ob Frauen Hosen tragen sollten.[21] Mit den Kleidermoden werden zugleich auch Denkmoden zur Diskussion gestellt.

Georg Simmels hat in seinem immer noch grundlegenden Aufsatz *Die Mode* (1911) das Phänomen *Mode* in grundsätzlicher Weise verhandelt. Mode ist für ihn nicht gleichbedeutend mit *Kleidermode.* Mode ist nach Simmel zuerst ein „Erzeugnis formal psychologischer Bedürfnisse“[22] nach Nachahmung von gegebenen Mustern und des Willens zum Unterscheiden. Das Spannungsfeld zwischen Nachahmung und Unterscheidung konstituiert auch den ständigen Wechsel der Moden. Mode befriedigt auch den Wunsch nach Abwechslung, dies gelingt der Mode durch „den Wechsel der Inhalte, der die Mode von heute individuell prägt gegenüber der von gestern und der von morgen.“[23] Mode ist zudem auch Klassenmode, die unteren Klassen einer Gesellschaft orientieren sich an der Oberschicht. In dem Augenblick, in dem sich die Unteren die Mode der Oberen angeeignet haben, verändern diese ihre Mode. Entscheidend ist freilich, dass Simmel die Herrschaft der Mode auch in anderen Bereichen ausmacht: „auf den Gebieten, auf denen nur sachliche Entscheidungen gelten sollen: Religiosität, wissenschaftliche Interessen.“[24] Den Grund für die Anfälligkeit gegenüber Denkmoden insbesondere in der Gegenwart sieht Simmel darin, dass „die großen dauernden unfraglichen Überzeugungen mehr und mehr an Kraft verlieren.“[25] Simmel stellt in seinem Aufsatz das begriffliche Instrumentarium zur Verfügung, mit dessen Hilfe die begrifflichen Ableitungen von dem Begriff der *Mode*, wie *modisch* und *modern*, inhaltlich gefasst und voneinander unterschieden werden können. *Modisch* meint dann *einer Mode entsprechend*, während *modern zeitgemäß*, *auf der Höhe der Zeit* bedeutet. Beide Adjektive, *modisch* wie auch *modern*, können beschreibend verwendet werden. Sie können freilich auch wertend eingesetzt werden, dann erhält *modisch* eine pejorative Konnotation. Wenn ein Objekt, eine Denkweise oder Haltung als modisch charakterisiert werden, so ist ihnen ein Verfallsdatum mitgegeben. Das kann sich auf Kleider wie auch auf Denkweisen beziehen. Die Eigenschaft *modern* hat demgegenüber eine andere Quali-

---

21 Vgl. dazu: Klaus Westermann: Joseph Roth, Journalist. Eine Karriere 1915–1939. Bonn 1987. Westermann unterstreicht in diesem Zusammenhang: die „Mode war für ihn ein Bereich […], den es mit einzufangen galt, weil er Entwicklungen verdeutlichen konnte“ (S. 170).

22 Georg Simmel: Die Mode. In: Simmel: Philosophische Kultur. Über das Abenteuer, die Geschichte und die Krise der Moderne. Gesammelte Essais. Mit einem Vorwort von Jürgen Habermas. Berlin 1986, S. 38–63, hier S. 41.

23 Georg Simmel, Die Mode, S. 40.

24 Georg Simmel, Die Mode, S. 42.

25 Georg Simmel, Die Mode, S. 47.

tät, hier schwingt mit, dass das Moderne in gewisser Hinsicht einen beständigen Kern mit sich trägt.

Wenn Roth sich in diesem Essay den Fragen der Mode zuwendet und diese mit den sozialen Lebenswelten von Frauen in unterschiedlicher Weise verbindet, dann weist ihn dies als einen Zeitgenossen aus, der sich einer modernen Fragestellung und Phänomenen annimmt, die das *Gesicht der Zeit* prägen. Freilich tut er dies mit der Absicht, nicht selber modisch zu werden, oder, um eine seiner Wendungen zu benutzen, nicht „Moderntuerei".[26] Dies ist dann auch der Grund, weshalb Roth im Horizont der zeitgenössischen Debattenlagen weder als fortschrittlich noch als reaktionär zu bezeichnen ist. Die wenigen Ausführungen von Roth zur Emanzipation der Frau, zu deren Berufstätigkeit sowie zu ihren Möglichkeiten des Sich-Kleidens, sind Fragmente einer angewandten Soziologie des Geschlechterverhältnisses aus männlichem Blickwinkel.[27] Es sind nicht von ungefähr Essays, in denen er diese Fragen aufgreift und kommentiert. Die Gattung des Essays erlaubt es Roth, jenseits von systematischen Analysen, unabhängig auch von Thesen und argumentativ durchgeführten Beweisen seine verstreuten Beobachtungen zu notieren. Er arbeitet mit harten Fügungen, ironischen Wendungen und kann Begriffe in einem nicht streng durchgearbeiteten terminologisch konsistenten Sinne verwenden.[28] Ein Beispiel hierfür mag der im Zusammenhang mit den Schaffnerinnen verwendete Begriff der *Gleichberechtigung* sein. In dem ersten Fall meinte er, die Frau habe das gleiche Recht auf Berufsausübung wie der Mann, sie sei sogar in der Lage, diesen Beruf wie ein Mann auszuüben. Im Fall der zweiten Schaffnerin, der Flotten, verwendet er *Gleichberechtigung* nicht in diesem Sinn, sondern – fast verfremdend: Frauen können mit bezug auf den Betrachter, sein Begehren und ästheti-

---

26 „Moderntuerei" wird von Roth in sehr eindeutiger Weise verwendet, der Begriff ist negativ besetzt und wird auch auf Literatur und Literaten angewendet: „Wenn in deutschen Landen die Sitte bestünde, einem Dichter für jeden schlechten Vers eine derbe Ohrfeige zu versetzen, (…) so müßte Rainer Maria Rilke für sein *Marien-Leben* eine tüchtige Tracht solcher Ehrenbezeugungen einheimsen. Dieser Lyriker scheint auf der schiefen Ebene des Modernismus unaufhaltsam hinabzurollen. Oder hinaufzuklettern. Vielleicht hat er sogar schon den Gipfel der Moderntuerei erreicht." Joseph Roth: Rainer Maria Rilkes *Marien-Leben*. In: Joseph Roth: Werke Bd. 4: Kleine Prosa. Hg. von Hermann Kesten. Köln 1976, S. 329–331, hier S. 329.

27 Roths Texte transportieren gleichwohl kein negatives Frauenbild, wie von Ulrike Steierwald mit Blick auf die Romane konstatiert wird, vgl. Ulrike Steierwald: Leiden an der Geschichte. Zur Geschichtsauffassung der Moderne in den Texten Joseph Roths. Würzburg 1994, S. 106.

28 Zum Stil Roths vgl. Ilse Plank: Joseph Roth als Feuilletonist. Eine Untersuchung von Themen, Stil und Aufbau seiner Feuilletons. Nürnberg 1967 [Diss. Masch.].

sches Gefühl nicht gleichberechtigt sein. Interessanterweise aber bleibt das Attribut *schön* inhaltlich offen und wird nicht normativ gebraucht: sie ist nur jünger und blond, (auch wenn sie nicht blond ist), und so gekleidet, sich bewegend, dass er gern hinschaut. Ihre Berufsausübung, ihre Arbeit in der Straßenbahn ist gleichsam nur der performative Akt, der es ihm erlaubt, sie zu betrachten – der es ihr aber auch erlaubt, seine und die Aufmerksamkeit anderer Männer auf sich zu ziehen.

In den beiden Essays wird eine vergleichbare Denkbewegung vollzogen, einmal von der Möglichkeit der Berufsausübung (im Fall der Schaffnerin) hin zu Fragen der Anziehungskraft durch die Schönheit, das andere Mal sind Schönheit und Bekleidung der Ausgangspunkt, denen er dann die Berufswelt in durchaus kulturkritischer Perspektive entgegensetzt. Die Schaffnerinnen und die Frau im langen Kleid, diese Frauen gehören völlig unterschiedlichen sozialen Schichten an, hier die Angestellte, dort die Ehefrau eines reichen Mannes. Entsprechend werden die Erwerbsarbeit und deren Verlust gedeutet. Die Schaffnerin darf nicht länger arbeiten, weil nach 1919 die aus dem Krieg heimgekehrten Männer wieder in ihre Posten zurückkehren. Dass diese Schaffnerin etwas verliert, deutet er an. Er hat Mitgefühl für diesen Rückschritt. Sie müsse nun „Zange und Diensttasche abtun und reuig heimkehren zu Küchenschürze und Kochlöffel. Eigentlich tut es mir leid um die Schaffnerin“.[29] Der schönen Frau im langen Kleid aber rät der Briefschreiber davon ab, überhaupt zu arbeiten und Geld zu verdienen, „Ihr Mann verdient mehr, als er zugibt“,[30] heißt es in einer Parenthese. Er gesteht dieser *Frau im langen Kleid*, vor Jahren, als sie das kurze Kleid getragen habe, wäre er noch der Überzeugung gewesen,

> daß Ihre ungewöhnliche Schönheit Sie keinesfalls hindern dürfe, das aktive Wahlrecht auszuüben, dem passiven zu erliegen, Staatsanwalt zu werden, Verteidiger, Universitätsprofessor, Reichspräsident, allgemein gesagt: jene Hosen zu tragen, die unser Geschlecht – das männliche – seit etwa zweihundert Jahren lächerlich machen.[31]

Inzwischen aber habe er seine Haltung modifiziert, er fürchte nun um ihre Schönheit. Zur Begründung folgt ein ganzer Katalog kritischer Bemerkungen zur männlichen Arbeitswelt und Politik, kulturkritische Diagnose der Entfremdung der Arbeitswelt in nuce. Aber auch jetzt wird wieder zwischen der schönen Frau und der Frau ohne Schönheit unterschieden, in ironischer Absicht wird die Aufforderung angeschlossen:

---

29 Roth, Abschied, Werke 4, S. 61.
30 Roth, Brief, Werke 4, S. 163.
31 Roth, Brief, Werke 4, S. 163.

> überlassen Sie, schöne Frau ihnen [den Frauen ohne Schönheit, G.D.] alle öffentlichen Angelegenheiten, die kurzen praktischen Kleider, in denen man die langen Fortschritte machen kann.[32]

Und vollends in die uneigentliche Sprechweise verfallend bezeichnet sich der, mit „[Ihr] ewig treue[r] Roth"[33] unterzeichnende Verfasser des Briefs sich selber als „Reaktionär", gar als „proletarischer Reaktionär".[34]

Als reaktionär könnten diese Feststellungen zweifellos gelten, wäre da nicht ein impliziter Kontrapunkt in der Struktur dieses Textes, nämlich der Blick auf die Männer, dieses „hygienische Geschlecht", das „die Lust zu einem Trainingshindernis degradiert" und „die Phantasie in einen Gesundheitsfehler verwandelt" hat.[35] Die langen Kleider einer Frau, verhüllend und zugleich andeutend aber nicht entblößend, könnten diesen Männern vielleicht wieder zu „jener gelästerten, aber produktiven Romantik"[36] verhelfen, „die wirklicher ist als ein Börsenbericht, aufregender als ein Fußballmatch".[37] Die Opposition von Hygiene versus Lust, mit der bereits der Benutzer der Straßenbahn im ersten Text gespielt hat, wird hier erneut aktiviert. Hatte der doch die Masche am Stiefel der flotten Schaffnerin mit der Formel „Ästhetik auf Kosten der Hygiene"[38] kommentiert. Diese Masche ist ästhetisch, sie gefällt – aber hygienisch ist sie nicht. *Hygienisch* stellt Roth durchweg in den Bedeutungshorizont von *praktisch*, als polemischen Gegenbegriff zu *ästhetisch* und *erotisch*. Dies Spiel mit semantischen Oppositionen zeigt sehr nachdrücklich auch Roths Essay *Die ‚Girls'* (1925).[39]

> Die ‚Girls' sind jüngere und ältere Mädchen in Schwimmkostümen, die augenblicklich die Varieté- und Revuebühnen Europas, die etwas auf sich halten, in trockene Strandbäder verwandeln. (…) Ihre Spiele sind Kompositionen aus Militarismus und Erotik.[40]

Die ‚Girls' arbeiten „im Dienste der Hygiene, nicht der Erotik",[41] ihre „Nudität ist prüde".[42] Die Tänze, die sie vorführen, sind keine Nackttänze, „sondern solide körperliche *Ertüchtigung*. Ihre Nacktheit dient nicht

---

32 Roth, Brief, Werke 4, S. 163.
33 Roth, Brief, Werke 4, S. 165.
34 Roth, Brief, Werke 4, S. 162, S. 165.
35 Roth, Brief, Werke 4, S. 163.
36 Roth, Abschied, Werke 4, S. 163f.
37 Roth, Abschied, Werke 4, S. 164.
38 Roth, Abschied, Werke 4, S. 62.
39 Joseph Roth: Die ‚Girls'. In: Joseph Roth: Werke 4, S. 546–548; Nachweise erscheinen im Folgenden mit der Sigle Roth, Girls, Werke 4, Seitenzahl.
40 Roth, Girls, Werke 4, S. 546.
41 Roth, Girls, Werke 4, S. 547.
42 Roth, Girls, Werke 4, S. 547.

der Lust, sondern der Anatomie".[43] Darin sind sie von den „Engeln"[44] im französischen Bordell nun unterschieden, die dem männlichen Beobachter zumindest die Möglichkeit eines kurzen Glücks versprechen, diese „lassen sich von Männern umarmen, die von Engeln keine Ahnung haben".[45] Die Nacktheit der ‚Girls' ist ein Zeichen von Prüderie, weil sie nicht das verlockende Spannungsfeld von Zuwenden und Entziehen eröffnen kann. „Ihre Schwimmkostüme sind weniger lockend als Nonnengewänder",[46] so der Kommentar, der einmal mehr das Zur-Schau-Stellen gegen das Verhüllen ausgespielt.

Im *Brief an eine schöne Frau im langen Kleid* wird der Frau schließlich nahegelegt, ihre Schönheit an ihre Kinder weiterzugeben. Und am Ende werden zwei Bitten hinzugefügt, die erste erinnert an die Aufforderung eines Fotografen, der Vergehendes festhält: „Bleiben Sie so, schöne Frau! Und lächeln Sie nicht, ein Buch über die Weltrevolution in der Hand und im Ohr noch die Parole Ihrer Partei, über diesen Brief Ihres sehr ergebenen, Ihnen und der Romantik ewig treuen Roth".[47] Hier mögen sich auch Spuren der politischen Konversion von Roth nachweisen lassen, wenn die soziale, die linke Einstellung zum Diskurs von schönen Frauen in langen Kleidern wird – dann ist sie gut aufgehoben und politisch folgenlos.

Ganz nüchtern werden in dem *Brief an eine schöne Frau im langen Kleid* die Männer als versehrtes Geschlecht charakterisiert, gezeichnet durch ihre Berufe, durch Krieg und Politik. Indem diese Diagnose aber von einem dezidiert männlichen Blick aus unternommen wird, wird sie zugleich unterlaufen und dementiert. Dieser männliche Blick ist kein voyeuristischer Blick. Zwar tritt der Mann in beiden Essays werbend und erotisch begehrend auf, doch wirbt er ebenso sehr um die Frau wie dafür, seine Denkbewegungen nachzuvollziehen. So sind Roths Texte kein Fall des literarischen Machismo, wie Günter Grass' Roman *Der Butt*, in dem die Frauenbewegung der 70-Jahre denunziert wurde. Roth wirft einen *melancholischen Blick* auf die Vergangenheit wie auch auf die eigene Gegenwart, dieser Blick ist zugleich hellsichtig. So stellt er bereits 1919 in dem *Abschied von der Schaffnerin* fest, die Frauenbewegung habe seit der „Diensteinstellung der Frauen (…) ihre Fortschritte nicht mehr zu Fuß, sondern mit der Elektrischen"[48] gemacht.

---

43 Roth, Girls, Werke 4, S. 547.
44 Joseph Roth: Bericht aus dem Pariser Paradies. In: Roth: Werke 4, S. 54–57, hier S. 55.
45 Roth, Bericht, Werke 4, S. 55.
46 Roth, Girls, Werke 4, S. 547.
47 Roth, Abschied, Werke 4, S. 165.
48 Roth, Abschied, Werke 4, S. 61.

Figurationen des Dritten

Joanna Jabłkowska

Ein Grab der armen Leute

Hotel Savoy – Parabel für das Ende des alten Europa oder Łódź-Roman?

I

Die Vermutung, Joseph Roths *Hotel Savoy* sei mit dem Savoy-Hotel in Łódź identisch, verdankt sich bekanntlich Roths polnischem Freund, dem Schriftsteller Józef Wittlin. Wie das Hotel in Roths Roman hat auch das wirkliche Savoy-Hotel in Łódź 7 Stockwerke, steht in einer stillen Gasse und ist in ca. 10 Minuten zu Fuß von einem Platz zu erreichen, der in der Zeit, als Roth die Stadt besuchte, ein Marktplatz war. Das Hotel wurde 1912 gebaut, galt als elegant und vornehm und war noch in der Zwischenkriegszeit das höchste Gebäude in Łódź. Dies würde dafür sprechen, dass man Wittlins Information für glaubwürdig halten könnte. Die Literaturwissenschaft beurteilt sie indessen als marginal relevant. Eine „geographische Festlegung" sei „störend und überflüssig". „Das Hotel, welches Roth [...] beschreibt, ist kein Hotel Savoy in Lodz, sondern ein Hotel mit symbolischer Bedeutung,"[1] so Thorsten Juergens. Ähnlich sieht dies Wilhelm von Sternburg in seiner neuen Biographie Roths:

> Der Hinweis auf Lodz sollte nicht überbewertet werden. Roths Romane spielen stets in imaginären Orten. Wo immer seine Menschen leben, hinfliehen, untergehen oder erlöst werden, haftet Städten wie Berlin, Paris oder New York etwas Typologisches an. Sie sind Ziel- und Hoffnungsorte der großen jüdischen Ost-West-Bewegung, die seit Mitte des 19. Jahrhunderts lawinenartig angewachsen ist.[2]

---

1 Thorsten Juergens: Gesellschaftskritische Aspekte in Joseph Roths Romanen. Universitaire Pers Leiden 1977, S. 22. Vgl. auch Roman Struc: Die slawische Welt im Werk Josephs Roths. In: David Bronsen (Hg.): Joseph Roth und die Tradition. Darmstadt 1975, S. 318–344, hier S. 320.

2 Wilhelm von Sternburg: Joseph Roth. Eine Biographie. Köln 2009, S. 299. Vgl. auch Wolfgang Müller-Funk: Joseph Roth. München 1989: „Wenn Orte wie New York, Berlin oder Sibirien [..] als imaginär bezeichnet werden, dann vor allem deshalb, weil sich dadurch der metaphorische Bedeutungsüberschuß bezeichnen läßt: ein beinahe mythischer Charakter haftet ihnen an, der es verbietet, Roths topographische Punkte mit den gleichnamigen Orten der ‚Wirklichkeit' gleichzusetzen" (S. 52). Zu dem symbolischen Charakter des Hotels vgl. auch Telse Hartmann: Kultur und Identität. Szenarien der Deplazierung im Werk Joseph Roths. Tübingen und Basel 2006, bes. die Kapitel: „Hotel als nomadischer Transit-Raum", „Hotel als Heimat", „Grenzen der Hotelexistenz", S. 179–196; Eva Raffel: Vetraute Fremde. Das östliche Judentum im Werk von

Gotthart Wunberg sucht – ähnlich wie Wolfgang Müller Funk – die Verwandtschaft des Savoy-Romans mit Kafkas Schaffen.[3]

Dies ist bestimmt richtig, doch darf man nicht vergessen, dass Roths journalistischer Blick wenig übrig für reine Phantasiegebilde hatte. Er war Realist und an der Wirklichkeit und ihren Problemen interessiert, somit sind Vorbilder für seine „imaginären Orte" für die Deutung seiner Texte so unwichtig nicht.

Roth schrieb *Hotel Savoy*, als seine stark sozialkritische, ja linke Lebensphase noch nicht vorbei war. Sie hat 1924 ihren Höhe- und Kulminationspunkt erreicht, um erst „zu Ende des Jahres plötzlich" abzubrechen.[4] In seinen frühen Feuilletons und Reportagen für den *Neuen Tag* zwischen April 1919 und April 1920 schrieb er von „den Sorgen und Nöten der kleinen Leute, [der] ‚Abseits-Menschen', wie er sie nennt."[5] In seinen späteren publizistischen Texten, auch aus der Berliner Zeit war zwar die Haltung eines melancholischen Beobachters, der den Stil des Wiener Feuilletons der Jahrhundertwende nachahmte, unverkennbar,[6] doch als er für *Vorwärts* zu schreiben begann, ab Juli 1922, bekam die Beschäftigung mit den Deklassierten, mit den „Abseits-Menschen" deutlich eine linke, sozialkritische, ja aggressive Färbung.[7] Roth war darüber hinaus Gegner der fortgeschrittenen Industrialisierung,[8] so dass man sich

---

Joseph Roth und Arnold Zweig. Tübingen 2002, das Kapitel „Hotel Savoy (1924)", S. 129–138.

3 Vgl. Gotthart Wunberg: Joseph Roths Roman *Hotel Savoy* (1924) im Kontext der zwanziger Jahre. In: Michael Kessler, Fritz Hackert (Hg.): Joseph Roth. Interpretation – Kritik – Rezeption. Tübingen 1990, S. 449–462: „Die Omnipräsenz des Unsichtbaren, des Besitzers, dessen Kommen sich stets ankündigt, aber nie Wirklichkeit wird, nimmt sich aus wie eine Passage aus Kafkas Romanen aus *Prozeß* und *Schloß*. Vollends dann, wenn der Erzähler sich ständig beobachtet fühlt. Wie die anonyme Allgegenwart des Unsichtbaren und Unbekannten an Kafka erinnert, so das Sich-Beobachtetfühlen an Hofmannstahls *Märchen der 672. Nacht*, wo der Kaufmannssohn Entsprechendes erlebt" (S. 452). Vgl. auch Müller-Funk: Joseph Roth: „Dieser bilderreiche und zugleich kompositorisch unerbittliche Roman weist schon auf Grund seines überwirklichen Ordnungscharakters und seiner bewußt verfremdenden Gestaltungsabsichten unübersehbar eine Wahlverwandtschaft mit dem Werk Kafkas auf" (S. 42f.).

4 Uwe Schweikert: „Der rote Joseph". Politik und Feuilleton beim frühen Joseph Roth (1919–1926). In: Text + Kritik Sonderband Joseph Roth. München 1974, S. 40–55, hier 49f.

5 Schweikert in: Text + Kritik, S. 43.

6 Vgl. Schweikert in: Text + Kritik., S. 47.

7 Vgl. Schweikert in: Text + Kritik, S. 48f. Zum journalistischen Schaffen Roths vgl. Klaus Westermann: Joseph Roth, Journalist. Eine Karriere 1915–1939. Bonn 1987, besonders das Kapitel zu der publizistischen Tätigkeit in der ersten Hälfte der 20er Jahre, „Berliner Saisonbericht – Lokalreporter und Sonderberichterstatter", S. 31–47.

8 Juergens, Aspekte, S. 29.

nicht wundern muss, dass er die Stadt, die er im Roman schilderte, mit einem kritischen Blick betrachtete, denn sie hatte keine andere Existenzbasis als nur die Entwicklung der Großindustrie. Ihre Einwohner waren nicht nur Fabrikanten und Arbeiter, sondern auch Heruntergekommene, deren Karriere gescheitert ist. Ihr Elend war – wie das Elend der Arbeiter – der Preis für den Reichtum von Fabrikbesitzern, Kaufleuten und Spekulanten. Wenn es im Roman heißt: „Gott straft diese Stadt mit Industrie. Industrie ist die härteste Strafe Gottes",[9] dann ist dies zu konkret, um lediglich auf eine Allegorie der Welt, auf jede Industriestadt oder auf einen „imaginären Ort" übertragen zu werden.

Die Textilindustrie, die im Roman Roths ja explizit genannt wird, war die einzige Existenzbasis für Łódź. Von den Schwankungen der Konjunktur hing ihre beschleunigte und von keinem Sozialstaat beschirmte Entwicklung ab, die die Quelle einer in Mitteleuropa ungewöhnlichen sozialen Degradierung vieler Menschen war. Es war nicht leicht, eine andere mitteleuropäische Stadt zu finden, die – wie Roth dies formulierte – von Gott schwerer mit Industrie gestraft wurde als Łódź unmittelbar nach dem ersten Weltkrieg. Zu dieser Zeit schrumpfte der russische Absatzmarkt, die Stadt wurde nach der deutschen Besatzung ihres Reichtums beraubt – und trotzdem wollten die Menschen dort überleben und bauten emsig die Produktion wieder auf. Wenn Roth sich zum Ziel setzte, eine Welt an der Grenze zwischen Ost und West zu schildern, die einen Sprung von alten, ländlich-agraren zu neuen, städtisch-industriellen Strukturen machte, dann musste ihm Łódź als Ikone des Frühkapitalismus für sein Romankonzept willkommen sein.

Folglich lässt sich die These formulieren, dass die Stadt im Roman Joseph Roths ein Ort ist, der der realen Stadt Łódź entspricht. Erst auf der sekundären Interpretationsebene besitzt das Hotel Savoy in dieser Stadt auch einen symbolischen Charakter und kann als Allegorie für die hierarchisch strukturierte Welt gedeutet werden, als allegorischer Mikrokosmos Europa. Diese These lässt sich nicht nur mit Bildern aus dem wirklichen Leben der Stadt belegen, sondern auch mit anderen literarischen Łódź-Beschreibungen, die mit Roths Roman auffallend korrespondieren, obwohl intertextuelle Bezüge eher auszuschließen sind.

---

8 Vgl. Juergens, Aspekte, S. 31.
9 Joseph Roth: Hotel Savoy. München 2003, S. 75.

II

Hotel Savoy sei – so die Forschung – die Welt en miniature.[10] Gabriel Dan beginnt diese Welt zu entdecken und wird von ihr in ihren Bann gezogen. Er ist zu jung und zu unerfahren, um zu wissen, dass der aufsteigende Kapitalismus Paradoxien provoziert, die zwar für einen ‚normalen' Menschen faszinierend sein können, die aber bei näherer Betrachtung bloße Begleiterscheinungen einer sich rücksichtslos entwickelnden Marktwirtschaft sind. Es haftet ihnen nichts Geheimnisvolles oder Abenteuerliches an. Sie verbinden sich mit einer sozialen Brutalität, die der vorindustriellen Gesellschaft in einem solchen Ausmaß nicht bekannt war. Der in seinem Zimmer sterbende Clown Santschin, die im Kabarett tanzenden nackten Mädchen, der mit dem Nachttopf wandernde Hirsch Fisch, dessen Lotterieträume allen anderen, nur nicht ihm Glück bringen, die schöne Stasia, die sich dem schmarotzenden Taugenichts Alexanderl Böhlaug hingibt und schließlich der Liftboy Ignatz, der in Wirklichkeit der Hotelbesitzer Kaleguropulos ist – sie alle sind keine Exoten aus einer überrealistischen Phantasiewelt, an denen ein romantisches Geheimnis zu entdecken wäre. Die Inkonsequenzen und Widersprüche, die diese Figuren auszeichnen, sind zwar aus der Perspektive des Erzählers oxymoronisch und phantastisch-grotesk bis karnevalistisch,[11] doch gerade an ihnen machen sich die Besitz- und Herrschaftsverhältnisse erkennbar.

Die ersten Eindrücke aus dem Hotel Savoy und der Stadt, in der es sich befindet, verarbeitet der anfangs unerfahrene Gabriel Dan langsam zu einem sozialkritischen Bild. Dieses Bild entspricht einer Wirklichkeit, die in dieser Zeit, unmittelbar nach dem ersten Weltkrieg, nur für *eine* Stadt in Polen charakteristisch war: für Łódź.

Roth schrieb in einem Artikel für die *Frankfurter Zeitung* 1928, dass er Łódź „noch aus dem Krieg" kannte:

> Ich durfte sie damals nur flüchtig streifen, aber ich erinnere mich, dass sie stärker als alle anderen Städte des Ostens und des Krieges ihre eigene Atmosphäre bewahrt hatte. Sie war nämlich schon früher – und seit den zwanziger Jahren des 19. Jahrhunderts – eine Etappenstadt, eine Etappe des Merkantilismus und der Textilien und ein Kampfgebiet jener Eroberer, deren Ziel nicht ein Territorium, sondern der Weltmarkt ist.[12]

---

10 Vgl. David Bronsen: Joseph Roth. Eine Biographie. Köln 1974, S. 251.

11 „Alle Menschen schienen hier von Geheimnissen umgeben. Träumte ich das?" Roth, Hotel Savoy, S. 25.

12 Joseph Roth: „Russische Überreste" – Die Textilindustrie in Lodz. In: Werke 2: Das journalistische Werk 1924–1928. Hg. v. Klaus Westermann. Köln 1989, S. 949–953, hier S. 951.

Der Schriftsteller war über die soziale und nationale Zusammenstellung der Bevölkerung der Stadt gut informiert: er wusste, dass die „Webereibesitzer und Unternehmer" aus verschiedenen Teilen Deutschlands nach Łódź gekommen waren, er muss die Friedhöfe besucht haben, denn er kannte die „komfortablen Grüfte [...]", die sich die Fabrikanten gebaut hatten, er wusste, dass hier die „ersten lutheranischen Kirchen in diesem Stück Osten" gebaut worden sind.[13] Ob Roth Łódź vor 1928 wirklich besuchte oder ob dies zu der für ihn charakteristischen Mythenbildung gehörte, ist nicht nachgewiesen. Doch er kannte die Stadt von Erzählungen seiner Freunde. Józef Wittlin berichtet darüber, dass er und andere ihm vieles über Łódź erzählten; und Roth war bekanntlich ein sehr aufmerksamer Zuhörer.

III

In Roths Roman ist die Umgangssprache in der – bereits polnischen – Stadt Deutsch: „Der Schutzmann sprach Deutsch, viele Menschen sprachen hier Deutsch, deutsche Fabrikanten, Ingenieure und Kaufleute beherrschten Gesellschaft, Geschäft, Industrie dieser Stadt."[14] Auffallenderweise spricht der jüdische Millionär Bloomfield, der in Amerika wohnt und seine Heimatstadt besucht, mit dem Fabrikanten Neuner Deutsch. Dies ist kein Anachronismus. Zwischen 1807 und 1914 befand sich Łódź auf dem Gebiet des russischen Imperiums, aber seit der Mitte des 19. Jahrhunderts, als sich hier die Textilindustrie zu entwickeln begann, waren deutsche Handwerker und Fabrikbesitzer die wirtschaftlich dominierende Bevölkerung. So hatte man in Łódź beruflich vor allem Deutsch gesprochen.[15] Arme Juden sprachen Jiddisch, Juden, die sich assimilieren wollten, wählten Polnisch als Kultursprache, sprachen aber auch das eigentümliche, gebildetere ‚Dojcz', das sich vom Jiddischen unterschied.[16] Im Dezember 1914 wurde die Stadt von deutschen Trup-

---

13 Roth, Russische Überreste, Werke 2, S. 951.

14 Roth, Hotel Savoy, S. 11.

15 Vgl. dazu die Erzählung von Władysław Rowiński (ohne Titel). In: Piotr Boczkowski (Hg.): Łódź, która przeminęła w publicystyce i prozie (antologia) [Das Łódź, das vergangen ist in der Publizistik und erzählenden Prosa (eine Anthologie)]. Łódź 2008, S. 161–170: „Ta podwójność językowa […] wypływa stąd, że bardzo długo nie było w przemyśle Polaków, że wszystkie wzory trzeba było sprowadzać z zagranicy i że prawie wszyscy fabrykanci są pochodzenia niemieckiego" (S. 163). Diese Doppelsprachigkeit resultiert daraus, dass in der Industrie Polen sehr lange fehlten, dass man alle Muster importieren musste und dass fast alle Fabrikanten deutscher Abstammung sind.

16 Vgl. Jechiel Jeszaja Trunk: Pojln. Obrazy i wspomnienia z Łodzi. Biblioteka „Tygla Kultury". Łódź 1997.

pen besetzt und im November 1918 von der polnischen Verwaltung übernommen. Seit dem 10. November 1918 begann man die polnische Stadtmiliz zu formieren, doch wurden auch deutsche Polizisten aufgenommen, die besser ausgebildet waren.[17] Die offizielle Sprache in Łódź war nach dem ersten Weltkrieg zwar Polnisch, doch der Anteil der deutschsprachigen Bevölkerung belief sich auf immerhin ca. 8%. Deutsch war also nach wie vor eine wichtige Sprache in Łódź und Roths Gabriel Dan konnte sich ohne Mühe nicht nur im weltmännischen Hotel, sondern auch in der ganzen Stadt in seiner Muttersprache verständigen.

Joseph Roth war als Journalist ein guter Beobachter. Er hat in seinem Leben oft schlecht beleuchtete, schmutzige und nicht kanalisierte Straßen gesehen. Doch im neu gebauten und reichen Łódź – da hatte er recht – fielen sie auf und standen symbolisch für die Zugehörigkeit der Stadt zum Osten. Er berichtet 1928:

> [...] niemand – auch der Staat nicht, der so viel Steuern einkassierte – hatte Lust, in Lodz Kanäle anzulegen. [...] Die mehrere Kilometer lange Piotrkowskastraße ist gut beleuchtet und beinahe westeuropäisch gepflastert. Aber in den Seitenstraßen gurgeln und glucksen friedlich die Wässerchen, und an vielen Stellen stinkt heute schon der Regen, der morgen niedergehen wird.[18]

Das Bild der unbekannten Stadt, in der das Hotel Savoy steht, scheint der Wirklichkeit, die der Journalist Roth mit einigen wenigen, doch sehr prägnanten Federzügen zeichnete, zu entsprechen. Auch die Stadt im Roman hat keine Kanäle:

> An grauen Tagen sah man am Rand des hölzernen Bürgersteigs, in den schmalen, unebenen Rinnen schwarze, gelbe, lehmdicke Flüssigkeit, Schlamm aus den Fabriken, der noch warm war und Dampf aushauchte. Es war eine gottverdammte Stadt.[19]

Der Schlamm und der Unrat der Straßen werden auch in anderen Werken über Łódź zum bildlichen Hintergrund der Handlung. In einer Erinnerung von Jechiel Jeszaja Trunk, einem jüdischen Schriftsteller und Publizisten, der in autobiographischen Skizzen im Sammelband *Pojln* (jiddisch für *Polen*) die versunkene Welt der polnischen Juden beschrieb, heißt es:

> Als wir mit unserer Kutsche in die Piotrkowskastraße kamen, waren die Gossen am Straßenrand schwarz und dreckig und man roch den faulen Gestank. Der Himmel war verraucht und auf dem Bürgersteig wimmelte es von Lodzer Juden [...].[20]

---

17 Diese Information verdanke ich Frau Dr. Monika Kucner.
18 Roth, Russische Überreste, Werke 2, S. 951.
19 Roth, Hotel Savoy, S. 75.
20 Trunk, Pojln, S. 15 (übersetzt v. J.J.).

Im bekanntesten Łódź-Roman, in Władysław Stanisław Reymonts *Das gelobte Land* (1899), heißt es gleich eingangs: Der Regen „floß […] direkt auf die Bürgersteige, auf die schwarzen und mit schlüpfrigen Kot bedeckten Straßen […].“[21]

Der oft bedeckte Himmel, der schwarze Ruß, dunkle, graue Farbtöne, die alle helleren Farben überlagern, und die schlechte Luft begleiten ebenfalls viele Geschichten aus Łódź. Oft wird betont, dass diese schnell gebaute Industriemetropole stets mit einer dicken Staubschicht bedeckt war, weil die unzähligen Schornsteine Tag und Nacht rauchten. Im Roman von Roth ist die Farbe der Stadt grau:

> Am Vormittag war sie grau, Kohlendunst naher Fabriken wälzte sich über sie aus riesigen Schornsteinen, schmutzige Bettler krümmten sich an den Straßenecken, und Unrat und Mostkübel waren in engen Gäßchen gehäuft. Die Dunkelheit aber barg alles, Schmutz, Laster, Seuche und Armut […].[22]

Im Kontrast zu diesem düsteren Bild des Elends steht die kurze Beschreibung einer Konditorei:

> Spiegel widerstrahlen Kristall und Lüster, Engel schweben, lieblich gebeugt, an der Deckenwölbung. Es ist die Konditorei der reichen Welt, die in dieser Fabrikstadt Geld erwirbt und ausgibt.[23]

Kontrastbilder gehörten bekanntlich zu Joseph Roths beliebten stilistischen Mitteln. Auch hierin konnte ihm Łódź ein willkommenes Vorbild für seinen Roman sein. Starke soziale Unterschiede waren seit der Entstehung der Stadt nicht zu vermeiden. Millionäre und Absteiger aller Nationen wohnten hier auf engem Raum. Hier war es leicht, sich schnell zu bereichern, es war jedoch auch möglich, das ganze Vermögen in einer Nacht zu verlieren. Ungefähr so hat sich Gabriel seinen Aufenthalt in der Stadt vorgestellt: „Im Hotel Savoy konnte ich mit einem Hemd anlangen und es verlassen als der Gebieter von zwanzig Koffern.“[24]

Menschen, die mit ihrem Geld imponieren wollten – die Bevölkerung bestand zum großen Teil aus Neureichen, für die einzig Besitz identitätsstiftend war – lebten in Nachbarschaft zu denen, die sich am Rande des Hungertodes befanden, obwohl sich schnell nach der Entwicklung der Industrie ‚bessere‘ und ‚schlechtere‘ Stadtviertel herausbildeten. Der Fabrikant wohnte aber neben seiner Fabrik und der Fabrik gegenüber wohnten die Arbeiter. Das gemeinsame Geschäft verband die Reichen mit den Armen, verschiedene Konfessionen und Nationen. In Werken

---

21 Władysław Stanisław Reymont: Das Gelobte Land. Erstes Buch. Leipzig 1984, S. 7.
22 Roth, Hotel Savoy, S. 10.
23 Roth, Hotel Savoy, S. 11.
24 Roth, Hotel Savoy, S. 7.

aus und über Łódź wie in Reymonts *Das gelobte Land*, in Wincenty Kosiakiewiczs *Bawełna* (Baumwolle – 1895), im Schaffen von Władysław Rowiński, den Erzählungen von Artur Glisczyński, im Roman *Wir* (Wirren) von Marian Gawalewicz (1908), im Roman *Lokaut* (Aussperrung) von Kazimierz Laskowski (1907), in den leicht belletrisierten Skizzen von Zygmunt Bartkiewicz *Złe miasto* (Eine böse Stadt) und *Sierpien – 1915 r.* (August – 1915), in den erwähnten autobiographischen Skizzen von Trunk, in deutschsprachigen Erzählungen, die in der Lodzer Presse erschienen,[25] werden die für Łódź so charakteristischen Kontrastbilder oft mit großem Nachdruck betont. Der Erzähler in *Hotel Savoy* scheint Aspekte der sozialen Wirklichkeit der Stadt zu erfassen, die den literarischen Bildern aus Łódź auffallend ähnlich sind. Orthodoxe Juden wie aus einem galizischen Shtetl bevölkern die Gassen:

> schwarze Gruppen behender Kaftanjuden, [...] lautes Gemurmel, Gruß und Gegengruß, zorniges Wort und lange Rede – Federn, Prozente, Hopfen, Stahl, Kohle, Zitronen flogen, von Lippen in die Luft geschleudert.[26]

Entscheidungen scheinen in dieser polnischen Stadt allerdings deutsche Fabrikbesitzer zu treffen:

> ‚Und grad jetzt müssen meine Arbeiter streiken', sagt Philipp Neuner, der ein Deutscher ist, groß, rotblond, stiernackig, mit einem runden, starken Gesicht. [...] ‚Ich gebe Zulage für jedes neugeborene Kind', trumpft Kanner auf [...] ‚Ein Fabrikant ist kein Häusermakler!' [...] schnarrt Philipp Neuner.[27]

Neben den Kaftanjuden, den deutschen sowie jüdischen Fabrikanten und Arbeitern traf man in Łódź kleine Künstler, Heimkehrer, deren Nationalität niemanden interessierte, Geschäftsleute oder Frauen, die Unabhängigkeit suchten und in Abhängigkeit von reichen Gönnern gerieten. Alle versuchten, Karriere zu machen. Geld und Geschäft waren ihre einzigen Ziele. Schneller finanzieller Aufstieg war meistens möglich, wenn man moralische Prinzipien ablegte. Man nannte diesen neuen

---

25 Als paradigmatische Beispiele lassen sich Skizzen von Olenka Teschner oder Emilie V. aus der *Neuen Lodzer Zeitung* nennen: Emilie V.: Der Fluch der Armut. In: Neue Lodzer Zeitung. Illustrierte Sonntags-Beilage v. 28. Mai (10. Juni) 1906, S. 186–187; Olenka Teschner: Aus dem Skizzenbuch des Karnevals. In: Illustriertes Sonntags-Blatt der Neuen Lodzer Zeitung Nr. 9, 2. März 1924, S. 3–4. Vgl. dazu: Joanna Jabłkowska: ‚Das gelobte Land' oder das Elend des Frühkapitalismus? ‚Heimatliteratur' aus und über Łódź. In: Stefan Dyrof, Krystyna Radziszewska, Isabel Röskau-Rydel (Hg.): Lodz. Jenseits von „Fabriken, Wildwest und Provinz". Kulturwissenschaftliche Studien über die Deutschen in und aus den polnischen Gebieten. Germano-Polonica Band IV. München 2009, S. 129–150. Ich danke für den Hinweis auf die Skizzen der Lodzer Zeitungen Frau Dr. Monika Kucner.

26 Roth, Hotel Savoy, S. 11.

27 Roth, Hotel Savoy, S. 38.

Menschentypus, den Lodzer Aufsteiger, ‚Lodzermensch'. Moritz, der Jude aus Reymonts *Das gelobte Land* erklärt dies seinem Freund, dem Deutschen Max:

> […] Du verdirbst uns das Geschäft, mit deinem ewigen Herumkeifen. […] Gestern hast Du bei Blumenthals laut gesagt, daß die Mehrzahl unserer Fabrikanten einfach Diebe und Betrüger seien. […] Was geht's dich an, ob sie Diebe oder anständige Menschen sind? Wir alle hier sind deshalb in Lodz, weil wir ein *Geschäft* machen, weil wir verdienen wollen. Keiner von uns will hier ewig bleiben. Und jeder macht Geld, wie er's kann und wie er's versteht. Du bist ein Roter, bist ein Radikaler, ein Superroter. ‚Ich bin ein ehrlicher Mensch', knurrte der andere […].[28]

In Kosiakiewiczs *Bawełna* heißt es über Łódź:

> Wer vier hölzerne Weberstühle kaufte, hatte nach einem Jahr sechzehn, nach zwei Jahren dreißig […]. Wer einen Platz kaufte, konnte Kredit für ein Haus bekommen, er bekam Mieter, sofort als die Mauer sich zu erheben begannen und sie zogen ein, bevor der Wind die Mauerfeuchtigkeit trocknen konnte. Die Menschen lebten hier im ständigen Trubel von Geschäften und unter ununterbrochenen Arbeitsdruck.[29]

Gabriel Dan beginnt sich in seinem kurzen Aufenthalt in der Stadt ähnlich wie ein ‚Lodzermensch' zu entwickeln. Er macht zwar keine Geschäfte und baut keine Fabrik, er wird aber Henry Bloomfields Sekretär und verdient genug Geld, um die Stadt schließlich verlassen zu können. Er beginnt in dieser Zeit aufmerksam zu beobachten und lernt – wie ein ‚Lodzermensch' – eine günstige Gelegenheit zu nutzen und Emotionen zu unterdrücken. Einsamkeit unter Menschen, für die der finanzielle Erfolg den größten Wert hat, ist ein wichtiges Motiv in der Literatur über Łódź, allerdings auch in vielen Werken, die den Frühkapitalismus problematisieren. Am Beispiel von Roths Hotel wird dieses Phänomen verdichtet dargestellt:

> Das Hotel Savoy bildet selbst schon ein Exil mit aller Hoffnungslosigkeit, Trauer und der Isolation, die jeden seiner Bewohner umgibt, so daß jegliche Kommunikation untereinander vollkommen unmöglich ist.[30]

Spätestens in dem Moment, als Gabriel, dessen Geldmittel sich zu erschöpfen beginnen, seinen ehemaligen Kameraden Zwonimir trifft, schenkt er nicht nur dem Hotel Savoy, sondern auch der Stadt mehr Aufmerksamkeit. Er befindet sich auf Arbeitssuche, er isst in der Ar-

---

28 Reymont, Das gelobte Land, S. 10.

29 Kosiakiewicz: Bawełna. In: Boczkowski (Hg.): Łódź, która przeminęła w publicystyce i prozie, S. 283 (übersetzt v. J.J.).

30 Eva Raffel: Vertraute Fremde. Das östliche Judentum im Werk von Joseph Roth und Arnold Zweig. Tübingen 2002, S. 137.

menküche und beobachtet das Leben in Łódź. Nicht alle Details müssen selbstverständlich Roths kurzem Łódź-Besuch oder den Łódź-Erzählungen seiner Freunde nachgebildet worden sein. Über Armenküchen schrieb Roth bereits für den *Neuen Tag* in der Reportage *Die Bar des Volkes* vom 6.1.1920[31] und man kann sich sehr gut vorstellen, dass die sinnlichen Eindrücke aus der Suppenküche, „der Duft alter Speisereste",[32] die im Savoy-Roman mit eindringlicher Bildlichkeit beschrieben werden, eine Reminiszenz der damaligen – zeitlich ja nicht so entfernten – Erfahrung aus Wien waren. Doch viele Details, die im *Hotel Savoy* mit publizistischem Scharfblick festgehalten wurden, konnten sich dem wirklichen Łódź verdanken.

Heimkehrer, ehemalige Soldaten wie Gabriel und Zwonimir, kamen nach Łódź. Oft hatten sie hier keine Familie und so wohnten sie entweder im Hotel (falls sie Geld hatten) oder in Baracken (falls sie keines hatten). Die naturalistische Beschreibung ihrer beinahe tierischen Existenz lässt sich in Łódź, der Etappenstadt, verorten und geht über eine Welt-Allegorie hinaus:

> Man sah bettelnde Heimkehrer, sie schämten sich nicht. [...] Nur wenige suchten Arbeit. Bei den Bauern stahlen sie, gruben Kartoffeln aus dem Boden, schlugen Hühner tot [...]. Alles schleppten sie in die Baracken, sie kochten dort, aber gruben keine Latrinen aus, man konnte sie an den Wegrändern hocken und ihre Notdurft verrichten sehen.[33]

In seinem Roman *Die Straße* erzählt Israel Rabon, der den Großteil seines Lebens in Łódź verbrachte, eine Geschichte, die mit dem Plot von *Hotel Savoy* in vielen Aspekten verwandt ist. Die Stadt wird bei Rabon allerdings beim Namen genannt und viele Einzelheiten lassen sich explizit mit Łódź identifizieren.[34] Der Held – wie in *Hotel Savoy* ein Ich-Erzähler – ist ebenfalls Heimkehrer und kommt wie Gabriel Dan mehr oder weniger zufällig nach Łódź. Weil ihm – wie Gabriel – das Geld ausgegan-

---

31 Vgl. Schweikert, Der rote Joseph, S. 44.

32 Roth, Hotel Savoy, S. 77.

33 Roth, Hotel Savoy, S. 75.

34 Chone Smeruk betont in seinem Artikel über Rabon, dass es sich lohne, die beiden Romane miteinander zu vergleichen: „Roth's novel is based on ist heros temporery stay in Lodz (and told in the first person). The hero is a soldier who returns through Poland to the West from captivity in the East. The grotesque elements also stand out in Roth's book. It is doubtful, if Rabon knew of Roth's book before he wrote Di gas. Nevertheless, it seems worthwhile to comapare the two books wich describe the same period, in the same city, through very similar heroes and with a similar literary approach." Chone Shmeruk: Yisroel Rabon and his novel Di Gas (The street). In: Polin. A Jornal of Polish-Jewish Studies 6 (1991), S. 231–252, hier S. 251, Anmerkung 34. Ich danke Herrn Dr. Frank Schuster, der mich auf Rabon hingewiesen hat.

gen ist und weil er keine Arbeit finden kann, hungert er und beginnt zu betteln. Roths oben zitierte Schilderung des Heimkehrer-Elends korrespondiert so auffallend mit Rabons Roman. Man könnte vermuten, dass Rabon, der *Di Gas* – so der jiddische Titel – 1928 publizierte, Roths Werk kannte. Dafür gibt es allerdings keine Belege. Sein Held gerät auf seiner Arbeits- und Wohnungssuche in einen Zirkus – auch in *Hotel Savoy* spielt das Variete eine wichtige Rolle im Hintergrund der Handlung. Ähnlich wie Gabriel Dan macht der Erzähler Rabons mit sehr verschiedenen Menschen Bekanntschaft. Es sind – wie bei Roth – Figuren, denen etwas Geheimnisvolles und Groteskes anhaftet und die stark überzeichnet sind. Sie widerspiegeln allerdings ganz konkret die bunte Zusammenstellung der Lodzer Gesellschaft. Der Vergleich der beiden Romane zeigt, dass die in *Hotel Savoy* erzählte Geschichte den Realien der Textilmetropole Łódź aus der Zeit unmittelbar nach 1918 entspricht, einer Stadt, die sich nach der großen Krise, die ihr der Krieg brachte, zu erheben beginnt: Neue Vermögen entstehen und alte Millionäre verlieren ihre Reichtümer, man beginnt neu zu spekulieren, zu bauen, zu produzieren, zu verkaufen.

Den Höhepunkt von Roths Roman bildet der Streik in der Textilindustrie, der die Reaktion der Arbeiter auf schlechte Arbeitsbedingungen ist. Von Zwonimir wird er als Auftakt zur Revolution begrüßt. Zwonimirs Reden verleihen dem Hotel Savoy tatsächlich den Charakter einer Weltmetapher: „‚Das Hotel Savoy', sagt Zwonimir zu den Heimkehrern, ‚ist ein reicher Palast und ein Gefängnis. Unten wohnen in schönen, weiten Zimmern die Reichen [...] und oben die armen Hunde'."[35] Zwonimirs übertriebener Anarchismus und seine irrationalen Einfälle, seine absurde Radikalität widersprechen der vernünftigen und gemäßigten Sozialkritik, die für Roths Werke charakteristisch ist.[36] So

---

35 Roth, Hotel Savoy, S. 119.

36 Wolf R. Marchand behauptet in seiner genauen – bereits 1974 erschienen – Analyse von der politischen Entwicklung Joseph Roths, dass Roths sozialistisches Engagement voller Widersprüche gewesen sei und Zwonimirs übertriebener revolutionärer Eifer mit Sicherheit nicht der Haltung des Autors entsprach: „Zwonimir stirbt am Ende, wie seine Revolution offenbar scheitert. Jedenfalls verläßt Dan die Stadt [...], ohne sich weiter um die Arbeiter und Heimkehrer zu kümmern. Deutlicher kann Dan, damit aber auch Roth, nicht demonstrieren, daß ihn das ‚gute Volk' eigentlich gar nicht interessiert, daß ihn die Revolution nicht wirklich angeht. Sein sentimentales Engagement und seine intellektuellen Vorbehalte heben sich gegenseitig auf. Am Ende überwiegt die Skepsis, ob das Volk sich selbst überhaupt helfen kann, ob es seine Bedürfnisse überhaupt kennt, die über einen kurzen Rache- und Zerstörungsrausch hinausgehen." Wolf R. Marchand: Joseph Roth und völkisch-nationalistische Wertbegriffe. Untersuchungen zur politisch-weltanschaulichen Entwicklung Roths und ihrer Auswirkung auf sein Werk. Bonn 1974, S. 82.

wird der Aufruf zur Revolution als kindisches Benehmen dargestellt, das niemandem dient und lediglich die Funktion einer gelegentlich gefährlichen und zugleich ulkigen Unterhaltung hat. Und doch sind die von Roth beschriebenen Krawalle nicht unrealistisch. Die bekanntesten und blutigsten Ereignisse in Łódź, an die man sich noch lange erinnern wird, waren die der Revolution von 1905. Die Arbeiterproteste dauerten in der Textilmetropole besonders lange (bis 1907) und endeten oft mit Straßenkämpfen auf Barrikaden, mit Polizeieinsatz und Toten. Streikszenen begleiten die Literatur über Łódź seit ihren Anfängen. Die Szene in *Hotel Savoy*, als das Gebäude von Arbeitern belagert und dabei der Portier erschossen wird sowie der anschließende Einsatz der Soldaten im vorletzten Kapitel, sind keine übertriebenen Bilder, man findet ähnliche Beschreibungen in Werken, die Lodzer Probleme thematisieren.[37]

Auch der Brand des Hotels, den man – so die Forschungsliteratur – als apokalyptische Vision einer Weltkatastrophe deuten kann, ist nicht wirklichkeitsfern. In Łódź brannten vor allem Fabriken, die nicht selten von den sich auf diese Weise vor dem sicheren Bankrott rettenden Besitzern selbst angesteckt wurden. Oft war aber die Brandstiftung Rache der Armen an den Reichen und manchmal brannte die Fabrik, da die Baumwolle schnell Feuer fing.

Das unerwartete, plötzliche Brennen des Hotels erinnert sehr stark an die realistischen Beschreibungen von Autoren, die keine Weltkatastrophe, sondern den Lodzer Alltag schilderten. Das Motiv des Brandes ist in sehr vielen Werken präsent, so beispielsweise in den bereits zitierten Romanen: Kosiakiewiczs *Bawełna* oder in Reymonts *Das gelobte Land*. Roth nennt im Roman episodisch andere Brandfälle: „Am Friedhof hat man eine Erdsenkung bemerkt, zwei Kaufleute sind abgebrannt, die Kaufleute stehen in der Gasse mit ihren Warenballen, es fällt ihnen nicht ein, die Läden zu reparieren [...].“[38] Ereignisse wie diese waren in Łódź an der Tagesordnung.

---

37 Vgl z.B.: Zygmunt Bartkiewicz: Złe miasto (Eine böse Stadt), Eugeniusz Pieńkowski: Wspomnienia Dziecka ulicy z lat 1905–1907 (Erinnerungen eines Strassenkindes aus den Jahren 1905–1907), Andrzej Strug: Dzieje jednego pocisku (Geschichte einer Waffe); Lucjan Rudnicki: Odrodzenie (Wiedergeburt); Kazimierz Laskowski: Lokaut (Aussperrung); Marian Gawalewicz: Wir. Powieść z niedawnych czasów (Wirren. Roman aus unserer Zeit).

38 Roth, Hotel Savoy, S. 81.

IV

Dass Joseph Roth im Roman *Hotel Savoy* die wirkliche Stadt Łódź beschrieb, lässt sich anhand der vorhandenen Quellenlage selbstverständlich nicht beweisen. *Hotel Savoy* schreibt sich in das Roman-Konzept von Roth ein, das Wolfgang Jehmüller als Antiroman bezeichnet. Jehmüller betont, dass Roth „durch die Dimension des Imaginären […] den irrealen, ja antirealen Charakter seiner frühen Romane“ erreiche: „Das imaginäre ist die Innenseite der ‚gesprengten Romanform‘“,[39] es löst die Individualität des Helden, seine konsequente Entwicklung und damit die „‚geschlossene Handlung‘ zu allgemeiner, zeitbezogener Bedeutung hin auf, am geschlossensten in […] *Hotel Savoy*.“[40] Auf der anderen Seite kommt die reale Referenz in *Hotel Savoy* dermaßen deutlich zu Wort, dass sie nicht ignoriert werden kann, ja darf, wenn man dem Werk Roths gerecht werden will. Thorsten Juergens' sozialkritischer Interpretationsansatz könnte sich auf die Stadt Łódź ohne weiteres übertragen lassen:

> Was Roth schildert, ist eine bankrotte Gesellschaft auf Inflationskurs; die Ordnung, die Dan wiederzufinden glaubte, ist im Begriff, durch eine heterogene Welt der inneren Leere ersetzt zu werden. Hier formiert sich die pluralistische Massengesellschaft, die den Menschen isoliert und in der das Großkapital regiert.[41]

Wie der Autor selbst später, erst in den 30er Jahren schrieb, bilden Fakten und Details ein Rohmaterial, aus dem ein künstlerischer Ausdruck erst entsteht. Ein solches Rohmaterial war für Roth offensichtlich die Stadt Łódź und die in ihr kondensierten Erscheinungen, die für den Frühkapitalismus und die schnelle und unkontrollierte Entwicklung der Industrie sowie der aggressiven Marktwirtschaft, ferner für die Grenze zwischen Ost und West und für Paradoxien der Nachkriegszeit, schließlich für den für die damalige Zeit signifikanten Modernisierungsschub stehen.

---

39 Joseph Roth in der Literarischen Welt 1929, nach Wolfgang Jehmüller: Zum Problem des „zweifachen Zeugnisses“ bei Joseph Roth. In: Text + Kritik, S. 67–75, hier S. 69.

40 Joseph Roth in der Literarischen Welt 1929, In: Text+Kritik, S. 65. Den Terminus der „geschlossenen Handlung“ prägt Roth in der *Literarischen Welt* 1930 („Die gesprengte Romanform“); vgl. dazu Jehmüller, Zum Problem des „zweifachen Zeugnisses“, S. 67.

41 Juergens, Gesellschaftskritische Aspekte, S. 29.

Wiebke Amthor

An den Toren Europas

Heterotopie und Passage im Werk Joseph Roths

I. Voraussetzungen: Grenzdiskurse

„[A]n den Toren Europas“[1] situiert der Kriegsheimkehrer Gabriel Dan das Hotel Savoy in Joseph Roths gleichnamigem Roman. Für sich genommen, scheint dieser Verortung zu suggerieren, man könne unter „Europa“ eine klar fassbare, deutlich umrissene und unveränderliche Einheit verstehen. Sie lässt ein Innehalten an definierten und markierten Orten erwarten, an Toren, an denen der als „Europa“ bezeichnete Raum Einlass bietet oder Ausgang gewährt bzw. beides verwehren kann. An Orten also, an denen ein Übergang und Durchgang aus Europa oder nach Europa möglich erscheint, aber zugleich auch fraglich ist. Wenn von den Toren die Rede ist, so ist die Vorstellung von einer Mauer oder einem Zaun, einer Burg oder Festung aufgerufen, also von einer konkreten Grenzbestimmung. Politisch und geographisch, aber auch literarisch gehört die Grenze zu den „wichtigsten topologischen Merkmal[en] des Raumes“:[2]

> Sie teilt den Raum in zwei disjunkte Teilräume. Ihre wichtigste Eigenschaft ist ihre Unüberschreitbarkeit. Die Art, wie ein Text durch eine solche Grenze aufgeteilt wird, ist eines seiner wesentlichsten Charakteristika. Ob es sich dabei um eine Aufteilung in Freunde und Feinde, Lebende und Tote, Arme und Reiche oder andere handelt, ist an sich gleich. Wichtig ist etwas anderes: die Grenze, die den Raum teilt, muß unüberwindlich sein und die innere Struktur der beiden Teile verschieden.[3]

Auf den ersten Blick scheint es, als orientierten sich Roths Räume ebenfalls an einer solchen deutlichen Zweiteilung. Seine journalistischen und literarischen Texte präsentieren wiederholt den Topos der Grenze, die zwei strukturell unterschiedene Räume trennt.

---

1 Joseph Roth: Hotel Savoy. In: Werke 4: Romane und Erzählungen. 1916–1929. Hg. von Fritz Hackert. Köln 1989, S. 147–242, hier S. 149.

2 Jurij M. Lotman: Das Problem des künstlerischen Raums. In: Jurij M. Lotman: Die Struktur literarischer Texte. 4. unveränderte Auflage. München 1993, S. 311–329, S. 327.

3 Lotman, S. 327.

Einerseits gibt es die politisch-geographischen Grenzen, an denen sich Roths Figuren bewegen und die einst markiert waren durch „doppel- oder dreifarbige Holzrampen, Schilderhäuschen, Finanzwächter in natura. Auf der Karte dargestellt als Punkte, Striche, Linien usw.“[4] Roth lenkt hier den Blick darauf, dass diese objektiven Symbole und Zeichen der politischen Grenze dem subjektiven Erleben von Brutalität und Leid gewichen sind: „Auch sind die politischen Grenzen nicht mehr Punkte, Striche, Linien usw., sondern Schikanen, Leidenswege, Passionen, Golgathas, Kreuzigungen: mit *einem* Wort: *Visitationen*...“[5] Noch 1927 prangert Roth die offiziellen und scheinbar neutralen Symbole der Grenze an, denn:

> Sie ist ein viel zu weiter Begriff für die Realitäten, die sie bezeichnet. Was ist eine ‚Grenze‘? Ein Pfahl, ein Drahtgitter, ein Zollwächter, ein Visum, ein Stempel, ein Aufenthalt. Es sollten Symbole sein, und es sind Niederträchtigkeiten.[6]

Die Grenze überschreitet ihre eigene Symbolhaftigkeit und produziert eine Realität, die Leiden verursacht. Dies führt auf die andere Seite der Grenzmetaphorik bei Roth, wo an der Grenze das Reale in den literarischen Text eingeschmuggelt oder, anders gewendet, aus ihm herausschmuggelt wird. Denn die Grenzziehungen werden gerade dadurch virulent, dass sie demontiert oder subversiv unterlaufen werden können.

Wo sie existieren, sind sie jedenfalls nicht wie die Lotmanschen unüberschreitbar, sondern sie sind löchrig und durchlässig. Das gilt sowohl für die Staats- und Landesgrenzen, von denen Roths Texte handeln, als auch für die Textgrenzen, die seine Figuren überwinden, indem sie in unterschiedlichen Romanen oder Erzählungen auftauchen, und es zeigt sich ebenfalls an der schwierigen Abgrenzung zwischen literarischem und journalistischen Werk. Roth freut sich heimlich und offen über die Lücken im System, wie er sich über die Löcher in der Grenzbefestigung – auch innerhalb Europas – freut. Beispielhaft triumphiert sein Artikel über „Das Grenzloch von Kerkeraade“ von 1923: „Das Grenzloch von *Kerkeraade* kann zum Leidwesen aller Grenzbeamten – der deutschen, der holländischen und der französischen – nicht verstopft werden.“[7]

---

4 Joseph Roth: Die Grenze (1919). In: Werke 1: Das journalistische Werk 1915–1923. Hg. von Klaus Westermann. Köln 1989, S. 100–103, hier S. 101.

5 Roth, Grenze, Werke 1, S. 101.

6 Joseph Roth: Wie es an der Grenze gewesen wäre (1927). In: Werke 2: Das journalistische Werk 1924–1928. Hg. von Klaus Westermann. Köln 1989, S. 772–779, hier S. 772.

7 Joseph Roth: Das Grenzloch von Kerkeraade (1923). In: Werke 1, S. 1086f.,

Insgesamt sind Roths Grenzen in Bezug auf den Raum „Europa" keinesfalls klar definiert. Augenfällig ist denn auch die Ambivalenz, mit der Europa von Roth ins Spiel gebracht wird. Europa, das ist der Westen, betrachtet aus der Perspektive des Ostens. Europa ist aber auch die Welt, die angesichts der Herrschaft des Nationalsozialismus kaltes Blut bewahren zu müssen glaubt, was Roth mit heißer Wut erfüllt, wie sein Feuilleton „Psychiatrie (II)" vom 24.07.1937 in *Das Neue Tage-Buch (Paris)* zeigt.[8] Europa ist Aufenthaltsort und Passage. Roths Figuren überschreiten seine Grenze in westlicher und östlicher Richtung, sie verlassen Europa in Richtung Russland und Amerika und kehren aus beiden Richtungen nach Europa zurück. Dabei steht, wer die Grenze überschreitet, immer schon drüben und steht zugleich noch davor.

Besonders die Ostgrenze Europas erscheint als ein fragwürdiges Konstrukt, wie Roth in *Reise durch Galizien* von 1924, aber – impliziter – auch in seinen Romanen zu erkennen gibt. „Hat hier Europa aufgehört?", fragt der Schreibende und antwortet sogleich selbst: „Nein, es hat nicht aufgehört".[9] Galizien, das „gleichsam verbannte[] Land" am Rande Europas, steht in beständiger und lebhafter Beziehung zu West-Europa, und zwar, über den „toten Raum" Deutschland hinweg, besonders zu Frankreich.[10]

Bei der Bahnfahrt durch Galizien gleitet der Blick des Schreibenden weiter in Richtung Osten, „in die melancholische, ebene Welt ohne Grenze", ohne dass er „die zurückliegenden Impressionen", die der Blick durch das Kupeefenster gewährt, „mit hurtiger Genugtuung" notierte.[11] Im Vorübergehen wird damit eine Haltung kritisiert, die Karl Emil Franzos' „Kulturstudie im Fluge" verkörpert.[12] Roths Erzähler hingegen nimmt sich Zeit für die „weltverlorene Einsamkeit", in der „mißhandelten, verpönten europäischen Ecke", in der „die Romantik noch lebendig" ist und die Organismen „ins Groteske" statt „ins Weite" wachsen.[13] Unter dem integrierenden, im Fahren verweilenden Blick in die weite Ebene hinein scheinen sich die Grenzen aufzulösen.

---

hier S. 1086.

8 Joseph Roth: Psychiatrie (II) (1937). In: Werke 3: Das journalistische Werk 1929–1939. Hg. von Klaus Westermann. Köln 1989, S. 717f.

9 Joseph Roth: Reise durch Galizien (1924). In: Werke 2, S. 281–292, hier S. 284.

10 Roth, Reise, Werke 2, S. 284f.

11 Roth, Reise, Werke 2, S. 282.

12 Karl Emil Franzos: Von Wien nach Czernowitz. In: Karl Emil Franzos: Kritik und Dichtung. Eine Auswahl seiner Schriften. Hg. von Fred Sommer. New York u.a. 1992, S. 45–55, S. 46.

13 Joseph Roth, Reise durch Galizien, S. 284f.

II. Annäherungen: Grenzgänger und Grenzorte

Natürlich existieren sie dennoch. Und so werden in Roths journalistischem ebenso wie in seinem literarischen Werk mit Vorliebe Grenzen passiert. Daher sind auch die Orte, an denen eine Passage sich vorbereitet, vielfach präsent: Neben dem Hotel im Grenzland sind es v.a. die Grenzschenken, denen die Gabe innewohnt, immer wieder auf dem Weg derjenigen zu stehen, die als Grenzgänger das Werk Roths bevölkern.[14] Roths Grenzgänger sind dabei nicht allein Randfiguren der Gesellschaft wie Schmuggler, Wirte, Zigeunerinnen, Mörder, Wahnsinnige oder Trinker etc. Vielmehr sind gerade diejenigen, denen das Grenzüberschreiten zur beweglichen Profession geworden ist, zwar in Roths Texten zunächst keineswegs zentrale Figuren, stellen sich aber zuletzt oft genug als die eigentlich Mächtigen heraus: Man denke an den Schlepper Kapturak, der in den Romanen *Der stumme Prophet* (1929) und *Das falsche Gewicht* (1937) den Deserteuren dazu verhilft, die Grenze zwischen Russland und „Europa" zu überwinden, oder an den Fahrstuhlführer Ignatz, der zwischen den Etagen und damit zwischen den gesellschaftlichen Schichten agiert und sich als der eigentliche Besitzer des Hotel Savoy entpuppt. Gerade diese Figuren sorgen aber in den Texten, deren Grenzen sie, im Falle Kapturaks, ebenso leicht passieren wie die Landesgrenzen, für eine gewisse (ironische) Stabilität. Denn Kapturak, ein Abenteurer in ruhigen Zeiten, ist in Revolutionszeiten, „mitten im großen Abenteuer", „ein braver Mann, der seinen bürgerlichen Beruf" – nämlich das Schleusen – „nicht aufgegeben hat".[15] Die in ihrer randständigen Beweglichkeit die Erzählung stabilisierende Nebenfigur bindet verschiedene Räume (Russland – Europa) und Typen von Räumen (Revolution – Bürgerlichkeit) an sich. Dadurch entsteht „sozusagen eine Polyphonie der Räume, ein Spiel mit den verschiedenen Arten ihrer Aufteilung."[16]

Eine solche „Polyphonie der Räume", in der komplizierte Wechselbeziehungen zwischen räumlichen Gegensatzpaaren bestehen, die schließlich aufgehoben oder in ihr Gegenteil verkehrt werden können,[17] findet sich bei Roth in vielerlei Hinsicht. Ich möchte mich im Folgenden auf den heterotopen Raum konzentrieren. Eine Heterotopie, so lässt sich verkürzend sagen, ist ein „umfassender Begriff für eine Vielfalt der Ordnungsformen von Unordnung".[18] Das Konzept der Heterotopie

14 Vgl. Joseph Roth: Der stumme Prophet. In: Werke 4, S. 773–930, hier S. 839.

15 Roth, Prophet, Werke 4, S. 840.

16 Jurij M. Lotman: Das Problem des künstlerischen Raums, S. 328.

17 Vgl. Bachtin über die Chronotopoi: Michail M. Bachtin: Chronotopos. Aus dem Russ. von Michael Dewey. Frankfurt/Main 2008.

18 Helmut Willke: Heterotopia. Studien zur Krisis der Ordnung moderner

entwickelt Michel Foucault ausgehend von Georges Batailles Idee einer Heterologie: Deren Interesse gilt dem Heterogenen und dem Verfemten, das bei der Produktion homogener Ordnungen entsteht und ausgeschlossen wird.[19] „‚Heterotopie' ist für Foucault der Name real existierender Räume, die zuerst solchen Heterogenitäten oder Abweichungen Raum geben, für die in einem gegebenen Raumgefüge kein Platz vorgesehen ist."[20] Die Heterotopie bietet dem Heterogenen einen Ort, an dem es in eine bestehende Ordnung integriert wird, von der es dennoch durch eine scharfe Grenze geschieden bleibt. Dementsprechend sind Heterotopien Räume der Ausnahme und der Übertretung, es sind aber auch Schwellen- oder Übergangsräume,[21] die die Funktion haben, die Ordnung, als deren Kehrseite sie erscheinen, in Frage zu stellen und herauszufordern, sie gleichermaßen zu bestätigen und zu negieren.[22]

In einem solchen Raum bewegt sich der eingangs erwähnte Kriegsheimkehrer Gabriel Dan in Roths Roman *Hotel Savoy* von 1924: „Zum ersten Mal seit fünf Jahren stehe ich wieder an den Toren Europas".[23] Am Ende des Ersten Weltkrieges aus russischer Gefangenschaft nach Europa heimgekehrt, hält Gabriel Dan sich zunächst an dessen Grenze auf: im Osten Polens, in einem Ort voll von „verwahrlosten Gehöften, freien Plätzen, auf denen Schutt und Mist lagerte und die Schweine grunzten, mit kotigen Mäulern Atzung suchend. Grüne Fliegenschwärme summten um Haufen dunkelbraunen Menschenkotes. Die Stadt hatte keine Kanäle, es stank aus allen Häusern."[24] Dagegen bietet das Hotel Savoy

> mit seinen sieben Etagen, seinem goldenen Wappen und einem livrierten Portier […] Wasser, Seife, englisches Klosett, Lift, Stubenmädchen in weißen Hauben, freundlich blinkende Nachtgeschirre, elektrische Lampen, aus rosa und grünen Schälchen erglühend wie aus Kelchen; […] und Betten, daunengepolsterte, schwellend und freudig bereit, den Körper aufzunehmen.[25]

Gesellschaft. Frankfurt/Main 2003, S. 13.

19 Vgl. Heterotopie (Art.). In: Foucault-Handbuch: Leben, Werk, Wirkung. Hg. von Clemens Kammler. Stuttgart u.a. 2008, S. 263–266, hier S. 264, vgl. Georges Bataille: La part maudite (1949). Wiederabdruck. Paris 1990.

20 Heterotopie (Art.), S. 265.

21 Vgl. Urs Urban: Der Raum des Anderen und Andere Räume. Zur Topologie des Werkes von Jean Genet. Würzburg 2007, S. 77. Urban nimmt Bezug auf Agamben.

22 Vgl. Michel Foucault: Von anderen Räumen. Aus dem Französischen von Michael Bischoff. In: Michel Foucault: Schriften in vier Bänden. Dits et Ecrits. Bd. 4. Hg. von Daniel Defert und François Ewald. Frankfurt/Main 2005, S. 931–942.

23 Roth, Hotel Savoy, Werke 4, S. 149.

24 Roth, Hotel Savoy, Werke 4, S. 171.

25 Roth, Hotel Savoy, Werke 4, S. 149.

Es scheint „europäischer als alle anderen Gasthöfe des Ostens“[26] und stellt eine Art Vorhof des Paradieses dar, das weiter im Westen, in Berlin oder Paris, vermutet wird. Das Hotel bzw. seine Halle ist, wie Roth 1929 schreibt, „die Heimat und die Welt, die Fremde und die Nähe“.[27] So ist auch das Hotel Savoy Sammelplatz verschiedener, heterogener Existenzen mit den unterschiedlichsten politischen Vorstellungen und gesellschaftlichen Positionen. Es ist in sich abgeschlossen und doch offen. Es erfüllt, abhängig von der Perspektive der Figuren, verschiedene Funktionen und versammelt heterogene Platzierungen; so, wenn es die Perspektive des Oben und Unten relativiert, weil, wer oben lebt, gesellschaftlich unten steht und umgekehrt. Das Hotel ermöglicht und erleichtert den Verkehr von Figuren aus verschiedenen Gesellschaftsschichten miteinander. Es ist also, so lässt sich schlussfolgern, ein heterotoper Ort. Zugleich aber ist es Passage, Durchgangsort oder Transit-Raum. Insgesamt scheinen die wesentlichen Orte Roths (z.B. die Grenzschenke, der Bahnhof, aber auch die Städte selbst) diese Doppelfunktion zu erfüllen.

Einem heterotopen Raum, der eigentlich schon als eine potenzierte Heterotopie oder eine *mise en abyme* der Heterotopie zu bezeichnen ist, begegnen wir im Fahrstuhl des Hotels Savoy. Die Figur des Revolutionärs Zwonimir in *Hotel Savoy* liebt Amerika und belegt deshalb alles, was er für gut hält, mit dem Namen „Amerika“.

> [Zwonimir] freut sich über das Hotel Savoy. Zum erstenmal lebt Zwonimir in einem großen Hotel. Er wundert sich gar nicht über Ignatz, den alten Liftknaben. Ich erzähle Zwonimir, daß in anderen Hotels kleine, milchwangige Buben die Fahrstühle bedienen. Zwonimir meint, es wäre schon vernünftiger, wenn eine solche Amerikasache einem älteren, erfahrenen Herrn überlassen wird. Übrigens sind ihm beide unheimlich, der Fahrstuhl und Ignatz. Er geht lieber zu Fuß.[28]

Zwonimir bewundert den Fahrstuhl, aber er ist ihm nicht geheuer, und er benutzt ihn deswegen nicht. Hier, an der Grenze zwischen Europa und Russland, markiert der Fahrstuhl eine Verkürzung der Zeit und eine vertikale Überwindung des Raums. Durchkreuzt wird der geographische Raum außerdem dadurch, dass Europa, d.h dem Hotel, Russland, d.h. die Treppe, und Amerika, d.h. der Fahrstuhl, einverleibt sind. Der Fahrstuhl bildet zugleich einerseits die Zelle der Macht Ignatz’, des heimlichen Herrschers über das Hotel, und steht andererseits in der Perspektive Zwonimirs stellvertretend für den Einbruch des

---

[26] Roth, Hotel Savoy, Werke 4, S. 149.
[27] Joseph Roth: Ankunft im Hotel (1929). In: Werke 3, S. 3–6, hier S. 6.
[28] Roth, Hotel Savoy, Werke 4, S. 195f.

Unbekannten in den als eigen definierten Raum, der das Fremde als das unbekannte Draußen im Drinnen dem eigenen Erfahrungshorizont gegenüberstellt.[29]

III. Institutionen der Macht und Befestigung der Grenzen: Amt und Vorzimmer

Bei der Setzung, Markierung und Auflösung von Grenzen spielt der Aspekt der Macht eine entscheidende Rolle. Eine Institution der Macht auf kleinem Raum stellt im Hotel Savoy die eben erwähnte Fahrstuhlzelle dar. Eine andere Institution, von allgemeinerer Bedeutung und größerem Ausmaß, ist das Amt, das die Überwindung geographischer Grenzen regelt. Im *Prager Tageblatt* publizierte Joseph Roth am 20.7.1924 folgende Behördenbeschreibung:

> Weil ich ins Ausland fahren will, muß ich in Ämter gehen, viele Ämter, graue Häuser, grauweiße Zimmer [...]. Von manchen [Beamten] trennt mich nur eine Barriere, aber es ist eine Welt. Ich lehne an fremden Schreibtischen [...]. Ich gehe durch Korridore, unwahrscheinliche, fast erträumte, an wartenden Menschen vorbei, die sich auf Regenschirme stützen und Zeitungen lesen. Manchmal geht eine Tür auf, und mein Blick stiehlt sich durch die Spalte für eine Sekunde in das Zimmer, in dem ein Herr sitzt, ein Schreibtisch steht, ein Kalender hängt, genauso wie in dem Zimmer, in das ich bald eintreten werde.[30]

Im von Roth beschriebenen Amt sind die Zimmer und Vorgänge austauschbar. Die entscheidende Grenze geht mitten durch den Raum: auf der einen Seite die Korridore, die – eigentlich Durchgangsorte – zum Aufenthaltsort der Wartenden werden, und auf der anderen die Zimmer, in denen die Beamten an Schreibtischen sitzen und die sich manchmal für eine Winzigkeit öffnen, um den Blick auf die räumlichen Bedingungen der anderen Seite freizugeben.

> Zwei Fliegen summen an den Fensterscheiben und werfen ihre kleinen schwarzen Körper gegen das Glas und eine dritte steht auf dem Blechdeckel des Tintenfasses und reibt sich mit einem dünnen Beinchen die Nase. Im Tintenfaß trocknet die Tinte, Krusten bilden sich an den Rändern, blauschwarze Krusten, verdorrte, vor der Zeit verkümmerte Ziffern, Ermahnungen, Akten.[31]

Wie Fliegen, die den Ort, an dem sie eingesperrt sind, verlassen und in die Freiheit hinaus wollen, summen die Wartenden vor den Barrieren. Nur die mit dem Gestus der Unbeteiligtheit bewachte Tinte, mit der das

---

29 Ortrud Gutjahr: Wie fremd ist eigentlich das Fremde? In: KulturPoetik 3 (2003), H. 1, S. 113–118, hier S. 115.

30 Joseph Roth: Das Amt (1924). In: Joseph Roth: Werke 2, S. 223–225, hier S. 223.

31 Roth, Amt, Werke 2, S. 224.

Visum unterzeichnet werden soll, vertrocknet. Das Flüssige verfestigt sich unter dem Einfluss der Zeit und bildet dunkle, sichtbare Ränder und Grenzen. Die Herrschaft über die Aggregatzustände liegt bei denen, die über die Zeit herrschen.

Im *Gespräch über die Macht und den Zugang zum Machthaber* (1954) erklärte Carl Schmitt, das asymmetrische Machtgefüge zwischen Wartenden und Instanzen, die auf sich warten lassen, konstituiere sich über die räumliche Ordnung der Vorzimmer.[32] Diese räumliche Ordnung hat auch Roth im Blick, wenn er im Januar 1924, ein halbes Jahr vor seiner Behördenkritik, im *Vorwärts* schreibt:

> Ich habe mir eine Philosophie des Vorzimmers zu eigen gemacht. Es ist nicht der Mittler zwischen Straße und Wohnung, Obdachlosigkeit und Heimat, Verlassenheit und Zuflucht. Es liegt zwischen der Armut und dem Wohlergehen, nicht, um beide zu einigen, sondern um sie zu trennen. Denn in die Wohnungen der Armen gelangt man unmittelbar, zwischen ihnen und der Straße ist eine ständige Beziehung vorhanden. Aber die Reichen haben zwischen sich und die Straße das Vorzimmer gelegt.[33]

Den Reichen, die „niemals auch nur irgendein Verhältnis zu irgendeinem Vorzimmer gefunden“ haben, sondern das Vorzimmer nur durchschritten, es „betraten und verließen [...], um in den Wohnraum oder auf die Straße zu gelangen“, „ist es Passage und Episode“, hindernislos.[34] Den Wartenden hingegen „ist es Aufenthaltsort und Inhalt eines halben Lebens“,[35] Aufenthalt an einem heterotopen Ort, der das Machtgefüge der herrschenden Ordnung vorführt, ins Extrem treibt und dadurch herausfordert.

Wie die Ämter und deren Zimmer sind auch die Vorzimmer sich gleich. Sie bilden eine eigene, von der Außenwelt abgeschlossene, artifizielle Welt, sind fensterlos, voll blinder Spiegel und werden künstlich beleuchtet:

> Ich kenne die Vorzimmer auswendig und weiß genau, wie die Kleiderrechen aussehen und die Schirmständer und die Spiegel, die selten das Sonnenlicht empfangen und wiedergestrahlt haben. Das Quecksilber dieser Spiegel leuchtet nicht. Wenn die elektrische Lampe entzündet wird, verdoppelt sich ihr Licht im Spiegel, aber es bleibt schwach und hilflos.[36]

---

32 Vgl. dazu insbesondere Carl Schmitt: Gespräche über die Macht und den Zugang zum Machthaber. Pfullingen 1954, S. 19; vgl auch Katharina Baier: Wartezeiträume um 1900, Abstract (http://www.exc16.de/cms/985.html, zuletzt am 14.06.2011).

33 Joseph Roth: Das Wartezimmer (1924). In: Werke 2, S. 37–39, hier S. 38.

34 Roth, Wartezimmer, Werke 2, S. 37.

35 Roth, Wartezimmer, Werke 2, S. 37.

36 Roth, Wartezimmer, Werke 2, S. 38.

Der Spiegel, als Heterotopie zugleich realer Ort und virtueller Raum, gibt das Bild des Wartenden „verzerrt wieder, mein blasses Angesicht bleicht er noch ein wenig, meine schmalen Schultern krümmt er, den matten Glanz meiner Augen löscht er vollends. Er demütigt mich und macht mich geringer, als ich bin, und spiegelt mich so wider, wie mich der Herr des Hauses sieht."[37] Die Demütigung durch den Spiegel liegt darin, dass der Wartende sich in ihm mit dem Blick des Mächtigen sieht und sich mit diesem Blick auf sich selbst zu identifizieren beginnt:

> Vielleicht übertreibt der Spiegel gar nicht. Denn ich kann wohl nach einer langen Wartezeit so aussehen, als wären meine Schultern nicht nur schmal, sondern auch schief. Denn der Spiegel sowohl wie die Bilder und ich, wir alle verkümmern und werden gering und unscheinbar, wortlos und schüchtern in den Vorzimmern.[38]

Die Verzerrung durch den Spiegel schafft Realität. Im Vorzimmer verschärft und konturiert sich die Kluft zwischen Arm und Reich. Der Arme, der im Vorzimmer in den Herrschaftsbereich des Mächtigen integriert und zugleich aus ihm ausgeschlossen wird, verliert durch diese ebenso subtile wie radikale Maßnahme der Raumgestaltung, in der gesellschaftliche Grenzen manifest werden und der Blick des Anderen sich identitätsumbildend absolut setzt, die Kraft zur Infragestellung der gegebenen Verhältnisse:

> Vielleicht bin ich einmal ein Revolutionär gewesen. Aber meine Empörung erlischt im Vorzimmer, zerschellt an diesem Bollwerk der Reichen, das kein Empörer betritt, ohne besänftigt zu werden. Man müßte das Vorzimmer durch ein Gesetz abschaffen. Es dämpft den Mut des Eindringenden und erhöht jenen des Besitzers. Ich hasse es.[39]

Was sich in den Ämtern vollzieht, die wir zu Beginn betrachteten, ist eine Institutionalisierung der Vorzimmer, wie sie hier beschrieben werden, wobei die in ihnen wirkenden Beamten, die dem Gesetz des Verlusts der Individualität ebenso unterworfen sind wie die Wartenden, die, mit Regenschirm und Zeitung bewaffnet, alle dieselben Attribute bei sich tragen, natürlich selbst nur Instrumente einer Macht sind, die sich über diese räumliche Ordnung legitimiert.

IV. Vertauschungen: Die Hölle und das Paradies

Im Gegensatz zum Disziplinierungsraum, als der das Amt und das Vorzimmer erscheinen, positioniert sich der Keller, in dem das Paradies

---

37 Roth, Wartezimmer, Werke 2, S. 38.
38 Roth, Wartezimmer, Werke 2, S. 38.
39 Roth, Wartezimmer, Werke 2, S. 38f.

angesiedelt ist, als Ort des Widerstands und der Auflösung von Raum- und Zeitordnungen. Roth hat das „Bericht aus dem Pariser Paradies" betitelte Feuilleton vom April 1926 über mehr als ein Jahrzehnt hinweg mehrfach publiziert:[40]

> Das Paradies liegt im Keller, in der Tiefe. Aber es ist so günstig plaziert, daß es beinahe meiner Vorstellung vom siebten Himmel entspricht. Es ist ein unterirdisches Paradies. Aber die Richtung, die man einschlagen muß, um zu ihm zu gelangen, spielt gar keine Rolle. So glaube ich manchmal, wenn ich einen geschmeidigen Sturz unternehme, im kühnen Flug emporzufallen...[41]

Oben und unten vertauschen sich in der Wahrnehmung des Stürzenden, Fliegenden: Das Paradies tritt an jenen Ort, der gewöhnlich der der Hölle ist.

> Den Eingang zum Paradies beleuchten blaue Buchstaben, aus kleinen Lämpchen zusammengesetzt. Ihr Blau nähert sich ein wenig dem Violett. Es ist das Blau des blauen Stiefmütterchens und der ersten Morgenschleier, die über einem Acker liegen. Es ist ein Blau starker eindrücklicher Träume und rauchender Zigaretten. Es ist nicht das Blau des Himmels und nicht die Farbe des südlichen Meeres. Sie sehen, wie schwer es ist, eine Farbe deutlich zu beschreiben.[42]

Das Blau, in das in diesem künstlichen Paradies von der Schrift über die Natur bis zur Zivilisation alles getaucht ist, ist kein ganz wirkliches Blau, sondern ein Traumblau als utopische Farbe, die sich besser über die Negation als über die positive Bestimmung beschreiben lässt. Durch „Spiegelwände" zu beiden Seiten der Treppe,

> die das Blau kleiner Glühlampen etwas heller widerstrahlen […] [,] entsteht eine Atmosphäre aus Rauch, Morgen und Traum. Es entsteht eine ganz fremde Farbe, sehr verschieden von allen bekannten. Infolgedessen erlischt das Bewusstsein von der Zeit. Man erinnert sich nur, dass es Mitternacht war, als das Tor des Paradieses aufging und ehe man seiner Verdammnis anheimfiel. Auch die Erinnerung an die geographische Lage erlischt: an den ganzen Montmartre-Himmel mit seinen bunten Reklamesonnen, an die irdischen Hupensignale irdischer Automobile in der Rue Pigalle. Blau umdämmert ist das Gestirn. Die Zeit rinnt nicht, sondern wallt, in Schleier aufgelöst...[43]

---

40 Frankfurter Zeitung, 10.4.1926; Prager Tageblatt, 21.4.1926; Neue Berliner Zeitung, 23.4.1926; elf Jahre später als „Pariser Paradies": Wiener Tag, 26.9.1937 und Pariser Tageszeitung, 8.10.1937; gekürzt und verändert auch in *Der stumme Prophet*.

41 Joseph Roth: Bericht aus dem Pariser Paradies (1926). In: Werke 2, S. 556–559, hier S. 556.

42 Roth, Paradies, Werke 2, S. 557.

43 Roth, Paradies, Werke 2, S. 557.

Nicht nur oben und unten, Erlösung und Verdammnis tauschen die Plätze, sondern auch die Zeit nimmt neue Formen an. Sie verläuft nicht mehr linear, sondern löst sich in Wellen auf.[44] Die größte Bedeutung misst Roth der sinnlichen Wahrnehmung der Farbe bei: Sie bestimmt die Atmosphäre, verändert das Bewusstsein und setzt die Normalität außer Kraft. Zum Visuellen tritt das Akustische hinzu, wenn Farben und Musik synästhetisch miteinander kombiniert werden:

> Auf einmal wechselt die Beleuchtung. Sie fällt in das tiefe Grünblau nächtlicher Wiesen, dann in ein dunkles Rot von Rubinen. Die Lippen der Menschen werden blau und die Zigarette in meiner Hand wird ein kleiner Stab mit einem silbernen Brandköpfchen, auf dem ein Netz zarter Filigranasche geflochten ist. Dann wird es orangegelb im Paradies. Die Ziehharmonika allein spielt, mit menschlichen Seufzern beim Atemholen, ein Lied, das zwischen Europa und Afrika gelegen ist, wie eine Insel, eine orangegelbe Melodie. Sie erinnert an die Volkslieder aller Nationen und besonders an slawische Sommernächte. Es ist, als erhellte die Ziehharmonika allein die goldgelbe Beleuchtung. Es ist ein abendliches Instrument. Es gebärt [sic] und nährt diesen übertriebenen Sonnenuntergang ohne Sonne: den Weltuntergang.[45]

Das Lied wird zum leuchtenden Gebilde, das nicht nur aus dem Bewusstsein der Zeit, sondern auch aus dem geographischen Netz des Raumes fällt. Es liegt im Zwischen, als slawischer Klang zwischen Europa und Afrika. Die Musik sorgt für eine Beleuchtung, die den Weltuntergang zitiert.

In der Überarbeitung des Textes für den *Stummen Propheten* akzentuiert Roth anders. Auch hier werden die Pole in einem Raum zusammengespannt, aber die Farben werden ganz aus dem Paradies-Keller entfernt und kontrastiv der irdischen Welt beigelegt. Der Protagonist des Romans, Friedrich Kargan, unternimmt eine große Reise in die europäischen Städte:

> Er befand sich in Paris, als der Frühling kam. Jede Nacht ging er durch glatte und stille Straßen, begegnete er den voll beladenen Wagen, die zu den Markthallen fuhren, dem gleichmäßigen Trott der schweren, zotteligen Pferde, dem frommen, ländlichen Gebimmel ihrer Schellen, dem leuchtenden Grün der sauber aufgeschichteten Kohlbündel und dem blanken Weiß ihrer Gesichter zwischen den weiten, flatternden Blättern, dem künstlichen Hellrot der dünn geschwänzten Möhren, dem blutigen, feuchten und schweren Glanz der massiven, zerschnittenen Rinder.[46]

---

44 Etwas Ähnliches geschieht, wenn es um die Geschichtsauffassung geht, die Roth in seinem Reisebuch *Die weißen Städte* verfolgt (s. Punkt V.)

45 Roth, Paradies, Werke 2, S. 559.

46 Joseph Roth: Der stumme Prophet, S. 917.

Anders als der Feuilleton-Text, der sofort mit der Inszenierung des Paradieses im Keller kokettiert, setzt der Roman-Abschnitt ganz nüchtern ein: „Jede Nacht ging er in einen Keller, in dem das Volk tanzte, Matrosen, Straßenmädchen, Weiße und Farbige aus den Kolonien."[47] Das unterirdische Paradies wird stets nur verlassen, nur um es in der folgenden Nacht wieder aufsuchen zu können: „Jede Nacht".[48] Wieder ist die Musik zentraler Ort der Widersprüchlichkeit, des Heterogenen und der Ambivalenz:

> Die Ziehharmonika schüttete fröhliche Märsche in den hellen Saal, es war das Instrument der ausgelassenen Wehmut. Er liebte es, weil es ihn an seine Genossen der Revolution erinnerte, weil es die Musik der Verlorenheit und der Sorglosigkeit war, weil sie an den Frieden der Abende in östlichen Dörfern gemahnt und gleichzeitig an die brütende Hitze afrikanischer Sandwüsten, weil sie den Gesang des Frostes wie die ewige Stille des Sommers enthält.[49]

Die Binarismen von Ausgelassenheit und Wehmut, Verlorenheit und Sorglosigkeit (nicht: Geborgenheit, wie im Feuilleton), Abend und Hitze, östlichen Dörfern und afrikanischer Sandwüste, Gesang und Stille, Frost und Sommer bilden heterogene Ordnungen, die in der Musik gebunden sind. Die Spiegel haben nun weniger die Funktion der Verzerrung und Entstellung zur Herstellung einer (alp)traumhaften Realität, sondern dienen der – zunächst wertfreien – Vervielfachung von Raum und Körper: „Von allen Wänden strahlten breite Spiegel die verschwenderischen Reihen der Lämpchen an der Saaldecke wider, machten zwanzig Räume aus einem Raum, verhundertfachten die Tänzerinnen."[50] Diese Vervielfachung aber führt dazu, dass der Protagonist die Orientierung verliert: „Er sah die Stiege und die Tür nicht mehr, die zu den nächtlichen Straßen hinaufführten. Die Spiegelwände schlossen den Saal noch endgültiger ab als Stein und Marmor und verwandelten den Keller in ein einziges endloses, unterirdisches Paradies."[51] Im mit den Attributen der Hölle ausgestatteten Paradies steht auch hier am Ende die Erfahrung des Weltuntergangs, „weil es die letzte Nacht der Welt und ihr kein Morgen mehr beschieden sei".[52] Im Roman ist Blau nicht wie im Feuilleton die Farbe des Traumes, sondern gerade die der Realität, der Friedrich Kargan am anderen Morgen begegnet. Zugleich mit dem Verlassen des Kellers weicht die Musik der Ziehharmonika, in der die

---

47 Roth, Prophet, Werke 4, S. 917.
48 Roth, Prophet, Werke 4, S. 917.
49 Roth, Prophet, Werke 4, S. 917f.
50 Roth, Prophet, Werke 4, S. 918.
51 Roth, Prophet, Werke 4, S. 918.
52 Roth, Prophet, Werke 4, S. 918.

Binarismen des Heterogenen erscheinen, dem banalen Geräusch der technisierten Welt des Realen:

> Er betrat die Straße. Der Morgen graute, heute wie immer, die Welt war nicht untergegangen. Ein blaues Licht lag über den Häusern, jemand machte ein Fenster auf. Der Motor eines Automobils knurrte hartnäckig und empört. Im Licht des erwachenden Morgens steckte Friedrich den Brief[53] in den Postkasten.[54]

V. Heterogenität in der Mischung: Roths Städte an den Toren Europas

Öffnete sich im Pariser Paradies mitten in einer der in Roths Werk ebenso wie in seiner Biographie bedeutsamsten europäischen Städte das Paradies als ein fiktionalisierter Abgrund des Heterogenen im Realen, so legen andere seiner Beschreibungen europäischer Städte das Augenmerk stärker auf die Heterogenität der Orte selbst. Lemberg, wie Roth es 1924 in der *Reise durch Galizien* beschreibt, der „bunte[] Fleck im Osten Europas, dort, wo es noch lange nicht anfängt, bunt zu werden",[55] ist ein Sammelplatz des Heterogenen und „Stadt der ‚verwischten Grenzen'";[56] ein anderer ist das Baku der *Reise in Rußland* (1926), „die Hauptstadt Aserbeidschans und des Petroleums", die „aus einem neuen (europäischen) und einem alten (asiatischen) Teil" besteht.[57]

> Die europäischen Straßen sind breit, hell und heiter. Das asiatische Baku ist kühl, dunkel und beklemmend. [...] Jedes Haus ist ein Palast und jeder Palast ein Gefängnis.[58]

Das asiatische Baku ist v.a. Schauplatz des Exotischen, das dem Europäischen, Rationalen, Berechnenden als Lokalkolorit dient:

> Auf dem lebhaften Boulevard lustwandelt eine ganze Börse. Man sitzt in Restaurants, deren Bogenlampen sich im Kaspischen Meer spiegeln. Man sieht die ankommenden Schiffe, die Waren abladen werden. Wie angenehm

53 Den Brief an seine ehemalige Geliebte schrieb er in einer Art Endzeitstimmung, nämlich „in einer Stunde, in der es ihm schien, daß er keine Blöße zu fürchten hätte, weil es die letzte Nacht der Welt und ihr kein Morgen mehr beschieden sei" (Roth, Prophet, Werke 4, S. 918), als Ausdruck einer Hoffnung, die sich dieser Apokalypse entgegensetzen lassen müsste.

54 Roth, Prophet, Werke 4, S. 918.

55 Joseph Roth: Reise durch Galizien, S. 287.

56 Ute Gerhard: Von Paßfälschern und Illegalen. Literarische Grenzüberschreitungen bei Joseph Roth. In: Thomas Eicher unter Mitarbeit von Peter Sowa (Hg.): Joseph Roth. Grenzüberschreitungen. Oberhausen 1999, S. 65–87, hier S. 72 [=Übergänge – Grenzfälle. Österreichische Literatur in Kontexten, hg. von Thomas Eicher, Fritz Hackert und Bernd Hamacher, Bd. 1].

57 Joseph Roth: Reise in Rußland (1926). In: Werke 2, S. 591–698, hier S. 616.

58 Roth, Reise in Rußland, Werke 2, S. 616.

> läßt es sich da kalkulieren! Man hört aus den gewölbten Zelten, die wie große Souffleurkasten aussehen, die weinende türkische Musik, die Töne des ‚Sas' und des ‚Tar', die auf der schmalen Grenze zwischen Wildheit und Sentimentalität dahinziehen... und macht Geschäfte.[59]

In den *Briefen aus Polen* (1928) wird als ein weiterer Ort, an dem gängige Ordnungsmuster zu scheitern drohen, „die sehr merkwürdige Stadt Boryslaw" exponiert.[60] Sie wird als „polnische[s]"[61] bzw. „osteuropäische[s] Kalifornien"[62] bezeichnet, in dem ebenfalls Petroleum gewonnen wird, wo aber „der Kapitalismus in Expressionismus" ausschweift.[63] Bei Boryslaw handelt es sich um einen Ort, der „seinen phantastischen Aspekt behalten" wird.[64] Die Stadt steht auf der Grenze zwischen Realität und Phantastik, zwischen Gegenwart und Zukunft. Sie besteht hauptsächlich aus einer einzigen Straße, die „unendlich sein wird, ein langes, weißes, staubiges Band über Höhen und Tiefen, verschlungen und gerade, provisorisch und dennoch während, hinfällig wie das menschliche Glück und dauerhaft wie die menschliche Begierde".[65] Die Stadt wandert auf der Linie des Petroleums und lässt „die realen Gesetze ihrer Gesellschaftsordnung vergessen".[66] Nicht zuletzt steht Leningrad, in dem die „‚echtere', ‚russische' Tradition", die von Moskau repräsentiert wird, sich in der „mangelhaften russischen Kanalisation" der „breiten europäischen Straßen" niederschlägt, für eine (Un-)Ordnung des Heterogenen.[67] Leningrad präsentiert sich als Stadt, die zwischen unermesslicher Weite und Eingeschlossenheit, zwischen Eis, Glas und Frost auf der einen und Nebel, Fluss und Sumpf auf der anderen Seite oszilliert.

Roths Wege führen wie die seiner Figuren über die Grenzen nach Europa und aus Europa hinaus. Die Erkundung der Tore Europas führt dabei nicht allein in den Osten. In westlicher Richtung berührt sie den Süden Frankreichs, gelangt „zu den weißen Städten mit den flachen Dächern, die so eben sind, als wollten sie zeigen, daß hier nicht einmal die Höhe gefährlich werden kann und daß man niemals, niemals

---

59 Roth, Reise in Rußland, Werke 2, S. 622.
60 Joseph Roth: Briefe aus Polen (1928). In: Joseph Roth: Werke. Bd. 2, 935–970, hier S. 939.
61 Roth, Briefe aus Polen, Werke 2, S. 939.
62 Roth, Briefe aus Polen, Werke 2, S. 944.
63 Roth, Briefe aus Polen, Werke 2, S. 941.
64 Roth, Briefe aus Polen, Werke 2, S. 941.
65 Roth, Briefe aus Polen, Werke 2, S. 941f.
66 Roth, Briefe aus Polen, Werke 2, S. 942.
67 Joseph Roth: Leningrad (1928). In: Werke 2, S. 915–920, hier S. 919.

hinunterfällt in schwarze Tiefen“,[68] wie es im posthum publizierten Reisebericht *Die weißen Städte* von 1925 heißt.

In diesem auf den ersten Blick eher untypischen oder auch unspektakulären Text werden die französischen Städte von Lyon bis Marseille aufgesucht. Ich werde im Folgenden weder auf Roths Affinität zum Katholizismus, der sich in diesem Text andeutet, näher eingehen, noch werde ich das auffällig häufig bemühte Wortfeld von Rasse und Blut thematisieren. Beides ist in der Forschung schon mehrfach problematisiert und kontrovers diskutiert worden.[69] Stattdessen konzentriere ich mich auf Roths Raumdarstellung und seine Zeit- und Geschichtsauffassung, die sich hier recht eigenwillig präsentieren.

Führte der Weg im Jahr zuvor bei der *Reise durch Galizien* den Berichterstatter in Richtung Osten, so knüpft er nun an die Beziehung des Ostens zu West-Europa (d.h. Galiziens zu Frankreich) an, indem er den Weg in Richtung Westen aufnimmt. Der Weg führt aus einem Deutschland hinaus, das, ähnlich wie in der *Reise durch Galizien*, als „tote[r] Raum“ erscheint.[70] Gefangen in einem Land „hinter dem Zaun“,[71] das keine lebendige Geschichte besitzt, weist der Weg hinter den Krieg zurück in die weißen Städte aus den Träumen der Kindheit. Hier ist die

> Sonne [...] jung und stark, der Himmel hoch und tiefblau, die Bäume dunkelgrün, versonnen, uralt. Und weiße breite Straßen, die seit Jahrhunderten Sonne getrunken haben und widerstrahlen, führen zu den weißen Städten mit den flachen Dächern, die so eben sind, als wollten sie zeigen, daß hier nicht einmal die Höhe gefährlich werden kann und daß man niemals, niemals hinunterfällt in schwarze Tiefen.[72]

---

68 Joseph Roth: Die weißen Städte (1925). In: Werke 2, S. 456–506, hier S. 456.

69 Vgl. die Darstellungen von Katharina Ochse: Joseph Roths Auseinandersetzung mit dem Antisemitismus. Würzburg 1999; Hartmut Scheible: Joseph Roths Reise durch Geschichte und Revolution. Das Europa der Nachkriegszeit: Deutschland, Frankreich, Sowjetunion. In: Michael Kessler/Fritz Hackert (Hg.): Joseph Roth. Interpretation – Kritik – Rezeption. Akten des internationalen, interdisziplinären Symposions 1989. Akademie der Diözese Rottenburg–Stuttgart. Tübingen 1990, S. 307–334 [=Stauffenburg Colloquium, Bd. 15] und Telse Hartmann: Kultur und Identität. Szenarien der Deplatzierung im Werk Joseph Roths. Tübingen, Basel 2006.

70 Roth, Reise durch Galizien, Werke 2, S. 285.

71 Roth, Die weißen Städte, Werke 2, S. 453.

72 Ebd., S. 456. In Bezug auf die Sprachauffassung, die „hinter dem Zaun“ herrscht, finden sich metaphorische Übereinstimmungen mit der Sprache der Übersetzung, wie Walter Benjamin sie in „Die Aufgabe des Übersetzers“ von 1921 beschreibt (Walter Benjamin: Die Aufgabe des Übersetzers. In: Walter Benjamin: Gesammelte Schriften, hg. von Rolf Tiedemann/Hermann Schweppenhäuser unter Mitwirkung von Theodor W. Adorno und Gershom Scholem. Bd. IV,1: Kleine Prosa. Baudelaire-Übertragungen 1. Hg. von

Hinter diesen Kindheitsträumen liegt eine Gegenwart, in der der Krieg nur eine neue Form angenommen hat und zwischen Vergangenheit und Zukunft tobt, so dass die Gegenwart der Zerreißprobe zwischen „den klassischen, katholischen, europäischen Einflüssen des Westens", „den revolutionären des Ostens und den kapitalistischen Amerikas" ausgesetzt ist.[73]

Anders als Roths Erzähler-Ich im Roman *Flucht ohne Ende*, der 1927 mit dem Untertitel „Ein Bericht" erscheint, erklärt das Journalisten-Ich in *Die weißen Städte* von 1925, es könne nicht „‚berichten'": „Ich kann nur erzählen, was in mir vorging und wie ich es erlebte."[74] Dabei geht es beiden darum, das Beobachtete in den Mittelpunkt zu rücken: „Das wichtigste ist das Beobachtete."[75] Der gute Beobachter erfindet nichts, dichtet nicht, aber er sieht auch nicht mit „starrem Aug".[76] Vielmehr muss er in sich selbst lauschen und „von seinen Stimmen berichten", „die Stimme einer Sekunde in seiner Umgebung" verzeichnen, und sich bewusst sein, „daß andere Stimmen ertönen, sobald er seine Horcherstellung verlassen hat. Und ehe er's niederschreibt, ist die Welt, die er kennt, nicht mehr dieselbe."[77]

Die Reise in eine „zweite, eine andere Wirklichkeit" beginnt in Lyon, der „Stadt der Mitte", die „an der Grenze zwischen dem Norden und dem Süden Europas" liegt.[78] Der Topos der Mitte spielt in den *Weißen Städten* eine entscheidende Rolle. Schon eingangs wird die Faszination des Ichs für Spinnen damit erklärt, dass sie nicht jagen, sondern im Zentrum ihres selbst gesponnenen Reiches sitzen und auf Beute warten. „Sie ruhen als Mittelpunkt selbstgeschaffener Kreise und verlassen sich auf den Zufall, der sie nährt."[79] Auch in den Städten selbst erscheint die Mitte als Anker und Ausgangspunkt. So erfüllt die Stadt Tournon den Reisenden mit Angst, denn es hat „keinen Mittelpunkt. Tournon besteht aus Gassen, die unentwirrbar ineinander verflochten waren. Eine

---

Tillman Rexroth. Frankfurt/Main 1981, S. 9–21, hier bes. S. 15). Bei Roth heißt es: „Jenseits, hinter dem Zaun, war die Nomenklatur niemals so heilig. Die Namen flossen immer weit um die Dinge, die Kleider waren lose. Man war nicht bestrebt, alles unverrückbar zu fixieren. Man wandelt sich jeden Augenblick, drüben, hinter dem Zaun. Wir nennen das immer ‚Treulosigkeit', und Anpassung ist halber ‚Verrat'. Hinter dem Zaun gewann ich mich selbst wieder." (Roth, Die weißen Städte, Werke 2, S. 453).

73 Roth, Die weißen Städte, Werke 2, S. 456.

74 Roth, Die weißen Städte, Werke 2, S. 453.

75 Joseph Roth: Flucht ohne Ende. In: Roth, Werke 4, S. 389–496, hier S. 391.

76 Roth, Die weißen Städte, Werke 2, S. 452.

77 Roth, Die weißen Städte, Werke 2, S. 452.

78 Roth, Die weißen Städte, Werke 2, S. 456.

79 Roth, Die weißen Städte, Werke 2, S. 451.

grausame Angst ergriff mich.“[80] Diese Angst speist sich aus der Differenz zu einem ganz anders gearteten Wunschbild:

> Ich liebe es, in den Städten die breiten Mitten zu finden, jene Plätze, von denen die Gassen nach verschiedenen Richtungen ausstrahlen und die nicht nur Mittelpunkte sind, sondern auch Anfänge zugleich. Von diesen Mittelpunkten aus erkennt man ebenso den Charakter wie die Anlage der Stadt. Sie sind still, stiller als andere Teile, oder laut, lauter als alle Gassen. Sie sind entweder wie geweiht und geborgen, herrschaftlich und stolz oder Brennpunkte des Lebens, von allen Geräuschen erfüllt, dienstbar und zweckbewußt.[81]

Die räumlichen Verhältnisse in der Stadt ohne Mitte werden direkt auf die Wahrnehmung der Zeit projiziert. So führt der Mangel an Überblick und Orientierung das Ich zu der Schlussfolgerung:

> Ich bin nicht in eine fremde Stadt gekommen. Ich bin in ein fremdes Jahrhundert geraten. Ich will in meine Gegenwart zurück. […] niemals fühlte ich mich so mit meinem Jahrhundert verbunden, niemals war ich so bewegt vom Gedanken an eine breite Straße, ein Automobil, eine Wasserleitung und ein Flugzeug. Man kann in einem einzigen Augenblick ein unermeßliches Zeitbewußtsein fühlen. Man kann mit wachen Sinnen, am lichten Tag, aus seiner eigenen Zeit hinausfallen und zwischen den Jahrhunderten der Geschichte herumirren, als wäre die Zeit ein Raum, als wäre eine Epoche ein Land. So ist es in Tournon.[82]

Im Gegensatz zu diesem orientierungslosen Umherirren in der Zeit ist es in Lyon, das als „Stadt der Mitte“[83] seine geographische Verortung befestigt, gerade die Möglichkeit eines problemlosen Übergangs der historischen Zeiten ineinander, die das Ich begeistert. An einer anderen Stelle heißt es: „Schmal sind die Grenzen der Epochen. Ein Schritt trennt die Zeiten. Trennt er sie? Ist das eine Grenze? Ist das nicht ein Übergang?“[84] Und so fängt in Lyon

> [g]leich hinter der Kathedrale […] Rom an, ein lebendiges Rom. […] Alle Steine halten historische Vorträge. Da ist eine Straße, die geradewegs nach Rom führt, hinein in die Antike […]. Von hier aus sehe ich das ganze Ausmaß meiner ersten weißen Stadt. Ja, so habe ich sie geträumt. Also stehn sie alle noch da: die schimmernden Häuser, die weißen Wände, mit Sonne getüncht, die flachen, schillernden Dächer aus Regenbogen, die hüpfenden Rauchfänge, die kleine blaue Wölkchen ausstoßen wie zartes Baumaterial für den blauen Himmel.[85]

---

80 Roth, Die weißen Städte, Werke 2, S. 469.
81 Roth, Die weißen Städte, Werke 2, S. 469.
82 Roth, Die weißen Städte, Werke 2, S. 469.
83 Roth, Die weißen Städte, Werke 2, S. 456.
84 Roth, Die weißen Städte, Werke 2, S. 486.
85 Roth, Die weißen Städte, Werke 2, S. 462.

Der Ort, an dem das katholische Christentum manifest wird (die Kathedrale), erlaubt eine Passage in die lebendige Antike, in der Realität und Traum unterscheidungslos werden: „so habe ich sie geträumt“ – „[a]lso stehn sie alle noch da“. Doch wird die helle Idylle, in der Materielles und Immaterielles im produktiven Wechselspiel miteinander stehen (die Wände sind mit Sonne getüncht, die Dächer bestehen aus Regenbögen) und die eingebettet ist in die Natur wie in die Geschichte, die sie lebendig hält, schon in dieser ersten Stadt unterminiert. Zwar ist der Seidenweber, so der Berichterstatter, in Lyon durch die Beschäftigung mit dem Material, dessen Schimmer auf die Menschen fällt, die es beschäftigt,[86] nach den Zuckerbäckern der fröhlichste Arbeiter, denn:

> Wenn jemand zwanzig Jahre leuchtende, schimmernde, bunte Regenbogenfäden knüpft, ist seine Seele heiter, seine Hand zärtlich, und sein Hirn denkt tröstliche Gedanken.[87]

Doch wohnt auch dieser Arbeiter „in einer Mietskaserne, in einer trostlos langen und breiten Straße [...]. Die Mauern werden schwarz, der Mörtel fällt ab, und die Häuser stehen da wie in einer häßlichen Krankheit, bei der sich die Haut schält. Es ist kein ehrwürdiges Altern, sondern ein hastiges Verbrauchtwerden.“[88] Selbst noch in der vom Wunsch nach Erfüllung geleiteten Erfüllung seiner Wunschträume reißt Roth Abgründe auf, die er allerdings auch rasch wieder zu schließen bestrebt ist. Und so ergänzt er schnell, dass die „schlanke[n], braune[n] Prinzessinnen“ „aus Laune, nicht aus Not in den schwarzen Kasernen wohnen“.[89] So ist „Roths südfranzösisches Reisebuch eine einzige Gratwanderung“, die allerdings nicht nur darin liegt, dass er „einer antikisch überhöhten, der Welt des Epos angenäherten Wirklichkeit“ eine „Ästhetisierung und ideologische[] Verkitschung der Realität“ gegenüberstellt, wie Hartmut Scheible meint.[90] Vielmehr scheinen hier an manchen Stellen Ansätze von Sozialkritik durch Sozialkitsch überboten werden zu sollen. Der Sozialkitsch übertüncht den Abgrund.

Eine andere Form von Abgründigkeit zeigt sich in der Stadt Vienne, die „mitten in ihrer Schönheit gestorben“ ist.[91] Hier wird der Tempel, „das einzige ganz erhaltene römische Monument in Vienne“, zugleich als

---

86 Vgl. Roth, Die weißen Städte, Werke 2, S. 457.

87 Roth, Die weißen Städte, Werke 2, S. 457.

88 Roth, Die weißen Städte, Werke 2, S. 457.

89 Roth, Die weißen Städte, Werke 2, S. 458.

90 Hartmut Scheible: Joseph Roths Reise durch Geschichte und Revolution, S. 317.

91 Roth, Die weißen Städte, Werke 2, S. 464.

Heiligtum und als Leere ausgewiesen.[92] Der Berichterstatter verweigert sich das Betreten dieses Tempels. Denn:

> Stünde ich drinnen, ich würde sehen, daß er leer ist und daß die verschlossene Tür gar nichts verborgen hat, keine Statue, keine Gottheit, keine Beter. Die Tür verschloß das Leere, das Vergangene. Der Tempel enthält dasjenige, das ich draußen fühlen kann und drinnen nicht entdecken würde. Er enthält das Warten. Ich fühle das Warten hinter der verschlossenen Tür. Nur hier wartet noch etwas.[93]

Die verschlossene Tür verbirgt die materielle Leere des Tempels und macht den draußen Stehenden für etwas anderes empfänglich: das Gefühl des Wartens. Hier findet das Lauschen und Horchen seine Erfüllung, denn dieses Warten ist offensichtlich ein messianisches Warten und ist Gegenpol des Wartens im Vorzimmer. Das Sehen der tatsächlichen Leere aber drohte diese Wahrnehmung des messianischen Wartens zu überdecken, in der die Vergangenheit über die Gegenwart hinein in die Zukunft greift.[94] Es gibt in Roths Text einige solcher Stellen, an denen ein verschlossener Ort plötzlich Weite in der Zeit gewinnt, so z.B. das Lyzeum in Tournon oder der Kasernenhof in Avignon.

Ich komme nun zur letzten Station des Reisenden, mit der sich der Bogen zum Anfang schließt: nach Marseille.

> Marseille ist das Tor der Welt, Marseille ist die Schwelle der Völker. Marseille ist Orient und Okzident. Von hier schwammen die Kreuzritter ins Heilige Land. Durch diesen Hafen strömen viele Märchen von Tausendundeiner Nacht nach Europa. Hier landeten orientalische Motive, hier warfen sie die Anker aus, hier betraten sie den Boden europäischer Literatur und Kunst. Von hier aus drangen, einige Jahrhunderte vor Christi Geburt, die Forscher Pytheas und Euthymenes bis zum Baltischen Meer, von hier aus entdeckten sie Island. Das ist die Erbin und die alte Feindin Karthagos, die schöne Freundin Roms, die griechische Stadt, das ‚gallische Athen'. Hier versanken Visigoten, Lombarden, Sarazenen und Normannen, besiegte Eroberer, in lateinisch-griechisch-phönizischer Kultur. Hier wurde die große Revolution mit Jubel begrüßt, hier fand sie ihre zweite Heimat, ihre eigentliche, ihren Text und ihre Melodie. [...] Marseille ist New York und Singapur, Hamburg und Kalkutta, Alexandria und Port Arthur, San Franzisco und Odessa.[95]

Die „hybride Mehrfachkodierung der Stadt"[96] zielt auf Diskontinuität und Heterogenität ab. In Marseille gelingt es, an einem einzigen Ort

---

92 Roth, Die weißen Städte, Werke 2, S. 466.
93 Roth, Die weißen Städte, Werke 2, S. 466.
94 Vgl. Hartmut Scheible: Joseph Roths Reise durch Geschichte und Revolution, S. 317.
95 Roth, Die weißen Städte, Werke 2, S. 497f.
96 Hartmann, Kultur und Identität, S. 86.

mehrere Räume oder Platzierungen, die an sich unvereinbar sind,[97] zu vereinen. Hier sind die räumlichen Heterotopien schon auf der Ebene der Sprache angesiedelt. Denn natürlich sind die Orte nicht als physikalische Größen in eins gesetzt, sondern als Diskurse oder Diskurselemente, als verbürgende Orte von Mythen und kulturellen Erzählungen. Das Spiel der Extreme miteinander erinnert an die folgende Beschreibung Avignons, die ebenfalls aus den *Weißen Städten* stammt, aber statt mit (widersprüchlichen) Positionierungen mit Infragestellungen, Negationen und Allquantoren arbeitet: „Ist das eine mittelalterliche, ist das eine römische Stadt? Ist sie orientalisch oder europäisch? Sie ist nichts von alledem und alles zusammen. Sie ist eine katholische Stadt."[98] Im Unterschied zu Avignon aber bietet die Religion in Marseille sich nicht als eine solche Vermittlungsinstanz an. Vielmehr ist Marseille als „bereits in den 20er Jahren [...] zentrale[r] Ort der internationalen Wanderungsbewegungen" ein „Ort der *Zerstreuung* und *Vermischung* par excellence", in dem sich die Extreme nicht nur berühren, sondern wo diese Berührung in Fusion übergeht:[99]

> Vom Reichtum zur Armut ist weniger als ein Schritt. Der Obdachlose schläft auf der Schwelle des Palastes [Berührung, W.A.]. Die Lebensmittel verkauft man in einem, die Liebe im andern offenen Laden [Berührung, Nebeneinander, W.A.]. Das Boot der armen Schiffer schwimmt hart neben dem großen Ozeandampfer [Berührung, Nebeneinander, W.A.]. Muscheln liegen neben den Auslagen der Brillantenhändler [Berührung, Nebeneinander, W.A.]. Der Flickschuster verkauft korsische Messer [Fusion, Kreolisierung, W.A.]. Der Ansichtskartenhändler bietet Schlangengift feil [Fusion, Kreolisierung, W.A.].[100]

Der Text über Marseille und damit über *Die weißen Städte* insgesamt arbeitet bis zum Ende mit der antagonistischen Struktur, von der er seinen Ausgang nimmt. Das Hin und Her zwischen den Polen geht an diesem Ende über in eine Wellenbewegung, in der sich – gleichbleibend – in einer Gasse der Stadt, die nicht den „Gesetze[n] der Welt" unterworfen ist, alles verändert:[101]

> Hier löst sich alles scheinbar Bleibende auf. Hier schließt es sich zusammen. Hier ist fortwährender Aufbau und Zerstörung. Keine Zeit, keine Macht, kein Glaube, kein Begriff ist hier ewig. Was nenn' ich Fremde? Die Fremde ist

97 Vgl. Foucault, Von anderen Räumen, S. 938.

98 Roth, Die weißen Städte, S. 474.

99 Ute Gerhard: Literarische Transit-Räume. Ein Faszinosum und seine diskursive Konstellation im 20. Jahrhundert. In: Sigrid Lange (Hg.): Raumkonstruktionen in der Moderne: Kultur, Literatur, Film. Bielefeld 2001, S. 93-110, hier S. 100.

100 Roth, Die weißen Städte, Werke 2, S. 498.

101 Roth, Die weißen Städte, Werke 2, S. 502.

> nah. Was nenn' ich Nähe? Die Welle trägt es fort. Was ist das Jetzt? Schon ist es vergangen. Was ist das Tote? Schon schwimmt es wieder heran.[102]

Der Lärm der Schiffsmaschine wiederholt die Wellenbewegung im Bereich der Akustik: „Alle Geräusche haben einen und denselben Takt. In allen Geräuschen ist etwas vom Lärm einer Schiffsmaschine. [...] Jeder schlägt den Takt der Stadt. Jeder übersetzt die Musik der Welle in seine eigene Sprache."[103] Die verschiedenen Funktionen und Zuschreibungen, die mit der Stadt verbunden sind, finden eine gemeinsame Sprache in der sich fortpflanzenden Wellenbewegung, die die Konstruktion der Stadtarchitektur ebenso wie die ihrer Geschichte erreicht.

> Wasser bespült Land, und Land streckt sich vor in Wasser. Die schmalste, dunkelste Gasse mündet in den breiten, leuchtenden Boulevard. Man sieht den riesengroßen Zeiger der historischen Uhr wandern. Die ‚Entwicklung' und das ‚Werden' sind keine abstrakten Begriffe mehr. Man sieht den Fluß der Geschichte und zählt ihre Schritte.[104]

Im Fließen und in der Wellenbewegung findet Marseille seine individuelle Ausdrucksform im Umgang mit dem Heterogenen. Hier erhalten „auf einigen Quadratkilometern" nicht nur „alle Riesenmeilen der Erde" ihren Platz, sondern es „drängen sich hier die Zeiten zusammen, als gäbe es keinen Platz in den weiten Räumen der Ewigkeit".[105] Roths heterotopes Marseille umfasst dabei nicht nur die Darstellung geographischer, architektonischer oder historischer Aspekte, sondern schließt eine weitere Unvereinbarkeit mit ein: Mit der Rede von einer „Blutmischung der Völker"[106] knüpft Roth an den rassenbiologischen Diskurs der 1920er Jahre an,[107] setzt dem zeitgenössischen Diskurs, der einem „rasselose[n] Völkerbrei" durch die als schädlich angesehene „Rassenmischung"[108] das Wort redet, aber die Idee entgegen, dass sich das Heterogene verbinde, ohne „ein grauer Brei" zu werden,[109] denn: „die Menschen sind keine Farben und die Welt ist keine Palette! Je mehr Mischung, desto mehr Eigenart".[110] Roth hält damit an der Vorstellung einer wahrnehmbaren Differenz zwischen den Rassen und Völkern fest, ohne die Abwertungstendenzen zu übernehmen, ja, indem er das Bestehenbleiben der Heterogenität bei der Mischung im Gegenteil

102 Roth, Die weißen Städte, Werke 2, S. 502.
103 Roth, Die weißen Städte, Werke 2, S. 498.
104 Roth, Die weißen Städte, Werke 2, S. 499.
105 Roth, Die weißen Städte, Werke 2, S. 499.
106 Roth, Die weißen Städte, Werke 2, S. 499.
107 Hartmann, Kultur und Identität, S. 83.
108 Hartmann, Kultur und Identität, S. 83.
109 Roth, Die weißen Städte, Werke 2, S. 482.
110 Ebd., vgl. auch Hartmann, Kultur und Identität, S. 83.

positiv überhöht. Er stellt diese Form des Heterogenen in eine Reihe mit jener, die er zwischen den Kulturen und den geographischen Orten wahrnimmt:

> Das [Marseille] ist nicht mehr Frankreich. Das ist Europa, Asien, Afrika, Amerika. Das ist schwarz, weiß, rot und gelb. […] über alle Völker wölbt sich dasselbe blaue Porzellan des Himmels. Alle trug das Meer auf seinem breiten, schwankenden Rücken hierher, jeder hatte ein anderes Vaterland, jetzt haben alle ein einziges Vatermeer.[111]

Der Himmel ist blau, aber verschlossen. Die Passage nach Europa ermöglicht das Meer, Zugang an einen heterotopen Ort, der Europa zugleich repräsentiert, verneint und in Frage stellt. An der Peripherie zwischen Stadt und Meer, an der Schwelle zwischen Festem und Flüssigem, dort, wo Europa sich dem Ankommenden öffnet und zugleich dem, der ausreisen will, besonders heftig verschließen kann[112] – an diesem Ort entsteht die Bewegung, die auf dem Prinzip der Antagonismen beruht und die Grenze verwischt, um sie im nächsten Moment nur um so deutlicher sichtbar werden zu lassen.

---

111 Roth, Die weißen Städte, Werke 2, S. 499.

112 Vgl. Anna Seghers: Transit. In: Anna Seghers: Werkausgabe I,5. Hg. von Helen Fehervary. Berlin 2001.

Marek Jakubów

Alles Österreicher?

Galizier-Figuren bei Joseph Roth und Andrzej Stasiuk

Joseph Roth und Andrzej Stasiuk verbindet in erster Linie Galizien als Handlungsraum für ihre Geschichten.[1] Es ist ein geographisch fixierbares Gebiet[2], das bis heute – obwohl die kaiserliche und königliche Monarchie seit Langem nicht mehr existiert – im alltäglichen Sprachgebrauch seine alte Bezeichnung bewahrt hat. Beide Autoren beschreiben es aus der Distanz: Roth aus der Entfernung eines Emigranten, Stasiuk aus der eines dort lebenden, aber distanzierten Beo-bachters. Darüber hinaus bevölkern ihre Texte merkwürdige Gestalten, die gewöhnlich am Rande einer Gemeinschaft stehen und nicht selten von der Alkoholsucht befallen sind.

Zwar erlaubt die zeitliche Distanz, die die beiden Autoren voneinander trennt, nicht, sie als synchrone Erscheinungen zu klassifizieren, Parallelen ergeben sich aber aus Modernisierungsprozessen, an denen sie teilnehmen. Roth beobachtet sie u.a. in Berlin und berichtet darüber ergiebig in seiner feuilletonistischen Arbeit. Er äußert seine Abneigung gegen jegliche Form der Uniformität: Mechanisierung und Militarisierung der menschlichen Verhaltensweisen,[3] neue Arbeitsmentalität,[4] neue Sprache.[5] Er sieht in ihnen Vorläufer allen Übels in Europa und begreift sie schließlich als Ursache des Faschismus. Stasiuk erlebt die alles gleichschaltenden Tendenzen des sozialistischen Systems und weiß aus persönlicher Erfahrung, dass jeder Versuch, sich ihnen zu

---

1 Auf die literarische Verwandtschaft der beiden Autoren weisen die Rezensenten der Dukla-Geschichten von Stasiuk Iso Camartin (Der Eichmeister und der blonde Feldwebel. Das Galizien von Joseph Roth und Andrzej Stasiuk. In: NZZOnline 13.07.2009) und Stephan Wackwitz (Die Schatten der Nacht kriechen nach Osten. Andrzej Stasiuks galizische Geister. In: FAZ vom 08.10.2002) hin.

2 Zur Topographie Galiziens vgl. Maria Kłańska: Problemfeld Galizien: zur Thematisierung eines nationalen und politisch-sozialen Phänomens in deutschsprachiger Prosa 1846–1914. Wien, Köln, Weimar 1991.

3 Joseph Roth: Werke 1–6. Hg. von Klaus Westermann (1–3) und Fritz Hackert (4–6). Köln 1989. Die Verweise auf diese Ausgabe bestehen im Folgenden jeweils aus Autor, Bandnummer und Seitenzahl. Hier: vgl. Roth, Werke 1, S. 168ff.

4 Vgl. Roth, Werke 1, S. 198ff.

5 Roth, Werke 1, S. 277.

widersetzen, den Verlust der persönlichen Freiheit kosten kann. Er selbst will sich aber nicht zum antikommunistischen Oppositionellen stilisieren und führt seine Abneigung gegen die Welt vor 1989 und danach eher auf einen wenig definierbaren Überdruss zurück. Darüber hinaus ist er gegenüber der in den letzten Jahren auf Mittelosteuropa übergreifenden Amerikanisierung skeptisch oder sogar negativ eingestellt, was sich u.a. aus seinen Feuilletons in den Zeitschriften „Tygodnik Powszechny", „Gazeta Wyborcza" oder „FAZ" ablesen lässt.[6]

Die Zuordnung der beiden Autoren zu einer konkreten Region und die Betonung der antizivilisatorischen Haltung legt oft den Schluss nahe, dass sie dem Charme einer mythischen Landschaft erliegen, deren Anziehungskraft sich aus einer wirtschaftlichen Rückständigkeit ergibt, die nur ein Schritt von dem ursprünglichen, der Harmonie nahen Zustand trennt. Die Texte selbst werden in diesem Zusammenhang zum Beschwörungsakt einer vergangenen oder magischen Welt und die Schriftsteller zu Menschen mit starker Neigung zur Flucht in mythologisierende Konstrukte.[7] Die dunkle Seite ihres Charakters findet schnell eine Bestätigung in der von ihnen eingesetzten Metaphorik, die die sachliche Beschreibung zuweilen durch unrealistische Elemente zu verdrängen scheint. So wird Roth zum nostalgischen Sänger des untergehenden k.u.k. Reiches und Stasiuk zum Konservator des „gottverlassenen" (diese Bezeichnung taucht in fast jedem Text über diesen Autor auf) Teils Europas mit einem antimodernen Beigeschmack.

Es lässt sich nicht leugnen, dass der Verlust der galizischen Heimat und somit auch die Erschütterung der beinahe selbstverständlichen Bindung an die deutsche Sprache und Kultur[8] im Fall Roths eine entscheidende Rolle spielt. Galizien gewinnt in der literarischen Gestaltung

---

6 Ein Teil davon wurde in Buchform unter dem Titel Tekturowy Samolot. Wołowiec: wydawnictwo czarne 2001 veröffentlicht.

7 Vgl. Stefan H. Kaszyński: Joseph Roth – rewindykator utraconych marzeń. In: Stefan H. Kaszyński: Summa vitae Austriace. Szkice o literaturze austriackiej. Poznań: ars nova 1999. S. 171. Als „Rückkehr nach Arkadien" und als typische literarische Verklärung der galizischen Landschaft sieht Hubert Orłowski auch den Roman Radetzkymarsch von J. Roth. Vgl. hierzu Hubert Orłowski: Galizische Stadtlandschaften zwischen Realität und Utopie. In: Stefan H. Kaszyński (Hg.): Galizien – eine literarische Heimat. Poznań: Wydawnictwo Naukowe Uniwersytetu im. Adama Mickiewicza 1987. S. 21–33. Zoran Konstantinović bezieht den Stellenwert Galiziens erst aus der „rückwärts gewandten Utopie eines Joseph Roth". Vgl. Zoran Konstantinović: Das Stadtbild Lembergs in der österreichischen Literatur. In: S. H. Kaszyński (Hg.), Galizien, S. 9–20.

8 Vgl. hierzu Detlef Ignasiak: Karl Emil Franzos und Joseph Roth als galizische Schriftsteller. Bemerkungen zur Problematik der literarischen Landschaft. In: S. H. Kaszyński (Hg.), Galizien, S. 65–75.

vor diesem Hintergrund die Bedeutung einer „Ersatzheimat“[9]. Dabei wird aber in letzter Zeit auf die Ambivalenz zwischen einer rückwärts gewandten Heimatnostalgie einerseits und der offensiven Aufkündigung traditioneller Bindungen andererseits in den Texten von Roth hingewiesen.[10] Stasiuk fühlt sich zwar in seinen Beskiden heimisch, aber nur in der Rolle eines Fremden ohne den Anspruch, sich in diese Umgebung zu integrieren.

Beide Autoren wählen Galizien nicht deshalb zum Hintergrund ihrer Texte, um dort ein Reservat des von der Zivilisation unberührten Stücks Landschaft zu zeigen. Sowohl in der untergehenden k.u.k. Monarchie als auch im Polen der 80er und 90er Jahre war Galizien von einer solchen Zuordnungsmöglichkeit weit entfernt. Der Außenseiter Roth und der von außen kommende Stasiuk nutzen die Abseitsstellung Galiziens vielmehr als Schauplatz, an dem sich die wesentlichen Prozesse der Gegenwart abspielen.[11] Trotz des ihnen anhaftenden Rufs der nostalgischen Beschwörung der Vergangenheit tritt in ihren Texten das Analytische in den Vordergrund. Die Galizierfiguren sind Manifestationen dieses Vorgangs. Sie wirken auf den ersten Blick oft als Relikte einer vergangenen Zeit, werden in der textuellen Wirklichkeit zu Prototypen einer Abwehrhaltung vor gleichschaltenden Prozessen, die sich in geschichtlicher Perspektive als besonders widerstandsfähig erwiesen hat.

---

9 Vgl. hierzu Gertrude Durusoy: Seelische Beheimatung und Drang zur Flucht bei Joseph Roth. In: Trans Internet-Zeitschrift für Kulturwissenschaften 7(1999).

10 Vgl. Telse Hartmann: Kultur und Identität: Szenarien der Deplazierung im Werk Joseph Roths. Tübingen, Basel 2006. Vgl. hierzu auch Klaus Bohnen: Flucht in die „Heimat“. Zu den Erzählungen Joseph Roths. In: S. H. Kaszyński (Hg.): Galizien, S. 139–149. Zu der kritischen Auseinandersetzung mit der österreichischen Monarchie vgl. Alfred Doppler: „Die Kapuzinergruft“ von Joseph Roth. Österreich im Bewußtsein von Franz Ferdinand Trotta. In: Michael Kessler; Fritz Hackert (Hg.): Joseph Roth. Interpretation – Kritik – Rezeption. Akten des internationalen, interdisziplinären Symposions 1989. Tübingen 1990. S. 91–98.

11 Auf die Defizite der Anwendbarkeit der Begriffe „Fortschritt“ und „Rückständigkeit“ in Bezug auf Galizien weist Dietlind Hüchtker hin: „Die Verankerung von Moderne in der Tradition stellt einfache Erklärungsschemata – traditionelle Rückständigkeit im Osten und moderner Fortschritt im Westen in Frage. Das Reden über ‚Mythisierung‘ dieser Wirklichkeiten ist dabei selbst ein Mythos im Sinne von Roland Barthes, ein Metatext, der den Gegensatz zwischen Moderne und Tradition naturalisiert“. In: Dietlind Hüchtker: Der „Mythos Galizien“. Versuch einer Historisierung. Michael G. Müller; Rolf Petri (Hg.): Die Nationalisierung von Grenzen. Zur Konstruktion rationaler Identität in sprachlich gemischten Grenzregionen. Marburg 2002 (=Tagungen des Herder-Instituts zur Ostmitteleuropa-Forschung 16). Hier zitiert nach: http://kakaknien.ac.at/beitr/fallstudie/Dhüchtker2.pdf. S. 4.

Das Gebiet an der „unnatürlichen Hürde",[12] d.h. der Grenze zwischen dem heutigen Polen und der Ukraine, liegt für Roth nicht am Rande der Zivilisation, was er in einigen seiner Feuilletons, z.B. in *Ukrainomanie* oder *Reise durch Galizien*, betont: „Galizien ist keineswegs von dem kulturellen Leben Europas abgeschnitten"[13] oder „Galizien liegt in weltverlorener Einsamkeit und ist demnach nicht isoliert".[14] Diese Einstellung war auch der Anlass zu seiner scharfen Polemik gegen die klischeehaften Meinungen („Atavismen") Alfred Döblins, die dieser in seinem Buch *Reise in Polen* wiederhole.[15]

Das Auffallende und Typische für Galizien ist das Paradox, das für Roth allgegenwärtig ist: einerseits weltliche Umgangsformen und modische Kleidung, andererseits die Tendenz zur Verletzung der Normen des gesellschaftlichen Lebens: „Die Gesetze sind zahlreich. Ihre Übertretung oberstes Gesetz, wenn auch ungeschriebenes",[16] schreibt er in *Lemberg, die Stadt*. Das Wesen des Österreichischen[17] bringt Graf Chojnicki aus *Kapuzinergruft* auf den Punkt: „[...] das sogenannte Merkwürdige [ist] für Österreich-Ungarn das Selbstverständliche".[18]

Der Eigenart dieses Gebiets entsprechen ihre Bewohner, die bei Roth nicht als Masse, sondern als herausragende Gestalten exemplifiziert werden. Maria Kłańska definiert sie als „Sonderlinge, Menschen, die außerhalb des Durchschnitts des sozial Typischen stehen"[19]. Sie stellen den Gegensatz zu den Regeln des geordneten Lebens dar, das in Form des Beamtentums, einer kleinstädtischen oder bäuerlichen Gemeinschaft umrissen wird. Der kuriose Graf Franz Xaver Morstin aus *Büste des Kaisers* (1935) und der Gutsbesitzer Chojnicki aus *Radetzkymarsch* (1932) können in die Nationalisierung ihrer multikulturellen Provenienz nicht einwilligen. Der Eichmeister Anselm Eibenschütz aus dem Roman *Das falsche Gewicht* (1937) kommt aus der „geliebten Kaserne", d.h. dem reglementierten Leben, in die chaotischen Zustände der Welt „im fernen Osten der Monarchie" und wird zum Außenseiter des Systems, das er repräsentieren soll. Ebenso wird Franz Ferdinand Trotta aus *Kapuziner-*

12 Roth, Werke 1, S. 100.
13 Roth, Werke 2, S. 285.
14 Roth, Werke 2, S. 285.
15 Vgl. Roth, Werke 2, S. 532f.
16 Roth, Werke 2, S. 288.
17 Vgl. hierzu auch Janusz Golec: Einige Anmerkungen zum Österreichischen in der Prosa Joseph Roths. In: Lubelskie Materiały Neofilologiczne 16 (1992), 23–29.
18 Roth, Werke 4, S. 234f.
19 Maria Kłańska: Die galizische Heimat im Werk Joseph Roths. In: Michael Kessler; Fritz Hackert (Hg.): Joseph Roth. Interpretation – Kritik – Rezeption, S. 149.

gruft (1938) seiner gewohnten Lebensweise entrissen. Der Korallenhändler Nissan Piczenik wird von seiner Umgebung als „Sonderling" angesehen. Hinzu kommen der Gastwirt Jadlowker mit dunkler Vergangenheit als Mörder und Flüchtling, der Deserteureschmuggler Kapturak, und schließlich die Zigeunerin und femme fatale[20] Euphemia Nikitsch.

Alle verbindet eine sinnliche, eigensinnige, zuweilen sogar zynische Weltauffassung. Für die Beamten der k.u.k. Monarchie bedeutet die Berührung mit der galizischen Welt den Verzicht auf die ihnen von der Gesellschaft zugeschriebene Rolle und die Aufdeckung bisher verborgener Schichten. Dies löst die Frage nach ihrer Identität aus, die in der reglementierten Welt kaum problematisiert wird. Erst die Sehnsucht nach Euphemia wird für Eibenschütz zur Sehnsucht nach den verdrängten Bereichen seiner Natur und eröffnet den Weg zum Einmaligen („Wunder").[21] Er erinnert sich plötzlich an seine jüdische Herkunft und kann die Widersprüchlichkeit seiner Gefühle, seiner Neigung zur Einhaltung des Gesetzes und zur Gutmütigkeit nicht mehr in den Griff bekommen. Mehr noch, die Erkenntnis bringt Schrecken. Er beneidet den Wachtmeister Slama um seine eindimensionale Wahrnehmung der Welt[22] und identifiziert sich mit dem verurteilten Schankwirt Jadlowker.[23] Auf diese Weise entfernt er sich von seiner bisherigen Ordnung, die durch die Erfahrung des Paradoxen ersetzt wird, das hier paradigmatische Bedeutung gewinnt: Nach dem Tod begegnet Eibenschütz dem großen Eichmeister und bei der Überprüfung seiner Gewichte erweist sich, dass sie sowohl richtig als auch falsch sind.[24]

Die Infragestellung der festgeschriebenen gesellschaftlichen Rolle führt hier zur Befreiung des Individuellen, was eher für das moderne Bewusstsein typisch ist:

> Der Mensch nimmt die gesellschaftliche Ordnung und ihre Institutionen nicht mehr einfach hin, sondern *reflektiert* ihren Sinn *für sich*. Er nimmt sich als ein besonderes Individuum an seinem spezifischen Ort in der Gesellschaft und in seiner besonderen Funktion wahr. Individualisierung bedeutet in diesem Sinne, gegen die Dominanz der Gesellschaft den Anspruch des Individuums auf eigenes Denken und Handeln zu erheben.[25]

---

20 Vgl. hierzu Hans Richard Brittnacher: Femme Fatale in Lumpen. In: Hartmut Eggert; Janusz Golec (Hg.): Lügen und ihre Widersacher. Literarische Ästhetik der Lüge seit dem 18. Jahrhundert. Ein deutsch-polnisches Symposion. Würzburg 2004. S. 109–121.

21 Vgl. z.B. Roth, Werke 4, S. 149.

22 vgl. Roth, Werke 4, S. 166.

23 Roth, Werke 4, S. 170.

24 Roth, Werke 4, S. 222.

25 Heinz Abels: Identität. Über die Entstehung des Gedankens, dass der Mensch ein Individuum ist, den nicht leicht zu verwirklichenden Anspruch

Diesen Weg gehen Franz Ferdinand Trotta, der ebenso wie der Eichmeister Eibenschütz seine eigene Zerrissenheit entdeckt, und Carl Joseph Trotta, der der Eindimensionalität der großväterlichen Welt nicht mehr folgen kann.

Die Welt, in der sie den Anschluss an das Individuelle gewinnen, finden sie in Zlotograd, Progrody oder „in einem Ort von zehntausend Einwohnern"[26] an der „Grenze zwischen Österreich und Rußland".[27] Hier bietet sich ihnen eine Landschaft von Verhältnissen, die – wie der Erzähler im zweiten Teil des Romans *Radetzkymarsch* urteilt – kaum den Vorstellungen entspräche, die man in der zivilisierten Welt gemacht hat. Hier begegnet man Händlern, die „viel eher von Zufällen als von Aussichten"[28] leben, Schmugglern, Menschenhändlern u.ä., die der Handelswelt in der Zivilisation gegenübergestellt werden.[29] Sie bilden die Präfiguration des von Roth konzipierten Bildes vom Menschen, der auf sich selbst gestellt ist und widersprüchliche Erfahrungen zulässt.

Im Gegensatz zu der anonymen Umgebung haben die Helden von Roths Geschichten Namen, um ihre Einmaligkeit zu unterstreichen, und leben gewöhnlich außerhalb der Ortschaften. Der Schankbesitzer Jadlowker in *Das falsche Gewicht*, der hier als pars pro toto des „einfachen" Galiziers stehen könnte, weist die Züge einer romantischen Gespaltenheit auf, die bei Roth auch an anderen Stellen stark aufgewertet wird.[30] Nach seiner Meinung „hatte jeder Mensch nicht nur eine schwache, sondern auch eine verbrecherische Stelle. Er konnte überhaupt nicht glauben – und wie hätte er auch anders leben können! [...]".[31] Diese Dualität kennzeichnet auch Kapturak, der einerseits zynisch ist, andererseits aber den Wunsch der Deserteure nach Freiheit erfüllen hilft, und Nissan Piczenik aus *Leviathan* (1940) – übrigens auch ein Schankbesucher. Dem letzteren wird, wie den meisten Galizierfiguren bei Roth, seine Andersartigkeit zum Verhängnis. Der Traum vom Meer und die

---

auf Individualität und die Tatsache, dass Identität in Zeiten der Individualisierung von der Hand in den Mund lebt. Wiesbaden: VS Verlag für Sozialwissenschaften 2006. S. 183.

26 Roth, Werke 5, S. 256.

27 Roth, Werke 5, S. 256.

28 Roth, Werke 5, S. 257.

29 Roth, Werke 5, S. 258.

30 Bei der Transferierung zu den Neuner-Dragonern Chojnickis reflektiert Trotta über die unromantische aufgezwungene und die in der galizischen Provinz gelernte romantische Vorstellung: „[...] ich glaube, immer beobachtet zu haben, daß der sogenannte realistische Mensch in der Welt unzugänglich dasteht, wie eine Ringmauer aus Zement und Beton, und der sogenannte romantische wie ein offener Garten, in dem die Wahrheit nach Belieben ein und aus geht ..." Roth, Werke 4, S. 273.

31 Roth, Werke 4, S. 148.

sinnliche Bindung an die von ihm verkaufte Ware unterscheiden ihn von seinem Konkurrenten und seinen den ritualisierten Gepflogenheiten folgenden Kunden. Als solchermaßen Anderer bekommt er kein Daseinsrecht. Seiner existenziellen Grundlage beraubt geht er unter.

Aus dieser Perspektive wird ein von der Umgebung abweichendes, unlogisches Verhalten sogar zum Synonym des Absurden. Morstin treibt seine Liebe zum alten Österreich ins Groteske, indem er die Bestattung der Büste des Kaisers veranstaltet, Trotta leitet seine heldenhafte Rettungsaktion in einem Bordell und Nissan Piczenik wird zu einem „Seemann", wobei die Ironie des Erzählers bei dieser Feststellung kaum zu überhören ist. Alle werden sich ihrer hoffnungslosen Lage und der Vergeblichkeit ihrer Handlungen bewusst. Wie Dittberger schreibt, charakterisiert sie „eine träumerische Sicherheit, die dem Thema der Schicksalserfüllung korrespondiert",[32] und ihre „Ziellosigkeit"[33]. Trotzdem gibt es keine Alternative zu der vom Erzähler gebilligten Lebensführung. Jeder Versuch, sie aufzugeben, eröffnet den Weg für Menschen wie Piotrak und an die Stelle des Persönlichen tritt nun das Uniformierte:

> An ihn wagte sich kein Weib, kein Kind heran, weil er in Uniform war. Eibenschütz sagte: Warum nicht streichen lassen? Wem hat er etwas getan? Alle berauben sie einander in dieser Gegend. Laß ihn streichen, Eibenschütz! Es war nur der alte, der frühere Eibenschütz, der so sprach. Der neue Eibenschütz aber sagte: Gesetz ist Gesetz, und hier steht der Wachtmeister Piotrak, und ich war selbst zwölf Jahre Soldat, und außerdem bin ich selbst sehr unglücklich. Und Herz habe ich nicht im Dienst. Und es war, als nickte Piotrak fortwährend mit dem roten Kopf zu all dem, was da der neue Eibenschütz sagte.[34]

Im Kontext der Vorkriegsjahre, die Roth aufmerksam beobachtet und treffend einschätzt, ist das als eine düstere Diagnose des Unheils zu lesen.[35] Die entmutigten Offiziere werden mitsamt den kuriosen polni-

---

32 Hugo Dittberger: Über Joseph Roth. In: Joseph Roth. Sonderband edition text + kritik. München 1982. S. 23.

33 Dittberger, S. 23.

34 Roth, Werke 4, S. 207.

35 Hier wendet sich meine Argumentation von der Auslegung dieses Textes durch Jakub-Forst Battaglia ab, der in seinem Aufsatz schreibt: „Das falsche Gewicht und der Radetzkymarsch gaben Roth Gelegenheit, ein Panorama der für immer versunkenen Welt des alten Galizien mit der Kleinstadt Zlotograd – gemeint ist Złoczów – zu skizzieren. Bedrücktheit und Formlosigkeit, ja fast das Gefühl der sinnlosen, ziellosen Mühe, arm und geduldig dahinlebender Slawen und Juden hinterbleiben als Eindruck. Das Dasein der Menschen fern von jeglicher Politik, beschäftigt Roths Phantasie. Geschichtliche Umwälzungen im östlichen Mitteleuropa scheinen ihm ein Sinnbild der Vergänglichkeit alles Irdischen". In: Jakub-Forst Battaglia: Joseph Roth und Polen. In: Hubert Orłowski (Hg.): Österreichisch-polnische literarische

schen Adeligen und Schankbesuchern, also den eigentlichen Österreichern, durch die totalitäre Macht von der europäischen Bühne hinweggefegt.

Die in der pessimistischen Vision Roths zum Untergang verurteilte Welt erlebt nach fast einem Jahrhundert ihre Auferstehung in den galizischen Geschichten von Andrzej Stasiuk. Die Beschreibung der kleinen Stadt Dukla im Süden Polens liefert ähnlich wie bei Roth eine Reihe von skurrilen Gestalten, die einerseits des eigenen Lebensweges sicher sind, andererseits aber selbst in ihrer Umgebung befremdend wirken. Das Besondere an den Menschen in der modernen galizischen Landschaft bekommt bei Stasiuk beinahe ontologischen Status.[36] Die zu ihrer Beschreibung eingesetzte religiöse Metaphorik unterstreicht nur ihre essentiale Bedeutung. Sie verbindet sich mit dem sinnlichen und physischen Vokabular („fleischig" u.ä.), das Realitätsbezogenheit und den Verzicht auf die Idealisierung signalisiert.

Stasiuk lehnt auf diese Weise jegliche Vereinnahmungsversuche ab, die als Begleiterscheinungen des Zivilisationsprozesses geschichts- und identitätslose Menschen produzieren. In der Massenkultur der Moderne sieht er diese Tendenz realisiert, denn in ihr befriedigten sich durch die Multiplizierung und Wiederholbarkeit der Erfahrungen menschliche Bedürfnisse in einem zeitlosen Kontinuum. In seinem Essay *O starości i śmierci* [*Über das Alter und den Tod*] schreibt er:

> Die Postulate der Avantgardebewegungen um die Jahrhundertwende – des Dadaismus oder Futurismus – sind in der Popkultur unerwartet, grotesk und wörtlich in Erfüllung gegangen. Wir kommen ohne jegliche Zukunft zurecht, wir leben im Jetzt, die Zukunft erinnert uns nicht mehr an den Tod, sondern an die ständige Aktualisierung unseres Besitzes.[37]

Vor diesem Hintergrund gewinnen die „individuelle Existenz"[38], die Stimmen der „wenigen Mystiker", deren Sprache sich in die Sprache der globalen Gemeinschaft nicht übersetzen lässt,[39] Erinnerungen und Orte an Bedeutung, die von ihrer Andersartigkeit und Einmaligkeit geprägt sind.[40]

Nachbarschaft. Materiały z konferencji (Poznań 30.11.–2.12.1977). Poznań: Wydawnictwo Naukowe Uniwersytetu im. Adama Mickiewicza 1977. S. 107.

36 Vgl. Andrzej Stasiuk: Die Welt hinter Dukla. Aus dem Polnischen von Olaf Kühl. Frankfurt/Main 2002. S. 173; im Folgenden zitiert als Stasiuk, Dukla, Seitenzahl.

37 Andrzej Stasiuk: Tekturowy samolot. Wołowiec: Wydawnictwo Czarne 2001. S. 70. Übersetzung M.J.

38 A. Stasiuk: Tekturowy, S. 28.

39 Vgl. A. Stasiuk,: Tekturowy, S. 42.

40 In dem Interview für Gazeta Wyborcza Idę, będąc nieco grubym vom 11. September 2009 sagte Stasiuk: „Cała kultura współczesna, popkultura też jest falsyfikowana, zbudowana na wartościach nieistniejących. Nie ma pomagać

Die galizische Landschaft wird bei Stasiuk zur Ultima Thule[41] oder „zum Zentrum der Welt, zum Omphalos des Universums – dem Ding, in dem die Dinge beginnen, dem Stamm, auf dem sich immer neue Schichten bewegter Ereignisse ablagern und unwiderruflich zu reglosen Fiktionen werden“.[42] Obgleich sie im europäischen Bewusstsein kaum existiert, bringt sie Tendenzen und Erscheinungen zum Vorschein, die Aussagen über allgemeine, d.h. auch moderne Prozesse erlauben. Nicht zufällig bildet Dukla eine Art Limes, der diese scheinbar abgeschottete Welt vom funktionalen „Betongekrümel Courbussierscher Bastards“[43] trennt. Dukla wird somit zu einem zweiten Zlotograd.

Zeitlich schwebt diese Gegend in der Erinnerung des Erzählers zwischen der Gegenwart und einer Vergangenheit, die aus Spuren des alten Galizien besteht. Sie werden konkretisiert, indem sich der Erzähler in das Jahr 1910 zurückversetzt. Doch wird die Welt von damals in Form von Assoziationen nur bruchstückhaft rekonstruiert, z.B. in der Vorstellung von Postwagen mit genauen Abfahrtszeiten, in der Verhaltensweise des Schaffners, die Spuren der vergangenen Welt enthält, oder in Teilen der verwahrlosten Architektur.[44] Die Welt wiederholt in entstellter Weise ihre multikulturelle Vielfalt, indem die polnische Homogenität durch die ukrainischen Händler[45] und Zigeuner[46] unterbrochen wird.

Der durch die „stille, schmucke Landschaft“[47] reisende Erzähler verleiht dem Dargestellten den Charakter des Künstlichen, was durch die poetische Farbgestaltung unterstrichen wird. Die Gestalten werden oft in der Abenddämmerung skizziert, in der sowohl die optischen als auch akustischen Effekte sie mitsamt der Umgebung an die Grenze zwischen Realität und Irrealität stellen. Stasiuk flieht vor klaren, geordneten, logischen Konstrukten als festen Strukturen. Er betont ihre Vorläufigkeit:

---

w egzystencji, nie ma nas określać, tylko jest wampiryczną instytucją, która wysysa z nas energię, by mogła sama zarabiać, powielać się, regenerować. Żeby istniała jako zombi.“ [„Die ganze moderne Kultur, auch die Popkultur wird auch falsifiziert. Sie wird auf Werten aufgebaut, die nicht existieren. Ihre Aufgabe ist nicht den Menschen in ihrer Existenz zu helfen, sondern sie ist eine vampirische Institution, die aus uns die Energie saugt, damit sie selbst verdient, sich fortpflanzt und regeneriert. Damit sie als Zombi weiter existiert.“ Übersetzung M.J.]

41 Vgl. Stasiuk, Dukla, S. 68.

42 Stasiuk, Dukla, S. 68.

43 Stasiuk, Dukla, S. 68.

44 Stasiuk, Dukla, S. 68 u.a.

45 Stasiuk, Dukla, S. 69.

46 Vgl. Stasiuk, Dukla, S.112f.

47 Stasiuk, Dukla, S. 75.

> Der Geist[48] ist geübt im Anstückeln, im Zusammenheften, im Bilden von Sequenzen, aber ich bin der Klügste nicht und mißtraue dem Geist, wie der Bauer vom Lande den Städtern, denen sich alles immer in geschickte, wendige und trügerische Reihen von Folgerungen und Beweisen fügt.[49]

Dieser Kunstgriff erlaubt es ihm, die präsentierten Gestalten vor dem Hintergrund des sich ständig vollziehenden Kampfes zu zeigen, der zwischen der Tendenz zur Vereinheitlichung und autonomen Verhaltensweisen ausgetragen wird. Die letzteren gewinnen ihre spezifische Form in einer konkreten Zeit. In ihrem Wesen verbindet sie immer eine Unabhängigkeit. Sie richten sich nach eigenen ungeschriebenen Gesetzen, die für den außenstehenden Beobachter unverständlich sind. Selbst die Präsenz des Erzählers zerstört die lokale Ordnung: „Ich spürte, daß meine zufällige Anwesenheit hier ein Skandal war und die etablierte Ordnung der Dinge durcheinanderbrachte [...]".[50] Seine einzige Annäherungsmöglichkeit besteht darin, die Konturen einer für ihn faszinierenden und fremden Welt zu registrieren: „Die Typen waren normal, ganz in Graubraun und mit Dreitagebart. Sie schauten mich nicht einmal an, sie witterten meine Gegenwart wie Tiere einen Fremden."[51]

Die erste Gestalt, die von Stasiuk ausführlicher beschrieben wird, heißt Wasyl Padwa. Sie eröffnet die Reihe kleiner Porträts, die in den *Galizischen Geschichten* [*Opowiadania galicyjskie*][52] fortgesetzt wird. Die Figuren tragen gewöhnliche Namen wie Władek oder Janek, werden aber zu zentralen Gestalten der einzelnen Kapitel. Strukturell knüpft die Geschichte über Wasyl an die biblische Geschichte über Talente an. Der einfache Bauer versucht sein verdientes Geld in Sicherheit zu bringen, indem er es in einer Scheune, in einem Bach und schließlich in der Erde verbirgt. Jedes Mal berauben ihn die Naturgewalten seines Geldes und somit auch seines Traumes über den Reichtum. Die naiv-komische Verhaltensweise des Bauern wird in den nur bescheiden angedeuteten Kontext der LPG gesetzt, der bei der Auslegung dieser parabolischen Geschichte ausschlaggebend ist. Wasyl ähnelt dem unbeholfenen und faulen biblischen Menschen, der sein Talent in die Erde eingräbt. Er weckt aber die Sympathie des Erzählers. Das Scheitern des Bauern bedeutet hier auch das Scheitern einer kleinen autonomen Handlung, die von der

---

48 In der polnischen Fassung wird das Wort „rozum" [Vernunft] eingesetzt, was auf die rationale und geordnete Weltwahrnehmung hinweist.

49 Stasiuk, Dukla, S. 26.

50 Stasiuk, Dukla, S. 34.

51 Stasiuk, Dukla, S. 60.

52 Andrzej Stasiuk: Galizische Geschichten. Aus dem Polnischen von Renate Schmidgall. Frankfurt/Main 2004; im Folgenden zitiert als Stasiuk, Geschichten, Seitenzahl.

grauen Umgebung der ehemaligen, alles gleichschaltenden sozialistischen Genossenschaft eingeholt wird: „Die Leute lachten wie immer, und Padwa, endlich erschöpft von den Naturgewalten, wurde wie alle anderen.“[53]

Die einzigen unterscheidenden Merkmale sind Kaffee und Zigaretten – „unbestreitbare Attribute des Menschseins“.[54] Gegenstände und Erinnerungen, von denen der Erzähler beinahe besessen ist,[55] erhalten identitätsstiftende Funktion. Gegenständlichkeit wird somit zum Antidoton gegen die Austauschbarkeit.

Stasiuk bedient sich hier konsequent der biblischen Vorlage, um in säkularisierter Form seiner Erkenntnis Geltung zu verschaffen. Er beraubt dabei die menschliche Existenz in der galizischen Landschaft des Merkmals des Wunderbaren und Magischen. Das alltägliche Sein wird hier „mit Verlaub gesagt – Integralität der eigenen Kohärenz?“[56]

Die Besonderheit der Figuren bildet ihre physische Seite, ihr Jetztsein, das jegliche Abstraktheit ausschließt. Der Ort, an dem sie zu treffen sind, ist ähnlich wie bei Roth die Kneipe. Hier kann man dem Mörder Kościejny, der für drei Tage aus dem Gefängnis beurlaubt wird, dem lokalen Casanova Edek, der Kleiderstücke, die nicht zusammenpassen, trägt, und Jan Zalatywój, der die Hauptstraßen meidet, weil er ein illegales Auto fährt, begegnen. Ihre Existenz spielt sich in einer begrenzten Erfahrungswelt der umliegenden Dörfer ab. Józek aus den *Galizischen Geschichten* erinnert sich „an die Zeit des Paradieses“,[57] d.h. an eine Kindheit in den 70er Jahren, die mit der Weltschöpfung verglichen wird (die meisten Gestalten aus diesem Band sind über 40). Er steht außerhalb jeglicher Moral: „Unschuldig wie ein Engel, wie ein Kind, wie ein Wesen aus der Zeit, als Gott noch über die Idee der Sünde nachsann“.[58] Als solcher ist er immun gegen jegliche Rationalisierungsversuche seiner Umwelt und bildet paradoxerweise das oppositionelle Element, das sie zum Fall bringt:

> Ich habe das unbestimmte Gefühl, daß das System, dessen entfernte Filiale Józeks LPG war, nicht etwa dank des Widerstands einiger weniger zerfallen ist, die Tugend, Wahrheit und Ehrlichkeit hochhielten. Nichts gegen diese Werte, aber sie sind zu abstrakt und ganz unzureichend, um eine lebendige Existenz aufzubauen. Die logische, mechanische und ebenfalls abstrakte Struktur des Systems ist in tausend Teile zerbröselt, weil Józek darin lebte, er

---

53 Stasiuk, Dukla, S. 146.
54 Stasiuk, Dukla, S. 173.
55 Vgl. Andrzej Stasiuk: Zima. Wołowiec 2001. S. 41.
56 Stasiuk, Dukla, S. 173.
57 Stasiuk, Geschichten, S. 7.
58 Stasiuk, Geschichten, S. 8.

> und seine Brüder und Schwestern, eine Legion von Enterbten, die von den beschwerlichen Geboten der Moral, Religion und Erinnerung frei sind. Ihren Instinkten gehorchend, vertieft in das ermunternde Murmeln der Natur, bildeten sie eine Masse, die auch die ausgeklügeltste Struktur nicht zusammenhalten konnte.[59]

Józek verkörpert bei Stasiuk in verkrüppelter Form das Prinzip der Auflehnung gegen die gleichschaltenden Prozesse: „Denn Józek ist unabhängig, und selbst wenn seine Freiheit in irgendeiner Notwendigkeit enthalten sein sollte, so ahnt er nichts davon".[60] Er entzieht sich auch der theologischen Zuordnung, die in Widerspruch zum gelebten Brauch steht, und gehört zu den Ausnahmen in der neuen Welt, deren Anzeichen in der Kleidung und Vermassung immer deutlicher sichtbar werden. Als solcher wird er von der alles ordnenden Welt eingeholt und vernichtet: die moderne Konkurrenz, die durch die Traktoren an der polnisch-slowakischen Grenze symbolisiert wird, bedeutet das Ende der Welt Józeks.

Die Figuren in den Texten von Roth und Stasiuk, auch in dem neu erschienenen Buch *Taksim* (2009), haben Namen und leben in einer Welt, die ihnen immer geringeren Spielraum gönnt. Aus der Perspektive der übergreifenden Prozesse, die sie zerstören, erscheinen ihre Handlungen chaotisch oder absurd. Trotzdem – und das ist auch der Reiz der Texte von Roth und von Stasiuk – bieten sie die einzige Alternative zu Uniformierungsversuchen jeder Art.

---

59 Stasiuk, Geschichten, S. 10.
60 Stasiuk, Geschichten, S. 12.

Jewgenija Woloschtschuk

Die ukrainische Welt in Essayistik und Prosa Joseph Roths

Der schriftstellerische Ruhm Joseph Roths ist heute nahezu untrennbar von seinem Ruf als einem literarischen Botschafter Galiziens in Westeuropa. Er war derjenige, so behauptet man immer wieder, der einen ruthenischen Zipfel des Habsburger Reiches, seinen Geburtsort nämlich, als seine literarische Heimat poetisierte und den Lesern näher brachte. Und doch wird die literarische Repräsentation der Ukraine im Schaffen Roths auf beiden Seiten der ukrainischen Westgrenze unterschiedlich beurteilt: Während im Westen der Autor vor allem als der „Homer des versunkenen Galiziens" (W. Schmidt-Dengler)[1] bekannt ist, in dessen Oeuvre man nach Claudio Magris eine beispielhafte Verwirklichung des für den „habsburgischen Mythos" charakteristischen „Austroslawismus" fand,[2] wird er in der ukrainischen Literaturwissenschaft hauptsächlich als Kunstmaler der ukrainischen Welt rezipiert, welche die Landstriche von Galizien, Volhynien, Kiew, Cherson, Odessa, Shmerinka sowie eine Reihe fiktionaler ukrainischer Städtchen und Dörfer (Zlotogrod, Zuchnow, Koropta, Progrody, Lopatyny, Burdlaki u.a.) umfasst.[3] Darüber hinaus schrieb ihm der ukrainische Forscher Dmytro Satonskij sogar die Mission eines Anwalts der ganzen Ukraine zu, die er vorwiegend am journalistischen Nachlass Roths ablas.[4]

In der Tat zeigen sich in Roths *Ukrainomanie* (1920), in *Reise durch Galizien* (1924), in *Die ukrainische Minderhei* (1928), in *Der ukrainische Nationalismus – ein deutsches Patent* (1939) sowie in anderen journalistischen Wer-

---

1 Wendelin Schmidt-Dengler: Experyment Halytschyna – Joseph Roth w istorijach nimeckoji ta awstrijskoji literatury. In: Fakt jak experiment. Mechanismy fikcionalisacji dijsnosti u tworach Josepha Rotha. Studiji awstrijskoji literatury, hg. von Tymofij Havryliv. Bd. 3, Lviv 2007, S. 42.

2 Claudio Magris: Der habsburgische Mythos in der österreichischen Literatur. Salzburg 2000, S. 308–309.

3 Besonders aufschlussreich ist in dieser Hinsicht Petro Rychlos Artikel „Joseph Roth als ‚ukrainischer Autor'", in dem zahlreiche Berührungspunkte zwischen dem Werk Joseph Roths und der ukrainischen kulturellen Tradition angeführt werden (In: Fakt jak experiment, S. 197–217).

4 Dmytro Zatons'ki: Joseph Roth oder das Problem der literarischen Heimat. In: Von Taras Ševčenko bis Joseph Roth. Ukrainisch-Österreichische Literaturbeziehungen. Hg. von Wolfgang Kraus u. Dmytro Zatons'ki. Bern u.a. 1995, S. 115–126.

ken der 20er-30er Jahre seine explizite oder sogar demonstrative Sympathie für die Ukraine, ihre Natur und Bevölkerung, sein Gefühl für die exotische Bizarrerie ihrer Lebensformen, sein Wohlwollen gegenüber dem verstreuten, in verschiedenen Ländern sesshaften ukrainischen Volk, das unter anderem auch des Rechts auf Staatlichkeit beraubt wurde. Diese Artikel zeichnen sich vor allem durch eine scharfe, manchmal gar höhnische Polemik gegen jene negativen Stereotypen aus, die die Bilder Galiziens und der Ukraine im westeuropäischen Bewußtsein verzerren.[5] „Die Ukrainer, von denen man bei uns und im übrigen Westen nicht viel mehr weiß, als dass sie igrendwo zwischen Kaukasus und Karpaten wohnen", – so Roth am Anfang der *Ukrainomanie*,

> – in einem Land, das Steppen und Sümpfe hat... Im Übrigen sind ‚Ukrainer' eines jener Völker, von denen man nicht bestimmt sagen kann, ob sie nur Menschenfresser oder gar auch Analphabeten sind. Ihrer Abstammung nach sicher ‚Russen und dergleichen', ihrem Glaubensbekenntnis nach urkatholische Heiden mit bartumwalltem Priestertum aus Gold, Myrrhen und Weihrauch".[6]

Ähnlich formuliert Roth in der Einleitung zur ersten Reportage aus dem Zyklus *Reise durch Galizien*:

> Das Land hat in Westeuropa einen üblen Ruf. Der wohlfeile und faule Witz des zivilisierten Hochmuts bringt es in eine abgeschmackte Verbindung mit Ungeziefer, Unrat, Unredlichkeit.[7]

Alle nachfolgenden Beobachtungen und Reflexionen fügen sich zusammen zu einem mit wehmütigem Lyrismus erfüllten Plädoyer für die Ehre des geschändeten Galizien, das dem Prokrustesbett des primitiven Rati-

---

5 Die bekannten Beispiele solcher Stereotype sind die galizischen Aufzeichnungen des Österreichers Hugo von Hofmannsthal und die des deutschsprachigen jüdischen Erzählers galizischer Herkunft Karl Emil Franzos. Der erste zögerte nicht zu berichten: „Alles ist häßlich, elend und schmutzig, die Menschen, die Pferde, die Hunde, auch die Kinder" (Hugo von Hofmannsthal - Leopold von Andrian: Briefwechsel. Frankfurt/Main, 1968, S. 63f.). Der zweite fasste seine Beobachtungen in einem durchaus trostlosen Bild zusammen: „Öde Heide, spärliches Gefilde, zerlumpte Juden, schmutzige Bauern. Oder irgendein verwahrlostes Nest und auf dem Bahnhof ein paar gähnende Lokal-Honoratioren. Einige Juden und einige andere Geschöpfe, denen man kaum noch den Titel Mensch zuwenden kann. Wer aus dieser Bahn bei Tage reist, wird vor Langweile sterben, wenn er nicht vor Hunger stirbt". (Zit. nach: Martin Pollack. Galizien. Eine Reise durch die verschwundene Welt Ostgaliziens und der Bukowina. Frankfurt/Main 2001, S. 16).

6 Joseph Roth: Werke 1: Das journalistische Werk 1915 – 1923. Hg. von Klaus Westermann. Köln, Amsterdam 1990, S. 417.

7 Roth, Werke 2: Das journalistische Werk 1924–1928. Hg. von Klaus Westermann. Köln, Amsterdam 1990, S. 281.

onalismus entkommt, welcher die kulturelle Entwicklung am technischen Standard der Kanalisation zu messen pflegt.

Wenn man bei den Überlegungen des Journalisten Roth bleibt, so lässt sich die Hauptursache der Bildverzerrung als Mangel an elementaren Kenntnissen des Landes bzw. am Verständnis für seine Eigenart bezeichnen: Laut Roth bleibt die Ukraine für das westeuropäische Bewusstsein immer noch eine Terra incognita, wobei ein kärgliches Repertoire schablonenhafter Vorurteile, das seit Langem als Nachschlagewerk des Pseudowissens um das ukrainische Wesen dient, auf das defizitäre Interesse noch beklemmender wirkt. Deswegen attackiert der Autor mit ebenso beißenden Sarkasmen die von der ukrainischen Kulturpropaganda veranlasste Mode, unter deren Deckmantel plumpe Surrogate wie das quasiukrainische Ballett im Berlin der 20er Jahre dargeboten wurden.

Die journalistischen Werke Joseph Roths, die ukrainische „Leute und Gegenden" thematisieren, stehen unter dem Zeichen der Rehabilitierung dieses Landes als eines unterschätzten Nachbarn westeuropäischer Staaten, der trotz augenfälligen zivilisatorischen Rückstands, trotz Verwahrlosung und Entlegenheit keinesfalls den „armen Verwandten" im europäischen Haus spielt, zumal er sein eigenes Gesicht, seinen besonderen Glanz, sein geistiges Potential und kulturelles Kapital hat.

Ein wichtiger Teil dieses Kapitals war, laut Roth, der lebendige Geist der Romantik, der in diesem Zipfel des ehemaligen Habsburgischen Imperiums gut erhalten blieb – während die pragmatische und fortschrittsorientierte Gesellschaft Westeuropas ihn zu Grabe trug. Ein anschauliches Beispiel solcher Gegenüberstellung findet man in der Erzählung *Heute früh kam ein Brief...*:

> Die Menschen meiner Heimat haben ein gutes Gedächtnis, denn sie erinnern sich mit dem Herzen. Ich aber hätte sie beinahe vergessen, weil ich in den Ländern Westeuropas gelebt habe und noch lebe, in denen das Herz nichts ist, der Kopf ein wenig und die Faust alles.[8]

Die besondere Vorliebe Roths für die lebendige Romantik seiner Heimat verstellte ihm aber nicht den Blick für die Nachteile der dortigen Lebensweise. Dies gibt seinen Reflexionen über Galizien und die Galizier ihr charakteristisches schwärmerisch-ironisches Gepräge; und eben deswegen bevorzugte er die bittere Sehnsucht nach der verlorenen Heimat, statt sich auf den süßen Rückweg zu machen. Jedoch fand er ausgerechnet in der nationalen Vielfalt Galiziens ein ideales gesellschaftliches Modell, das er übrigens auch anderen ukrainischen Landstrichen zuschrieb

---

8 Roth: Werke 4. Romane und Erzählungen 1916–1929. Hg. von Fritz Hackert. Köln, Amsterdam 1990, S. 1037 (undatiert).

und als Muster einer zukünftigen Welt behandelte. So gesehen, bildet Galizien samt seinen ukrainischen Randgebieten eine besondere Zone auf der europäischen Landkarte Joseph Roths. Für ihn ist es nicht nur ein Geburtsort, dem seine tiefe Ergebenheit gilt, oder die letzte Insel des schon versunkenen Habsburgischen Reiches, sondern ein exklusives Territorium, das unabhängig von konkreten politischen, sozialhistorischen, ideologischen und kulturellen Umständen als Bindeglied zwischen den westlichen und den östlichen Sektoren des europäischen Raums fungiert.

In Roths Publizistik knüpfte, wie Sybille Schönborn überzeugend demonstriert,[9] die ehemalige ruthenische Stadt Lemberg, die unter den neuen historischen Bedingungen noch der alten habsburgischen Tradition folgte und daher als Ort mehrerer Kulturen fungierte, an die von ihr entfernten und ihr doch im Kerne verwandten multikulturellen Städte wie Düsseldorf, Marseille oder Prag an und integrierte sich dadurch in den gemeinsamen kulturellen Raum Europas (*Lemberg in Düsseldorf*, 1923). Diesen „bunten Flecken“[10], den Verflechtungsknoten diverser Nationen, Sprachen und Kulturen, werden auf der Europalandkarte Roths diejenigen Territorien gegenübergestellt, die unter dem Einfluss herrschender politischer Strategien als homogene nationale Räume ausgestaltet worden waren. Der Autor, der nach dem Ende des Ersten Weltkrieges seine beiden Heimatländer, nämlich Galizien und die Habsburger Monarchie unwiederbringlich verloren hatte und sich seitdem als einen entwurzelten Bürger Europas empfand, der von der Wanderlust getrieben wurde und für verschiedene nationale Kulturen offen blieb, behandelte solche hybriden kulturellen Räume als wertvolle Topoi des soziokulturellen Lebens.

In Anbetracht eines derartigen Selbstgefühls ist es nicht verwunderlich, dass Roth sich ausgesprochen kritisch zu den Versuchen verhielt, das ehemalige ruthenische Kronland zu einem nationalen Staat auszubauen und die nationalen Projekte der dort angesiedelten Völker zu verwirklichen; darin glaubte er eine akute Gefahr der Zerstörung eines „Völkerschmelztiegels“ zu erkennen. Dies erklärt eine offensichtliche Diskrepanz zwischen der in seinen Artikeln der 20er Jahre einerseits vertretenen Ansicht, er sichere das Recht der Ukrainer auf den eigenen Staat, und andererseits den vernichtenden Hieben gegen die ukrainische Befreiungsbewegung, die Roth im Artikel *Der ukrainische Nationalismus – ein deutsches Patent* aus dem Jahr 1939 austeilte. Um die Härte der dort geübten Kritik am ukrainischen Nationalismus zu begreifen, ist es von-

9 Vgl. Sibylle Schönborn: Mizh Lvovom ta Marselem. Kulturna Topographija Ewropy Josepha Rotha. In: Fakt jak experyment, S. 9–22.

10 Schönborn, S. 12.

nöten, die Lebensumstände Roths am Ende der 30er Jahre zu berücksichtigen, vorerst seine vieljährige Abgeschnittenheit von der ukrainischen Realität und die damit verbundene Empfänglichkeit für die „fremden Stimmen", welche diese Realität auf eine tendenziöse Weise zu interpretieren suchten; und ferner seine Beobachtungen an der Ausbreitung extremer oder gar perverser Formen des Nationalismus in Europa, vor allem im Deutschland der 30er Jahre, an denen er seine finstersten Vorahnungen des nationalistischen Zerstörungspotentials bestätigt fand. Vor diesem historischen Hintergrund sah Roth im ukrainischen Nationalismus nicht nur einen aggressiven Antipoden der kulturellen Vielfalt Galiziens, sondern auch ein getreues Abbild der deutschen nationalsozialistischen Politik. Dabei hat der Autor, der in seinen früheren journalistischen Werken allerlei irrige Stereotypen der westeuropäischen Ukrainerezeption entlarvte, selbst unwillkürlich die Rolle eines Verbreiters derartiger Klischees übernommen. Als solche Klischees gelten unter anderem seine Behauptungen, das nationale „Erwachen" der Ukrainer habe in der österreichisch-ungarischen Monarchie stattgefunden, das ukrainische Nationalbewusstsein sei die Einbildung „einer intellektuellen oder halbintellektuellen Oberschicht"[11], die Ukrainer selbst hätten nur einen einzigen echten Dichter, nämlich Schewtschenko (dessen Name bei Roth die fehlerhafte Form „Sawezenko" annimmt), aufzuweisen, der sich selbst dazu noch als einen „im Dialekt" schreibenden russischen Schriftsteller empfunden habe usw.

Es ist jedoch auffällig, dass auch in jenen Texten, deren Handlung in der Ukraine spielt (dazu gehören in erster Linie *Radezkymarsch*, *Hiob*, *Tarabas*, *Stationschef Fallmerayer*, *Die Büste des Kaisers*, *Das falsche Gewicht*, *Die Kapuzinergruft*, *Der Leviathan*, das Romanfragment *Erdbeeren* u.a.), merkwürdige Passagen auftauchen, die zwar nicht so unzutreffend sind wie die oben angeführten Feststellungen, wohl aber den Eindruck gekünstelter Dekorationen vermitteln. Ich beschränke mich hier auf einige Fehlleistungen, die in *Tarabas* zu finden sind. Einem ukrainischen Leser fällt es beispielsweise schwer zu glauben, dass die darin geschilderte fiktive Stadt Koropta, die gerade die Errichtung eines neuen Staates (aller Wahrscheinlichkeit nach der Ukrainischen Völkerrepublik) erlebt, erst vor 300 Jahren christlich getauft worden sein soll, obwohl bekannt ist, dass das Christentum auf ukrainischem Gebiet bereits unter dem Fürsten Wladimir dem Täufer, also schon im 10. Jahrhundert, sich zu verbreiten begann. Seltsam und komisch für ukrainische Ohren klingen auch die Namen der Kühe, die im Text erwähnt werden: „Terepa", „Lala", „Ko-

---

11 Roth: Der ukrainische Nationalismus – ein deutsches Patent. Werke 4, S. 875.

rowa" (was soviel wie „die Kuh" bedeutet), „Duscha" („die Seele") und „Luna" („der Mond")[12]. Unnatürlich ist auch der Name des Ukrainers „Tarabas", der, trotz gewisser Ähnlichkeit mit dem typisch ukrainischen Vornamen „Taras", welchen u.a. der wichtigste ukrainische Dichter Taras Schewtschenko und der berühmte Held Gogols, Taras Bulba, tragen, eher eine künstliche Imitation als ein gelungener Einfall ist.

Sprachliche Ungenauigkeiten dieser Art rühren wahrscheinlich davon her, dass Roth, der sich in der Publizistik als ein scharfer Gegner der antiukrainischen Vorurteile und als informierter Kenner dortiger Verhältnisse stilisierte, das Land im Grunde nicht sehr gut kannte. Zwar ist seine Prosa an malerischen Schilderungen ukrainischer Natur und des Alltagslebens ukrainischer Städte und Dörfer reich; zwar finden darin bestimmte Ereignisse der aktuellen ukrainischen Geschichte, ukrainische Bräuche, Lieder und Tänze ihren Niederschlag; zwar tauchen hier häufig Ukrainer als Figuren auf, aber sie werden alle mit einem entfremdenden, das Ukrainische nur von außen streifenden Blick registriert. „Was ich selbst von den Ukrainern weiß? Nicht so viel"[13], stellt Roth in seinem Essay *Die ukrainische Minderheit* fest und skizziert seine bruchstückhaften Erinnerungen an den kirchlichen Feiertag auf dem Lande, an ein Gespräch über die Eisenbahn, das er mit einem ukrainischen Bauer führte, und an die ukrainischen Lieder, die seiner Behauptung nach alle Lieder in Osteuropa übertreffen. Es ist also kein Wunder, dass in der Prosa Roths sämtliche Züge des nationalen Charakters der Ukrainer im Schatten bleiben. Als eine konzentrierte Erscheinungsform dieser Tendenz kann man das Bild Onufrijs aus dem Roman *Radezkymarsch* (1932) betrachten, — eines Dieners, dessen Gesichtszüge sich dem Bewusstsein von Carl Joseph Trotta nicht einprägen wollen und die sich später unter den Gesichtern der anderen einfachen Ukrainer auflösen, wodurch sie die Züge der gesamten Bauernschaft zu tragen beginnen. Die Verkennung der ukrainischen Komponente in Roths Dichtung ist, wie Peter Rychlo richtig bemerkte, vor allem damit zu erklären, dass im Mittelpunkt seiner Heimatrezeption „das multinationale Milieu stand, in dem die Ukrainer und Juden, Polen und Deutschen, Russen, Cinti und Roma vermischt waren... und keine ‚rein nationalen Typen' bildeten".[14]

Die ukrainische Welt, die er nur teilweise mit Galizien identifizierte, sah Roth mit den Augen eines „nahen Nachbarn", den mit dieser Welt

---

12 Roth: Werke 5: Romane und Erzählungen 1930–1936. Hg. von Fritz Hackert. Köln, Amsterdam 1990, S. 604.

13 Roth, Werke 2, S. 960.

14 Petro Rychlo: Joseph Roth als „ein ukrainischer Autor". In: Fakt jak experyment, S. 208.

eine seelische Verwandtschaft verband und der sich zugleich geistig von ihr distanzierte. Aus dieser ambivalenten Sichtweise erwächst ein ambivalentes, halbvertrautes-halbexotisches Bild des Landes. Die Position der Ukraine, die für Roth am Schnittpunkt der „nahen" und „fernen", „verwandten" und „fremden", „bekannten" und „geheimnisvollen" Perspektiven lag, war die wichtigste und dabei unerschöpfliche Quelle seiner Mythologisierung der ukrainischen Welt — sowohl in Roths Prosa, die nach seiner Abkehr von der Ästhetik der Neuen Sachlichkeit immer mehr zur Parabel tendierte, als auch in Roths journalistischem Werk, das als konzeptuelles Gerüst seiner Prosa betrachtet werden kann. Dieser auf persönlicher Erfahrung, emotional-psychologischer Rezeption der ukrainischen Realien sowie auf der sozial-politischen Einstellung des Autors fußende Mythos der Ukraine ist mit vielseitiger Symbolik und wiederkehrenden Leitmotiven angereichert.

Nach den Ausführungen Maria Kłanskas umfasst der ukrainische Topos in Roths Prosa, der sich um das Bild eines provinziellen Städtchens dreht, in erster Linie Galizien, Wolynien sowie fiktive westukrainische Räume.[15] Diese Räume lösen sich in den Perspektiven zentraler (Kiew) und südlicher Ukraine (Cherson, Odessa) auf. Die wichtigste Konstruktion von Roths Ukraine ist aber der Chronotopos der Grenze, der sich durch Ambivalenz, reiches Sinnpotential und die Vielfalt symbolischer Projektionen auszeichnet. In räumlicher Dimension definiert er die Ukraine als einmalige Grenzzone, in der die „Ränder" zweier großer Reiche (des österreichisch-ungarischen und des russischen), zweier Zivilisationen (der westeuropäischen und der slawischen), und schließlich auch die des Westens und des Ostens in Berührung kommen. In geopolitischer und kultureller Hinsicht verwandelt dies die Ukraine zu einem Mittelpunkt verschiedener Nationen und nationaler Kulturen, vor allem jüdischer, polnischer, ukrainischer und deutscher. In zeitlicher Dimension zeichnet es die Bruchlinie zwischen verschiedenen historischen Schichten, durch die der Zerfall antiquierter Formen verlangsamt wird (in diesem Zusammenhang soll auf die nicht enden wollende Zerstörung der Habsburger Idylle hingewiesen werden), der Drang der Zukunft dagegen höchst ruinöse Formen annimmt (wie der Erste Weltkrieg, der Aufbau eines neuen Staates usw.). Diese beiden Aspekte bewirken eine düstere Atmosphäre, die mit katastrophalen Ausbrüchen droht.

---

15 Maria Kłanska: Die galizische Heimat im Werk Joseph Roths. In: Joseph Roth. Interpretation – Kritik – Rezeption. Akten des internationalen, interdisziplinären Symposions 1989. Hg. von Michael Kessler, Fritz Hackert. Tübingen 1990, S. 143–157.

Als das vom kulturellen Zentrum entfernte „Randland" wird die Ukraine zur Grenzzone zwischen Zivilisation und Kultur. Dass hier die Zivilisation ihr Ende findet, wird anhand mehrerer Hinweise auf ein letztes Grenzstädtchen mit einer letzten Garnison, einer letzten Eisenbahnstation, einer letzten Schenke usw. hervorgehoben. Statt kultivierter Lebensführung kommt hier die Natur zu ihrem Recht: sie bildet den Hintergrund menschlicher Existenz, bietet die Orientierung in Zeit und Raum, prophezeit geschichtliche Kataklysmen und triumphiert über das Rationale westlicher Ankömmlinge, indem sie sie auf Abwege bringt. In diesem Sinne ist die Szene in *Das falsche Gewicht* (1937) kennzeichnend, wo der Schimmel aus eigenem Antrieb, d.h. ohne Zügel, Peitsche und Zuruf, den Protagonisten in die Grenzschenke bringt, in der die verführerische und unzugängliche Euphemia wirtschaftet.[16] Dabei werden in den Naturschilderungen Grenzmerkmale der Landschaften und gewaltige Umschwünge der Naturkräfte betont: tückische und anziehende Sümpfe, die eine Zwischenform von Festland und Wasser darstellen, plötzliche Übergänge vom Winter zum Sommer und umgekehrt, Stürme, spontane Veränderungen in der Tierwelt bilden hier eine Art Basso continuo. Auf der Schnittstelle zwischen Zivilisation und Natur entstehen schrullige Lebensformen, wie das Städtchen ohne jegliche Straßennamen und Hausnummer in *Radetzkymarsch* oder der zum chaotischen Austausch vom bunten Kram degenerierte Handel in *Das falsche Gewicht*. Im Zyklus „Reise durch Galizien" liefert Roth eine treffende Formel für diese Bizarrerie: „Es ist die Bewegung ohne sichtbaren Zweck und aus geheimnisvoller Ursache".[17]

Die wichtigsten chronotopischen Knotenpunkte dieser Grenzzone sind die Schenke und der Markt, die über ihre vertrauten Funktionen hinaus als Sammelplätze für Vertreter verschiedener Nationen, als Treffpukte von allerlei „Grenzerscheinungen" (Heimatlosen, Außenseiter, Fremden, Hochstapler, Abenteuerer, Sonderlinge usw.) und als Orte karnevalesker Überschreitungen der Alltagsgrenzen, der Umwälzungen, von Entlarvungen und Skandalen gelten. Die markantesten Illustrationen findet man im Roman *Das falsche Gewicht*, wo sich der Markt als Schau-

16 Bemerkenswert ist, dass der Protagonist dieses Romans, der als Eichmeister eher rationalistisch veranlagt sein sollte, am Anfang seines Aufenthaltes in Zlotogrod dieses fremde Land ausschließlich durch die Sprache der Natur zu verstehen lernt: „Er verstand die Sprache dieses Landes zwar, aber es ging ja gar nicht so sehr darum, zu verstehen, was die Menschen sagten, sondern was das Land selber sprach. Und das Land redete fürchterlich: Es redete Schnee, Finsternis, Kälte und Eiszapfen…" - Roth, Werke 6: Romane und Erzählungen 1936–1940. Hg. von Fritz Hackert. Köln, Amsterdam 1990., S. 132.

17 Roth, Werke 2, S. 284.

platz skandalöser Aufdeckungen, der Prügelei, des Geschimpfes und der unerwarteten inneren Verwandlungen erweist, wobei die Grenzschenke, in der sich Außenseiter der verschiedensten Art tummeln, den tragikomischen Austausch sozialer Rollen antreibt.

Im Alltagsleben offenbart sich der Chronotopos der Grenze als Schwelle zwischen bedrückender Eintönigkeit und jäher Zerstörung der gewöhnlichen Ordnung durch Erschütterungen (Kriege, Pogrome, Epidemien usw.) oder Wunder (Blutregen, übernatürliche Heilung von Menuhim in *Hiob* usw.). In solchen Schilderungen des sozialen Lebens macht sich die Wirkung des Grenztopos in deutlicher Verschiebung des Schwerpunkts persönlicher Beziehungen in die zwischennationale Zone bemerkbar, indem die nationalen Besonderheiten an Bedeutung verlieren, die innere Verkettung und Widerspiegelung der Schicksale von Vertretern verschiedener Nationen dagegen aktualisiert werden. Fallbeispiele dafür sind der Slowene Carl Joseph von Trotta, der anfangs den Juden Max Demant als seinen existenziellen Doppelgänger bezeichnet und sich später seiner seelischen Verwandtschaft mit Ukrainern bewusst wird, oder der Ukrainer Tarabas, der, um seine Sünde wider den Juden Schemarjah zu büßen, sein Leben radikal verändert. Auch das psychische Leben der in der Ukraine verwurzelten Personen wird als Grenzzone modelliert, in der Extreme wie Sündhaftigkeit und Heiligkeit ineinander fließen und dadurch die grundsätzliche Ambivalenz menschlicher Natur offen legen. Als Inbegriffe dieser Ambivalenz gelten der Ukrainer Tarabas und der Jude Singer, ihre Einzelelemente kann man jedoch auch bei vielen anderen Figuren feststellen. Für die Wechselwirkung der inneren Ambivalenz und des Topos Galizien spricht auch eine markante Bemerkung Roths, die Menschen hier seien imstande, zugleich Heilige und Mörder wider Willen zu erzeugen.[18] Nebenbei sei erwähnt, dass eine derartige Ambivalenz laut Stefan Zweig auch Joseph Roth selbst eignete: „Es war in Joseph Roth ein russische Mensch“, schrieb Stefan Zweig,

> ich möchte fast sagen, ein Karamasowscher Mensch, – ein Mann der großen Leidenschaften, ein Mann, der in allem das Äußerste versuchte; eine russische Inbrunst des Gefühls erfüllte ihn, eine tiefe Frömmigkeit, aber verhängnisvoller Weise auch jener russische Trieb zur Selbstzerstörung.[19]

In einer existenziellen Perspektive gewinnt der ukrainische Topos der Grenze eine symbolische Bedeutung als Grenze zwischen Leben und Tod, zwischen Selbstbehauptung und Selbstvernichtung (Carl Joseph von Trotta), zwischen Eros und Tanatos (Anselm Eibenschütz), zwi-

---

18 Joseph Roth: Ostjuden im Westen. In: Roth, Werke 2, S. 828–829.

19 Stefan Zweig: Joseph Roth. In: Stefan Zweig. Zeit und Schicksal. Aufsätze und Vorträge aus den Jahren 1902–1942. Frankfurt/Main 1990, S. 326.

schen dionysischer und asketischer Lebensweise (Tarabas), zwischen produktiver Kraft des Landes, die sich auch in weiblicher Fruchtbarkeit niederschlägt, und seiner Neigung zum Verfall.

So sieht also das vom Roth geschaffene Bild der verlorenen Heimat aus: Vergoldet von den Strahlen der untergehenden Sonne der Habsburger Monarchie, verdunkelt von den Schatten der modernen Geschichte, geprägt von Verwesung und Verfall, die im Geist dekadenter Umkehrung der Vitalität ästhetisiert wurden, markiert es einerseits ein besonderes Grenzgebiet, wo das Dasein seine psychologische, gesellschaftliche und existenzielle Dimension entfalten kann, und wird andererseits als Schatzkammer der für Europa unschätzbaren Erfahrung multinationaler Koexistenz begriffen. Dieses Bild wirkt bei Roth als eine melancholische, dramatische und dynamische, wenn auch etwas verschwommene Utopie, die auf die konkrete historische Vergangenheit (Habsburger Monarchie) und zugleich auf die noch nicht bestimmte imaginäre Zukunft (postnationalistisches Europa) projiziert wird.

Die mythologisierte ukrainische Welt trug in die Prosa Roths viel mehr als nur konkrete zeitlich-räumliche Parameter oder eine bunte Kulisse hinein. Dank ihrer semantischen Vielschichtigkeit, ihrer poetischen Funktionalität und ihrer ästhetischen Eigenschaften nähert sie sich den berühmten Topoi in der Literatur der Moderne an (genannt seien hier etwa Joyces Dublin, Prousts Combray, Kafkas Dorf aus dem Roman *Das Schloss*, Thomas Manns Venedig, Platonows Tschevengur u.a.). Die in verschiedenen Prosatexten vorzufindenden Bilder dieser Welt, die als gleiche Orte, gleiche Naturlandschaften und gleiche handelnde Figuren zutage treten, erwecken Assoziationen mit dem fragmentarischen Werk Kafkas einerseits und mit dem kontinuierlichen epischen Bild der Yoknapatawpha County Faulkners andererseits. Mit den Leitthemen der Literatur der Moderne korrespondiert der für diese Welt kennzeichnende Komplex der grundlegenden symbolischen Bedeutungen, zu denen unter anderem die Mythologeme des verlorenen Paradieses und des verlorenen Sohns (*Tarabas*, *Hiob*, *Petro Fedorak*), die paradigmatische Suche nach den höchsten Werten des Seins (*Tarabas*, *Das falsche Gewicht*, *Stationschef Fallmerayer*), nach eigener Identität (*Radezkymarsch*) oder nach der verschwundenen Vergangenheit (*Radezkymarsch*, *Die Büste des Kaisers*), die epochalen Ausbrüche des dionysischen Elements, Motive der existenziellen Entfremdung, geistigen Entwurzelung und geschichtlichen Endzeitstimmung gehören.

Die Analyse der Tradition ukrainischer Kultur eröffnet weitere Perspektiven des Rothschen Ukraine-Bildes. Eine vorläufige Parallele bildet das Frühwerk Gogols – eines Schriftstellers, der in die Geschichte der russischen Literatur als Entdecker der Ukraine einging und dessen erstes Buch *Die Abende auf dem Vorwerk bei Dikanka* den Mythos der Ukraine als eines keuschen, von der Zivilisation entfernten, romantischen Randlandes des Russischen Imperiums begründete. In der ukrainischen Welt von Gogols *Abende* herrschen die Gesetze der karnevalesken Grenze, die besonders scharf in den Topoi der Schenke und des Markts zum Ausdruck kommen (es ist daher kein Zufall, dass das Buch mit der programmatischen Erzählung „Der Jahrmarkt in Sorotschinzy" beginnt). Wie später bei Roth wird hier die ukrainische, wenn auch im Herzen des Landes gelegene Provinz dargestellt, und auch hier wird die Aufmerksamkeit vor allem auf die Natur sowie auf bäuerliche Sitten und Bräuche gelenkt. In *Mirgorod*, dem zweiten Band der „ukrainischen" Erzählungen Gogols, wo andere Register des Themas gezogen werden, entsteht das mit Roths Prosa korrespondierende, melancholische Bild der Ukraine, das von der Sehnsucht nach vergangener Romantik durchtränkt und von den Zeichen des Verfalls umgeben ist, das die mangelhafte Gegenwart mit Schilderungen alltäglicher Streitigkeiten, ethnischer Konflikte und historischer Katastrophen, aber auch mit idyllischen Intentionen dramatisiert.

Gewiss wäre es lohnend, die Frage nach den Gründen solcher Wahlverwandtschaft zwischen zwei Autoren komparatistisch zu beantworten.[20] Um jedoch den Rahmen des Beitrages nicht zu sprengen, möchte ich mich hier auf anderen Aspekt beschränken, und zwar auf den für beide Autoren charakteristischen interkulturellen Blick auf die ukrainischen Verhältnisse, den sie u.a. ähnlichen Lebensumständen verdanken. Die Kindheit und die Jugend beider verliefen in ukrainischer Umgebung, die zum Ausgangspunkt ihrer Vorstellungen über die „enge" Heimat wurde. Der Drang nach Selbstverwirklichung zwang beide dazu, die gemütliche und poetische, dabei aber stagnierende und für sie allzu enge Provinz relativ früh zu verlassen und sich in die Hauptstädte der großen Imperien, dessen Untertanen sie waren, zu begeben. Ihre Wege, von denen der eine nach Sankt-Petersburg, also nach Osten (Gogol) und der andere nach Wien, also nach Westen (Roth) führte, repräsentieren zwei paradigmatische Richtungen der ukrainischen Kultur.[21] Beide waren in ihren Anschauungen stark imperialistisch gestimmt: Roth hielt die Do-

20 Die offensichtlichsten Parallelen zwischen beiden Autoren sind in den Biographien von D. Bronsen und W. von Sternburg niedergelegt. Vgl.: David Bronsen: Joseph Roth. Eine Biographie. Köln 1974, S. 174–175; Wilhelm von Sternburg: Joseph Roth. Eine Biographie. Köln 2009, S. 143.

21 Diese zwei Orientierungen wurden in der Studie „Zwei exterritoriale Zentren der ukrainischen Kultur: Wien und St. Petersburg" von Mykola Ignatenko ausführlich erforscht (Von Taras Ševčenko bis Joseph Roth, S.238–249).

naumonarchie für das Goldene Zeitalter in der Geschichte der Völker, die zu diesem Reich zählten; Gogol kennzeichnete die Ukraine als integralen Bestandteil des Russischen Reiches, mit dem er die historischen Perspektiven des Landes verband. Beide trieben in den Hauptstädten keine festen Wurzeln, und beide kehrten dennoch nicht in die enge Heimat zurück. Beide zogen das Nomadendasein vor, das ihre hybride nationale Angehörigkeit aufhob, und beide fühlten sich damit zu Bürgern Europas verwandelt. Beide befassten sich mit der ukrainischen Welt aus einer zeitlich-räumlichen Entfernung und beide sahen sie durch das Prisma anderer nationaler und kultureller Erfahrungen. Beide synthetisierten ihre Reflexionen zu Mythen, die als prägnante literarische Imago der Ukraine fungierten. Merkwürdigerweise stammten derartige mythische Bilder der Ukraine lange Zeit aus der Feder von Literaten mit Vermittlerfunktion, die mit dem ukrainischen Raum in einer engen Beziehung standen und dabei das Land in den nicht-ukrainischen Literaturen thematisierten. Neben Gogol und Roth seien hier auch die Namen von Paul Celan, Rose Ausländer, Rilke, Bulgakov, Scholom-Alejchem, Kuprin und anderen Autoren erwähnt.

Viel spätere postmoderne Parallelen zur ukrainischen Welt Roths bietet das Werk des modernen Schriftstellers aus der Westukraine Jurij Andruchowitsch, vor allem sein Roman *Rekreationen* (1992), dessen Handlung in einem fiktiven westukrainischen Städtchen Tschortopil (buchstäblich „Teufelsstadt") spielt. Andruchowitsch beschreibt hier eine imaginäre „Feier des auferstehenden Geistes", die im Grunde eine Parade der im ukrainischen Bewusstsein wirkenden ideologischen Denkschemata darstellt. Eines von ihnen ist der österreichische Mythos, der, genau wie andere Klischees, im Verlauf seiner Erprobung endgültig scheitert: Seine aus dem Grabe hervorgeholten Repräsentanten werden zu Staub und sein multinationaler Kern zerfällt in ungebundene Elemente. Diese Elemente sind nichts mehr als Objekte eines postmodernen Spiels, in dem Roths Utopie des Habsburger Galizien ihr letztes Ende findet.

Die Verbindung Andruchowitschs mit Roths Galizien-Mythos tritt noch deutlicher in seiner Publizistik zutage, die in Form eines wohlkomponierten Suhrkamp-Bandes, *Das letzte Territorium* (2003) genannt, auch im deutschsprachigen Raum verfügbar ist. In seinen Essays stilisiert sich der ukrainische Autor auffallend als Nachfolger und Fortsetzer von Roths Auffassung der Westukraine. Als solcher sammelt er allerlei Bruchstücke, Reste und Überreste des ehemaligen österreichischen Galizien, die für ihn Facetten eines unwiderbringlich verlorenen Bildes darstellen. Das Phantom eines versunkenen Galizien, das für Andruchowitsch hinter zerbröckelnden, mit Unkraut bewachsenen Ruinen immer im Verborgenen lauert, lässt sich als Nachhall von Roths Galizien-Mythos auslegen, der aber unter veränderten historischen und kulturellen Umständen zum Erklingen gebracht wurde. Diese modernisierte Variante des ursprünglichen Mythos kombiniert die Elemente aus dem Galizienbild Roths auf eine für Roth ganz undenkbare Weise. In diesem Zusammenhang kann man u.a. auf die Reflexionen Andruchowitschs hinweisen, die destruktive Nachwirkungen multinationaler Vielfältigkeit Galiziens wie z.B. „Blut, Schmutz, ethnische Reinigungen, Menschenfresserei, Deportationen" thematisieren, mit der Degeneration der westukrainischen Grenzbevölkerung zum herkunftslosem Volksstamm „Schoschoni" spielen, oder die Verwandlung der ehemaligen Grenzzone Galiziens zu einem Puffer zwischen Ost- und Westeuropa schildern.

Die hier angeführten Parallelen zwischen Roths Auffassung von Galizien einerseits und der von Gogol und Andruchowitsch andererseits, sind ausdrückliche Zeugnisse davon, dass das eigentümliche und ausgesprochen subjektive, aus der Fremde gedichtete mythologisierte Bild der Ukraine, das immer wieder – den schwebenden Ansichten des weißrussischen Städtchens Vitebsk auf den Gemälden Marc Chagalls ähnlich – in Roths Werken auftaucht, in Wirklichkeit fest in den ukrainischen kulturellen Kontext eingebunden ist. In diesem Kontext werden manche seiner Wurzeln und Sprosse, seiner Perspektiven und Projektionen erkennbar.

Hans Richard Brittnacher

Von Heimkehrern, Vagabunden und Hochstaplern

Glück und Fluch des improvisierten Lebens bei Joseph Roth

I. Heimkehrer

Am 4. März 1928 wurden einige hundert Litfaßsäulen in Berlin mit mannshohen, orangefarbenen Plakaten beklebt, auf denen zur Verwunderung der Passanten in großen schwarzen Lettern nichts weiter als ein Fragepronomen zu lesen war: „Wohin?" Eine Woche später wurde die Frage ergänzt, aber blieb weiterhin rätselhaft und unbeantwortet: „Wohin rollst Du, Äpfelchen?" Erst die dritte Woche lüftete das Geheimnis als Werbemaßnahme des Ullstein-Verlags für den neuen Roman von Leo Perutz, der zunächst in Fortsetzungen in der hauseigenen *Berliner Illustrirten Zeitung* erschien und deren Auflage um immerhin 30 000 Exemplare steigerte. Verantwortlich für den Erfolg des Romans war nicht nur die beispiellose Werbekampagne des Verlags, sondern die schnittige Machart des Werkes und sein Thema, die Geschichte eines Kriegsheimkehrers. Georg Vittorin, der in einem russischen Gefangenenlanger eine empfindliche Demütigung hinnehmen musste, geht nach dem Krieg auf einen Rachefeldzug, um seinen Peiniger, den russischen Offizier Seljukow, zur Strecke zu bringen. Nachdem er mehrfach sein Leben in den Bürgerkriegswirren in Russland riskierte, führt ihn seine Verfolgungsjagd über Istanbul und Rom nach Mailand, wo er die Spur verliert, bis er in Paris durch Zufall in Erfahrung bringt, dass sich der Gesuchte nicht an fernem Ort, sondern in Vittorins Heimat, in Wien, aufhält. Doch als es nun, am Währinger Gürtel, zur Konfrontation kommt, erweist sich der über Jahre hinweg so fanatisch gehasste russische Offizier, der elegante Schinder, als jämmerlicher alter Emigrant in Pantoffeln, der vom Verkauf handgefertigter Spielzeuge lebt. Statt sich zu rächen, ersteht Vittorin zwei Puppen, einen „heiligen Iwan und eine Bäuerin, die einen Milchtopf trug."[1] Am Ziel seiner Rache angekommen, ist diese bedeutungslos geworden:

> Und mit einer Handbewegung strich Vittorin zwei Jahre, in denen er Abenteurer, Mörder, Held, Kohlentrimmer, Spieler, Zuhälter und Landstreicher

1 Leo Perutz: Wohin rollst Du, Äpfelchen …. Hg. von Hans-Harald Müller, Wien 1987 u. 2011, S. 258.

> gewesen war, aus seinem Leben - - mit einer gleichgültigen Handbewegung, die einem verlorenen Vormittag und einem durchnäßten Mantel galt und nichts verriet.[2]

Nach Gründen für den Erfolg des Romans muss man nicht lange suchen: Sein Thema, die Heimkehr und die Irrfahrten eines Kriegsteilnehmers, sein Schauplatz, das von Krieg und Bürgerkrieg verwüstete Europa des *entre deux guerres* und die Stimmung seines Helden, der vom Trauma des Lagers und der bitteren Erfahrung eines ihm abhanden gekommenen Lebens umhergetrieben wird, haben dem Roman von Leo Perutz seinen hohen seismographischen Index und damit Wiederkennungswert verliehen. Zum Erfolg trug gewiss auch die Lakonie bei, die auf den beiden letzten Seiten des Romans die weißglühende Hassparabel unversehens auskühlen lässt. An die Stelle der erwarteten martialischen Tat, einer triumphalen Vergeltung, tritt eine belanglose Geste des Gleichmuts[3] – ein *acte gratuit*, der freilich, anders als bei Gide oder d'Annunzio, um jeden grausamen oder exquisiten Mehrwert gekürzt wurde.[4]

Die Nähe zu Joseph Roths Roman *Die Flucht ohne Ende* aus dem Jahre 1927 liegt auf der Hand – auch Franz Tunda, dem Soldaten, Rotgardisten, Bolschewiken, Sibiriaken und Abenteurer, will die Rückkehr und die Integration in die Nachkriegsgesellschaft nicht gelingen.[5] Er sucht Irene, aber als er sie in Paris gefunden hat, erkennt sie ihn nicht. Joseph Roths Sprache verhindert mit geradezu auffallender Beiläufigkeit jede sentimentale Anteilnahme und beschreibt die Begegnung mit der einst Geliebten wie die flüchtige Wahrnehmung einer Passantin.[6] Am Ende jenes Absatzes, in dem die einst sich Liebenden achtlos aneinander vorbeigehen, resümiert der Erzähler nochmals die Begegnung in vielsagender Missver-

2 Perutz, Wohin rollst du, S. 260.

3 Vgl. Hans-Harald Müller: Die Stunde der Abrechnung. (= Nachwort). In: Perutz, Wohin rollst du, S. 261–268, hier S. 268.

4 Zum *acte gratuit* vgl. Martin Raether: Der ‚Acte gratuit'. Revolte und Literatur: Hegel, Dostojewskij, Nietzsche, Gide, Sartre, Camus, Beckett. Heidelberg 1980; Iris Roebling: ‚Acte gratuit'. Variationen einer Denkfigur von André Gide. Paderborn 2009.

5 Tunda und Vittorin teilen das Schicksal der Helden anderer Heimkehrerromane wie Roths *Hotel Savoy*, *Das Spinnennetz* und *Kapuzinergruft*, Stefan Zweigs *Rausch der Verwandlung* oder Hugo Bettauers *Hemmungslos*. Zum Heimkehrermotiv bei Joseph Roth insgesamt vgl. Klaus Bohnen: Flucht in die ‚Heimat'. Zu den Erzählungen Joseph Roths. In: Joseph Roth: Werk und Wirkung. Hg. von Bernd M. Kraske. Bonn 1988, S. 53–70.

6 Roths Prosa zeichnet sich durch eine eigentümliche Abstinenz von intertextuellen Spuren aus, aber es scheint mir durchaus denkbar, hier die mit Baudelaires *À une passante* topisch gewordene Formel von Einsamkeit und Anonymität als Charakteristikum des modernen städtischen Lebens in eine lakonische Prosa übertragen zu sehen.

ständlichkeit: „Tunda aber erkannte sie nicht."[7] Die Austauschbarkeit von Subjekt und Objekt lässt offen, ob Tunda Irene nicht erkennt oder ob sie ihn nicht erkannt hat, weil er sich selbst längst verloren hat. Ob das unscheinbare Personalpronomen „sie" Subjekt oder Objekt der Aktion ist, bleibt daher eigentümlich unbestimmt. Woran hingegen kein Zweifel besteht, ist die abschließende Diagnose einer Leere, die in der Haltung eines abgeklärten Heroismus, der nicht viel Worte macht, dem Lebensgefühl der neusachlichen Generation entsprechend,[8] zu ertragen ist:

> [...] da stand mein Freund Tunda, 32 Jahre alt, gesund und frisch, ein junger, starker Mann von allerhand Talenten, auf dem Platz vor der Madeleine, inmitten der Hauptstadt der Welt, und wusste nicht, was er machen sollte. Er hatte keinen Beruf, keine Liebe, keine Lust, keine Hoffnung, keinen Ehrgeiz und nicht einmal Egoismus. So überflüssig wie er war niemand in der Welt.[9]

Franz Tunda verkörpert geradezu programmatisch jene Haltung der Kälte und des Gleichmuts, die auch bei anderen Helden Roths, wenngleich meist schwächer, ausgebildet ist: Unbeeindruckt nehmen sie Enttäuschungen hin, und klaglos die Erfahrung, in der neuen Welt unerwünscht zu sein, weil diese mit den Überlebenden aus der Vorkriegszeit wenig anzufangen weiß.[10] In *Die weißen Städte* liefert Roth die Erklärung für die Fremdheitserfahrung seiner Generation im Nachkriegseuropa: Sie seien

> auferstandene[ ] Tote[ ]. Wir kommen, mit der ganzen Weisheit des Jenseits beladen, wieder herab zu den ahnungslosen Irdischen. Wir haben die Skepsis der metaphysischen Weisheit.[11]

Das Schicksal Vittorins und Tundas ist das Schicksal einer sozialen Kohorte, für die Gertrude Stein den Begriff der *lost generation* prägte.[12] Ihre exemplarischen Vertreter haben nicht nur ihre Heimat, sondern auch die Mitte ihres Lebens verloren – oft genug hat es sie, anders als die *american expats*, an Orte verschlagen, wo sie gar nicht leben wollen und die sie

---

7 Joseph Roth: Die Flucht ohne Ende. In: Werke Bd. 4: Romane und Erzählungen 1916–1929. Hg. von Fritz Hackert. Köln, Amsterdam 1989, S. 389–496, hier S. 494.

8 Vgl. dazu Helmut Lethen: Verhaltenslehren der Kälte: Lebensversuche zwischen den Kriegen. Frankfurt/Main 1994.

9 Roth, Die Flucht ohne Ende, Werke 4, S. 142f.

10 Vgl. Wolfgang Müller-Funk: Joseph Roth. München 1989, S. 71.

11 Joseph Roth: Die weißen Städte. In: Werke 2: Das Journalistische Werk 1924–1928. Hg. von Klaus Westermann. Köln, Amsterdam 1990, S. 451–528, hier S. 455.

12 Rückblickend beschreibt Ernest Hemingway in seinem Roman *A Moveable Feast (Paris – Ein Fest fürs Leben)*, wie Gertrude Stein diesen Begriff für Schriftsteller wie ihn selbst, Scott Fitzgerald, John Dos Passos und andere expatriierte Amerikaner in Paris prägte.

doch nicht verlassen können, gebannt an ein auf Dauer gestelltes Transitorium, das zum Zentrum ihres Lebens geworden ist. Manche von Roths Protagonisten erinnern an den Helden aus Thomas Manns *Zauberberg*, der seinen Vetter für drei Wochen im Lungensanatorium besuchen will und dort sieben Jahre verweilen wird. Aber Hans Castorp wird durch den ‚Donnerschlag' des Ersten Weltkriegs aus seinem Zauberschlaf gerissen und taumelt auf den Schlachtfeldern Flanderns umher, während die meisten der Helden Roths die Schlachten des Kriegs hinter sich haben und dennoch ziellos umherirren. Für die Entwurzelten, Exilierten und an fremdem Ort Gebannten im Werk Joseph Roths hat Telse Hartmann den Begriff des deplatzierten Menschen geprägt:[13] Gabriel Dan, der kriegsmüde, melancholische Heimkehrer aus dem Osten, der im Hotel Savoy festsitzt, Josef Kargan aus *Der stumme Prophet* im sibirischen Lager, Franz Tunda aus *Flucht ohne Ende*, heimatlos erst in Moskau und dann in Paris, oder der Eichmeister Eibenschütz aus der Erzählung *Das falsche Gewicht* im fernen Zlotograd sind seine typischen Vertreter. Die Fülle ihrer Erlebnisse hat ihre Identität durchlöchert, nicht befestigt:

> Ich kehre aus dreijähriger Kriegsgefangenschaft zurück, habe in einem sibirischen Lager gelebt und bin durch russische Dörfer und Städte gewandert als Arbeiter, Taglöhner, Nachtwächter, Kofferträger und Bäckergehilfe.[14]

Nachgerade bodenlos klingt die Auskunft des Ich-Erzählers im Fragment *Heute früh kam ein Brief…* über seine entwurzelte Existenz:

> Jetzt bin ich nirgends geboren und nirgends zu Hause. Das ist seltsam und furchtbar, und ich komme mir selbst vor wie ein Traum, der keine Wurzel hat und kein Ziel, keinen Anfang und kein Ende, der kommt und geht und selbst nicht weiß, woher und wohin.[15]

Weniger poetisch als der sich selbst unbekannte Traum, aber in seiner gelassenen Verzweiflung vergleichbar hoffnunglos klingt die Frage, die Franz Trotta am Ende der *Kapuzinergruft* stellt: „Wohin soll ich, ich jetzt, ein Trotta? ..."[16] Im Kriegskrüppel Andreas Pum aus *Die Rebellion*, der als Leierkastenspieler den Automobilen trotzt und mit der Krücke droht, oder in der Gestalt des Sünders und Büßers Tarabas, der am Ende seines Lebens bei Regen und bei Kälte auf den Landstraßen Russlands in äu-

---

13 Telse Hartmann: Kultur und Identität. Szenarien der Deplatzierung im Werk Joseph Roths. Tübingen, Basel 2006.

14 Joseph Roth: Hotel Savoy. In: Werke 4, S. 147–241, hier S. 149.

15 Joseph Roth: Heute früh kam ein Brief … In: Werke 4, S. 1037–1043, hier S. 1037.

16 Joseph Roth: Die Kapuzinergruft. In: Werke 6: Romane und Erzählungen 1936–1940. Hg. von Fritz Hackert. Köln, Amsterdam 1991, S. 225–346, hier S. 346.

ßerster Dürftigkeit als Wandermönch umherstreift, abhängig von den Brotstücken, die ihm gottesfürchtige Bauern zustecken, hat die Heimatlosigkeit durchaus erschütternde Bilder gefunden; sie scheinen die Diagnose von einer traumatisierenden Entwurzelung als Signatur des Zeitalters und von Joseph Roth als ihrem bekümmerten Evangelisten zu bekräftigen.

In der Joseph Roth-Forschung ist es nachgerade zu einem Reflex geworden, aus den immer wieder in hinreißender mimetischer Prägnanz herausgearbeiteten Schicksalen der Deterritorialisierung und des Verlustes der Mitte das späte monarchistische Bekenntnis des Autors als seinen emphatischen Protest gegen die Verwerfungen des modernen Lebens abzuleiten: der Erfahrung des Traditionsverlust folge das trotzige Bekenntnis zu den Mächten der Tradition auf dem Fuße.[17] Wenn der Preis des modernen Lebens der Verlust von allem ist, was ihm einst Halt und schöne Ordnung verlieh, dann, so die verständnisvollen Verteidiger von Roths Legitimismus, stehe eben nicht die Vergangenheit zur Disposition, sondern die Gegenwart – sich und den unglücklichen Protagonisten seiner Romane wünsche sich Joseph Roth das Habsburger Reich und seine apostolische Majestät, den Vorkriegskaiser, zurück – ohne Wenn und Aber.

II. Vagabunden

Diese Lesart kann sich nicht nur auf zahlreiche Selbstzeugnisse und Briefdokumente berufen, sie hat auch werkgenetische Evidenz für sich – wer wollte die Wärme des Abendlichts bestreiten, das im *Radetzkymarsch* oder im *Hiob* auf der untergegangenen Welt der Doppelmonarchie liegt und sie zum Leuchten bringt? Aber dieser Blick vereinfacht zum restaurativen Seufzer, was sich auch als präzise soziologische Autopsie einer aus den Fugen geratenen Zeit lesen lässt. Roths melancholischer Blick senkt sich ein in eine Welt voller sozialer Verwerfungen und entdeckt auf ihrem Grund eine veränderte Konstellation vitaler Kräfte, die sozial noch nicht dagewesene, ästhetisch ungemein belastbare und produktive Charaktere ausbrütet: Deklassierte Aristokraten, die unter die Hefe des Volkes gefallen sind, Clochards, die im Hilton speisen, Hochstapler, die es vom Rand der Gesellschaft in die Kasinos an der Riviera brachten, strenggläubige Juden, die aus einem Sprengel in Galizien nach New York auswandern und zaristische Geheimagenten, die es von Odessa nach Paris verschlägt.

---

17 Vgl. Müller-Funk, Joseph Roth, S. 14.

Der Nostalgiker Altösterreichs erweist sich so als ein auf das Schlimmste gefasster, aber auch unerschrocken neugieriger Ironiker, der es eher im Ausland goutierte, einem Land anzugehören, dessen Vorgeschichte er in seinem literarischen Kaddisch beklagte und verklärte. Auch zeigte er bekanntlich nicht die mindeste Ambition, die Existenz eines bürgerlichen Autors mit festem Wohnsitz zu führen, sondern residierte – weit über seine Verhältnisse – im Hotel. Sein Werk entstand im Kaffeehaus und auf Reisen: „Ich wäre unwürdig des großen Glücks, ein Fremder zu sein, wenn ich noch länger bliebe“[18] – so lautet nicht das Bekenntnis eines Entwurzelten, sondern eines Subjekts, das im Labor der Moderne lernte, zwar die Phantomschmerzen des Verlustes genau zu beschreiben, dessen Polygraphennadeln aber auch heftig ausschlugen angesichts der Möglichkeit, jeden Tag ein anderer sein zu können: „Wo es mir schlecht geht, dort ist mein Vaterland. Gut geht es mir nur in der Fremde“, schreibt er seinem Verleger.[19] Dem elegischen Chronisten der Doppelmonarchie, einem habitualisierten Vagabunden, wird nicht die Heimat, sondern jener Ort zum emotionalen Kraftquell, der wie kein anderer als Inbegriff des Transitoriums gilt: „Das Hotel, das ich wie ein Vaterland liebe“.[20] Die Artistin und Schauspielerin Stasia im *Hotel Savoy*, eine patente Lebenskünstlerin, erklärt das Hotel kurzerhand zum einzigen Lebensraum für sich und ihresgleichen: „Man kann aber doch nur – ich meine unsereins – im Hotel wohnen.“[21]

Wohl sind Roths Protagonisten, was sich kaum überlesen ließ, durchweg unglücklich – aber zu ihrem Unglück trägt ihre Ortlosigkeit am Wenigsten bei: Sehr genau beobachtet Roth den Umbruch seiner Zeit: die drei europäischen Kaiserreiche sind durch den Ersten Weltkrieg aufgerieben worden, Grenzen wurden porös, andere neu errichtet, die ostjüdische Lebenskultur verliert durch die Auswanderungswellen nach Palästina und Amerika ihre durch Tradition geheiligte Stabilität.[22] Literarisch produktiv ist Roths melancholischer Blick auf die Moderne aber nicht nur wegen seines Interesses am sozialen Fermentierungs- und Gärungspotenzial der Moderne, sondern auch noch aus Gründen, die mit dem philosophischen und literarischen Selbstverständnis der Moder-

---

[18] Joseph Roth: Abschied vom Hotel. In: Werke 3: Das journalistische Werk 1932–1939. Hg. von Klaus Westermann. Köln, Amsterdam 1991, S. 28–30, hier S. 28.

[19] So Roth in seinem berühmten Brief vom 10.06.1930 zum 50. Geburtstag seines Verlegers Gustav Kiepenheuer. In: Joseph Roth. Briefe 1911–1939. Hg. von Hermann Kesten. Köln, Berlin 1970, S. 164–168, hier S. 165.

[20] Joseph Roth: Ankunft im Hotel. In: Werke 3, S. 3–6, hier S. 3.

[21] Roth, Hotel Savoy. In: Werke 4, S. 161f.

[22] Müller-Funk, Joseph Roth, S. 19.

ne, zu dem Roth entschlossen auf Distanz geht, zu tun haben. Rigoros versagt er sich einem geschichtsphilosophischen Denken, das Verluste lakonisch als unumgänglichen Preis des Fortschritts bilanziert und, die Zukunft im Blick, die Vergangenheit achtlos abstreift; aber auch den Formverächtern der klassischen Moderne, die mit den Welten der Vergangenheit auch deren kanonisierte Gattungen und narrative Traditionen in Scherben sahen, verweigert Roth die Gefolgschaft. Im Gegensatz zu ihnen hält Roth an der Kunst der Erzählung fest, der Walter Benjamin, wohl auch mit skeptischem Blick auf Lukács' *Theorie des Romans*, seinen bewegenden Nachruf geschrieben hat.[23] Allerdings teilt Roth gewiss nicht Benjamins Vertrauen in die lebensklug gewordene Weisheit der Weitgereisten: Gegen den von Benjamin starkgemachten maieutischen Optimismus der Gattung insistieren Roths Erzählungen auf dem leisen, traurigen Glück der Resignation. Seine Protagonisten kommen aus der weiten Welt zurück, aber mit leeren Händen: das Vertraute finden sie nicht wieder und die Ferne hat ihren Glanz verloren; lediglich der unerschütterliche parataktische Gleichmut des Erzählens verleiht auch den fatalistischen Gewissheiten der Heimatlosen auf Wanderschaft die ‚Weihe der Form'[24] und tröstet so über die Desaster des modernen Lebens hinweg.

Roth wählt bevorzugt Protagonisten, denen Beruf oder Herkunft eine gewissermaßen natürliche Renitenz gegen den Zugriff der Geschichte verleihen: Bauern, Maronibrater, Korallenhändler, Droschkenkutscher, Zigeuner – was sie gestern taten und waren, so die Implikation, werden sie auch morgen tun und bleiben, unberührt von der dramatischen Dynamik der Zeit. Werden gerade sie aus ihrer ahistorischen, bukolischen Existenz in den Strudel historischer Ereignisse gerissen, revidiert das, was ihrem kleinen, bedeutungslosen Leben widerfährt, den geschichtsphilosophischen Optimismus, der nach dem Ersten Weltkrieg als Atem einer neuen Zeit begrüßt wurde: Roths Entwurzelte erleben und ertragen, was sie selbst nicht zu verantworten haben.[25]

Wie schwer es selbst den vom Schicksal Gezeichneten fällt, die Fatalität ihrer Existenz einzugestehen, zeigt sich etwa an der entschlossenen Weigerung Sergej Golubtschiks, der lieber Krapotkin hieße, sich als das zu bezeichnen, was er ist: ein von den Umständen zur Tat getriebenes Opfer, ein Mörder ohne eigenen Willen. Lieber lässt er sich von Jenö

---

23 Walter Benjamin: Der Erzähler. Betrachtungen zum Werk Nikolai Lesskows. In: W. Benjamin: Gesammelte Schriften Bd. 2. Hg. von R. Tiedemann und H. Schweppenhäuser. Frankfurt/Main 1980, S. 438–465.

24 Vgl. Georg Lukács: Die Theorie des Romans. Ein geschichtsphilosophischer Versuch über die Formen der großen Epik. Neuwied, Berlin 1971, S. 42.

25 Vgl. dazu die pointierten Ausführungen von Müller-Funk, Joseph Roth, S. 21.

Lakatos, dem in Roths literarischem Kosmos ubiquitären tückischen Teufel aus Budapest, einflüstern, Schuld an seinem Unglück trage sein Halbbruder: „Wie aber sollte ich meinen falschen Halbbruder nicht hassen? Den Vater, den Namen und die geliebte Frau hatte er mir genommen!“[26] So dezidiert sich Roths Protagonisten der Einsicht in überpersönliche Anlässe und Ursachen ihres Handelns verweigern, so unerbittlich weist der Roman sie ihnen nach – gerade im verbissenen Widerstand seiner Protagonisten gegen das, was auf der Hand liegt.

Wenn sich im Werk Roths, des autochthonen Erzählers, der den Verweisen der Literatur auf die eigene Artifizialität als einer modernistischen Spielerei zutiefst misstraute,[27] doch eine intertextuelle Orientierung erkennen lässt, dann ist es, darauf hat Ute Gerhard verwiesen, die des pikarischen Romans. Denn aus der Perspektive des Underdogs, des sozial Unterprivilegierten und des historischen Verlierers, formulieren Roths Protagonisten eine Position, die mit den dominierenden Diskurstechniken und -ordnungen der Ausgrenzung und Verwerfung unverträglich ist. Allerdings, und hier findet diese Lesart eine Grenze, treibt der Konflikt nur selten amüsante und niemals derbkomische Blüten hervor, sondern stattdessen erzählerische Vignetten der Melancholie.[28]

Die Ambivalenz der Ortlosigkeit gilt ausnahmslos für alle Werke Roths und erklärt, warum seine Figuren, auch wenn sie Verlorene sind, sich doch auch als ungebunden empfinden können: zumal beim frühen Roth lässt sich bei einigen seiner Gestalten ein trotziger, sogar rebellischer Impuls beobachten, ob nun bei Tunda, der seiner Geliebten Natascha als loyaler Genosse zur Seite steht, bei dem Trotzkisten Friedrich Kargan in *Der stumme Prophet*, bei Zwonomir, dem Rebell aus überschäumender Vitalität in *Hotel Savoy* oder bei Nikolai Brandeis aus *Rechts und Links*. Aber stärker als in revolutionärer politischer Aktion realisiert sich die transgressive Energie der Aufsässigkeit in der räumlichen Mobilität des Personals. Dahinter steht jenes ahasverische Selbstverständnis, das Joseph Roth mit seiner Romanfigur Henry Bloomfeld aus dem *Hotel Savoy* teilt: „Ich bin ein Ostjude und wir haben überall dort unsere Hei-

---

26 Joseph Roth: Beichte eines Mörders. In: Werke 6, S. 1–126, hier S. 74.

27 Zu Roths Misstrauen gegenüber einer Literatur, die in erster Linie das Erlebnis von Lektüre, ist vgl. Müller-Funk, Joseph Roth, S. 15.

28 Vgl. Ute Gerhard: Von Paßfälschern und Illegalen. Literarische Grenzüberschreitungen bei Joseph Roth. In: Joseph Roth: Grenzüberschreitungen. Hg. von Thomas Eicher und Peter Sowa. Oberhausen 1999, S. 65–88, hier v.a. S. 80; vgl. auch Svetlana Arnandova: Joseph Roth und die Aufhebung der Grenze in der Literatur der 1920er Jahre – ein alter Mythos oder ein literarischer Topos? In: Interkulturalität und Intertextualität. Elias Canetti und die Zeitgenossen. Hg. von Maja Razbojnikova-Frateva und Hans-Gerd Winter. Dresden 2007, S. 325–335.

mat, wo wir unsere Toten haben."[29] Als Stadt der „verwischten Grenzen"[30] wird das galizische Lemberg dem Publizisten Joseph Roth geradezu zum Mekka einer dunklen Welt des Ungeschiedenen, die jede Behörde und ihre statistischen und bevölkerungspolitischen Maßnahmen zur Verzweiflung treiben muss. So gesehen ist Gabriel Dan nicht nur der von einem herzlosen Schicksal in der Welt Umhergetriebene, sondern auch ein später romantischer Wanderer aus freien Stücken, wie diese treulos und ohne festen Wohnsitz: „Ich freue mich, wieder ein altes Leben abzustreifen, wie so oft in diesen Jahren."[31] Der Verrat, von Julien Benda über Arthur Koestler bis zu Margarete Boveri als eines der großen Themen des 20. Jahrhunderts intensiv und kontrovers diskutiert,[32] findet bei Joseph Roth seine frühe Apologie: in der Treulosigkeit gegenüber politischen Doktrinen. Die wahren Verräter sind nicht die Renegaten, die vom politischen Glauben abfallen, weil ihr Herz sie in Konflikt zur Sache bringt, sondern jene, die es mit der Macht halten, weil sie kein Herz haben. Joseph Roths Lob der Verräter reinen Herzens gilt auch Franz Tunda in *Flucht ohne Ende* wegen erwiesener Unzuverlässigkeit – so unzuverlässig sei er, „daß man ihm nicht einmal Egoismus nachsagen könne."[33] Das ambivalente Phantasma der Ortlosigkeit gewinnt seinen historisch präzisen Ort als Akt der Subversion vor dem Hintergrund jener systematischen Reterritorialisierungsversuche, mit der eine aufgeschreckte Bevölkerungspolitik in den 20er Jahren des 20. Jahrhunderts auf die epidemisch werdenden Migrationen reagiert, wie Ute Gerhard in einem der wichtigsten Forschungsbeiträge der letzten Jahre zu Joseph Roth hat zeigen können: gegen die mit diesen Reterritorialisierungstendenzen verbundenen biopolitischen Techniken konzertierter seuchenhygienischer, rassenbiologischer, segregierender und im Extremfall auch eugeni-

---

29 Roth, Hotel Savoy, S. 227. Wegen seines Bekenntnisses zur jüdischen Diaspora stand Roth dem Zionismus voller Aversion gegenüber.

30 Joseph Roth: Lemberg, die Stadt. In: Werke 2, S. 285–289, hier S. 289.

31 Roth, Hotel Savoy, S. 149. Roth selbst hat auf Nähe und Differenz seiner Literatur zu der des romantischen Zeitalters verwiesen: „Denken Sie, bitte, an die Bücher der Romantik. Abstrahieren Sie davon die Utensilien und Requisiten der Romantiker, die sprachlichen und die der Weltanschauung. Setzen Sie dafür die Requisiten der modernen Ironie und Sachlichkeit ein. Dann haben Sie das Buch, das ich schreiben will, kann und beinahe muß." So Joseph Roth am 30.08.1925 an Benno Reifenberg, Briefe 1911–1939, S. 61–66, hier S. 62.

32 Julien Benda: La trahison des clercs 1927. (Dt.: Der Verrat der Intellektuellen 1978); Arthur Koestler: Darkness at Noon. (Der ursprüngliche Titel des auf Deutsch geschriebenen, verlorengegangenen Manuskripts: Sonnenfinsternis). London 1940; Margret Boveri: Der Verrat im 20. Jahrhundert. 4 Bde., Hamburg 1956–1960.

33 Roth, Die Flucht ohne Ende, Werke 4, S. 432.

scher Maßnahmen polemisiert die Literatur Roths mit ihrer Liebeserklärung an die traurigen Vaganten und ihre einfallsreichen Operationen bei der Missachtung von Grenzen und Zöllen.[34] Mit einer scharfen Polemik gegen die Arroganz der hygienischen Kultur des Westens beginnt bekanntlich auch Joseph Roths heute vielleicht bekanntester Essay, *Juden auf Wanderschaft* von 1927:

> Dieses Buch [...] wendet sich nicht an jene Westeuropäer, die aus der Tatsache, daß sie bei Lift und Wasserklosett aufgewachsen sind, das Recht ableiten, über rumänische Läuse, galizische Wanzen, russische Flöhe schlechte Witze vorzubringen. Dieses Buch verzichtet auf die ‚objektiven Leser', die mit einem billigen und sauren Wohlwollen von den schwanken Türmen westlicher Zivilisation auf den nahen Osten hinabschielen und auf seine Bewohner; aus purer Humanität die mangelhafte Kanalisation bedauern und aus Furcht vor Ansteckung arme Emigranten in Baracken einsperren, wo die Lösung eines sozialen Problems dem Massentod überlassen bleibt.[35]

Der Rollenentwurf einer ein für allemal festgelegte Identität, wie er den bürgerlichen Helden charakterisiert, ist den freiwillig-unfreiwilligen Nomaden des Joseph Roth fremd – schon gar nicht kann er für sie ein Wunschbild sein. So ist es wohl auch kein Zufall, dass es im gesamten Werk Roths keinen arrivierten Künstler gibt, keinen Aschenbach und keinen Tonio Kröger, nicht einmal schwermütige Dilettanten wie Malte Laurids Brigge. Joseph Roths Helden sind keine Literaten, sie lesen nicht einmal – obwohl die Wahl der Lektüre spätestens seit dem *Werther* dem Leser verlässliche Indizien für das psychologische Profil der Romanhelden liefert. Roth konfrontiert den Leser mit anderen Protagonisten, sein Faible gilt den unbürgerlichen Symbolfiguren am Rande der Gesellschaft, den Trinkern und Artisten, heruntergekommenen Aristokraten und gefallenen Mädchen, die eher in der Halbwelt als im *juste milieu* beheimatet sind. Völlig zwanglos führt Roths Erzählkunst in der *Geschichte der 1002. Nacht* den abgetakelten Baron Taittinger mit dem Freudenmädchen Mizzi Schinagl und beide mit der resoluten Karussellbesitzerin Magdalene Kreuzer zusammen. Zum Stelldichein der Lebenskünstler Roths kommt es an gewissermaßen exterritorialen Orten, im „Café der elften Muse", so der Name des Artistentreffs in der Praterstraße, oder auf den Etagen des Hotel Savoy, wo die Varietékünstlerin und Schauspielerin Stasia, ein Clown mit einem Esel, ein Magnetiseur, der Souffleur eines rumänischen Theaters und der Lotterieexperte Hirsch Fisch wie in einer Manege nebeneinander leben, oder im Exilantencafé Tari-Bari in

34 Ute Gerhard: Nomadische Bewegungen und die Symbolik der Krise. Flucht und Wanderung in der Weimarer Republik. Opladen, Wiesbaden 1998.

35 Joseph Roth: Juden auf Wanderschaft. In: Roth.: Werke 2, S. 827–904, hier S. 827.

Beichte eines Mörders, wo Agenten der Ochrana mit russischen Exilanten und bettelarmen Clochards Anisschnaps trinken.

Roths diagnostischer Blick auf die Lebenswelt der 20er und 30er Jahre fasst allenfalls beiläufig die überlegenen Existenzen der Arrivierten ins Auge, länger und lieber verweilt er auf dem Tun der Lebens- und Überlebenskünstler, deren Künste so halbseiden sind wie der dünne Faden, an dem ihr Leben hängt. Er setzt damit noch in den 20er und 30er Jahren des 20. Jahrhunderts eine Tradition des 19. Jahrhunderts fort, die sich von Glanz und Talmi der Welt des Zirkus ein Spiegelbild für den gesellschaftlichen Außenseiterstatus ihrer Künstler liefern ließ.[36] Ernüchtert von der unberechenbaren Tektonik der Zeit mit Putsch und Staatsstreich, mit Revolution, Inflationen und Massenarbeitslosigkeit wissen sie, die Artisten, die am Rande der Gesellschaft oder in der Halbwelt leben, anders als ihre zu Ehren gelangten großen Brüder, die Nobelpreisträger und Nationalschriftsteller, wie mühsam eine Kunst ist, die dem Ausübenden die Verrenkung des Leibes und der Identität abverlangt. Zu ihrer ästhetischen Praxis gehört es, Dokumente zu fälschen, Zöllner zu bestechen und ein unauffälliges Leben mit falschen Papieren zu führen; sie haben gelernt, die Unbeständigkeit des Lebens einzukalkulieren und die Unzuverlässigkeit des Glücks hinzunehmen. Ihr romantisches Vagabundentum erscheint als eine erfrischende nomadische Respektlosigkeit gegenüber einer Politik der Grenzziehungen und der identitären Festlegung. So können denn Roths Feuilletons über Wanderzirkus- und Jahrmarktskultur mit Tränen in den Augen das schmuddelige Los der Fahrenden als Bekenntnis zur Lust des Diversen preisen: „Trockene Wäsche weht leichtsinnig auf ausgespannter Schnur, und ein Hund unbestimmter Rasse sammelt sich seinen Pelz voll Sonne. Es ist eine Lust zu leben."[37] Die Fahrenden Roths verweigern sich den großen Lebensentwürfen, den großen Taten *und* den großen Werken, sie leben von

---

36 Zu den zahlreichen Feuilletons Roths, die sich mit Cabaret, Varieté und Zirkus beschäftigen vgl. Fritz Hackert: Fahrendes Volk. Unbürgerliche Symbolfiguren im Werk von Joseph Roth. In: Joseph Roth. Der Sieg über die Zeit. Hg. von Alexander Stillmark. Stuttgart 1996, S. 126–140. Grundlegend zum Thema Thomas Wegmann: Artistik. Zu einem Topos literarischer Ästhetik im Kontext zirzensischer Künste. In: Zeitschrift für Germanistik (20) 2010, 3, 563–582.

37 Joseph Roth: Der Frühlingszirkus. In: Werke 1: Das journalistische Werk 1915–1923. Hg. von Klaus Westermann. Köln, Amsterdam 1989, S. 988–990, hier S. 989.

heute auf morgen und von der Hand in den Mund – Strandgut des Lebens, aber auch Virtuosen des Provisoriums.

III. Hochstapler

Der ausgedehnten geographischen Dispersion der Nomaden entspricht im vertikalen sozialen Schnitt die Durchlässigkeit sozialer Rollen: Der Hochstapler, in der Literatur des ausgehenden 19. Jahrhunderts eine eher aparte Figur, die sich in der Welt bürgerlicher Emporkömmlinge noch im Schein aristokratischer Galanterie und Liebeswürdigkeit sonnte, erweist sich nun, unter dem Druck der anomischen sozialen Verhältnisse des Bürgerkriegs und der Nachkriegsgesellschaft, als effizienter sozialer Trickster.[38] Roths Hochstapler sind nicht die eleganten Gauner der Trivialliteratur, die mit Sportwagen, Smoking und charmanter Begleitung steinreiche russische Aristokraten um ein kleines Vermögen erleichtern und am Roulettetisch wieder verspielen, sondern Flüchtlinge, die um ihr Überleben kämpfen, Vertriebene, die eine Unterkunft, Auswanderer, die eine Bleibe, Heimkehrer, die einen Platz im Leben suchen: „Im Hotel Savoy konnte ich mit einem Hemd anlangen und es verlassen als der Gebieter von zwanzig Koffern", rühmt sich Gabriel Dan seiner notgeborenen Schwindeleien.[39] Franz Tunda, der in Galizien als Sohn eines österreichischen Majors und einer polnischen Jüdin geboren wurde, borgt sich in Sibirien die Identität eines jüngeren Bruders seines polnischen Freundes – er bekommt „ein falsches Dokument auf den Namen Baranowicz, war nunmehr in Lodz geboren."[40] Heimgekehrt findet Tunda Freude an der Rolle des Schwindlers und baut mit pedantischer Gründlichkeit seine dubiose Existenz als heimgekehrter ‚Sibiriak' aus:

> Man fragt mich nach meinen Erlebnissen, und ich lüge, so gut ich kann. Um nicht in Widersprüche zu geraten, habe ich angefangen, alles aufzuschreiben, was ich im Laufe einiger Wochen erfunden habe [...] ich amüsiere mich dabei; ich bin gespannt darauf, was ich weiter schreiben werde.[41]

Als „eine Art Hochstapler" bezeichnet sich auch Naphtali Kroj, der Ich-Erzähler in Roths Fragment gebliebener Erzählung *Erdbeeren*: „Ich habe einen falschen Paß, keinen Taufschein, keinen Stammbaum."[42] In der

---

38 Vgl. dazu Hans Richard Brittnacher: Betrug auf hohen Touren. Walter Serners Poetik sozialer Mobilität. In: Unterwegs. Beiträge zur Poetik des Vagabundentums im 20. Jahrhundert. Hg. von Hans Richard Brittnacher und Magnus Klaue. Köln, Weimar 2008, S. 71–88.

39 Roth, Hotel Savoy, Werke 4, S. 150.

40 Roth, Die Flucht ohne Ende, Werke 4, S. 393.

41 Roth, Die Flucht ohne Ende, Werke 4, S. 431.

42 Joseph Roth: Erdbeeren. In: Werke 4, S. 1008–1036, hier S. 1008.

Erinnerung an sein Leben in der osteuropäischen Heimat wird auch die Vision einer sozialen Ordnung sichtbar, die sich an den Menschen hielt, nicht an ein erst durch Personalpapiere in seiner Existenz dokumentiertes Wesen: Der Hochstapler ist so gesehen zwar ein Ganove, aber ihn umgibt noch die Aura patronaler Bonhomie, eine Erinnerung an eine bessere, untergegangene Welt vor dem Zeitalter moderner Bürokratie und ihrer Schikanen.[43] Dass, wer kein Dokument seiner selbst besitzt, ein Phantom ist, verwandelt Roth in der Glosse *Die Heimkehr des Imre Ziska* zum Anlass einer absurden Kasuistik. Der Notar, der anderen kraft seines Amtes ihre Existenz beglaubigte, wird unversehens ausgewiesen: „Irgendein Wahnsinn muß die Gesetze erfaßt haben, daß sie sich selbst *ad absurdum* führten".[44] Der Notar wird heimatlos, denn auf dem nach dem Ersten Weltkrieg zerfallenen Staatsgebiet der Tschechoslowakei hat keine der übriggebliebenen Nationen mehr Verwendung für ihn, weder die Slowaken noch die Ungarn:

> Zwischen den Grenzen hing Imre Ziskas dokumentarisches Ich in der Luft und zappelte mit den heimatwehen Beinen. Körperlich war der Notar vorhanden, staatsbürgerlich existierte er nicht. In keinerlei Grundbüchern stand sein Name verzeichnet. Pflicht- und rechtlos, unbeglaubigt und problematisch lebte der Notar. Er atmete, aß und trank, also war er. Er dachte sogar und lebte also, auch im philosophischen Sinne. Aber er bekam keinen Paß. Und also lebte er nicht.[45]

Die Not des rumänischen Notars Imre Ziskas, der vergeblich um einen Pass kämpfte, und die noch dringendere all der Deserteure, die aus Kriegen und Bürgerkriegen flüchten, die nicht die ihren sind, und in Grenzschänken auf Passagierscheine und Fluchthelfer warten, ist das Lebensrecht von Gestalten wie Kapturak, der gleich in mehreren Romanen Roths seinen Auftritt hat. Kapturak, der Schmuggler und Fälscher, ist der Herr der Sümpfe und der Gott des Grenzlandes, zu dem jene beten, die keine Hoffnungen mehr haben, aber Papiere brauchen. Die Hochstapelei als soziales Krisenmanagement der Deterritorialisierten und die Fälschung als Akt der Re-Legitimierung der von einer mörderischen Politik Delegitimierten sind Techniken der Suspendierung der Macht, ihre Betreiber die Virtuosen eines von den Zeitläuften erpressten improvisierten Lebens.

---

43 Vgl. dazu Thomas Rahn: Aufhalter des Vagabunden. Der Verkehr und die Papiere bei Joseph Roth. In: Unterwegs. Zur Poetik des Vagabundentums im 20. Jahrhundert. Hg. von Hans Richard Brittnacher und Magnus Klaue. Köln, Weimar, Wien 2008, S. 109–126, hier v.a. S. 119f.

44 Joseph Roth: Die Heimkehr des Imre Ziska. In: Werke 1, S. 778–780, hier S. 779.

45 Roth, Heimkehr, Werke 1, S. 779.

Ihren Platz haben Roths Überlebenskünstler in den charakteristischen Räumen des Nomadischen, der Grenze. Sie bildet eben nicht, wie es ihre politischen Propagandisten wollen, den Ort einer Politik der Reterritorialisierung, die nach Phasen kriegsbedingter Diffusionen wieder säuberlich das eine Staatsgebiet vom anderen trennt, sondern sie ist im Universum Roths der Anlass der Deterritorialisierung, ihr wird geradezu der Zweck zugeschrieben, überschritten zu werden. Zumeist befindet sich die Grenze nicht nur zwischen zwei Nationen, sondern auch zwischen Wildnis und Zivilisation – hier beginnt die allmähliche soziale Amorphisierung der Bewohner. In der Garnisonsstadt, in der Franz Josef von Trotta im *Radetzkymarsch* Dienst tut, regnet es, bis die Landschaft ihre Konturen verliert und die ukrainische Steppe wieder zum Urgrund des Lebens wird, zum Sumpf. Es gibt nur wenige Autoren in der ersten Hälfte des 20. Jahrhunderts, die ihren Lesern so ergiebige Regenfälle beschert haben wie Joseph Roth. Ausdruck einer mittrauernden Natur angesichts einer Welt, die im Sterben liegt, aber auch Ausdruck einer Rückkehr der Natur, die sich wiedernimmt, was ihr entwendet worden ist. Im *Falschen Gewicht* ist es sogar Blut, das vom Himmel auf die Erde regnet: es warnt die Welt vor falschen zivilisatorischen Hochmut und erinnert an die Herkunft des Lebens aus dem Morast. Mitten im Sumpf liegt Progody, die Heimat von Nissen Piczenik im *Leviathan*; für den Korallenhändler ist der Sumpf ein Sehnsuchtsort, den er allabendlich aufsucht, versunken in Träumen, in denen die feste Ordnung versinkt.[46] Die Grenzstadt B., in der Carl Joseph von Trotta im *Radetzkymarsch* Dienst tut, liegt inmitten von Sümpfen und ihrer unheimlichen Bewohner:

> Sumpfgeborene waren die Menschen dieser Gegend. Denn die Sümpfe lagen ausgebreitet über der ganzen Fläche des Landes, zu beiden Seiten der Landstraße, mit Fröschen, Fieberbazillen und tückischem Gras, das den ahnungslosen, des Landes unkundigen Wanderern eine furchtbare Lockung in einen furchtbaren Tod bedeutete.[47]

Ein Sumpf umgibt auch Zlotograd, wo der Eichmeister Anselm Eibenschütz sein Amt verrichtet, inmitten von armen jüdischen Krämern, von kleinen Betrügern und von großen, unter Maronibratern und Zigeunern. Zlotograd und die Grenzstadt im *Radetzkymarsch* sind ähnlich wie das

---

[46] Vgl. dazu Jürgen Heizmann: Das ozeanische Gefühl. Zur Symbolik des Wassers in Joseph Roths Leviathan. In: Die Welle: das Symposium. Hg. von Hans-Günther Schwarz, Geraldine Guitiérrez de Wienken und Frieder Hepp. München 2010, S. 110–119, hier v.a. S. 114.

[47] Joseph Roth: Radetzkymarsch. In: Werke 5: Romane und Erzählungen 1930–1936. Hg. von Fritz Hackert. Köln, Amsterdam 1990, S. 139–455, hier S. 258.

Sibirien in *Flucht ohne Ende* oder in *Der stumme Prophet* der äußerste Rand, die Peripherie der Peripherie. Weil hier die Gesetze der Ordnung auf dem Kopf stehen, können auch an die Stelle der komplizierten und schmerzhaften Liebesbeziehungen mit Frauen die männerbündischen und schweigsamen Freundschaften gedeihen, wie zwischen Tunda und Baranovics in *Flucht ohne Ende* oder wie zwischen Friedrich Kargan und seinem Freund Berzejew in *Der stumme Prophet.*

Im Grenzland sind die vom Zentrum erlassenen Normierungen außer Kraft gesetzt: sei es, dass sie ins Leere laufen, gewissermaßen über den Rand ins Nichts stürzen, sei es, dass sie auf dem langen Weg vom Zentrum zum äußersten Randbezirk ihren zwingenden Charakter eingebüßt haben, vielleicht pro forma umgesetzt, gewiss aber nicht akzeptiert werden; oder sei es, dass sie sich an neuem Ort mit dem Gegebenen mischen (müssen) und so eine eigentümlich hybride Existenz erhalten: „Hier stabilisieren sich keine Identitäten oder Verwurzelungen, sondern es kommt zu Entgrenzungen und Vermischungen".[48] Die Menschen an der Grenze fühlen den Krieg früher kommen als die anderen,

> nicht nur, weil sie gewohnt waren, kommende Dinge zu erahnen, sondern auch, weil sie jeden Tag die Vorzeichen des Untergangs mit eigenen Augen sehen konnten. Auch von diesen Vorbereitungen noch zogen sie Gewinn. So mancher lebte von Spionage und Gegenspionage, bekam österreichische Gulden von der österreichischen Polizei und russische Rubel von der russischen.[49]

Seine Vollendung findet der korrosive und subversive Charakter der Grenze in der von der Forschung vieldiskutierten Grenzschenke,[50] ein *melting pot* der Ausgestoßenen, Verschlafenen, Exilierten, wo die Verschlagenheit als Tugend der Überlebenskunst zu ihrem Recht kommt. In der Grenzschenke Podgorzews im *Leviathan*, in der übelbeleumdeten Herberge „Die Kugel am Bein" in *Der stumme Prophet* oder im Gasthof „Zum weißen Adler" in *Tarabas* treffen sich die Schmuggler, Schleuser, Passfälscher, Flüchtlinge und Deserteure, die Lebenskünstler und Profiteure einer aus den Fugen geratenen Zeit, die sich in den illegalen Biotopen in unmittelbarer Grenznähe eingerichtet haben. Der alte Demandt und der alte Jadlowker sind die ehrwürdigen Patrone der alten Gasthäu-

---

48 Ute Gerhard, Von Paßfälschern , S. 81.

49 Roth, Radetzkymarsch, Werke 5, S. 259.

50 Vgl. Joachim Beug: Die Grenzschenke. Zu einem literarischen Topos. In: Co-existent contradiction. Joseph Roth in Retrospect. Hg. von Helen Chambers, Riverside CF. 1991, S. 148–165; vgl. auch Edward Timms: Joseph Roth, die Grenzländer und die Grenzmenschen. In: Viribus unitis. Festschrift für B. Stillfried. Hg. von I. Slawirski und J.P. Strelka. Bern, Berlin, Frankfurt/Main 1996, S. 419–432.

ser, silberbärtige Schriftgelehrte, die den Verfolgten ein Obdach gewährten; ihre Nachkommen jedoch, Leibusch Jadlowker, der eigentlich ein entsprungener Mörder ist und Kramrich heißt, der listenreiche Kapturak, ein böser Zwerg, der sich in fast alle Texte Roths schleicht und die gerissene Euphemia Niekitsch, eine wahre Femme fatale,[51] sind die Betreiber der neuen Grenzschenken, die einer aus den Fugen geratenen Zeit mit ihrer Verschlagenheit trotzen können.

> Was sie nach den bestehenden Gesetzen nicht bekommen oder verkaufen konnten, verschafften sie sich und verkauften sie gegen jedes Gesetz, flink und geheim, mit Berechnung und List, verschlagen und kühn. Ja, manche unter ihnen handelten mit Menschen, mit lebendigen Menschen.[52]

Indem sie unterschlagen und betrügen, ermöglichen sie den Opfern politischer Umwälzungen und staatlicher Normierung das Überleben durch die systematische Flexibilisierung ihrer Identität.
Die Grenzschenke ist auch der Ort der Begegnung mit einem Joseph Roth, darauf hat Sebastian Kiefer in einer schmalen, aber anregenden Monographie verwiesen,

> der oft nur einen Schritt von Sorel und Nietzsche, doch viele Tagesmärsche von Marx und Saint-Simon entfernt liegt: Kapturak, nirgends hingehörend als in die Zwischenräume der Ordnungen wie Benjamin Lenz in der *Stumme Prophet*, verrät, wie Lenz, alle an alle und verhehlt seine Lust daran auch gar nicht.[53]

Tari-Bari, die russische Kneipe in Paris, ist der exterritoriale Ort schlechthin, wo die Zeit stillsteht wie die Uhren, die hier längst zu schlagen aufgehört haben. Keine von Roths Grenzschenken kennt Sperrzeiten, sie stehen rund um die Uhr jedem offen, der sich im Konflikt mit der bürgerlichen Welt befindet. Ihren ultimativen Ort findet die Grenze im Bordell jener sibirischen Stadt, wo Baranowicz einmal jährlich seine Geliebte, die Prostituierte Jekaterina Pawlowna aufsucht. An Jekaterina hat die Zeit ihr grausames Werk getan, sie „verlor einen Zahn nach dem anderen und sogar das falsche Gebiß",[54] und schließlich, in dem Maße, in dem sie ihre Ansehnlichkeit einbüßt, auch ihre Freier. Aber in Baranovicz erlebte sie eine neue Liebe, die späte Sehnsucht einer späten Braut: „Jedes Jahr wurde ihre Zärtlichkeit stärker, ihre Leidenschaft

---

51 Vgl. dazu Almut Hille: Lise, Euphemia ... Carmen! Die ‚Schöne Zigeunerin' in der deutschsprachigen Literatur nach 1900. In: Fremdes Begehren. Transkulturelle Beziehungen in Literatur, Kunst und Medien. Hg. von Eva Lezzi und Monika Ehlers. Köln, Weimar, Wien 2003, S. 82–94.

52 Roth, Radetzkymarsch, Werke 5, S. 258.

53 Sebastian Kiefer: Braver Junge – gefüllt mit Gift. Joseph Roth und die Ambivalenz. Stuttgart, Weimar 2001, S. 134.

54 Roth, Die Flucht ohne Ende, Werke 4, S. 394.

heißer, sie war eine Greisin, mit welkem Fleisch genoß sie die erste Liebe ihres Lebens."[55] Ute Gerhard hat darauf hingewiesen, dass diese eigentlich karnevalistische Zusammenstellung von körperlichem Zerfallsprozess und heißer Leidenschaft, von Leben und Tod, sich erkennbar gegen die modernen hygienischen Normalisierungen wendet, wie sie ihren Niederschlag in der bürgerlichen Ehe nicht minder wie der sexuell gewissermaßen unbedenklichen Beziehung zwischen dem kerngesunden Franz Tunda und der jungen Funktionärin Natascha findet. Das Zugleich von „welkem Fleisch" und „heißer Liebe" hingegen gehört zu den Ambivalenzen an exterritorialem Ort.[56]

Hinter der Grenze liegt die Natur als Ort der Sehnsucht, der Auflösung, der Wärme. An der Produktion der Romane zwischen 1932 und 1939 lässt sich ablesen, wie mit der zunehmenden politischen Hoffnungslosigkeit die Diagnosen immer klarer werden, während sich die Perspektiven zunehmend verdunkeln und Phantasien der Selbstauslöschung unwiderstehlich zum regressiven Fluchtort eines depressiven Alkoholismus integrieren, der sich mit traurig-schönen Geschichten in den Schlaf weint. Da können sogar die sibirischen Sümpfe zu elysäischen Feldern werden, leben hier doch jene in Frieden, die mit der Zivilisation abgeschlossen haben und ihr Leben den Rhythmen der Natur anzupassen verstehen wie Jan Baranovicz, der Pole, der als Strafgefangener nach Sibirien gekommen war und später freiwillig dort geblieben ist:

> Er wurde Mitarbeiter einer wissenschaftlichen Expedition zur Erforschung der Taiga, wanderte fünf Jahre durch die Wälder, heiratete dann eine Chinesin, ging zum Buddhismus über, blieb in einem chinesischen Dorf als Arzt und Kräuterkenner, bekam zwei Kinder, verlor beide und die Frau durch die Pest, ging wieder in die Wälder, lebte von Jagd und Pelzhandel, lernte die Spuren der Tiger im dichtesten Gras erkennen, die Vorzeichen des Sturms an dem furchtsamen Flug der Vögel, wußte Hagel- von Schnee- und Schneevon Regenwolken zu unterscheiden, kannte die Gebräuche der Waldgänger, der Räuber und der harmlosen Wanderer, liebte seine zwei Hunde wie Brüder und verehrte die Schlangen und die Tiger.[57]

In den Sumpf, den Ort der Zivilisationsferne schlechthin, zieht sich auch der Maronibrater Sameschkin im *Falschen Gewicht* zurück, weil er weiß, wie das Leben an der Grenze zur Zivilisation den Menschen verdirbt:

> So töricht, wie er den Leuten erscheinen mochte, war er nicht. Er ahnte alles, und er beschloß bei sich, nie mehr in diese giftige Gegend zu kommen. Es war ein großartiger Frühlingstag, an dem er wegzog. [...] Die Lerchen trillerten hoch im Himmel, und die Frösche quakten ebenso fröhlich unten in den

---

55 Roth, Die Flucht ohne Ende, Werke 4, S. 394.
56 Vgl. Ute Gerhard, Von Paßfälschern„ S. 82.
57 Roth, Die Flucht ohne Ende, Werke 4, S. 393.

> Sümpfen. Und er ging, der gute Sameschkin, so für sich hin, so des Wegs dahin. [...] Nie mehr komme ich hierher, sagte er sich. Und es schien ihm, daß ihm die Lerchen und die Frösche recht gaben.[58]

Der Eichmeister Eibenschütz, der hier, in den Sümpfen Zlotograds, als Opfer eines gewaltsamen Mordes zugrunde ging, ohne ein Spur zu hinterlassen – „So also starb der Eichmeister Anselm Eibenschütz, und, wie man zu sagen pflegt: Kein Hahn krähte nach ihm."[59] – ist in dieser Perspektive nicht länger ein Beamter aus dem fernen Wien, der gescheitert ist, das Opfer eines *going native* ins galizische Herz der Finsternis, der einer verschlagenen Bevölkerung, einer betäubenden Natur und einer betörenden Frau erlegen ist, sondern ein Mann, der durch Euphemia Niekitsch den Lockruf der Resignation gehört hat und ihm bis zum Ende folgte, bis er buchstäblich „Zu-Grunde" geht und im Sumpfe seine Ruhe findet[60] – ähnlich dem Schicksal Nissen Piczeniks im *Leviathan*, der nicht einfach als Schiffbrüchiger in den Fluten des Meeres ertrinkt, sondern nach Auskunft des Erzählers einem mythischen Ruf folgte: „Er war [...] zu den Korallen heimgekehrt, auf den Grund des Ozeans, wo der gewaltige Leviathan sich ringelt."[61]

---

58 Roth, Das falsche Gewicht, Werke 6, S. 223.
59 Roth, Das falsche Gewicht, Werke 6, S. 223.
60 Dies gegen Telse Hartmann: Kultur und Identität. Szenarien der Deplatzierung im Werk Joseph Roths. Tübingen und Basel 2006, S. 62.
61 Joseph Roth: Der Leviathan. In: Werke 6, S. 544–574, hier S. 574.

Kunst des Erzählens

Jürgen Heizmann

Mythen und Masken

Figuren- und Wirklichkeitsgestaltung bei Joseph Roth

„In der fiktionalen Literatur handeln Menschen von Fleisch und Blut." Dieser Behauptung des Schweizer Psychologen Hans Aebli[1] würde heute wohl kaum noch ein Literaturwissenschaftler guten Gewissens zustimmen. Der lebensweltliche Umgang mit literarischen Figuren, der diese mit real existierenden Personen gleichsetzt und sie nach den selben psychologischen Kriterien beurteilt, gilt heute als veraltet, verfehlt, ja unwissenschaftlich. Wer durch die strengen Schulen des Formalismus und Strukturalismus gegangen ist, weiß, dass die Akteure einer fiktionalen Erzählung als Signifikantenstruktur und Textkonstrukte zu betrachten und im Hinblick auf ihre Funktion und das in der Tiefenstruktur verborgene Aktantenmodell zu untersuchen sind. Fiktionale Charaktere, das lernt ein Student der Literaturwissenschaft heute bereits in einem Proseminar, sind keineswegs echte Menschen mit Persönlichkeit und Innenleben, sondern aus Fantasie, Nachahmung und Erinnerung gebildete „paper people, without flesh and blood."[2]

So gewinnbringend sich die rigiden wissenschaftlichen Methoden erwiesen haben, haftet ihnen doch etwas vom Grau einer Theorie an, die den goldenen Baum des Lebens nicht zu fassen versteht. Das Leseerlebnis bleibt dabei meistens auf der Strecke. Für viele Leser besteht der größte Reiz eines Romans oder einer Erzählung gerade darin, einer literarischen Figur nahe zu sein, an ihren Handlungen teilzunehmen und Einblick in ihre Persönlichkeit, in ihr Denken und Fühlen zu bekommen. Die bleibenden Werke der abendländischen Literaturgeschichte sind fest an eine Figur gekoppelt. Don Quixote, Robinson Crusoe, Werther, Kapitän Ahab, Rodion Raskolnikov, Frankenstein, Madame Bovary gehören quasi zu unserem kollektiven Gedächtnis. Auch wenn wir uns an manche Handlungselemente und Motive dieser Romane nicht erinnern mögen, sind uns diese Figuren, ihr Naturell, ihre jeweilige Disposition, ihre

---

1 Hans Aebli: Zur Vereinbarkeit von Wissenschaft und Literatur. In: Klett Cotta – Das erste Jahrzehnt 1977–1987. Ein Almanach. Hg. von der Verlagsgemeinschaft Klett-Cotta. Stuttgart 1987, S. 20–22, hier S. 20.

2 Mieke Bal: Narratology. Introduction to the Theory of Narrative. Toronto, Buffalo, London 1997, S. 115.

„Welt" vertraut. „Character", schreibt David Lodge darum, „is arguably the most important single component of the novel."[3] Monika Fludernik begreift Bewusstsein sogar als die zentrale Kategorie der Narrativität, die zugleich den fundamentalen Unterschied zur Geschichtsschreibung markiere.[4] Und Mieke Bal erinnert an die oft vergessene Binsenweisheit, dass Literatur von Menschen für Menschen gemacht ist und von Menschen handelt.[5]

Was Romane (und Erzählungen) anderen narrativen Formen, auch und gerade dem Film, voraushaben, ist ihr Vermögen, die Möglichkeiten und Tiefen der menschlichen Psyche darzustellen. Hans Joachim Schädlich, ein Prosaautor unserer Tage, setzt die Vielfältigkeit und Widersprüchlichkeit des Romans mit der Vielfältigkeit und Widersprüchlichkeit des Menschen gleich.[6] Profil gewinnen fiktionale Figuren, indem sie sich an ihrer Umwelt reiben. Ihre Konflikte mit den Mitmenschen, den Institutionen, der Gesellschaft, der Epoche setzen das Geschehen erst in Gang, ermöglichen Handlung, Dialoge und „die Erfahrbarkeit der Welt"[7]. Schon Hegel begriff den Roman als Auseinandersetzung des Individuums mit der Welt; sein Schüler Georg Lukács bezeichnet die Gattung als „Wanderung des problematischen Individuums zu sich selbst"[8]. Für den ungarischen Literaturtheoretiker spiegeln sich die Widersprüche der Welt in der Psyche des nach einem Lebenssinn suchenden Romanhelden, der durch seine Fremdheit zur Außenwelt definiert ist.

Lukács, man weiß es, hat sich bei seinem Verständnis des Genres vor allem an den europäischen Vertretern des psychologisch-realistischen Romans im 19. Jahrhundert orientiert. Joseph Roth knüpft, weit mehr als seine österreichischen Zeitgenossen Broch und Musil, die das Erfassen der Wirklichkeit durch herkömmliche Formen des Erzählens in Frage stellen, weit mehr auch als die internationalen modernistischen Experi-

---

3 David Lodge: The Art of Fiction. London 1992, S. 67.

4 Vgl. Monika Fludernik: Towards a ‚Natural' Narratology. London, New York 1996.

5 Vgl. Bal, Narratology, S. 115. Auch ein Tier oder ein anderes Wesen kann eine literarische Figur sein, immer aber ist ein erlebendes Bewusstsein Voraussetzung für Narrativität.

6 Vgl. Hans Joachim Schädlich: Der Roman. In: „Siegreiche Niederlagen." Scheitern: die Signatur der Moderne (Rowohlt Literaturmagazin 30), hg. von Martin Lüdke und Delf Schmid. Reinbek bei Hamburg 1992, S. 147–153.

7 Vgl. Dieter Wellershoff: Der Roman und die Erfahrbarkeit der Welt. Köln 2010.

8 Georg Lukacs: Die Theorie des Romans. Ein geschichtsphilosophischer Versuch über die Formen der großen Epik. Darmstadt 1971, S. 70.

mentatoren mit den Formen des Erzählens an diese Tradition an. Mit dieser Behauptung soll Roth keineswegs der Konventionalität bezichtigt werden. Vielmehr mischen sich bei diesem Autor traditionelle und moderne Züge auf sehr eigentümliche Weise. So haben Fritz Hackert und Alexander Stillmark gezeigt, dass selbst im *Tarabas* und in der *Beichte eines Mörders*, wo sich Roth altüberlieferter Gattungen wie der Legende und der Beichte bedient, ein kurioses und neues Element hinzukommt: Ort der Erzählung ist nämlich jeweils ein Wirtshaus, und weder mit der Bekehrung des einst mächtigen und grausamen Soldaten Tarabas noch mit der Konfession des Spitzels Golubtschik ist das Unheil aus der Welt geschafft.[9]

Wenn Roth andererseits und sicher nicht zu Unrecht als „geborener Geschichtenerzähler"[10] gefeiert wird, darf man daraus nicht ableiten, er sei ein naiver Autor, dem von der Krise des Erzählens nie etwas zu Ohren gekommen ist. Es gibt metafiktionale und illusionsdurchbrechende Elemente in der Erzählkunst Roths, die zeigen, dass er mit der in der klassischen Moderne leidenschaftlich diskutierten Realismusproblematik durchaus vertraut war. In den späten zwanziger Jahren bekannte er sich zu einer gesprengten Romanform, die auf Psychologie, Spannung und Finalität der Handlung verzichtete und die Figuren nicht als Individuen, sondern als Träger sozialer, politischer und ökonomischer Tendenzen konzipierte. Wir werden uns im vierten und fünften Teil dieses Aufsatzes näher damit befassen.

Sieht man von den Zeitromanen dieser Periode ab, kann man hinsichtlich des Realismusverständnisses von Roth feststellen, dass es bei ihm ein Verschwinden des Plots unter der Fülle des Materials, eine Zersprengung der geschlossenen Form durch Collage und Einbau empirischer Trümmer, wie sie für manche Autoren der klassischen Moderne kennzeichnend sind, nicht gibt. Genaue Beobachtung und Sinn für das Detail führen bei ihm nicht zur Aufnahme des Bedeutungslosen und Zufälligen oder zu einem Verdacht gegen Handlung als artifizielle, von der Wirklichkeitserfahrung abgetrennte Form der Sinnstiftung. Roth hält an der erzählerischen Ordnung fest, das heißt, er sieht eine kausal-

---

9 Vgl. Fritz Hackert: Zum Gebrauch der Gattung Legende bei Joseph Roth. In: „Die Schwere des Glücks und die Größe der Wunder". Joseph Roth und seine Welt. Hg. von der Evangelischen Akademie Baden. Karlsruhe 1994, S. 109–123; Alexander Stillmark: Die Literarische Beichte. Joseph Roth und Dostojewskij. In: Joseph Roth – Der Sieg über die Zeit. Londoner Symposium. Hg. von Alexander Stillmark. Stuttgart 1996, S. 62–78.

10 Joachim Beug: Geschichte und Geschichten. Der Erzähler in dürftiger Zeit. In: Der Sieg über die Zeit, S. 112–125, hier S. 116.

logische Abfolge der Handlung, die auf ein Ende hindrängt, weiterhin als zulässiges und notwendiges Mittel, um Wirklichkeit zu ordnen und zu interpretieren.

> Der wichtigste – und [...] der erhabenste Gegenstand literarischer Behandlung ist der Mensch, der wirkliche, lebendige Mensch. Einen Menschen so darzustellen, dass man ihn sieht, hört, fühlt, ist die Aufgabe der Autoren.[11]

Dieses Credo, ausgesprochen in dem Essay „Schluß mit der Neuen Sachlichkeit", markiert Roths Abschied vom oben erwähnten Zeitroman und seinen typologischen, synthetischen Figuren, mit denen er die komplexe moderne Gegenwart darzustellen versuchte, und seine entschiedene Rückwendung zu einem traditionellen Realismus, dem es, zugespitzt formuliert, um die Darstellung von menschlichen Schicksalen geht. Es scheint sinnvoll, zunächst Roths „klassische", geschlossene Erzählwerke auf die Figurenzeichnung hin zu untersuchen, um darauf die modernistische Abweichung der Zeitromane zu betrachten, gilt doch das Novum, das Verfremdende modernistischer Texte als Differenz zu einer Tradition, wobei der Leser beides: Tradition und Differenz zugleich in den Blick nimmt.[12]

Naiv und lapidar, wie es einer theoretisch unschuldigeren Zeit entsprach, stellte Hermann Kesten 1974 fest, Roth entwickle seine Romane aus Charakteren.[13] Dieser bei Kesten nur angedeutete Gedanke soll hier mit Hilfe neuerer narratologischer Erkenntnisse entwickelt werden. Wie bei Roth der Erzähler eine Figur einführt und auf welche Weise Figur und Handlung einander bedingen und jene Dynamik ergeben, die Peter Brooks den Eros des Erzählens nannte[14], sind dabei leitende Fragen. Schon an dieser Stelle können wir feststellen, dass die Figuren bei Roth eher einfach konzipiert sind. Sie sind nicht komplex und hochreflektiert wie bei Stendhal, sie haben nicht die labyrinthischen und abgründigen Aspekte wie bei Dostojewski, sie weisen nicht die zahlreichen Facetten auf, welche die Figuren Prousts auszeichnen. Im Vergleich zum Personal dieser Romane wirken Roths Akteure wo nicht *flat*, so doch eindimensional, in ihrer Psychologie eher Gestalten der klassischen und romanti-

---

11 Joseph Roth: Werke. Bd. 1–6. Hg. von Fritz Hackert und Klaus Westermann. Köln 1989. Die Verweise auf diese Ausgabe bestehen im Folgenden jeweils aus Autor, Bandnummer und Seitenzahl. Hier: Roth, Werke 3, S. 157.

12 Vgl. Mario Andreotti: Die Struktur der modernen Literatur. Bern, Stuttgart, Wien 2000, S. 38–39.

13 Vgl. Hermann Kesten: Der Schriftsteller Joseph Roth. In: Joseph Roth. Text + Kritik Sonderband. München 1974, S. 7–9, hier S. 8.

14 Vgl. Peter Brooks: Reading for the Plot. Design and Intention in Narrative. Cambridge (MA), London 1984, S. 39.

schen Literatur verwandt, monoman, von *einem* Gedanken, von *einer* Leidenschaft geführt und beherrscht. Dennoch erscheinen diese Figuren glaubwürdig, plastisch und realitätsnah, und sie machen keinen geringen Teil der Wirkung von Roths Werken aus.

Von Figurengestaltung lässt sich nicht sprechen, ohne auf die Handlung einzugehen, darum soll zunächst der Zusammenhang von Figur und Handlung geklärt werden. Die Bedeutung der Figuren und ihre Verknüpfung mit der Plotentwicklung mag für die legendenhaft angelegten Romane und Erzählungen wie *Hiob, Tarabas, Beichte eines Mörders* und *Die Legende vom heiligen Trinker*, in denen, den Gesetzen der Gattung folgend, der Lebenswandel eines Menschen und sein Bekehrungserlebnis im Vordergrund stehen, unmittelbar einleuchten, soll hier aber an den Beispielen von Carl Joseph Trotta im *Radetzkymarsch* und Nissen Piczenik im *Leviathan* vorgeführt werden. Franz Tunda in *Die Flucht ohne Ende* und Paul Bernheim in *Rechts und Links* sind Zeittypen und stehen beispielhaft für Roths modernistische Phase, bei welcher der Konnex von Charakter, Handlungsfortgang und traditionellem Spannungsaufbau aufgelöst wird.

I. Figur und Handlung

In seinem Essay „Der Erzähler" liefert Walter Benjamin ein bestechendes Argument dafür, warum die Lektüre von Erzählungen nicht nur ästhetischen Reiz hat, sondern auch einen kognitiven und ethischen Wert darstellt. Der Sinn des Lebens, so Benjamin, offenbart sich erst im Tod. Dieses Ende und das damit verbundene Wissen, das uns im Leben verschlossen bleibt, wird uns in Erzähltexten zugänglich. Die Bedeutung einer die Erzählung tragenden Figur und ihrer Handlungen lassen sich vom Ende her bestimmen. Der Leser eines Romans, argumentiert Benjamin, sucht „wirklich Menschen, an denen er den ‚Sinn des Lebens' abliest. Er muß daher, so oder so, im voraus gewiß sein, daß er ihren Tod miterlebt. Zur Not den übertragenen: das Ende des Romans."[15]

Protagonisten von Romanen und Erzählungen sind am Ende einer Geschichte auch an das Ende ihrer Reise angekommen; was sie an Wissen gewonnen haben, ist für uns in der Erzählung greifbar. Beginn und Ende eines Erzähltextes stehen darum immer in einer spannungsvollen Beziehung. Beide beschreiben einen Zustand, einen Moment der Ruhe, in den erst durch den Mittelteil eine Dynamik eintritt. Welche Verände-

15 Walter Benjamin: Der Erzähler. Betrachtungen zum Werk Nikolai Lesskows. In: Walter Benjamin: Gesammelte Schriften II.2. Hg. v. Rolf Tiedemann u. Hermann Schweppenhäuser. Frankfurt/Main 1977, S. 438–465, hier S. 456.

rungen haben zwischen dem Anfang und dem Ende stattgefunden? Diese Frage ist wesentlich bei der Analyse von Figuren.

Handlung setzt immer erst dann ein, wenn die Ruhe ihren Zustand verändert, wenn eine Bewegung entsteht oder Irritation und Spannung aufkommt. Nur dies ermöglicht in realistischen Erzähltexten Erzählbarkeit. Das Normale, Banale und Immergleiche ist in diesem narrativen Modell nicht erzählbar und auch nicht erzählenswert. Die nach der Veränderung des Anfangszustandes einsetzenden Geschehnisse bilden die aristotelische Mitte einer Geschichte. Diese Mitte ist durch anhaltende Spannung gekennzeichnet, sie ist ein Hinausschieben, ein Umweg, ein Zögern vor dem Ziel der neuerlichen Ruhe. Die Erzählung drängt auf ihr Ende zu, aber es muss innerhalb ihrer Bedeutungsstruktur das richtige, das für die Figur passende Ende sein.

Das Potenzial einer Figur erschließt sich dem Leser nicht sofort. Das Paradox narrativer Texte besteht darin, dass ihr Charakter erst am Ende ganz sichtbar wird, ihre Menschwerdung gewissermaßen erst dann abgeschlossen ist, sie aber schon zu Beginn auftritt. So versteht der Leser, welche Ambition sie treibt, was sie begehrt, was ihr zur vollen Menschwerdung fehlt und warum die Geschichte sich ereignet hat. Die Hauptfiguren Roths zeichnen sich durch einen defizitären Status aus oder leiden einen Mangel; etwas in ihrer Existenz fehlt und muss erst noch verwirklicht oder erreicht werden, damit sie zu sich finden. Die vielbeschworene Identifikation des Lesers mit einer literarischen Figur hängt von dessen Anteilnahme am Bestreben der Figur ab. Das Phänomen der Identifikation wurde von der Literaturtheorie bisher entweder ignoriert oder mit negativem Vorzeichen behandelt, es ist jedoch ein wesentlicher Aspekt der Rezeption.

Die bisherigen Ausführungen haben bereits verdeutlicht, wie eng Figur und Handlung in dieser Konzeption miteinander verbunden sind. In der Geschichte der abendländischen Literaturtheorie tobt bekanntlich seit Aristoteles ein Streit, ob Figuren nur eine Funktion der Handlung und dieser also völlig untergeordnet seien oder ob nicht, im Gegenteil, die Handlung sich lediglich durch die sukzessive Entwicklung der Figur ergebe. Nach aristotelischer Auffassung gebührte der Handlung das Primat, wobei für ihn der Charakter der Figuren und ihre Gefühlslage durch ihre Handlungen deutlich wurde. Die entgegensetzte Auffassung vertraten insbesondere die Vertreter des Bildungs- und Entwicklungsromans sowie der psychologischen Erzählliteratur. Wir dürfen diese Auseinandersetzung heute, Christian Bode folgend, als Streit um des Kaisers Bart betrachten, denn „Figur und Handlung sind gegenseitig aufeinander angewiesen“[16], wobei die Akzente verschieden gesetzt werden können. Ein handlungsorientiertes Genre wie der Abenteuerroman ist ganz entschieden *plot driven*, das heißt, die Ereignisse stehen im Vordergrund und die, oft austauschbaren, Figuren dienen nur dazu, die Handlung voranzutreiben. In der trivialen Variante des Genres können Motivation und Glaubwürdigkeit der Figuren dabei ganz auf der Strecke bleiben. Als *character driven* bezeichnet man heute hingegen Erzählweisen, in der sich „der Handlungsgang scheinbar wie von selbst aus den Anlagen, den Absichten und dem Tun einzelner Figuren“[17] ergibt.

Die Dominanz der Handlung, der Aristoteles das Wort redete, rührt vermutlich daher, dass er seine Poetik vor allem vom Drama ableitete und den modernen Roman und seine Möglichkeiten der Darstellung innerer Kämpfe und Leidenschaften, von Gedankenfolgen und Assoziationen nicht kannte.[18] Natürlich spielt hier aber auch der kulturhistorische Umstand eine Rolle, dass die Entdeckung des Individuums, seines Eigenwertes, seiner Unverwechselbarkeit, seines Innenlebens erst in der Neuzeit erfolgte. Milan Kundera sieht darum nicht nur den Philosophen Descartes, sondern auch den Romancier Cervantes als Begründer der Neuzeit.[19] Aber auch wenn die Bedeutung der Figur in der heutigen Erzählforschung unumstritten ist, gibt es bislang kein umfassendes Modell für diese narratologische Kategorie. Das hängt mit ihrem menschlichen Aspekt zusammen, der sich schwer in ein Schema pressen lässt. Das von Greimas entwickelte Aktantenmodell betrifft ja nur die *story*-Ebene einer Geschichte, die individuellen Verkörperungen dieser Modelle auf der *discourse*-Ebene interessieren in dieser Optik gar nicht. Schädlichs Bemerkung, es gebe so viele Menschentypen wie Romane, weist auf die unendliche Vielfalt der Figuren auf der *discourse*-Ebene hin. Wie kann ein solch unendlicher und sich permanent wandelnder Gegenstand wissenschaftlich erfasst werden? Wie kann man bei der Figurenwahrnehmung wieder etwas von jenem Reiz zurückzugewinnen, der in den abstrakten Schemata der Strukturalisten verloren ging, ohne jedoch in eine naive anthropomorphe Betrachtungsweise zurückzufallen?

Die auf Thomas Pavel zurückgehende und dann vor allem von Marie-Laure Ryan weiter entwickelte *Theorie möglicher Welten* (*theory of possible worlds*) bietet hier eine Antwort. Diese Theorie begreift fiktionale Figuren

---

16 Christoph Bode: Der Roman. Tübingen und Basel 2005, S. 126.

17 Einführung in die Erzähltextanalyse. Hg. v. Silke Lahn und Christoph Meister. Stuttgart, Weimar 2008, S. 219.

18 Darauf weist schon Edward Morgan Forster in seinem Klassiker Aspects of the Novel (New York 1927, S. 126–127) hin.

19 Vgl. Milan Kundera: Die Kunst des Romans. Frankfurt/Main 1989, S. 12.

als denkbare Personen, die in einer alternativen Welt leben. Kapitän Ahab ist kein Mensch, der in der wirklichen Welt vorkommt, aber Ahab ist auch kein leerer oder bloß selbstreferentieller Name; er bezieht sich auf ein Individuum, das in der erzählten Welt Herman Melvilles erscheint. Die erzählte Welt – dies ist der fundamentale Gedanke der *possible worlds theory* – muss unterschieden werden nach einer tatsächlich existierenden, sozusagen autonomen Welt (*actual, factual world*) und möglichen anderen Welten (*modalized propositions*), die im Bewusstsein einer Figur existieren:

> The narrative universe has an actual world of its own, free of specific propositional attitudes: the domain regarded as actual and real by the characters of the narrative universe. Other domains of the narrative universe are subjected to propositional attitudes and are therefore relative to the world-representing acts of individuals, their beliefs and wishes, predictions and inventions.[20]

Die alternativen Privatwelten, seien es mythische, visionäre, Traum- oder Wunschwelten deuten alternative Plot-Entwicklungen an und bewirken die Konflikte, die sich im Handlungsfortgang der Erzählung ergeben: „als Konflikte zwischen der Wirklichkeit und einer dieser privaten Welten oder auch als Konflikte innerhalb dieser privaten Welten".[21] Nach Phelan weist das Interesse des Lesers an den Figuren sowie am Handlungsfortgang, Phelan schlägt den Begriff „Progression" vor, drei Aspekte auf:

Erstens ein mimetisches Interesse, wobei die Figuren als mögliche Personen aufgefasst werden und die Welt, in der sie handeln, als eine zwar fiktionale Welt, die aber zumindest in einigen Punkten unserer Welt ähnlich ist.

Zweitens ein thematisches Interesse, wobei die Figuren als Vertreter einer größeren Gruppe, einer Idee, einer Weltanschauung wahrgenommen werden und bei der Handlung vor allem Wertaxiomatik und Weltbild ins Blickfeld kommen.

Drittens ein synthetisches Interesse, wobei die Figuren als Artefakte und die Handlung als Konstruktion begriffen wird.[22]

---

20 Ruth Ronen: Paradigm Shift in Plot Models. An Outline of the History of Narratology. In: Poetics Today 11.4 (1990): S. 817–842, hier S. 838.

21 Monika Fludernik: Einführung in die Erzähltheorie. Darmstadt 2006, S. 121.

22 Vgl. James Phelan: Narrative Theory, 1966–2006. A Narrative. In: Robert Scholes, James Phelan und Robert Kellogg: The Nature of Narrative. New York 2006, S. 283–336, hier S. 302–314. Siehe auch James Phelan: Reading People, Reading Plots. Character, Progression, and the Interpretation of Narrative. Chicago, London 1989.

In nicht-realistischen Erzähltexten dominiert der synthetische Aspekt, während der mimetische Aspekt entweder in den Hintergrund tritt oder vor allem durch offenkundige Verstöße gegen seine Regeln präsent ist. In realistischen Erzähltexten hingegen stehen der mimetische und der thematische Aspekt im Vordergrund, während der synthetische Aspekt nur eine untergeordnete Rolle spielt. Das Figurenarsenal Roths ist selbstverständlich zu reich und seine Erzählmethoden sind zu vielseitig, um in einer einzigen kurzen Studie erfasst werden zu können. Es soll hier nur ansatzweise der Versuch unternommen werden, einige Muster der Figurendarstellung und der Interaktion von Figur und Handlungsfortgang bei Roth aufzuzeigen. Spätere Detailstudien mögen die Befunde erweitern und ergänzen.

II. Heldenträume

Carl Joseph von Trotta, der Protagonist in Joseph Roths *Radetzkymarsch*, wird von dem auktorialen Erzähler situativ eingeführt. Wir erleben ihn zum ersten Mal als fünfzehnjährigen Kadettenschüler im Haus seines Vaters, des Bezirkshauptmanns Franz Freiherrn von Trotta und Sipolje. Es ist Sonntagmorgen und Carl Josephs erster Ferientag, doch die Sommerferien beginnen für ihn mit einer dreistündigen Examinierung durch seinen Vater. Auch wenn das Verhältnis zwischen Vater und Sohn nicht ohne Zärtlichkeit ist, wird hier sofort etwas von dem Drill und dem Zwang deutlich, dem der junge Carl Joseph ausgesetzt ist. Er trägt Sonntagsuniform, hat vor seinem Vater, „wie es Vorschrift war“[23], die Mütze abzunehmen und die Hacken zusammenzuschlagen. Das Amtliche des für Carl Joseph recht qualvollen Vorgangs, der Prüfung und zugleich Rapport ist über das abgeleistete Jahr, wird auf diskursiver Ebene dadurch unterstrichen, dass der Vater fast immer mit seinem Titel genannt wird. Carl Joseph, dem Jahre später bewusst wird, dass er „seit seiner frühesten Knabenzeit“[24] gehorchen und sich dem militärischen Gesetz unterwerfen musste, erscheint als später Nachfolger jener Kadettenschüler (und Gymnasiasten), die seit Ende des 19. Jahrhunderts in der deutschen Literatur auftreten und die Krise der Erziehung und des jungen Menschen spiegeln.[25] Die Welt der Lehrer, der Eltern, der Autoritäten wird in diesen Werken zusehends als Bedrückung und Drangsalierung dargestellt. In seinem Film *Oberst Redl*, der zum Teil durch Roths

23 Roth, Werke 5, S. 158.

24 Roth, Werke 5, S. 328.

25 Vgl. Robert Minder: Kadettenhaus, Gruppendynamik und Stilwandel von Wildenbruch bis Rilke und Musil. In: Ders.: Kultur und Literatur in Deutschland und Frankreich, Frankfurt/Main 1962, S. 73–93.

Radetzkymarsch inspiriert wurde, hat István Szabó die Disziplinierung des Jugendlichen in der Militärschule in eindringlichen Bildern präsentiert.

Obwohl die väterliche Prüfung bereits ahnen lässt, dass Carl Joseph kaum Talent für eine militärische Laufbahn besitzt – er ist ein schlechter Reiter und kennt auch das Dienstreglement nicht so präzise wie sein Vater – , ist er doch eifrig und mit jugendlicher Begeisterung bemüht, den in ihn gesetzten Erwartungen nachzukommen. Denn Carl Joseph ist der Enkel des Helden von Solferino, der dem Kaiser einst das Leben rettete. Hans Richard Brittnacher hat gezeigt, wie diese Rolle des Enkels, dem Kadettenschüler und späteren Leutnant immer wieder als Mahnung und Ansporn vor Augen geführt, von Carl Joseph „bis an die Grenze des Identitätsverlustes internalisiert“[26] wurde. Das zeigt sich bereits in den von der eigenen Bedeutung und von einem romantischen Heldentod berauschten Vorstellungen des fünfzehnjährigen Carl Joseph, der nach dem Examen in seinem Vaterhaus den Klängen einer Militärkapelle lauscht:

> Carl Joseph [...] nahm das Spiel der Militärkapelle wie eine Huldigung entgegen. Er fühlte sich ein wenig den Habsburgern verwandt, deren Macht sein Vater hier repräsentierte und verteidigte und für die er einmal selbst ausziehen sollte, in den Krieg und in den Tod. Er kannte die Namen aller Mitglieder des Allerhöchsten Hauses. Er liebte sie alle aufrichtig, mit einem kindlich ergebenen Herzen, vor allen anderen den Kaiser, der gütig war und groß, erhaben und gerecht, unendlich fern und sehr nahe und den Offizieren der Armee besonders zugetan. Am besten starb man für ihn bei Militärmusik, am leichtesten beim Radetzkymarsch. Die flinken Kugeln pfiffen im Takt um den Kopf Carl Josephs, sein blanker Säbel blitzte, und sein Herz und Hirn erfüllt von der holden Hurtigkeit des Marsches, sank er hin in den trommelnden Rausch der Musik, und sein Blut sickerte in einem dunkelroten und schmalen Streifen auf das gleißende Gold der Trompeten, das tiefe Schwarz der Pauken und das siegreiche Silber der Tschinellen.[27]

Wirklichkeit und Traum, Erzählerbericht und Imagination scheinen hier ineinander überzugehen. Carl Josephs Evokationen werden nicht als Bewusstseinsvorgang markiert, so dass das bloß Vergegenwärtigte als materiell existierend erscheint. Diese Technik der erlebten Wahrnehmung findet sich immer wieder im *Radetzkymarsch*, so dass neben der tatsächlichen Welt eine virtuelle Welt sichtbar wird. In der zitierten Passage wird deutlich, wie sehr Carl Josephs Denken und Fühlen durch eine

---

26 Hans Richard Brittnacher: Priester und Paria. Der Offizier in der Literatur des Fin de siècle. In: Willensmenschen. Über deutsche Offiziere. Hg. v. Ursula Breymayer, Bernd Ulrich und Karin Wieland. Frankfurt/Main 2000, S. 189–207, hier S. 195.

27 Roth, Werke 5, S. 160.

heroisch-glanzvolle Wunsch- und Ideenwelt gelenkt ist. Der Fortgang der Handlung wird dadurch bestimmt, dass dieser ihm durch Erziehung vermittelte Mythos von Habsburg und Heldentod immer wieder in Konflikt gerät mit der erfahrenen Außenwirklichkeit, die weit weniger poetische Herrlichkeit besitzt, sich vielmehr banal und dekadent ausnimmt und zunehmend die Auflösungserscheinungen in der kakanischen Welt erkennen lässt. Zudem zeigt sich rasch, dass der empfindsame Enkel der ihm zugedachten Rolle als Nachfolger des nach der Schlacht von Solferino ausgezeichneten Großvaters nicht gewachsen ist und die ihm auferlegte militärische Laufbahn als Zwang und Gefangenschaft empfindet. Schon seine Ernennung zum Leutnant verdankt er vor allem dem familiären Ansehen: „Obwohl er kein ausgezeichneter Reiter war, in der Terrainlehre schwach, in der Trigonometrie ganz versagt hatte, kam er ‚mit einer guten Nummer' durch."[28]

Die heldenhafte Tat des Großvaters, der den Kaiser niederwarf und so vor der tödlichen Kugel eines Scharfschützen bewahrte, erscheint im Roman wie eine Urszene, die der Enkel zwanghaft zu wiederholen sucht. Doch wenn Carl Joseph statt des Kaisers nur noch dessen von Fliegenkot beschmutztes Bild aus einem Bordell retten kann, gleicht er einem Windmühlen bekämpfenden Don Quixote, freilich mit dem Unterschied, dass ihm in solchen Momenten bewusst wird, ein Ritter von der traurigen Gestalt zu sein, der in der falschen Zeit lebt. „Was war ein Offizier im Frieden?!":[29] diese Frage, die er, der auf den Heldentod hin erzogen wurde, sich einmal stellt, verrät ein Bewusstsein über die historische Ferne zu dem verklärten historischen Moment des Großvaters, doch befreien kann er sich von dieser Ideenwelt nicht.

Der jüdische Regimentsarzt Max Demant ist im Roman als Parallelfigur zu Carl Joseph angelegt. Auch er ist unmilitärisch, unglücklich in der Armee und definiert sich über seinen Großvater, der Schankwirt in Galizien war. Doch kaum ist zwischen den beiden Männern eine Freundschaft entstanden, wird Max Demant, nicht ohne Verschulden Carl Josephs, zu einem Duell gefordert, in dem er umkommt. Dieses Ehrenduell nimmt sich im Gesamtgeschehen als absurdes Relikt einer vergangenen Epoche aus, da im Offizierkorps von Disziplin und Moralkodex sonst wenig zu bemerken ist. Die Offiziere der Armee geben sich dem Trunk und dem Glücksspiel hin und vertreiben ihren Ennui mit Bordellbesuchen.[30] Mit dem militärischen Kommando „Einzeln abfallen!"[31]

---

28 Roth, Werke 5, S. 169.
29 Roth, Werke 5, S. 325.
30 Dazu ausführlich Brittnacher, Priester und Paria.
31 Roth, Werke 5, S. 207.

erfolgt der Einzug des Regiments in das Etablissement der Tante Resi, und der Hauptmann Wagner ersinnt einen Kriegsplan nicht für das Schlachtfeld, sondern für das Kartenspiel.[32]

Diese Art der Dekadenz, in der Heldisches und Kriegerisches auf Erotik und Vergnügen reduziert werden, finden wir schon früh auch bei Carl Joseph. Noch an seinem ersten Ferientag wird der fünfzehnjährige Kadett von der weit älteren, verheirateten Frau Slama verführt, Auftakt zu einer Liaison, die ihn den ganzen Sommer über beschäftigt. Er erlebt die Frau zuerst beinahe wie einen Kriegsfeind, der „ein Visier abnimmt", der „kühn" aussieht und ihm „zornig und tapfer" entgegentritt.[33] In der Literatur darf man eine Affäre mit einer älteren, verheiraten Frau als Gefahrenzeichen sehen. Zu einem Happy End führen solche Beziehungen nicht. Selbstverwirklichung, innere Entwicklung, moralische Reife findet Carl Joseph weder in der Urlaubsaffäre mit der Gattin des Gendarmeriewachtmeisters noch später als Leutnant in der Liebschaft zu der gleichfalls viel älteren Frau von Taußig, die, wie sie selbst bemerkt, seine Mutter sein könnte: „Der Leutnant lag an ihrer Brust wie ein Kind."[34] Auch wenn man Frau Slama und Frau von Taußig nicht als Ersatzmütter für den mutterlos aufgewachsenen Carl Joseph deuten mag, wirkt er neben diesen aktiven, dominierenden Partnern passiv, kindlich, „als Objekt und sogar Opfer mütterlicher Frauengestalten."[35]

Carl Josephs sommerliches Liebesabenteuer wird auf ironische Weise mit Heldentum verquickt: Jeden zweiten Nachmittag zur selben Zeit marschiert er gewissermaßen soldatisch in das Gendarmeriekommando zu der wartenden Geliebten, um sich nach dem tête-à-tête, das Parfüm Frau Slamas noch auf der Haut, von seinem Diener Jacques über die Heldentaten seines Großvaters erzählen zu lasssen.[36] Axel Corti und Gernot Roll verleihen in ihrer Verfilmung des *Radetzkymarsch* diesem Handlungsmoment eine zusätzliche spöttische Note, indem der Kadett bei dem Gendarmeriewachtmeister Slama Reitunterricht nimmt, wobei er jedoch nicht sicherer im Sattel wird, aber umso zuverlässiger im Schlafzimmer der Ehefrau landet.

Der *Radetzkymarsch* ist ein Desillusionsroman, der Carl Josephs Träume von einem glanzvollen Geschick immer wieder an der Wirklichkeit zerschellen lässt. Alfred Doppler hat überzeugend argumentiert, dass *Die*

---

32 Roth, Werke 5, S. 307.

33 Roth, Werke 5, S. 249.

34 Roth, Werke 5, S. 319.

35 Brittnacher, Priester und Paria, S. 197.

36 Vgl. John Margetts: Die Vorstellung von Männlichkeit in Joseph Roths Radetzkymarsch. In: Der Sieg über die Zeit, S. 79–95, hier S. 79.

Kapuzinergruft, die ja als Fortsetzung des *Radetzkymarsch* gilt, in ihrem Titel Roths ästhetisches Programm emblematisch zusammenfasse; denn die Kapuzinergruft ist „das Zeichen für die Unversöhnbarkeit von poetischer Erinnerung und gegenwärtiger Wirklichkeit“[37]. Eben diese Unversöhnbarkeit bestimmt auch Carl Josephs seelisches Erleben. Er ist, wie sein Vater, wie der hellsichtige, den Untergang der Monarchie prophezeiende Chojnicki und wie der Kaiser selbst, eine Endfigur, am Ausgang einer Epoche stehend. „Die Zeit will uns nicht mehr! [...] Wir sind [...] die Letzten einer Welt“[38] erklärt Chojnicki dem Bezirkshauptmann, und auch der Kaiser erschrickt vor „der gewaltigen Zeit“.[39] Eine Wendung des chilenischen Romanciers Roberto Bolaño aufgreifend, kann man sagen, dass die Zeit im *Radetzkymarsch* als eine unheilvolle, vor allem aber als zutiefst höhnische Romanfigur auftritt.[40] Als Letzter in der Generationenfolge der Trottas und als jüngster Vertreter im Ensemble der genannten Endfiguren repräsentiert Carl Joseph mehr noch als die anderen das Bewusstsein von Spätzeit und Untergang.[41] Zwar hegt der Leutnant schon früh Fluchtgedanken, will die ihm vorgezeichnete militärische Laufbahn verlassen und als Bauer in Sipolje quasi aus der Geschichte aussteigen: doch diese Vorstellung von einem einfachen, ländlichen Leben ist auch nur eine Projektion Carl Josephs, die sich dem Andenken an den Großvater verdankt, denn dieser hat, erbost über die romantische Sentimentalisierung seiner heroischen Tat in den ärarischen Lesbüchern, die Armee verlassen und sich auf sein slowenisches Landgut zurückgezogen. Carl Joseph schwankt bis zum Ende zwischen dem Solferino-Traum und dem Sipolje-Traum, der ihn vor allem in Momenten der Schwäche und der Zweifel überkommt. Eine eigene Alternative vermag er für sich nicht zu entwickeln.

Als der Bezirkshauptmann seinen Sohn in der Stadt an der östlichen Grenze des Reiches besucht, sehen wir aus seiner Perspektive, welche Spuren die Zeit im Gesicht des jungen Leutnants hinterlassen hat, der Vater hält ihn für krank. Auch Carl Joseph erblickt in dem ihm hingehaltenen Taschenspiegel „ein uraltes Angesicht“,[42] in dem er zugleich den

---

37 Alfred Doppler: Die Kapuzinergruft von Joseph Roth. Österreich im Bewusstsein von Franz Ferdinand Trotta. In: Joseph Roth. Interpretation – Rezeption – Kritik. Hg. v. Michael Kessler und Fritz Hackert. Tübingen 1990, S. 91–98, hier S. 97.

38 Roth, Werke 5, S. 290–291.

39 Roth, Werke 5, S. 353.

40 Vgl. Roberto Bolaño: Die Reise des Álvaro Rousselot. In: Ders.: Der unerträgliche Gaucho. München 2006, S. 90–119, hier S. 90.

41 Vgl. Brittnacher, Priester und Paria, S. 197.

42 Roth, Werke 5, S. 241.

Großvater erkennt, den er sozusagen nie abschütteln kann. Kurz darauf beschreibt der auktoriale Erzähler den zunehmenden Verfall des jungen Trotta, der das Leben in der Kaserne nur noch durch neunziggrädigen Schnaps aushält:

> Man war zufrieden. Leutnant Trotta wußte nur nicht, daß sein Gang unsicher wurde, seine Blusen Flecken hatte, seine Hose keine Bügelfalte, daß an seinen Hemden Knöpfe fehlten, seine Hautfarbe gelb am Abend und aschgrau am Morgen war und sein Blick ohne Ziel. [43]

Grotesk mutet es darum an, wenn Chojnicki den Bezirkshauptmann angesichts des Verfalls der Monarchie mit den Worten beruhigt, „Wir haben noch eine Armee“[44] und dabei auf den völlig betrunkenen, auf einem Stuhl zusammengesunkenen Carl Joseph deutet. Es ist dann auch der besorgte Chojnicki, der den jungen Trotta in Begleitung der Frau von Taußig auf Urlaub nach Wien schickt. Gibt sich Carl Joseph während der Zugfahrt noch Todeswünschen hin und imaginiert den Einsturz der Eisenbahnbrücken, so genügt eine prachtvolle kaiserliche Parade in Wien, um in ihm wieder, so der Erzähler, „die alten kindischen und heldischen Träume“[45] aufsteigen zu lassen, und geblendet von dem Glanz der Uniformen und Karossen überzeugt sich Carl Joseph: „Nein, die Welt ging nicht unter, wie Chojnicki gesagt hatte, man sah mit eigenen Augen, wie sie lebte!“[46]

Für zwei Tage glaubt Carl Joseph wieder von sich, „daß er ein ausgezeichneter Mann sei von vielen Tugenden und sogar ein ‚famoser Offizier‘“[47], doch sowie er in die Garnison zurückfahren muss, kommt ihm der Stolz auf seinen Beruf abhanden, fühlt er sich als Gefangener, dessen Laufbahn seit seiner Knabenzeit von außen bestimmt wurde. Immer rascher folgt auf jeden Rausch der Cafard.

Als während der Regimentsfeier in der östlichen Provinz die Ermordung des Thronfolgers in Sarajevo bekannt wird, offenbart sich endgültig, dass ein gemeinsamer Geist selbst in der Armee nicht mehr existiert, denn sofort kommt es zu Zwistigkeiten. Die Ungarn, die die Nachricht bejubeln, unterhalten sich fortan nur noch auf Ungarisch und scheinen „die Anwesenheit der anderen zu vergessen“.[48] In diesem Moment begreift Carl Joseph in für ihn seltsamer, eisiger Klarheit, dass sein Vaterland zerfällt. Wieder fühlt er den Impuls, den heroischen Akt des Groß-

---

43 Roth, Werke 5, S. 296.
44 Roth, Werke 5, S. 290.
45 Roth, Werke 5, S. 320.
46 Roth, Werke 5, S. 322.
47 Roth, Werke 5, S. 324.
48 Roth, Werke 5, S. 422.

vaters zu wiederholen: „Wie vor Jahren im Lokal der Frau Resi fühlte er den Zwang, etwas zu tun. Gab es da ein Bild zu retten? Er fühlte den dunklen Blick des Großvaters im Nacken."[49] Als er den ranghöheren Offizieren befiehlt, Schmähungen des kaiserlichen Hauses zu unterlassen, „erweist Carl Joseph sich doch noch als würdiger Nachfolger seines Großvaters, indem er wie dieser eine Insubordination begeht."[50] Es ist im Romangefüge wohl kein Zufall, dass der Bezirkshauptmann, weit staatsfrommer als der Großvater, den fünfzehnjährigen Kadetten über Subordination prüft.

Carl Josephs Akt ist couragiert, und der Leutnant erlebt ihn als einen Augenblick der Identität, fühlt sich zum ersten Mal „eins mit seinem Großvater".[51] Seine Handlung trägt jedoch nicht die Signatur des romantischen Heroismus seiner Vorstellungswelt, schon weil sie nicht gegen einen äußeren Feind, sondern gegen Zersetzungserscheinungen in den eigenen Reihen gerichtet ist. Zwar setzt sich der Leutnant für eine höhere Idee ein, aber weder vermag er über den Moment hinaus Ordnung in das Chaos zu bringen noch rettet er Leben. Sein Triumph bringt keine Lösung, keine Befreiung, kein Glück. Es wirkt folgerichtig, dass Carl Joseph nach diesem Vorfall seinen Abschied von der Armee nimmt. Unter denen ruthenischen (ukrainischen) Bauern lebend, deren Sprache er nun versteht, scheint Carl Joseph, wenn auch an anderem Ort, seinen Sipolje-Traum leben zu können, er fühlt sich „endlich zufrieden, einsam und still. Es war, als hätte er niemals ein anderes Leben geführt."[52]

Endete der Roman hier, wäre Carl Josephs Geschichte als eine Geschichte der Befreiung zu lesen, als Weg einer Figur zu einem selbstbestimmten Leben. Tatsächlich glaubt er in dieser Phase, den Säbel an seiner Hüfte endgültig gegen den Stock in der Hand eingetauscht zu haben, glaubt sich seinen unbekannten bäuerlichen Ahnen von Sipolje nahe. Dieses Sich-Einrichten im ländlichen Glück ist jedoch als Romanfinale für eine so deutlich als Enkel und Endfigur konzipierte Gestalt kaum denkbar. Thema des *Radetzkymarsch* ist der Niedergang eines Reiches, und Carl Joseph hat diesen Niedergang zu verkörpern, dies ist sein Platz im Romangeschehen. Dem Helden von Solferino nachzueifern, ist der *masterplot*, dem er letztlich doch nicht entkommt. Darin besteht seine Charakterfatalität. Mit dem Ausbruch des Krieges meldet er sich darum sofort bei der Armee: „Das war der Krieg, auf den er sich schon als

49 Roth, Werke 5, S. 424.
50 Brittnacher, Priester und Paria, S. 199.
51 Roth, Werke 5, S. 425.
52 Roth, Werke 5, S. 434.

Siebenjähriger vorbereitet hatte. Es war sein Krieg, der Krieg des Enkels. Die Tage und die Helden von Solferino kehrten wieder."[53]

Der Rückbezug zum Anfang des Romans lässt ahnen, dass Carl Josephs Schicksal sich nun erfüllen wird. Der wirkliche Krieg ist jedoch von Heldenromantik weit entfernt. Carl Joseph erlebt in seinem Jägerbataillon vom Krieg nur Märsche durch Schlamm und Regen, wobei die schmucken Säbel stören, oder der Krieg besteht aus ereignislosem Warten: „So warteten sie zwei Tage, und es war nichts vom Krieg zu sehen."[54] Die Toten, die er sieht, sind keine Feinde, sondern gehenkte Verräter, zum Teil sind es Bauern aus seinem Dorf. Eine Schlacht erfährt er nicht. Als Carl Joseph trotz feindlichem Sperrfeuer Wasser für seine ukrainischen Soldaten holt, kommt er dennoch zu seinem Augenblick des Ruhms: „Er hatte keine Angst. Es fiel ihm nicht ein, dass er getroffen werden könnte wie die anderen."[55] Dieses Gefühl der Sicherheit und Unverletzlichkeit entspricht exakt der Gestalt des Helden, wie sie in den gängigen Formen erzählender Literatur erscheint. Die Überzeugung, es könne einem nichts zustoßen, betrachtet Freud als „jenes eigentliche Heldengefühl, dem einer unserer besten Dichter [Anzengruber] den köstlichen Ausdruck geschenkt hat: ‚Es kann dir nix g'schehen.'"[56] Freud sieht hier eine enge Verbindung zwischen epischer Fiktion und allgemeinen Wunschfantasien. Leutnant Trotta, sein Leben lang zur Passivität verdammt, verwirklicht in diesem Gefahrenmoment *seine* Wunschfantasie: Darum sieht er sich in diesen Sekunden wieder auf dem väterlichen Balkon stehen und hört die Klänge des Radetzkymarschs. Indessen geschieht ihm etwas: Er wird erschossen. Wie Brittnacher überzeugend dargelegt hat, kommt seine Tat an Mut jener des Großvaters gleich und ist dennoch kein Heldentod: denn Carl Joseph opfert sich für keine Majestät, sondern nur für ukrainische Fußsoldaten.[57] Zudem stirbt er nicht im Kampf, „nicht mit der Waffe, sondern mit zwei Wassereimern in der Hand."[58]

Roths effektsichere Inszenierungskunst lässt den von romantischem Heldentod träumenden Leutnant Trotta einen zwar nicht lächerlichen, aber unbedeutenden Tod sterben. Desillusionierung und pessimistische

---

53 Roth, Werke 5, S. 438.

54 Roth, Werke 5, S. 440.

55 Roth, Werke 5, S. 444.

56 Sigmund Freud: Der Dichter und das Phantasieren. In: Ders.: Studienausgabe. Hg. v. Alexander Mitscherlich, Angela Richards und James Strachey. 10 Bde, Frankfurt/Main 1969–1975. Bd. X, S. 169–179, hier S. 176.

57 Vgl. Brittnacher, Priester und Paria, S. 199.

58 Roth, Werke 5, S. 445.

Ironie bestimmen den *Radetzkymarsch* bis zum Ende. Gleichwohl wird ein Sinnmuster erkennbar, denn die Geschichte der Familie Trotta ereignet sich vor einem konkreten historischen Hintergrund, und Carl Joseph nimmt in der beschriebenen Wirklichkeit einen festen Platz ein. Sein Tod ist nicht absurd, sondern Vollstreckung eines lange angekündigten Schicksals.

III. Mythos und Geschichte

> In dem kleinen Städtchen Progrody lebte einst ein Korallenhändler, der wegen seiner Redlichkeit und wegen seiner guten, zuverlässigen Ware weit und breit in der Umgebung bekannt war.[59]

In dieser klassischen Manier beginnt die Novelle „Der Leviathan". Ein auktorialer Erzähler stellt Ort und Hauptperson der Geschichte vor, in gewisser Weise auch den Zeitpunkt des Geschehens: Die Adverbiale „einst" verweist auf eine relativ große zeitliche Ferne der Ereignisse, von denen berichtet werden soll. Dieser Zeitpunkt des Erzählens ist für die „osteuropäischen Werke" Roths typisch, wird hier doch eine untergegangene Welt beschworen. In der *Kapuzinergruft*, die am Ende dieser Reihe steht, legt der Erzähler sogar großen Wert auf den Umstand, dass der Ort, von dem er berichtet, nicht mehr existiert und die Annalen der österreichisch-ungarischen Armee, in denen zumindest dessen Name erhalten ist, verschollen sind.[60]

Da die erzählte Welt in eine solche Ferne gerückt ist, nimmt der Erzähler sich Zeit, sie zunächst wieder heraufzubeschwören und die allgemeinen Lebensbedingungen und die gewöhnlichen Tätigkeiten seiner Hauptfigur in diesem Umfeld zu beschreiben. *Hiob, Das falsche Gewicht,* die Romanfragmente *Perlefter* und *Erdbeeren* haben solche das Setting breit ausmalende Erzählanfänge, aber auch in *Zipper und sein Vater* lässt sich der Erzähler Zeit, die Handlung anrollen zu lassen, er entwirft zunächst ein ausführliches Porträt des alten Zipper. Im *Leviathan* schildert der Erzähler zunächst die vorkapitalistische Idylle einer Schtetl-Gemeinschaft im zaristischen Russland, die vor allem aus slawischen Bauern und jüdischen Händlern besteht. Der Titel „Der Korallenhändler", unter dem das erste Kapitel der Novelle 1934 erschien, verdeutlicht, dass der Beruf der Hauptfigur im Mittelpunkt dieser Milieuschilderung steht. Mit diesem Beruf ist die Figur so sehr verschmolzen, dass man im Städtchen bereits ihren Namen vergessen hat und sie nur noch den „Ko-

---

59 Roth, Werke 6, S. 544.
60 Roth, Werke 6, S. 227.

rallenhändler“ nennt, „als gäbe es in der ganzen Welt außer ihm keinen anderen“[61] was der Figur einen beinah archetypischen Status verleiht. Der jüdische Händler Nissen Piczenik scheint sich aber zunächst durch keine besondere Eigenschaft von der Gemeinschaft abzuheben. Zwar ist er in der Umgebung eine gewisse Berühmtheit; zwar fällt sein inniges Verhältnis zu den Korallen, mit denen er „Tag und Nacht, Sommer und Winter“[62] in seiner Stube lebt ebenso auf wie seine roten Haare und sein rotes Ziegenbärtchen, das an Tang und einen Meergott erinnert; vor allem aber mag der Leser die eigenwillige Korallen-Theorie des ungebildeten Piczenik – „er hatte niemals eine Schule besucht, und er konnte nur unbeholfen seinen Namen zeichnen“[63] – für schrullig halten: Nach Piczeniks Ansicht sind die Korallen, entgegen der naturwissenschaftlichen Auffassung, keine Pflanzen, sondern Meerestiere, die von der Sehnsucht beseelt sind, Schmuck zu werden, noch als Schmuck lebendig sind und die dem mächtigen, bis zur Ankunft des Messias über die ozeanische Welt herrschenden Leviathan unterstehen. Doch der Erzähler stimmt dieser Ansicht, sich quasi der Expertise der Figur beugend, vorsichtig zu und betont Piczeniks Integration in der Gemeinschaft:

> Nach all dem, was hier erzählt ist, könnte man glauben, daß der Händler Nissen Piczenik als eine Art Sonderling bekannt war. Dies war keineswegs der Fall. Piczenik lebte in dem Städtchen Progrody als ein unauffälliger, bescheidener Mensch, dessen Erzählungen von den Korallen und dem Leviathan ganz ernst genommen wurden, als Mitteilungen eines Mannes vom Fach nämlich, der sein Gewerbe ja kennen musste.[64]

Bliebe es dabei, ergäbe sich keine Geschichte. Die Ruhe des Anfangs gerät jedoch in Bewegung durch Piczeniks Sehnsucht nach dem Meer, von der wir gegen Ende des ersten Kapitels erfahren. Diese Sehnsucht verbirgt der Händler nicht nur vor allen Mitmenschen, er wagt sie auch sich selbst gegenüber kaum einzugestehen. Das Ungeheuerliche von Piczeniks Wunsch verdeutlicht der Erzähler durch eine auf Piczenik gemünzte, adjektivisch verwendete Partizipialkonstruktion: „Nissen Piczenik, geboren und aufgewachsen mitten im tiefsten Kontinent, sehnte sich nach dem Meere.“[65] Die geheime Sehnsucht des Korallenhändlers stellt die unerhörte Begebenheit der Novelle dar und schafft eine Spannung des Protagonisten zur Umwelt, die ihn allmählich aus der Beschränkung der kleinstädtischen Idylle hinaustreiben wird. Schien Picze-

---

61 Roth, Werke 6, S. 546.
62 Roth, Werke 6, S. 546.
63 Roth, Werke 6, S. 546.
64 Roth, Werke 6, S. 547.
65 Roth, Werke 6, S.548.

nik zunächst ein ganz gewöhnlicher Bürger Progodys zu sein, so versichert der Erzähler am Ende des ersten Kapitels, er sei „ein ganz Besonderer“,[66] deutliches Signal für den Leser, die Schilderung eines außergewöhnlichen Schicksals zu erwarten.

Der dynamische Mittelteil der Novelle nimmt denn auch die Form einer *quest*-Geschichte an, denn die Suche nach einer anderen Existenz ist eine *quest*. Jedes Jahr „unzufriedener mit seinem friedlichen Leben“[67] drängt es den Korallenhändler, der sein Städtchen nie verlassen hat, hinaus zum Meer. Gershon Shaked spricht vom „Zerbrechen des eng gesteckten Lebensrahmens“.[68] In Piczeniks Drang nach dem Meer zeigt sich die Sehnsucht nach der mythischen Welt des titelgebenden Leviathan, die im Lauf der Handlung in Konflikt gerät mit der tatsächlichen, geschichtlichen Welt, in die er gestellt ist. Doch zunächst bleibt der Korallenhändler noch angepasst und ändert nichts an seiner herkömmlichen Lebensweise. Nur in heimlichen Ausflügen zu den das Städtchen umgebenden Sümpfen, die in seiner Vorstellung mit dem Meer verbunden sind, sowie in Träumen wagt er seiner bestimmenden Leidenschaft nachzugehen. Dass er dabei Naturkatastrophen in Kauf nimmt, um an sein Ziel zu gelangen, zeigt die Macht seines Begehrens:

> Er träumte manchmal davon, dass das große Meer [...] eines Tages Russland überschwemmen würde, und zwar just jene Hälfte, auf de er lebte. Dann wäre also die See, zu der er niemals zu gelangen hoffte, zu ihm gekommen, die gewaltige, unbekannte See mit dem unmessbaren Leviathan auf ihrem Grunde und mit all ihren süßen und herben und salzigen Geheimnissen.[69]

Erst mit der Ankunft des jungen Matrosen Alexander Komrower verlagert sich die Dynamik der Handlung vom rein seelischen Erleben nach außen. Nun wird Piczenik „auffällig“, denn, neugierig auf alles, was mit dem Meer zusammenhängt, weicht er nicht mehr von der Seite des jungen Mannes und folgt ihm, gegen jede Gewohnheit, sogar in die verrufene Grenzschenke am Stadtrand. Seine Transformation beginnt und damit sein Austritt aus der Gemeinschaft. Die Ich-Spaltung Piczeniks wird durch ein Doppelgängermotiv verdeutlicht, es ist ihm „als begegnete er sich selbst, der Korallenhändler Nissen Piczenik dem Korallenhändler Nissen Piczenik – und einer lachte den anderen aus.“[70] Geschichte und

---

66 Roth, Werke 6, S. 550.

67 Roth, Werke 6, S. 551.

68 Gershon Shaked: Kulturangst und die Sehnsucht nach dem Tode. Joseph Roths ‚Der Leviathan‘ – die intertextuelle Mythisierung der Kleinstadtgeschichte. In: Interpretation – Rezeption – Kritik, S. 279–298, hier S. 284.

69 Roth, Werke 6, S. 549.

70 Roth, Werke 6, S. 556.

Mythos sind zwei Sphären, die einander ausschließen, darum lacht der lebenspraktische, vernünftige Piczenik über den Fantasten, und der andere, der aus der Kontingenz von Zeit und Raum ausbrechen, der sich auf eine *quest* begeben wird über den Provinzjuden, der sich in Progrody „verliegen" will.

Piczenik ist zu diesem Zeitpunkt fünfundvierzig Jahre alt, verheiratet mit einer Frau, die ihm gleichgültig ist, und kinderlos. Ein idealer Held für eine *quest*-Geschichte, denn die Existenzsuche konzentriert sich auf den Moment endgültiger Selbstverwirklichung, ein Prozess, der in die zweite Lebenshälfte gehört. Dass die Wandlung Piczeniks, die ich an anderer Stelle ausführlich beschrieben habe[71], die dramatische Entfaltung dessen ist, was er an sich schon ist, wird dem Leser von Beginn an suggeriert. Nicht nur durch die physische Ähnlichkeit des Korallenhändlers mit einem Meergott und das an Meeresgrund erinnernde Dämmer seiner Wohnung, sondern auch durch die Bildsprache. Die Vergleiche sind immer dem Wahrnehmungshorizont Piczeniks angepasst und bewegen sich in den semantischen Feldern ‚Meer' und ‚Korallen'. Die Kämme der Hähne in Piczeniks Hof sind rot „wie die rötesten Korallen" ,[72] die Fädlerinnen angeln nach den Korallen,[73] und Piczenik muss seine Sehnsucht verschlossen in sich tragen „wie die See die Korallen trug."[74] Die Vergleiche sind zum Teil dem Diskurs des Erzählers zuzurechnen, zum Teil fallen sie in die interne Fokalisierung Piczeniks. Die Zugehörigkeit des Händlers zur Welt der Korallen wird so doppelt bekräftigt.

Die Fahrt an den Hafen von Odessa ist darum die Entdeckung des eigenen Selbst, für Piczenik ein orgiastisches Erlebnis:

> Überall, wo er hinsieht, sind Schiffe und Wasser, Wasser und Schiffe. An die blütenweißen, die rabenschwarzen, die korallenroten – ja, die korallenroten – Wände der Schiffe, der Boote, der Kähne, der Segeljachten, der Motorboote schlägt zärtlich das ewig plätschernde Wasser, nein, es schlägt nicht, es streichelt die Schiffe mit hunderttausend kleinen Wellchen, die wie Zungen und Hände in einem sind, Zünglein und Händchen in einem.[75]

Während ihm die Ehefrau „fremd und sogar feindlich"[76] erscheint, wird ihm das Wasser zum erotischen Erlebnis, mehr noch: es ist ihm so ver-

---

71 Jürgen Heizmann: Das ozeanische Gefühl. Zur Symbolik des Wassers in Joseph Roths ‚Leviathan'. In: Die Welle. Das Symposium. Hg. v. Hans-Günther Schwarz, Geraldine Gutiérrez de Wienken und Frieder Hepp. München 2010, S. 110–119.

72 Roth, Werke 6, S. 544.

73 Roth, Werke 6, S. 545.

74 Roth, Werke 6, S. 548.

75 Roth, Werke 6, S. 563.

76 Roth, Werke 6, S. 559.

traut, „wie er niemals mit seinem Geburts- und Wohnort Progody vertraut gewesen war.“[77] Die Begegnung mit dem Meer ist der Höhepunkt der Geschichte und der Moment der endgültigen Verwandlung der Hauptfigur:

> ...es war nicht mehr der alte kontinentale Nissen Piczenik [...], sondern ein ganz neuer Mann, so etwa wie ein Mensch, dessen Inneres nach außen gestülpt worden war, ein sozusagen gewendeter Mensch, ein ozeanischer Nissen Piczenik.[78]

Um sich selbst zu werden, ist Piczenik ein anderer geworden. Er kommt nicht länger seinen religiösen Pflichten nach, auch die Geschäfte zu Hause interessieren ihn nicht mehr. Der ungebildete Händler, dessen Existenz von Tradition und Geboten bestimmt war, hat sich von allen diesen Zwängen befreit und sich der mythischen Welt geöffnet. Seine Sehnsucht nach den Korallen und dem Meer ist jedoch eine ins Unendliche und Unwirkliche gerichtete Sehnsucht.[79] Im Unendlichen, im Mythos lässt es sich nicht leben, so fragt sich, welches Ende der Figur nach ihrer totalen Befreiung möglich ist. Piczeniks Versuch, in die alte Existenz zurückzukehren, mit der Aussicht, gelegentlich unter Vortäuschung von Geschäften andere Hafenstädte aufzusuchen, erscheint als fauler Kompromiss und falsche Lösung des Problems. Im literarischen Werk muss der einmal begonnene Ereignisverlauf an ein definitives Ende kommen. Der ozeanische Piczenik kann nicht wieder zu einem kontinentalen werden, der sein Städtchen nie verließ. Der Versuch wird auch sofort vereitelt durch den teuflischen Lakatos, der den Händler mit seinen falschen Korallen in den Ruin treibt. Durch Lakatos' Dumpingpreise gezwungen, nun ebenfalls mit künstlichen Korallen zu handeln, begeht Piczenik Verrat an sich selbst. Er wird zum Säufer, zum Witwer, zum Sonderling im Städtchen. Bald grüßt man ihn nicht mehr, bald nennt man ihn nicht mehr den „Korallenhändler“, ist seine Stellung in der Gemeinschaft also verloren.

Den rapiden Verfall der Figur rafft der Erzähler zumeist im *telling*-Modus zusammen, denn diese Ereignisse erscheinen nur als Umweg vor dem richtigen Ende. „Nicht Progody, der Ozean war seine Heimat“[80] begreift Piczenik schließlich, und der Erzähler verbürgt sich am Schluss der Geschichte sogar dafür, dass „Piczenik zu den Korallen gehört hat und daß der Grund des Ozeans seine einzige Heimat war.“[81] Piczeniks

77 Roth, Werke 6, S. 562.
78 Roth, Werke 6, S. 562.
79 Vgl. Shaked, Kulturangst, S. 293.
80 Roth, Werke 6, S. 573.
81 Roth, Werke 6, S. 574.

Plan, nach Kanada auszuwandern, vom Erzähler als „tödlicher Entschluß“[82] bezeichnet, ist darum nur die letzte Selbsttäuschung des Protagonisten. Eine irdische Existenz wird er sich nicht mehr aufbauen. Es ist voraussehbar, dass das Schiff verunglücken und Piczenik sich freiwillig ins Meer stürzen wird. Ein anderes Ende ist für ihn nicht denkbar. Sein Versinken im Meer sieht der Erzähler darum als Heimkehr und als Eingang in den Mythos: „Möge er [Piczenik] dort in Frieden ruhn neben dem Leviathan bis zur Ankunft des Messias.“[83]

Von den vielen heimatlosen Figuren in Roths Oeuvre ist Nissen Piczenik eine der radikalsten. Der Umstand, dass der heterodiegetische Erzähler am Schluss der Novelle versichert, er habe die Hauptfigur persönlich gekannt, verleiht dieser quasi einen Status auch außerhalb der erzählten Welt und zeigt die Sympathie des Erzählers. Man kann den Korallenhändler als einen Repräsentanten für die immer fragile ostjüdische Identität sehen, denn obwohl er von den slawischen Bauern gerade wegen seiner Redlichkeit geachtet wird, vergessen diese doch nie, dass er ein Jude ist.[84] Wenngleich der Sehnsucht nach den Tiefen des Ozeans, also ins Reich des Ursprungs regressive und todessüchtige Züge eigen sind, scheint der Erzähler Piczeniks Weg als mögliche Rettung von Identität zu sehen – freilich in keiner menschlichen Ordnung und an keinem Ort, der auf einer Landkarte verzeichnet wäre.

IV. Zwischen den Welten

Es ist in der Forschung hinlänglich bekannt, dass die Rolle Roths als Programmatiker der Neuen Sachlichkeit, die ihm auf Grund seines Vorworts zu dem 1927 erschienenen „Bericht“ *Die Flucht ohne Ende* zugeschrieben wurde, zum Teil auf einem Missverständnis beruht.[85] Ein Missverständnis, für das Roth wohl selbst mitverantwortlich war. Dokumentarismus, Verzicht auf literarische Gestaltung, Ersetzung des Romans durch Reportage entsprachen zu keinem Zeitpunkt Roths schriftstellerischem Verständnis. Aber Roth, der bis dahin in der Weimarer Republik fast nur als Journalist bekannt war und sich als Romancier erst noch einen Namen machen musste, nahm zu dieser Zeit rege am

---

82 Roth, Werke 6, S. 573.

83 Roth, Werke 6, S. 574.

84 Roth, Werke 6, S. 557.

85 Vgl. Jürgen Heizmann: Joseph Roth und die Ästhetik der Neuen Sachlichkeit, Heidelberg 1990; Reiner Wild: Beobachtet oder gedichtet? Joseph Roths Roman *Die Flucht ohne Ende.* In: Neue Sachlichkeit im Roman. Neue Interpretationen zum Roman der Weimarer Republik. Hg. v. Sabina Becker und Christoph Weiss. Stuttgart 1995, S. 27–48.

literarischen Leben Deutschlands teil. Das zeigt schon seine Mitgliedschaft in der *Gruppe 1925*, einer losen Gruppierung Berliner Autoren und Intellektueller, zu denen auch Alfred Döblin und der junge Brecht gehörten, die einen lebendigen Austausch zu aktuellen literarischen und politischen Fragen intendierte.[86] Ohne Zweifel hat Roth in diesen Jahren versucht, Anschluss an die progressiven literarischen Tendenzen seiner Zeit zu finden und Anti-Romane zu schreiben. Mit anderen Worten: antipsychologische Romane, die kein Lebensschicksal, sondern den Zustand der Welt in den Mittelpunkt stellten, Zeitromane, in denen mit der Figur kein individuelles Schicksal, sondern die Kräfte und Strömungen der Gegenwart gezeigt werden sollen und die darum auf streng konstruierte Plots verzichten. Der intendierte Abschied von der traditionellen Romanform wird z.B. in dem Artikel „Die gesprengte Romanform" greifbar, wo Roth zu einem Roman Hans Natoneks lobend anmerkt:

> Es ist von allen epischen Erscheinungen der letzten Jahre das deutlichste Bekenntnis zur gesprengten oder gebrochenen Form des Romans, will sagen, zu der stillschweigend anerkannten These, dass der überlieferte Roman mit der ‚geschlossenen Handlung' unmöglich geworden sei [...] Fragmente sind alle: die Gestalten und ihre Darstellungen, die Zeit und ihre Zeitbilder. [87]

Der Verzicht auf eine geschlossene Handlung bedeutet, dass der Plot nicht mehr durch die Figur und ihre Ambition in Gang gesetzt wird und es darum auch keine Progression im Sinn von finaler Orientierung, von Spannung und Spannungsauflösung gibt. An die Stelle des Dichtens und des Komponierens das Beobachtete zu setzen, wie Roth es in seinem berühmten Vorwort zur *Flucht ohne Ende* formuliert, meint nicht, authentische, „ungeschminkte Berichte aus der Wirklichkeit"[88] seien nun die Aufgabe der Literatur, wie es manche Vertreter der Neuen Sachlichkeit verstanden. Aber es meint den Verzicht auf die traditionelle epische Architektur mit Anfang, Mitte und Ende und die Aufnahme von Fakten, Momenten, Episoden, Beschreibungen, die nicht dem Diktat der *story* unterworfen sind. Die Häufung solcher „faits réels" im Sinne Roland Barthes' ist eines der Kennzeichen des modernistischen Romans.

Wie schlagen sich diese poetologischen Ideen in Roths eigener Produktion nieder? *Die Flucht ohne Ende* gehört zu der Reihe von Kriegsheimkehrergeschichten, die in der Weimarer Republik fast so etwas wie

---

86 Vgl. Gabriele Sander: Alfred Döblin. Stuttgart 2001, S. 36.

87 Roth, Werke 3, S. 267.

88 So Hans Georg Brenner 1928. Vgl. Sabina Becker: Neue Sachlichkeit. Band 1: Die Ästhetik der neusachlichen Literatur (1920–1933). Köln, Weimar, Berlin 2000, S. 173.

ein eigenes Genre bildeten. Wir wollen uns diesem „Bericht" vom Ende her nähern. Das kurze 34. Schlusskapitel bietet eine Art Pariser Panorama:

> Es war am 27. August 1926, um vier Uhr nachmittags, die Läden waren voll, in den Warenhäusern drängten sich die Frauen, in den Modesalons drehten sich die Mannequins, in den Konditoreien plauderten die Nichtstuer, in den Fabriken sausten die Räder, an den Ufern der Seine lausten sich die Bettler, im Bois de Boulogne küßten sich die Liebespaare, in den Gärten fuhren die Kinder Karussell. Es war um diese Stunde, da stand mein Freund Tunda, 32 Jahre alt, gesund und frisch, ein junger, starker Mann von allerhand Talenten, auf dem Platz vor der Madeleine, inmitten der Hauptstadt der Welt und wusste nicht, was er machen sollte. Er hatte keinen Beruf, keine Liebe, keine Lust, keine Hoffnung, keinen Ehrgeiz und nicht einmal Egoismus. So überflüssig wie er war niemand in der Welt.[89]

Einem Erzähler mit freier Fokalisierung[90] wäre es durchaus möglich, diese Eindrücke der Weltstadt Paris vor dem Leser auszubreiten. Bei dem Erzähler in der *Flucht ohne Ende* handelt es sich jedoch um einen homodiegetischen Erzähler, der, wenn auch nur als Randfigur, in der erzählten Welt auftritt und von der Hauptfigur Franz Tunda übrigens mit „Lieber Freund Roth"[91] angesprochen wird. Auch hier liegt eine Transgression der Erzählebenen vor, bei der die Grenzen von faktualer und fiktionaler Welt verschwimmen und vorgetäuscht wird, bei den erfundenen Figuren handle es sich um authentische Charaktere. Im Grunde verbirgt sich aber hinter diesem Bericht, der sich zum Teil auf Briefe und Tagebücher Tundas stützt, eine Herausgeberfiktion, die Authentizität suggeriert, um dem berichteten Geschehen größere Dringlichkeit zu verschaffen.

Für uns ist hier wichtig, dass die Szenen nicht beobachtet sein können, wie es das Vorwort suggeriert. Sie sind arrangiert, konstruiert, und zwar zu dem Zweck, den Antagonismus von Held und Welt besonders scharf gegeneinander zu setzen.[92] Diesen Gedanken wollen wir etwas vertiefen. Zwischen der Figur Tunda und den Dingen, Menschen und Vorgängen um ihn herum gibt es keinen festen Bezug. Die beschriebene Welt ist nach konventionellen Standards durchaus begehrenswert, sie wird aber nicht durch Tundas Willen animiert. Ihr Glanz, ihr „Leben" hat nichts mit Tundas Blickwinkel zu tun. Paris wird als ästhetische Vision dargeboten, über die sich der Erzähler mit dem Leser verständigt, an

---

89 Roth, Werke 4, S. 496.

90 Dieser von William Nelles vorgeschlagene Terminus scheint mir weit besser gewählt als Genettes „Nullfokalisierung". Vgl. Nature of Narrative, S. 318.

91 Roth, Werke 4, S. 428.

92 Vgl. Reinhart Baumgart: Auferstehung und Tod des Joseph Roth. Drei Ansichten. München 1991, S. 30.

welcher der Protagonist aber nicht teilhat. Er bleibt außen, die Welt bleibt das *Andere*.

Am Ende einer Geschichte, so stellten wir fest, hat eine Figur ihr Potenzial entfaltet und es tritt nach den Aktionen im Mittelteil wieder Ruhe ein. Im vorliegenden Fall bleibt dagegen eine Offenheit. Was kann eine Figur, die so fremd in der Welt ist, noch erhoffen? Wie wird es für sie weitergehen? Der Titel *Flucht ohne Ende* deutet an, dass diese Geschichte zu keinem rechten Abschluss kommen kann, dass der Protagonist sich immer auf einer Art Flucht befinden wird, ohne jemals an einem „sichern Gestade" anzukommen. Wie kam es für Tunda zu dieser Fremdheit in der Welt?

In vier knappen Sätzen berichtet der Erzähler zu Beginn, wie Tunda als österreichischer Offizier in russische Kriegsgefangenschaft gerät, mit einem sibirischen Polen flieht und sich gemeinsam mit ihm unter dem Namen Baranowicz auf einem Gehöft in der Taiga versteckt hält. Zwei zunächst vorgesehene Kapitel über Tundas Kindheit, seine Zeit in der Kadettenschule und seine Freundschaft mit dem Erzähler hat Roth, auch auf Empfehlung des Ullstein Verlags, für die Endfassung des Romans herausgenommen, so dass wir fast nichts über Tundas früheres Leben und seine Entwicklung erfahren, sondern mitten in das Geschehen hineinspringen. Da die Erzählzeit im Verhältnis zur dargestellten Zeit auf der Geschichtsebene (zehn Jahre) sehr kurz ist, ergibt sich ein hohes Erzähltempo mit gelegentlichen zeitlichen Sprüngen. Raffende Zusammenschau wechselt ab mit kurzen Szenen im *showing*-Modus, mit Tagebuchaufzeichnungen und Briefen Tundas. Wir bekommen durchaus Zugang zur Innensicht Tundas, auch durch knappe Kommentare des Erzählers, doch es überwiegt der Eindruck von raschen äußeren Abläufen, schnell wechselnden Szenerien.

Erst im Frühling 1919 erfährt Tunda vom Kriegsende. Nun setzt die Handlung ein. Tunda macht sich auf den Heimweg. Alles Trachten des Protagonisten, so darf der Leser erwarten, ist nun auf diese Heimkehr gerichtet, zumal in Wien seine Braut Irene auf ihn wartet. Die Rückkehr dieses „Odysseus des Nachkriegs"[93] ist jedoch schon zu Anfang vom Zögern und Zweifeln des Helden überschattet. Seine Heimat existiert nicht mehr, und auch wenn er nicht an der Treue seiner Braut zweifelt, ist er sicher, dass ihre Liebe mit seinem Erscheinen erlöschen wird. Denn Tunda ist nun ein Niemand, er ist „ohne Namen, ohne Bedeutung,

---

93 Johannes Sachslehner: „'...wir die beeideten Sachverständigen für Schlachtfelder...'. Joseph Roths Ansichten vom Kriege". In: Co-Existant Contradictions. Joseph Roth in Retrospect. Hg. v. Helen Chambers. Riverside 1991, S. 128–147, hier S. 147.

ohne Rang, ohne Titel, ohne Geld und ohne Beruf, heimatlos und rechtlos."[94] Die Disposition des Endes liegt schon vor Antritt der Heimkehr vor, das Scheitern der Rückkehr wird angedeutet, bevor Tunda die Reise antritt. Die Figur ist bereits hier aus der Welt gefallen. Dieser Eindruck wird noch durch eine kurze Analepse verstärkt, in welcher der Aufbruch in den Krieg mit einer Reise ins Reich der Schatten gleichgesetzt wird: „...die Nähe des Todes vergrößerte ihn, die Weihe eines Begrabenen lag um den Lebendigen, das Kreuz auf der Brust gemahnte an das Kreuz auf einem Hügel."[95] Später heißt es über Tunda, er sei „in den Massengräbern"[96] zu Hause. Wer in den Hades hinabsteigt, das ist seit der *Odyssee* und der *Aeneis* bekannt, hat einen Blick auf die andere Seite des Lebens geworfen und kommt mit einem tieferen Wissen zurück. Tunda ist, wie er selbst in seinem Brief an den Erzähler schreibt, „sehr fremd in dieser Welt geworden".[97] Er wird sich als sensibler, hellhöriger Beobachter erweisen, der das irdische Treiben aus ironischer Distanz betrachtet. Der Erzähler beschreibt ihn bei der ersten Begegnung folgendermaßen:

> Seine rechte Augenbraue war höher als die linke. Dadurch bekam er den Ausdruck eines ständig erstaunten, über die sonderbaren Zustände dieser Welt hochmütig verwunderten Mannes, er hatte das Gesicht eines sehr vornehmen Mannes, der mit unmanierlichen Leuten an einem Tisch sitzen muß und ihr Gebaren mit herablassender, geduldiger, aber keineswegs nachsichtiger Neugier beobachtet. Sein Blick war gleichzeitig schlau und duldsam. Er schaute wie ein Mensch, der manche Schmerzen in Kauf nimmt, um Erfahrungen zu sammeln. Er sah so klug aus, daß man ihn fast für gütig halten konnte. In Wirklichkeit aber schien er mir schon jenen Grad der Klugheit zu besitzen, der einen Mann gleichgültig macht.[98]

Der Charakter der Figur spiegelt sich hier ganz in der Physiognomik.[99] Dass Tunda als Typ, als Stellvertreter einer ganzen Generation gezeichnet ist, zu der sich auch der Erzähler selbst rechnet, erhellt die Szene am Pariser Grab des Unbekannten Soldaten:

> Manchmal war es Tunda, als läge er selbst dort unten, als lägen wir alle dort unten, die wir aus einer Heimat auszogen, fielen, begraben wurden oder auch zurückkehrten, aber nicht mehr heimkehrten – denn es ist gleichgültig, ob wir

94 Roth, Werke 4, S. 396.
95 Roth, Werke 4, S. 395.
96 Roth, Werke 4, S. 486.
97 Roth, Werke 4, S. 429.
98 Roth, Werke 4, S. 463.
99 Auf die Bedeutung des Physiognomischen bei Roth hat zuerst Fritz Hackert aufmerksam gemacht: Kulturpessimismus und Erzählform. Studien zu Joseph Roths Leben und Werk. (Diss.) Bern 1967.

> begraben oder gesund sind. Wir sind fremd in dieser Welt, wir kommen aus dem Schattenreich.[100]

Der Kriegsheimkehrer als Zombie, als Auferstandener von den Toten: dieses Motiv ist häufig im Frühwerk und in manchem Selbstzeugnis Roths anzutreffen.[101] Mit einem bürgerlich-individualistischen Entwicklungsbegriff ist eine solche Figur nicht mehr zu fassen. Tunda ist insofern eine für die modernistische Erzählprosa typische Figur als seine Identität von Anfang an in Frage gestellt ist und er von seiner Umwelt radikal entfremdet erscheint. Es gibt bei ihm keine kontinuierliche, stufenweise Entwicklung, sondern einen sprunghaften Wechsel. Seine Metamorphosen sind nicht äußerlich wahrnehmbar, sie spielen sich im Inneren ab. Zwar ist Tunda keine „unmögliche" Figur, die logisch einander ausschließende Eigenschaften in sich vereinigt (z.B. klein und groß zugleich zu sein); solche Figuren treffen wir vor allem in postmodernen Texten an, die den Artefakt des Erzählens herausstellen.[102] Dennoch ist Tunda eine Figur mit vielen inkongruenten Eigenschaften: er ist Österreicher und Sibiriak; er flieht und sucht die westliche Zivilisation; er weiß, dass seine vergangene Welt nicht mehr existiert und ist dennoch auf dem Weg zu ihr. Diese Nichtübereinstimmung der Figur mit sich selbst lässt ahnen, dass es für sie keine Integration, keinen Abschluss geben wird. Da Tunda nicht als unvertauschbares Individuum, sondern als Typ, als Kollektiv angelegt ist, ergibt sich die Handlung nicht aus seinen Charaktereigenschaften, seinem „Ehrgeiz", wie es im traditionellen realistischen Roman üblich ist. Obwohl Tunda den Roman dominiert, wird das Geschehen nicht durch seine Ambition vorangetrieben, Tunda hat „keinen bestimmten Plan".[103] Die Handlung besteht vielmehr aus einer Aneinanderreihung von Konfrontationen der Unperson Tunda mit der Welt und ihren diversen Angeboten, eine Identität zu finden, wobei Tundas Weg quer durch die ideologischen Lager führt, in welche die Welt nach dem 1. Weltkrieg zerfallen ist. Als „Mann ohne Eigenschaften" kann er jedes dieser Angebote wie ein Kleidungsstück anprobieren und sehen, ob es ihm passt. Auch wenn Tunda sich eher treiben lässt als entschlossen auf ein Ziel zuzustreben, ergibt sich auf der Handlungsebene Spannung durch das Motiv der Reise. Jede der möglichen Existenzentwürfe, auf die er dabei trifft, wird durch eine Frau symbolisiert. Dass jede der Frauen, denen Tunda auf seiner Irrfahrt begegnet, ein

---

[100] Roth, Werke 4, S. 486.

[101] Vgl. Sachslehner, Joseph Roths Ansichten vom Kriege.

[102] Vgl. Uri Margolin: Character. In: The Cambridge Companion to Narrative. Hg. v. David Herman. Cambridge 2007, S. 66–79, hier S. 73.

[103] Roth, Werke 4, S. 395.

Schicksal, eine Welt repräsentiert: darauf weist der Erzähler in einem Kommentar explizit hin.[104]

Die russische Revolutionärin Natascha markiert die erste Station auf Tundas Weg. Mit ihr eröffnet sich ihm eine ganz neue Wirklichkeit. Die Verbindungen, die es noch zu seiner bürgerlichen „Welt von gestern" gegeben haben mag, kappt er nun endgültig: „Nun erst entschwand ihm seine Braut, mit ihr sein ganzes früheres Leben. Seine Vergangenheit war wie ein endgültig verlassenes Land, in dem man gleichgültige Jahre verbracht hat."[105] Durch seine Liebe zu Natascha wird Tunda, noch immer unter dem Namen Baranowicz, zu einem überzeugten Revolutionär, der Pamphlete verfasst und Exekutionskommandos befehligt. Seine völlige Wandlung wird daran erkenntlich, dass er im Namen der Revolution auch seine ehemaligen Kameraden der Kadettenschule und des Regiments zu erschießen bereit wäre.

Doch nach dem Triumph der roten Armee erlebt Tunda die bekannten „Mühen der Ebene". Was er im Rausch der Revolution als Versprechen auf eine neue Welt verstanden hat, wird nun durch Bürokratisierung gewöhnlich. Statt die Früchte des Sieges über die alte Gesellschaftsordnung zu ernten, so beklagt er sich bei Natascha, würde man den Menschen wie immer schon in der Geschichte Opfer abverlangen[106]. Doch Natascha wendet sich zusehends von ihm ab. Entgegen ihrer Gefühle will sie alles Private, alles Zwischenmenschliche als bürgerliche Ideologie von sich abstreifen. Der Einzelmensch hat nach ihrem Verständnis einer mechanistischen Funktionalität zu weichen. Das Gefühl der Revolution empfindet Tunda nur noch nachts, allein auf dem Roten Platz, beim Anblick der roten Fahne auf dem Dach von Lenins Mausoleum. Diese Verengung des erlebten Raums setzt deutlich ins Bild, auf welch schmales Terrain die erhoffte *vita nova* sich reduziert hat. Als Ozean ohne Grenzen, wie der Matrose Kudrinski, kann Tunda die Revolution nicht mehr empfinden. Sie eröffnet ihm keine Welt mehr.

Tunda beginnt eine neue Existenz in Baku, wo er das einfache Mädchen Alja kennenlernt. „Von allen Handlungen und Erlebnissen Tundas", kommentiert der Erzähler, „ist mir sein Verhältnis zu Alja am verständlichsten."[107] Die Kaukasierin Alja ist ein schweigsames, gleichmütiges Naturwesen, eine von allen menschlichen Leidenschaften freie junge Frau, die mitten in der Revolution „wie die Abgesandte einer ande-

---

[104] Vgl. Roth, Werke 4, S. 424.
[105] Roth, Werke 4, S. 403.
[106] Vgl. Roth, Werke 4, S. 409
[107] Roth, Werke 4, S. 415.

ren Welt“[108] lebt. Sie arbeitet in der Töpferei ihres schwachsinnigen Onkels und erwartet von Tunda nichts weiter, als nachts bei ihm schlafen zu können. Das Zusammensein mit Alja am kaspischen Meer ist ein Ausstieg aus der Geschichte und der westlichen Zivilisation, ein Rückzug in Simplizität und Quietismus. Mehr noch: Die Befreiung von Leiden und Leidenschaft, vom Lebenswillen im Sinn Schopenhauers mutet beinahe wie asiatische Weisheitslehre an:

> Abgeschlossen von jeder Lust, sich anzustrengen, zu kämpfen, sich zu ereifern oder auch nur sich zu ärgern, lebte er [Tunda] auf einem abseitigen Weg. Er brauchte nicht einmal verliebt zu sein.[109]

Abseitig ist dieser Weg, weil Tunda sich aus allen Händeln der Welt fernhält, weil er, obwohl er gerade erst das dreißigste Lebensjahr überschritten hat, keine Erwartungen mehr ans Leben stellt. Eben darum zeigt der Erzähler für diese Existenzform das größte Verständnis: Zu einer Welt, in der es Aufgaben und Ziele, Wünsche und Ehrgeiz gibt, wird Tunda keinen Zugang mehr finden.

Durch die Begegnung mit der eleganten Französin Frau G. wird in Tunda aber die Sehnsucht nach der westlichen Welt, nach Urbanität, Kultur und Luxus wach. Der Gedanke an Paris und die Schaufenster in der Rue de la Paix, mit denen er nun auch wieder Irene assoziiert,[110] veranlassen ihn, Alja und seinem weltabgewandten Leben den Rücken zuzukehren, wieder seinen österreichischen Namen „Tunda“ anzunehmen und in den Westen aufzubrechen.

Seine Odyssee führt ihn von einer mitteldeutschen Stadt am Rhein, wo sein Bruder lebt, über Berlin, wo er den Erzähler trifft, bis nach Paris. Dabei begegnet Tunda zahlreichen Vertretern verschiedener Berufe und Gesellschaftsschichten, so dass wir eine Art gesellschaftliches Panorama erhalten. In der Darstellung der Straßenszenen in den Städten entfernt Roth sich weit von der geschlossenen Romanform, denn die rasch wechselnden optischen und akustischen Reize, mit denen Tunda konfrontiert wird, haben keine Funktion in Bezug auf die Progression des Romans: Sie breiten die Materialität der Welt aus und reihen die Eindrücke Tundas aneinander, der mit fremdem, staunendem Blick auf diese Welt sieht. Roth geht nicht so weit wie Döblin, der Embleme der städtischen Institutionen, Fahrpläne, administrative Verlautbarungen, den Wetterbericht,

---

108 Roth, Werke 4, S. 415.

109 Roth, Werke 4, S. 416.

110 Wild (Beobachtet oder gedichtet?, S. 43) macht darauf aufmerksam, dass Tunda die „Straße des Friedens“ zweimal mit Irene (= die Friedliche) assoziiert, sie also seine Sehnsucht nach Ruhe und Geborgenheit symbolisiert.

also Rohmaterial der empirischen Wirklichkeit in seinen Großstadtroman *Berlin Alexanderplatz* montiert. Nur *ein* solches Fundstück gibt es in *Die Flucht ohne Ende*, einen Werbezettel für Tanz und Gymnastik. Doch man stößt in dem Roman an mehreren Stellen auf die inszenierte Unordnung der Collage, welche die Heterogenität der Wirklichkeit zeigt:

> Über die Straße fegten abgeschminkte Freudenmädchen außer Dienst. Sie gemahnten an den Tod. Einige trugen Brillen.
> Eine Gruppe hurtiger Radfahrer glitt klingelnd einher. Würdig, mit Rucksäcken, wanderten kindlich gekleidete Männer in die Berge.
> Vereinzelte, gleichsam versprengte Feuerwehrmänner spazierten blinkend mit Weib und Kind.
> Kreiskriegerverbände lockten auf den Litfaßsäulen mit großen Militär-Doppelkonzernen.
> Hinter den großen Spiegelscheiben der Kaffeehäuser türmte sich Schlagsahne vor genußfreudigen Menschen in Korbstühlen.
> Ein verwachsener, komischer Zwerg verkaufte Schnürsenkel.
> Ein Epileptiker lag zuckend in der Sonne.[111]

Die Registratur der Wirklichkeitsobjekte, von Tunda im Vorbeigehen wahrgenommen, ist von Diskontinuität gekennzeichnet, sowohl auf der Ebene des Erzählerberichts als auch auf der Ebene der Wahrnehmung. Die Stadt am Rhein, in der Tunda diese Szenen beobachtet, scheint als Lebensraum nicht in Frage zu kommen, das zeigen seine mehrfachen Assoziationen zum Tod. Nicht nur die abgeschminkten Freudenmädchen erinnern ihn an den Tod, auch die Passanten mit Regenschirmen erinnern ihn an eine Totenfeier, und am Ende dieses Spazierganges erscheint ihm der Ort als Totenstadt: „Es war, als wäre die Stadt gar nicht bewohnt. Nur am Sonntag kamen Verstorbene auf Urlaub aus den Friedhöfen. Man ahnte weit geöffnete, wartende Grüfte.“[112]

Berlin, das Tunda auf den Dächern der Autobusse durchfährt, überwältigt ihn so sehr, dass er darüber beinahe Irene vergisst. Berlin erscheint ihm wie ein Moloch, der die deutsche Provinz auffrisst und sich von den anderen Städten ernährt. Doch wir erleben die Stadt nicht nur in der Optik Tundas, auch der Erzähler, der zu dieser Zeit in Berlin lebt, nimmt den „unheimlich vernünftigen Wahnsinn dieser Stadt“[113] wahr:

> Wir [der Erzähler und Tunda] sahen in einigen Tagen: einen Amokläufer und eine Prozession; eine Filmpremiere, eine Filmaufnahme, den Todessprung eines Artisten Unter den Linden, einen Überfallenen, das Asyl für Obdachlose, eine Liebesszene im Tiergarten am helllichten Tag, rollende Litfaßsäulen, von Eseln gezogen, dreizehn Lokale für homosexuelle und lesbische Paare,

---

111 Roth, Werke 4, S. 445.
112 Roth, Werke 4, S. 447.
113 Roth, Werke 4, S. 464.

> ein schüchternes, normales Paar zwischen vierzehn und sechzehn, das seine Namen in die Bäume schnitt und von einem Wachtmeister aufgeschrieben wurde, weil es eine Beschädigung öffentlichen Gutes verübte, einen Mann, der Strafe zahlte, weil er quer über einen Platz gegangen war statt im rechten Winkel, eine Versammlung der Zwiebelessersekte und die Heilsarmee.[114]

Eine Kohärenz ist in dieser Flut von Wirklichkeitspartikeln nicht mehr auszumachen, die rasch wechselnden Bilder, Vorgänge und Szenarien sind für den Betrachter nicht in einen Zusammenhang zu bringen. Roth greift hier das in der Moderne beliebte Motiv der Großstadt oder Metropole auf, das zunächst für „Modernität" schlechthin steht, aber mit dem in der zitierten Passage auch Folgeerscheinungen wie Entfremdung, Rastlosigkeit, Elend und Sittenverfall verbunden werden. Die rasante Vielfalt der Eindrücke, die kaum noch zu bewältigen, zu ordnen sind, bewirkt aber auch eine Schwächung des Subjekts, das all dieser Reize nicht mehr Herr werden kann.

Erst Paris scheint ein möglicher Lebensraum für Tunda zu sein. Während für ihn Berlin die Erde „in Asphalt, Ziegel und Mauer"[115] verwandelt, kommt es ihm in den Straßen von Paris so vor, „als wanderte er durch freies Land, und er roch den Duft der aufsteigenden Erde."[116] Doch in Paris geht ihm das Geld aus. Geld ist eines der Motive, das sich bei Tundas „Flucht" durch die Städte des Westens herausschält. Das zeigt sich einmal in der Konsolidierung der Weimarer Republik, in der das Geld wieder Stabilität gewinnt. Ironisch macht der Erzähler darauf aufmerksam, dass auch radikale Zeitschriften auf gut bezahlte Inserate und revolutionär gesinnte Schriftsteller auf die Honorare bürgerlicher Blätter angewiesen sind. Der Erzähler selbst steckt in dieser Abhängigkeit, er muss in Berlin Menschen grüßen, die ihn verachten, „weil ich vom Schreiben lebe."[117] Tunda lernt ein kommunistisches Ehepaar kennen, das in Artikeln die westliche Gesellschaft bekämpft, aber „von den Subventionen eines kapitalistischen Onkels, eines Bankiers"[118] lebt. Tunda empfindet, dass ihm sein eigener Bruder, ein wohlsituierter Kapellmeister, die Existenzberechtigung abspricht, da er, Tunda, kein Geld verdient: „Ich komme mir selbst schuldbewußt vor, weil ich sein Butterbrot esse."[119] Dabei ist es nicht die Untätigkeit, unter der Tunda leidet, er sieht auch die Vertreter der bürgerlichen Klasse nie arbeiten, aber das

---

114 Roth, Werke 4, S. 465.
115 Roth, Werke 4, S. 464.
116 Roth, Werke 4, S. 467.
117 Roth, Werke 4, S. 466.
118 Roth, Werke 4, S. 461.
119 Roth, Werke 4, S. 460.

Gefühl, ein Nichts zu sein: „Man kommt sich vor wie ein Gespenst“[120] schreibt Tunda in sein Tagebuch und nimmt damit sein Ende vorweg. In Paris muss er feststellen, dass man auch in der Stadt, „aus der die Gedanken der Freiheit ausgehen und ihre Gesänge [...] keine trockene Brotrinde umsonst bekommt.“[121] Die hübsche Pariser Hotelwirtin und der Hoteldiener ändern sofort ihr Verhalten, als sie Tundas Armut bemerken. Ob Kultur, Politik, menschliche Beziehungen: alles ist dem Tauschwert unterworfen. Tunda ist in einer Welt, die nach solchen Prinzipien klassifiziert, tatsächlich „überflüssig“.

Ein zweites Motiv in der Darstellung der westlichen Gesellschaft sind Maskenspiel und Verstellung. Jeder lügt, „die Rollen sind jedem zugeteilt“[122] erklärt ein Fabrikant im Gespräch mit Tunda. Die jungen Frauen, die im Haus des Pariser Kunsthändlers Cardillac verkehren, tragen Vornamen von „Heldinnen amerikanischer Filme oder englischer Salonlustspiele. Nichts fehlte ihnen zur Übernahme bestimmter Rollen.“[123] Tunda kann sie nicht als Wirklichkeit empfinden, sie scheinen ihm aus Leinwänden oder Illustrierten gestiegen. Auch die in Deutschland wie in Frankreich vielbeschworene Kultur Europas, unter der sich jeder etwas anderes und niemand etwas Genaues vorstellen kann, sind für Tunda nur Attrappen: „Das ist ja ein Maskenfest und keine Wirklichkeit!“ sagt er seinem Bruder. „Ihr kommt ja aus den Kostümen nicht heraus!“[124] Ein echtes Identitätsangebot kann es für Tunda in einer solchen Talmiwelt nicht geben. Auch ihm bleibt nur eine Rolle: die des „Sibiriaken“. Diese Rolle nimmt man ihm gläubig ab, ebenso wie seine erfundenen Erinnerungen, die er mit Hilfe des Erzählers veröffentlicht. Die tatsächlich existierende Welt erscheint in *Die Flucht ohne Ende* als Chimäre. Alle Figuren leben in einer aus Wünschen, Klischees und romanhaften Vorstellungen aufgebauten Privatwelt, die sie für Wirklichkeit halten. Nur Tunda und der Erzähler scheinen sich in dieses Figurenparadigma nicht einzufügen: Aufgrund ihrer Herkunft aus den Massengräbern durchschauen sie „diese Wirklichkeit, diese unwahren Kategorien, seelenlosen Begriffe, ausgehöhlten Schemata“, doch als Alternative sieht der Erzähler nur, bewusst „in einer Unwirklichkeit zu leben“[125]. Irene wird für Tunda zu einem poetischen Fluchtraum in diesem Sinn. Es ist nicht die echte Irene, die er in Paris sucht, es ist ein Wunschbild, wie er in seinem

---

[120] Roth, Werke 4, S. 462.
[121] Roth, Werke 4, S. 480.
[122] Roth, Werke 4, S. 452.
[123] Roth, Werke 4, S. 492.
[124] Roth, Werke 4, S. 492.
[125] Roth, Werke 4, S. 492.

Tagebuch bekennt: „Ich suche sie aber in Wirklichkeit ja nicht. Ich sehne mich auch nicht nach ihr. Vielleicht ist sie etwas ganz anderes als die übrige Welt, und es ist ein letzter Rest von Gläubigkeit in mir, wenn ich an sie denke.“[126] Irene wird hier zum metaphysischen Fluchtpunkt einer Sehnsucht, die der Scheinwirklichkeit der westlichen Gesellschaft zu entkommen trachtet. Darum würde Tunda auch für alle anderen Zwecke von seinem Bruder Geld borgen, nur nicht für den, Irene hinterher zu reisen. Irene ist eine Wunschwelt, eine Fantasie, an die Tunda sich hängt, um nicht „wehrlos den Zufällen ausgeliefert“[127] zu sein.

Als Tunda Irene schließlich begegnet, erkennt sie ihn nicht einmal. Damit ist Tunda auch noch dieser Wunschwelt beraubt, die Figur ist nun gewissermaßen vollkommen entleert und reif für das Schlussbild auf der Rue de la Madeleine. Tundas defizitärer Status ist am Ende des Romans nicht aufgehoben, sondern bekräftigt.

Mit dem die Länder, die Gesellschaftssysteme und die Frauen wechselnden Tunda hat Roth eine kollektivierte Kunstfigur geschaffen, die stellvertretend für die Generation der Kriegsheimkehrer steht. Es geht in dem Roman nicht um die Entwicklung eines Konflikts mit abschließendem *dénouement*, sondern um die Beschreibung von Zuständen, sozialen und politischen Tendenzen. Das zeigt sich schon in der lockeren Reihung der Szenen, bei denen man einige umstellen könnte, ohne den Aufbau des Romans zu beschädigen. Roth selbst schrieb in diesem Sinn an Stefan Zweig, dass der Nachkriegsmensch nicht mehr die klassische Fähigkeit zur Tragik habe, die Tragik vielmehr „aus dem ‚Charakter‘ auswandert und nur noch in die ‚historische Betrachtung‘ übersiedelt.“[128] Die zeitgeschichtliche Relevanz des Themas und die Popularität des Zeitromans haben vermutlich dazu beigetragen, dass Roth mit *Die Flucht ohne Ende* zum ersten Mal als Romancier beim deutschen Publikum Beifall und Beachtung fand.

V. „Eine ganz korrupte Gesellschaft!“

Mit *Rechts und Links* radikalisiert Roth seine Poetik des Zeitromans insofern als hier ein Gesellschaftspanorama in noch größerem Umfang als in den Vorgängern intendiert ist und das Geschehen in drei Handlungslinien aufgeteilt ist, die sich allerdings nur flüchtig berühren. Dieser sozialkritische Zeitroman, der zunächst als ein Gegenstück zu Ernst Glaesers

---

126 Roth, Werke 4, S. 461.

127 Roth, Werke 4, S. 463.

128 Joseph Roth 1894–1939. Katalog zur Ausstellung der Deutschen Bibliothek Frankfurt/Main. Hg. v. Brita Eckert und Werner Berthold. Frankfurt/Main 1979, S. 425.

international erfolgreichem *Jahrgang 1902* intendiert war, gilt als kompositorisch missglückt.[129] Den Grund dafür sieht Helmut Famira-Parcsetich vor allem darin, dass es in diesem Roman keinen „zentralen, die Geschichte zusammenhaltenden Erzähler"[130] mehr gebe. André Bucher zeigt in seiner Studie, wie in *Rechts und Links* durch die Figur Brandeis die Zweifel des Autors Roth am Repräsentationsparadigma der Neuen Sachlichkeit artikuliert werden.[131] Die Schwierigkeiten des Romans, nach dem sich Roth vom Zeitroman verabschiedete, liegen aber auch auf der Ebene der Figurengestaltung. In dem Artikel „Selbstverriss", der die Absichten des Romans erläutert, schreibt Roth zu diesem Punkt: „Mein Roman *Rechts und Links* leugnet ganz unmittelbar die Existenz von Charakteren, das heißt von Gestalten mit einer konsequenten Psychologie".[132] Auch zur offenen Form bekennt sich Roth in diesem Aufsatz, formuliert also noch einmal knapp die Poetik des Zeitromans. *Rechts und Links* hat nicht einen, sondern drei Protagonisten, wobei die Entstehungsgeschichte zeigt, dass zunächst Theodor Bernheim als Hauptfigur vorgesehen war: als Vertreter der „Generation der deutschen Geheimverbindungen, Separatisten, Rathenaumörder"[133]; im Roman ist die Gestalt aber kaum entwickelt. Dann sollte der mächtige Unternehmer Brandeis, Sohn eines ukrainischen Juden und einer deutschen Pfarrerstochter, eine fast mythische Gestalt aus dem Osten Europas, die die wirtschaftliche Situation im Nachkriegsdeutschland geschickt zu nutzen weiß, als „Mann ohne Maß" im Mittelpunkt stehen.[134] Bei der Lektüre des Romans muss man jedoch zunächst den Eindruck gewinnen, es werde die Geschichte des älteren der Bernheim-Brüder, Paul, erzählt, denn er dominiert die meisten Kapitel des ersten Teils. Darin wird von seiner Herkunft aus gutbürgerlichen Verhältnissen erzählt, vom Lottogewinn der Eltern, der sie zu Neureichen macht, von seinen kunstgeschichtlichen Interessen in der Jugend, seinem abgebrochenen Studium der Staatswissenschaften, Geschichte und Jurisprudenz in Oxford. Mit patriotischer Begeisterung zieht Paul in den Krieg, wird jedoch in dem Moment, als er von der Kavallerie in die Verpflegungsbranche versetzt wird, zum glühenden Pazifisten, um sich

129 Vgl. Fritz Hackert: Nachwort. In: Roth, Werke 4, S. 1077–1086, hier S. 1084.

130 Helmut Famira-Parcsetich: Die Erzählsituationen in den Romanen Joseph Roths. Bern, Frankfurt/Main 1971.

131 Vgl. André Bucher: Repräsentation als Performanz. Studien zur Darstellungspraxis der literarischen Moderne. München 2004, S. 257.

132 Roth, Werke 3, S. 130–131.

133 Roth, Werke 3, S. 1069.

134 Vgl. Fritz Hackert: Joseph Roths Nachlaß im Leo-Baeck-Institut in New York. In: Joseph Roth und die Tradition. Aufsatz- und Materialiensammlung. Darmstadt 1975, S. 374–399, hier S. 382.

im dritten Kriegsjahr aus einer Art Todessehnsucht an die Ostfront zu melden. Da er bald verwundet wird, verbringt er den Rest des Krieges im Lazarett. Nach dem Krieg lebt er unbekümmert vom Geld seines verstorbenen Vaters, versieht den Dienst in dessen Bank nur nachlässig, gibt aus Einsamkeit Feste für Künstler, Hasardeure und Bohemiens, bis plötzlich kein Geld mehr da ist und er „abzubauen“[135] beginnt. Das wird in einer Ausführlichkeit erzählt, die auf einen Entwicklungsroman passen würde. Doch im Gegensatz zum Entwicklungsroman gibt es in *Rechts und Links* keine Zielrichtung in dieser breiten Erzählung, keine bindende Kraft. Das liegt vor allem daran, dass Paul eine passive und substanzlose Figur ist, die zwar von Glanz und Größe träumt und nichts so fürchtet wie das Mittelmaß, doch in eben diesem Mittelmaß verharrt. Die Dynamik einer echten Ambition, die im Entwicklungsroman Vergangenheit, Gegenwart und Zukunft zusammenhält, fehlt hier völlig, man könnte eher von einer stoischen Leidenschaftslosigkeit sprechen. Paul wartet auf das Glück, das von selbst, ohne seinen Einsatz kommen soll. Der Leser kann an seinen Wünschen oder Erwartungen nicht teilnehmen, da diese ständig wechseln:

> Im Laufe der Monate und Jahre wechselten seine Neigungen und Talente. Ein halbes Jahr galt seine Leidenschaft der Musik, einen Monat dem Fechten, ein Jahr dem Zeichnen, ein Jahr der Literatur und schließlich der jungen Frau eines Bezirksrichters [...] Schließlich wandte sie sich einem Fähnrich zu, und Paul versenkte sich, um ‚sie zu vergessen‘, in die Kunstgeschichte. Ihr beschloß er nun sein Leben zu widmen. [...] Aber auch diese Leidenschaft erlosch.[136]

Dass Paul und sein Bruder Theodor als Typen konzipiert sind, wird im Roman direkt zum Ausdruck gebracht, und zwar durch Brandeis, der müde und gelangweilt von seinen Geschäftserfolgen wie von der westlichen Gesellschaft ins Unbekannte aufbricht:

> Überall schien ihm die Erde gleich zu sein. In allen Städten und Länder [sic!] gebar sie mit unendlich geduldiger und schmerzlicher Güte die schwächlichen Paul Bernheims, die Gefangene ihrer törichten Wünsche wurden; die kläglich verworrenen Theodors, die im ewigen, dichten Schatten der öffentlichen Pathetik lebten.[137]

Auch die Figur Brandeis ist nicht als psychologisch schlüssiger Einzelcharakter zu verstehen. Er sagt über sich selbst: „Nein, man war nicht *einer*. Man war zehn, zwanzig, hundert. Je mehr Gelegenheiten das Leben

135 Roth, Werke 4, S. 703.
136 Roth, Werke 4, S. 616.
137 Roth, Werke 4, S. 771.

gab, desto mehr Wesen entlockte es."[138] Implizit scheint hier noch einmal der zeittypischen Forderung an die Technik der Figurengestaltung Ausdruck gegeben zu werden: jede Psychologie über Bord zu werfen, keinen individuellen Zugang zur Realität zu suchen und Figuren als Ausdruck einer Tendenz oder gesellschaftspolitischer Zustände aufzufassen.[139] Diese Manier hat Roth in *Rechts und Links* zu weit getrieben, Bucher spricht zu Recht von einer „typologischen Überfrachtung"[140] der Figuren. Ohne Bindung an solch eine Figur, die so viele Tendenzen der Zeit verkörpern soll, stellt sich beim Leser Langeweile ein, und es hilft ihm nicht, wenn Roth im „Selbstverriss" die Langeweile zur poetischen Intention des Romans erheben will.[141] Paul lebt fast nur in halluzinatorischen Szenarios und bedauert selbst fiktive Verluste fiktiver Dinge. Es bleibt alles bei einem „als ob". Selbst seine Vorliebe für alles Englische ist nur eingebildet, ein Täuschungsmanöver, um sich den Anschein einer Persönlichkeit zu geben. Der Erzähler urteilt über diese Figur:

> [...] es scheint, daß es den Leuten seines Schlages nicht einmal vergönnt ist, ein eingebildetes Unglück ganz zu tragen. Es scheint, dass die Schutzengel, von denen die Bernheims zu jeder Zeit umgeben sind, darüber wachen, dass ihren Pfleglingen die große Not fernbleibe wie die große Lust und dass ihr Leben sich in den lauen Sphären abspiele, in denen die Winter milde sind und die Sommer kühl und in denen die Katastrophen das Aussehen leichter Trübungen annehmen. [142]

Wenn im dritten Teil des Romans Paul Bernheim nach der Begegnung mit der exotischen Lydia Markowna, die Brandeis von einer Schauspieltruppe abgekauft hat, froh ist, dass nun endlich eine Geschichte in sein Leben tritt, so kann man das leicht auf seine Konzeption als Romanfigur übertragen: *was* seine Geschichte ist und warum sie in dieser Ausführlichkeit erzählt wird, bleibt diffus. Die begonnene Handlungslinie läuft bei ihm ebenso wie bei den anderen Protagonisten im dritten Teil ins Leere.

Doch es gibt Momente, in denen es Roth gelingt, durch den typisierten Paul Bernheim seine Zeit darzustellen. Die gesamte Nachkriegsgesellschaft wird, schärfer noch als in *Die Flucht ohne Ende*, als eine Welt des Scheins, der Täuschungen und Selbsttäuschungen gezeichnet, so dass nicht nur Pauls Welt, sondern die aller Figuren als ein großes Blendwerk

---

[138] Roth, Werke 4, S. 687.

[139] Vgl. Sabina Becker: Neue Sachlichkeit. Band 1: Die Ästhetik der neusachlichen Literatur (1920–1933), Köln, Weimar, Wien 2000, S. 183–185.

[140] Bucher, Repräsentation als Performanz, S. 246.

[141] Roth, Werke 3, S. 131.

[142] Roth, Werke 4, S. 726.

erscheint. Es gibt keine Gewissheiten, keine Sicherheit in dieser Welt. Ohne die Inflation direkt zu schildern, bringt der Roman diese Wertkrise der Nachkriegsgesellschaft in Zusammenhang mit der Inflation:

> Es erwies sich in jenen Tagen, dass die Sittlichkeit dieser Welt von nichts anderem abhängig ist als von der Stetigkeit der Valuta. Eine alte Wahrheit, die im Lauf der vielen Jahre, in denen das Geld einen unbestrittenen Wert hatte, vergessen worden war. An den Börsen der Welt wird die Moral der Gesellschaft bestimmt. [143]

Die Inflation der Weimarer Republik hatte neben den wirtschaftlichen auch verheerende sozialpsychologische Folgen: Durch die Entwertung schien nichts mehr sicher, auf nichts mehr Verlass und jede Ordnung in Frage gestellt zu sein. Diese Zeitstimmung versteht *Rechts und Links* anschaulich einzufangen. So gibt es in der Gesellschaft von Künstlern, Journalisten, Müßiggängern, verkrachten Medizinern, Passfälschern und Spitzeln, die Paul regelmäßig in seiner Wohnung empfängt, nur Schwindel, Betrug und leere Versprechungen. Der Roman wird in solchen Passagen zur grotesken Gesellschaftssatire: „Ein sechster [der Gäste Pauls] arrangierte spiritistische Versammlungen und wurde von seinen eigenen Medien denunziert. [144]

Als tatsächlich existierende Welt erscheint im Roman nur die Ökonomie, vor der sich alles andere als Theater, „Überbau“ ausnimmt. Lydia Markowna wird, wie oben erwähnt, von ihrer Theatertruppe buchstäblich verschachert. Auch Paul ist von der Wirtschaftskrise betroffen, da seine Bank mit den Großbanken nicht mehr konkurrieren kann und seine Geschäfte zum Erliegen kommen. Mit Berechnung heiratet er die Tochter eines reichen Chemieunternehmers, die ebenso eitle wie oberflächliche Irmgard Enders. Nicht zufällig lernt er sie auf einem Maskenball kennen. Dass er für diese Verbindung in Frage kommt, hat er Brandeis zu verdanken, der ihn zu einem seiner Direktoren in seinem Wirtschaftsimperium macht.

Pauls Hoffnungen auf Größe und Macht erfüllen sich jedoch nicht. Er bleibt in der Ehe unbefriedigt wie im Beruf. Sowohl von Brandeis als auch vom Fabrikanten Enders fühlt er sich auf einen unbedeutenden Posten ohne Einfluss abgeschoben: „Man ließ ihn in der Schublade liegen, einen Hammer, mit dem man gelegentlich ein paar Nägel einzuschlagen gedenkt.“[145]

---

143 Roth, Werke 4, S. 659.
144 Roth, Werke 4, S. 659.
145 Roth, Werke 4, S. 759.

Von der Forschung ist bisher noch nicht bemerkt worden, dass *Rechts und Links* einige bemerkenswerte Parallelen zu F. Scott Fitzgeralds *The Great Gatsby* aufweist. Fitzgerald, der amerikanischer Chronist der zwanziger Jahre, sieht in seinem berühmtesten Roman Genusssucht, Leere und Langeweile als Signum der Epoche, die als glitzernde Scheinwelt entlarvt wird. Auch im mondänen Haus des neureichen James Gatz alias Jay Gatsby finden ständig Partys statt, auf denen sich Schauspielerinnen, Hollywoodregisseure, Finanziers, Anwälte, Sportstars und Schmarotzer treffen, die sich bei Cocktails über Golf, Frisuren, Abendkleider oder darüber unterhalten, mit welch dubiosen Geschäften Gatsby zu seinen Millionen gekommen sein mag. Fitzgerald porträtiert ganz ähnlich wie Roth ein banales und liebloses Bürgertum, in dem Geld und gesellschaftlicher Ehrgeiz die bestimmenden Antriebsfedern sind. Die Kälte und Seichtheit dieser Gesellschaft – „They're a rotten crowd", sagt der Ich-Erzähler an einer Stelle über sie[146] – wird am Ende dadurch in Szene gesetzt, dass keiner der ständigen Partygäste zur Beerdigung des „großen" Gatsby erscheint, nicht einmal dessen Jugendliebe Daisy, um derentwillen Gatz seinen erstaunlichen sozialen Aufstieg in die nicht immer ganz legalen Wege geleitet hat. Auch zu dem Kontrast von romantischem Westen und dekadentem Osten in *The Great Gatsby* gibt es eine Entsprechung bei Roth. In Fitzgeralds Roman steht der Mittlere Westen, aus dem der Erzähler und James Gatz stammen, für ein einfaches, humanes, naives und idealistisches Amerika, während New York als Ort des Zynismus, der Dekadenz, der Trivialität und Wurzellosigkeit dargestellt wird. In *Rechts und Links* finden wir eine ähnliche Raumkonzeption, nur mit vertauschten Koordinaten. Der europäische Osten, aus dem Brandeis kommt, wird mit Natur, Landschaft, Simplizität konnotiert, und die russische Sprache, die durch das Gespräch zweier Emigranten an Brandeis' Ohr weht, erscheint diesem nicht bloß als Kommunikationsmittel, sondern als „die Muttersprache jener heimatlichen Natur selbst, der Birken, der Weiden, des Sumpfs, der Eiszapfen, des Windes, der Sonne und der Feldfeuer."[147] Deutschland und der Westen hingegen sind „eine Welt, die aus Besitz und Beton bestand" und in der sich für Brandeis „überhaupt alles, Gegenstände, Waren und Menschen in Papier zu verwandeln"[148] scheint. Nimmt man das Bild ernst, dann sind Paul Bernheim, sein Bruder Theodor, die Ehefrau Irmgard und alle Nebenfiguren nichts als Pappkameraden. Die Persönlichkeit der Figuren scheint

---

[146] Francis Scott Fitzgerald: The Great Gatsby. New York 2004 (zuerst 1925), S. 154. Der Titel dieses Kapitels bezieht sich auf dieses Zitat.

[147] Roth, Werke 4, S. 693.

[148] Roth, Werke 4, S. 745.

sich aus ihrer Kleidung zu ergeben, der Charakter aus den Gesten, die sie einstudiert haben, ihre Bedeutung aus der Tafel, die sie an ihrer Bürotür anbringen lassen.[149]

Das Porträt der Nachkriegsgesellschaft ist in *Rechts und Links* bis zur Karikatur satirisch, während es in *The Great Gatsby* trotz scharfer Kritik, Typisierung und Überzeichnung der Charaktere doch eine Tragik der Hauptfigur gibt. Eben diese Fähigkeit zur Tragik wird Paul Bernheim abgesprochen. So ist es am Ende nur ein imaginierter Doppelgänger, ein „zweiter Paul Bernheim, ein beweglicher“[150], welcher der im Wagen davonfahrenden Lydia Markowna hinterher eilt, der Paul Bernheim in der tatsächlichen Welt bleibt auf der Stelle stehen. Die Figurengestaltung ist in dieser Passage synthetisch im Sinne James Phelans, denn in diesem einen Moment scheint Bernheim vom Jüngling zum Greis geworden zu sein, seine Haare sind weiß, und sein ganzes Leben liegt nun hinter ihm: „Ich bin, scheint mir, weise [...] geworden“.[151] Eine Rolle braucht er nun nicht mehr zu spielen, so dass er dem in diesem Moment auftauchenden Brandeis unverhohlen seine Bewunderung gesteht und ihn ohne Maskenspiel fragen kann, warum dieser ihn immer verachtet habe. Brandeis' Antwort „Sie waren ein Schwächling“[152] deutet an, dass auch in seiner Sicht Bernheim sich in einen anderen Menschen verwandelt hat. Doch dem Gefängnis von Ehe und Karriere in der Chemie wird Bernheim nicht mehr entkommen.

Zu dieser den Konstruktionscharakter des Erzählten betonenden Gestaltungsweise gehören auch die metafiktionalen Passagen in *Rechts und Links*. Die Affäre des alten Bernheim mit einer Akrobatin bezeichnet der als handelnde Figur nicht auftretende Ich-Erzähler als eine „Geschichte, die so banal ist, daß man sich schämen würde, sie zum Beispiel in einem Roman zu erzählen“[153]; Brandeis verabschiedet sich gewissermaßen aus der Geschichte, weil die Umstände für seinen Geschmack „etwas zu romanhaft“[154] sind; und eine implizite Kritik an Trends des Zeitromans der späten zwanziger Jahre lässt sich aus folgender Passage herauslesen:

> Sie [Paul und Lydia] fuhren mit der Geschwindigkeit von siebzig Kilometern. Eine Schnelligkeit, die von allen modernen Schriftstellern, welche die Bezie-

---

149 Vgl. Roth, Werke 4, S. 616, 628, 674, 743.
150 Roth, Werke 4, S. 769.
151 Roth, Werke 4, S. 770.
152 Roth, Werke 4, S. 770.
153 Roth, Werke 4, S. 617.
154 Roth, Werke 4, S. 770.

> hungen zwischen den menschlichen Herzen und Motoren studiert haben, für ähnliche Situationen vorgeschrieben ist.[155]

Eine Leserlenkung finden wir schließlich in der Bemerkung des Erzählers: „Wir gehen dazu über, das Haus des aufgestiegenen Paul Bernheim kennenzulernen, und es ist nicht unwichtig sich an das Haus seines Vaters zu erinnern."[156] Diese Leserlenkung macht auf eine in *Rechts und Links* ausgiebig angewandte Technik realistischen Schreibens aufmerksam, nämlich auf die Beschreibung von Besitz und Wohnungseinrichtung einer Figur, um deren Charakter durch ihren Geschmack zu veranschaulichen. Auch hier gibt es eine Parallele zu Fitzgerald, der mit großer Ausführlichkeit die sagenhafte Villa und die Besitztümer des großen Gatsby auflistet: ein Privatstrand, Motorboote, ein Rolls Royce, eine Bar mit Messinggeländer, ein weitläufiger, märchenhaft illuminierter Park, achtköpfiges Dienstpersonal und ein Extragärtner sind sein eigen, bei seinen Partys spielt ein ausgewachsenes Orchester auf.[157] All dieser Prunk veranschaulicht, wie weit Gatsby sich von seinem bescheidenen Geburtsort im Mittleren Westen entfernt hat. Bei Roth nehmen Indices dieser Art einen ebenso großen Umfang ein. Die Villa, die der alte Bernheim sich nach seinem Lottogewinn hinstellen lässt, zeigt, wie er, der bisher nur ein mittelmäßiger Bankier war, mit dem neuen Reichtum zu renommieren sucht:

> Einige Monate später stand an der Stelle des alten, gelben, giebeligen Hauses ein neues, weißes, strahlendes, mit einem steinernen Balkon, den ein Atlas aus Kalk auf seinen Schultern trug, mit einem flachen Dach, das an den Süden erinnern sollte, mit modischem Verputz zwischen den Fenstern, Engelköpfchen und Teufelsfratzen abwechselnd unter dem First und einer geradezu pompösen Rampe, die würdig gewesen wäre, zu einem Oberlandgericht, einem Parlament, einer Hochschule hinzuführen.[158]

Paul Bernheim und Irmgard Enders setzen diese Zurschaustellung des eigenen Wohlstands in ihrem Haus mit allen neuesten Schikanen fort. Die Aufzählung der extravaganten Einrichtungsgegenstände in dieser einem Schiff gleichenden Villa zeigt das Unbehagen des Realisten Roth an einer Konsumentenmentalität, die Identität nicht mehr über das Sein, sondern über das Haben bestimmt. *Rechts und Links* klingt aus mit einer Montage wie im Film, wo alle Haupt- und Nebenfiguren in einer kurzen Szene noch einmal in den Blick kommen. Dieses Panorama schließt der

---

155 Roth, Werke 4, S. 752.
156 Roth, Werke 4, S. 756.
157 Vgl. Fitzgerald, The Great Gatsby, S. 39–40.
158 Roth, Werke 4, S. 612.

Erzähler mit dem Kommentar ab: „Ihren alten, langweiligen Gang geht die Welt.“[159]

Liest man im *Selbstverriss* zwischen den Zeilen, kommt der Gedanke auf, der Autor Roth könne in Bezug auf den Zeitroman von einer ähnlichen Müdigkeit befallen sein wie seine Figur Brandeis, der, gelangweilt von seinem Reichtum und der Leichtigkeit, mit der er ihn erworben hat, müde von der Dummheit der Menschen alles hinwirft und ins Unbekannte aufbricht. Im *Selbstverriss* ist von der „Hohlheit der Gegenwart“ die Rede, von der „Substanzlosigkeit unserer Zeitgenossen“ und von der „banale[n] Trostlosigkeit dieser Welt“, die Roth dafür verantwortlich machen will, wenn sein Roman langweilig wirke. Es sei nicht seine poetische Absicht, seine Zeit und seine Zeitgenossen heroisch zu überhöhen oder zu tragischen Schicksalen zu verklären. „Ich kann dem Leser nicht den Gefallen tun, ihn mit seinem substantielleren Großvater zu verwechseln.“[160]

In seinem weiteren literarischen Schaffen wandte Roth sich bekanntlich vom Zeitroman ab und der vergangenen Welt Kakaniens zu. An die Stelle des Zeitromans trat ein poetischer Realismus, der an die Traditionen des 19. Jahrhunderts anknüpfte. Dieses Bekenntnis zur literarischen Tradition lässt sich aus manchem Aufsatz der folgenden Jahre herauslesen, so etwa aus der rühmenden Besprechung eines Romans von Thornton Wilders:

> Thornton Wilder [wird] sicherlich von den Gegenwartspreisern, den Zukunfstjüngern, den Biedermännern der „kollektivistischen“ Gesinnung und den Spießbürgern der revolutionären als ein „Biedermaier“ agnosziert, wenn nicht gar als „Klassizist“ und „Reaktionär“ denunziert werden [...] Anstatt sich auf „Menschen von heute“ (den sogenannten „Nachkriegstyp“) zu beschränken [...], beschäftigt sich dieser kuriose Amerikaner mit privaten Schicksalen längst verstorbener Menschen, und zwar in einer Form, die ihn auf den ersten Blick als einen soliden Kenner der klassischen europäischen Überlieferung entlarvt. [...] Die Aufgabe des Erzählers ist neuerlich erfüllt: nämlich, den einzelnen Menschen, die heute einsamer sind als je, von einem Einsamen ihresgleichen zu erzählen, der längst verschollen sein mag, dessen Knochen Staub sind und der dem Tod und der Namenlosigkeit entrissen ist, um von der Ewigkeit des „Humanen“ zu zeugen [...] Seitdem es eine Epik gibt, hatte sie nichts anderes zu tun.[161]

Von „Formensprengern“,[162] zu denen er sich wenige Jahre zuvor noch selbst rechnete, distanziert Roth sich nun kritisch. Die Rezension zu Wilder liest sich wie die Poetik Roths zu seinen Werken der dreißiger

---

[159] Roth, Werke 4, S. 772.
[160] Roth, Werke 3, S. 132.
[161] Roth, Werke 3, S. 359–360.
[162] Roth, Werke 3, S. 361.

Jahre. Man darf neben dem Bruch, der um 1930 in seinem Schreiben erfolgte, aber nicht die Kontinuitäten übersehen. So individuell Carl Joseph Trotta gezeichnet ist, ist auch er als Repräsentant einer Zeit konzipiert. Und schon in den zwanziger Jahren setzte Roth sich in manchen non-fiktionalen Texten, allen voran dem großen Essay *Juden auf Wanderschaft* mit der Welt der Großväter auseinander, die fortan zum Schauplatz seiner Romane und Erzählungen werden sollte. Auch wenn er damit politisch die Flucht aus der Geschichte[163] antrat: literarisch schuf er nun seine unvergesslichsten Gestalten.

[163] Vgl. Hartmut Scheible: Joseph Roths Flucht aus der Geschichte. In: Joseph Roth. Text + Kritik Sonderband, S. 56–66.

Thomas Koebner

Filmische Schreibweise bei Joseph Roth

Weniger als andere Schriftsteller seiner Zeit (z.B. Arthur Schnitzler, Thomas Mann, Hugo von Hofmannsthal oder Franz Kafka, nicht zuletzt die Generation der Expressionisten) war Joseph Roth am neuen Kulturphänomen Film interessiert. So gibt es eine kurze Reihe von Filmkritiken aus den 20er Jahren, doch lassen sie in ihrer Mehrheit daran zweifeln, ob Roth die visuelle Ästhetik der neuen Kunstform wirklich in ihrer Vielfalt wahrgenommen hat. Fritz Langs und Thea von Harbous zweiteiligen *Nibelungen*-Film unterzieht Roth eher einer politischen Analyse, er ordnet die Produktion dem von ihm heftig verachteten neuen deutschen Patriotismus nach dem Ersten Weltkrieg zu – ein Verdikt, das zumindest die nationalistischen Ideen und Phrasen der Drehbuchautorin Thea von Harbou nicht missdeutet. Das ‚Wie' der Inszenierung scheint ihm, Roth, indes völlig entgangen zu sein. Immerhin würdigt er Friedrich Wilhelm Murnaus grandiosen *Letzten Mann* (1924) voller Respekt – wenngleich auch hier auffällt, dass er vor allem das Drehbuch von Carl Mayer im Sinn hat. Er glaubt das „Diktat des Dichters" zu erkennen, das „dem Regisseur nicht mehr viel zu tun übrig lässt."[1] Eine solch ungeheuerliche Verkennung der künstlerischen Leistung Murnaus lässt zwei Schlüsse zu: Erstens, Roth hat offenbar das im merkwürdigen Stakkato, viele Gesten vorgebende und Affekte beschwörende Drehbuch von Carl Mayer gelesen, zweitens, Roth fehlt es an Verständnis für die Auflösung von Szenen und Handlungen in Bilder oder die Montage von Einstellungen. Einzelne Beobachtungen zu Chaplin und Max Linder, zum *Wachsfigurenkabinett* von Paul Leni, zu Eisensteins Filmen *Panzerkreuzer Potemkin* und

---

1 Joseph Roth: Werke 2: Das journalistische Werk 1924–1928. Hg. von Klaus Westermann. Frankfurt/Main, Wien, 1989, S. 325. – Leonardo Quaresima glaubt, 70–80 Artikel Roths über Film (allgemein) und einzelne Filme gezählt zu haben. L.Q., Der Schatten, die Stimme. Joseph Roth als Filmkritiker. In: Michael Kessler, Fritz Hackert (Hg.): Joseph Roth. Interpretation, Rezeption, Kritik. Tübingen 1990, S. 245ff. – Ausdrücklich sei auf die kürzlich erschienene Studie von Peter-André Alt: Kafka und der Film. Über kinematographisches Erzählen (München 2009), verwiesen. Sie bezeugt, dass Kafka Filme sehr viel aufmerksamer als Joseph Roth wahrgenommen hat, um sich durch deren Sujets, Motive und Strukturen für das eigene Werk inspirieren zu lassen.

Die Generallinie, zu Buster Keaton oder zu dem UFA-Kulturfilm *Wege zu Kraft und Schönheit* lassen daran zweifeln, dass hier ein Autor Sinn für kinematographische Eigenarten entwickelt habe. Umso überraschender muss es anmuten, dass – nach meiner allmählich gebildeten Überzeugung – kaum ein Autor seiner Zeit eine so ausgeprägt filmische Schreibweise verwendet hat wie ausgerechnet Joseph Roth. Ich fühle mich nicht berufen, diesen eklatanten Widerspruch zu enträtseln, könnte allenfalls darauf verweisen, dass bereits Sergej Eisenstein in seiner Studie zu *Dickens, Griffith und Wir* (1946)[2] ein Pré-Cinéma-Phänomen aufdeckte: Elemente der filmischen Ästhetik seien bereits in der ‚realistischen' Erzähl-Prosa des 19. Jahrhunderts vorgegeben gewesen. An den Romanen von Charles Dickens hebt Eisenstein etwa als prä-filmisch hervor, dass der Romancier für kleine Äußerlichkeiten scharfsichtig gewesen sei wie eine Art Fotoapparat, dass er oft ausgeprägte Bühnenanweisungen zu geben scheint und keinerlei vage Konturen erlaubt, dass sogar durch Kälte und Wärme der Atmosphäre etwas von der „inneren Welt und moralischen Haltung der handelnden Personen"[3] enthüllt werde. So seien Dickens auch die so filmischen Erzählelemente der Großaufnahme oder der Überblendung durchaus vertraut – Griffith und nicht zuletzt Eisenstein hätten auf literarisch bereits erprobte Verfahren der Veranschaulichung zurückgreifen können.

Man dürfte also auch im Fall von Joseph Roth in Rechnung stellen, dass sein Schreiben einer bestimmten realistischen Tradition entspricht, einer Poetik, die weitgehend bereits in der Romanpraxis des 19. Jahrhunderts entwickelt worden ist. Also scheint er kinomorphe Darstellungstechniken übernommen und verfeinert zu haben, ohne sich der Verwandtschaft seiner Gestaltungsformen in Prosa mit filmischer Schreibweise überhaupt bewusst zu werden. Anders kann man es sich kaum erklären, dass Roth, der in seinem wahnhaft übersteigerten zeitkritischen Essay *Der Antichrist* (1934) Hollywood förmlich als „Hades des modernen Menschen"[4] verteufelt (wie später, wenngleich weniger empathisch, auch Hermann Broch) gleichzeitig mit großem Eifer seine Geschichten so organisiert, als übernehme der Erzähler zugleich die Funktion einer Kamera.

---

2 In: Sergej Eisenstein: Gesammelte Aufsätze, Zürich o.J., S. 60–136.

3 In: Sergej Eisenstein: Gesammelte Aufsätze, S. 66.

4 Joseph Roth: Der Antichrist (1934). In: Werke 3. Hg v. Hermann Kesten, Köln 1976, S.380ff. Hermann Broch: Zur Diktatur der Humanität innerhalb einer totalen Demokratie (1939). In: Hermann Broch: Politische Schriften. Frankfurt/Main 1978, S. 53f.

Natürlich ist diese Beobachtung schon öfter getroffen worden, besonders von denen, die zu erklären versuchen, dass nach den Romanen von Joseph Roth eine Reihe ansehnlicher und auffällig ‚werkgetreu' ins andere Medium umgesetzter Filme entstanden sei. Offenbar hilft es bei der Verwandlung der literarischen in eine filmische Erzählung, so heißt es etwa bei Klaus-Detlef Müller,[5] dass die Handlung bei Joseph Roth erstens klar aufgebaut sei, er zweitens plastische Figuren umreiße und drittens für atmosphärische Dichte sorge.[6] Da ich mich im Folgenden auf

---

5 Klaus-Detlef Müller: Michael Kehlmanns Verfilmung von Joseph Roths Roman „Radetzkymarsch". In: Kessler, Hackert, S. 227.

6 Der bedeutende Wiener Fernsehautor- und Regisseur Michael Kehlmann hat 1965 (für den ORB und den BR) eine ziemlich genaue, in vielen Szenen dem Buch verpflichtete Fernsehversion des *Radetzkymarsch* geschaffen, von der sich das Remake durch Axel Corti 1995 im Wesentlichen nur durch größere Opulenz, das Farbfilmmaterial und die internationale Besetzung auszeichnet, etwa Max von Sydow als Vater Trotta oder Charlotte Rampling als Valerie von Tausig. Dennoch bin ich davon überzeugt, dass die Schauspieler in ihrer Mehrheit in der früheren Film-Adaptation einprägsamer agiert haben (vorweg Helmut Lohner als junger Leutnant Trotta). – Kehlmann hat später die „Jedermannsgeschichte" des *Hiob* 1978 in mehreren Teilen erzählt, wobei der Schauspieler Günter Mack als Mendel Singer ein außerordentlich eindrucksvolles Porträt des geprüften und leidenden Mannes entwarf. – Bernhard Wicki hat, ähnlich wie Kehlmann, zwei Filme nach Roth'schen Romanen inszeniert, die als bedeutende und große Produktionen in der Geschichte des deutschen Fernsehfilms einen hervorragenden Platz und Anerkennung gefunden haben: einmal *Das falsche Gewicht* (1961, für das ZDF), mit Hilfe eines ›werkgerechten‹ Drehbuchs des Dramatikers Fritz Hochwälder, von Wicki ergänzt, und *Das Spinnennetz* (1989), nach dem ersten großen politischen Werk, dass Roth in den zwanziger Jahren konzipiert hat. – Leider fast vergessen ist eine Fernsehversion des kurzen Romans *Die Rebellion* von keinem geringeren als Wolfgang Staudte, die Geschichte von einem demütigen und angepassten Kriegs-Invaliden, der unschuldig vom Verhängnis getroffen wird und trotzigen Widerstand gegen die Gesetze, die Gebote und Gott selbst entwickelt, so dass er vor dem göttlichen Gericht die Schlussrede eines aufrecht gesinnten Empörers halten darf. Mit Josef Meinrad als naivem Helden in der Hauptrolle inszenierte Staudte ein lakonisches Stationendrama, dass in einem fast surrealen Dekor vor der himmlischen Richterbank kulminiert. Eine weitere Version der *Rebellion* von Michael Haneke (1993) konnte ungeachtet der Besetzung des Andreas Pum durch den düstermelancholischen Bruno Samarovski und den Erzähler Udo Samel nicht dieselbe Prägnanz und sozusagen Brecht'sche Klarheit der Produktion von Staudte erreichen. – Nicht zu vergessen sei die in Deutschland einmal 1996 im Fernsehen ausgestrahlte international hoch ausgezeichnete Filmversion der *Legende vom heiligen Trinker* des italienischen Regisseurs Ermanno Olmi (der Film erhielt 1988 bei den Filmfestspielen von Venedig die höchste Auszeichnung, den „Goldenen Löwen"). Diese *Leggenda di Santo Bevitore* fügt dem Original der letzten Erzählung Roths, die posthum veröffentlicht wurde, einige treffende Szenen hinzu und riskiert es, die Hauptrolle des Andreas mit einem im Filmgeschäft sonst eher als dämonischer Bösewicht bekannten Schauspieler zu besetzen, nämlich Rutger Hauer. Dennoch hat sich dieses Wagnis künstlerisch gelohnt – es ist zu bedauern, dass der Film dem deut-

die filmische Schreibweise Roths konzentrieren will, muss ich mich mit der Erläuterung einiger ausgewählter Stichproben zufrieden geben und darauf verzichten, sowohl die Romane als ganze Kunstwerke, als auch die Filme, die die Bücher nacherzählt haben, in aller Komplexität zu erörtern.

Erstes Beispiel: Als Mendel Singer in *Hiob* (1930) erfährt, dass Menuchim, der seinerzeit ausgesetzte und für unheilbar krank gehaltene Sohn immer noch lebt, dass es ihm sogar gut geht, faltet Mendel die Hände,

> erhebt sie, so hoch er kann, dem Plafond entgegen, er möchte aufstehen, er hat das Gefühl, dass er jetzt aufstehen müsste, gerade werden, wachsen, groß und größer werden, über das Haus hinauf und mit den Händen den Himmel berühren. Er kann die gefalteten Hände nicht mehr lösen. Der Blick zu Skowronnek, und der alte Freund weiß, was er jetzt zu fragen hat, an Mendels statt.
>
> ‚Wo ist Menuchim jetzt?' fragt Skrowronnek.
> Und langsam erwidert Alexej Kossak:
> ‚Ich selbst bin Menuchim.'
>
> Alle erheben sich plötzlich von den Sitzen, die Kinder, die schon geschlafen haben, erwachen und brechen in Weinen aus. Mendel selbst steht so heftig auf, dass hinter ihm sein Stuhl mit lautem Krach hinfällt. Er geht, er eilt, er hastet, er hüpft zu Kossak, dem einzigen, der sitzen geblieben ist. Es ist ein großer Aufruhr im Zimmer. Die Kerzen beginnen zu flackern, als würden sie plötzlich von einem Wind angeweht. An den Wänden flattern die Schatten stehender Menschen.[7]

Schon beim ersten Blick fällt auf, dass die Passage im *Präsens* gehalten ist – offenbar wollte Roth dadurch die Dramatik des Ereignisses erhöhen, die sich gleichsam Schritt für Schritt entfaltet, und nicht das distanzierte Präteritum einschalten, das die glückliche Fügung als bereits geschehen suggerieren könnte. Nun ist Präsens die Tempusform, in der auch Drehbücher geschrieben sind, schon in den 20er Jahren ist dies üblich. Das, was sich auf der Leinwand ereignen soll, wird im Drehbuch, der ‚Möglichkeitsform' und Arbeitsanweisung im kreativen Prozess der Filmentstehung, als Vorangehen von Moment zu Moment empfunden, ohne dass ein Erzähler von oben her das Ganze betrachtet, ohne dass eine herausgehobene Figur bereits zu wissen vorgibt, was das Schicksal als nächstes vorhat. Natürlich ist dies Beharren auf der Gegenwartsform mehr oder weniger nur ein erzählerischer Trick, der die Spannung gleichsam ins Offene weitet und Unsicherheit im Publikum etablieren will –

---

schen Publikum weitgehend unbekannt geblieben ist. Ähnlich eingeschränkte Nachwirkung ist bei Staudtes früher Fernsehfassung der *Rebellion* zu konstatieren.

7 Joseph Roth: Hiob (1930). Köln 1999, S. 233.

wobei man nicht vergessen sollte, dass Genreregeln und Standardsituationen stets bestimmte Erwartungen hervorrufen, die Zuschauer dazu befähigen, den weiteren Gang der Ereignisse gleichsam hypothetisch vorweg zu nehmen oder zumindest stark zu vermuten.

Als zweites fällt die ausgeprägte Gestikulation des Mendel auf, nachdem er aufgestanden ist. Er möchte sich dem Plafond entgegenstrecken und mit den Händen den Himmel berühren. Solche *exzentrische ‚Pathosformel'* der Anbetung bringt zum Ausdruck, was in der Person ausgelöst wird, nämlich der Mendel selbst vielleicht unbewusste Wunsch, mit dem offensichtlich dort oben lokalisierten Wesen in Berührung zu kommen, auch das Bedürfnis, die kauernde, verhuschte gebeugte Gestalt, Inbegriff und Sinnbild des gepeinigten und gedemütigten Lebens, wieder zu strecken, ein aufrechter, von Glück und Begeisterung durchströmter Mensch zu werden. Die Inszenierung von Michael Kehlmann handelt einsichtig, wenn sie in diesem Moment die Kamera über dem „groß und größer werdenden" Mendel postiert, so dass sich die Arme, dank des Weitwinkelobjektivs in die Länge gezogen, dem Betrachter entgegenstrecken. Es ist nicht der Gestus des Schutz erflehenden, sondern der Gestus des unverhofften Segen empfangenden Menschen. Man versteht den inneren Impuls der Figur dank der visuell gesteigerten Gebärde auf Anhieb.

Die Bemerkung, dass die Schatten stehender Menschen an den Wänden flattern, könnte vielleicht die Mitteilung der guten Botschaft ins Unheimliche, zumindest ins Abstrakte verwandeln – wobei gerade die flatternden Schatten, von denen Roth wenige Zeilen später noch einmal spricht, einen von der Haupthandlung abgelenkten, schweifenden Blick verraten, also eine gewisse Distanz zum exaltierten Gefühlsdrama im Zimmer einräumen und zudem auf ein Element des expressionistischen Kinos verweisen (man denke etwa an *Nosferatu* von Friedrich Wilhelm Murnau, 1922), das mit dem Schattenspiel fast immer eine Verwandlung der Ereignisse ins Transzendentale, ins Über-Empirische im Sinn hatte.

Wie erwähnt, hat Klaus-Detlef Müller hervorgehoben, dass die Handlung in Roths Erzählprosa klar aufgebaut sei. Eine solche Kennzeichnung scheint mir etwas zu kurz zu greifen. Denn Roth beherrscht eine besondere Spielart des „szenischen Erzählens". Er sammelt wiederholt alle Kraft darin, die *große Szene* zu gestalten, in der die Handlung einer Krise, einer Peripetie, einem Umschlag entgegensteuert: hier der Offenbarung des Musikers Kossak, er sei kein anderer als eben der seinerzeit in Russland zurück gelassene und scheinbar geistig defekte Menuchim. Gleichgültig, ob die erzählte Zeit langsamer oder schneller voranschreitet, Roths Interesse ist es, den Ablauf zu verdichten, je näher man dem Umschlagpunkt kommt. Roth vergisst dabei nie die *besondere Situation*, in die ein dramatischer Vorgang oder ein Gespräch eingebettet sind, registriert also auch äußere Veränderungen im Verlauf der Ereignisse. Er vermeidet vage Markierungen des Wann und Wo, wie z.B. bei Thomas Mann üblich: „Es kam vor, dass Herr Settembrini den Schüler Hans (Castorp) direkt zur Rede stellte (…)“, aus *Der Zauberberg.*[8] Roth wünscht vielmehr, den *Nahraum* der jeweiligen Szene *deutlich* hervorzuheben. Der Stuhl, der umfällt, die Schritte, mit denen Mendel zum wieder gefundenen verloren geglaubten Sohn hineilt, die auffällige Gebärde der Entlastung von einem ungeheuerlich drückenden Schmerz, das Wachsen der Gestalt des Mendel und die Schatten der aufgeregten Versammlung an der Wand: all dies wird nacheinander sichtbar, gerät also in den Fokus der erzählerischen Kamera, wenn ich mich so ausdrücken darf. Der Ausdruck *„szenisches Erzählen“* ist sicherlich angebracht, noch genauer wäre es, (a) Roths Fixierung auf den jeweiligen *Krisenmoment* zu betonen, das Vorher und Nachher, (b) desgleichen seine Fähigkeit, den engeren Raum, die „Umstände“ der Szene, bedeutsame Kulissen und Dinge *sichtbar zu machen.*

Zudem lässt sich festhalten, dass Roth (c) den großen, oft *exzentrischen Gestus* hervorhebt, den ebenso dramatischen wie symbolischen Ausdruck etwa der Metamorphose, die Mendel durchläuft – als handle es sich um die Bühnenvorschrift eines naturalistischen Dramas oder um die Beschreibung der Szene aus einem Drehbuch der Stummfilmzeit. Die von mir zusammengetragenen Eigenschaften der Prosa Roths deuten darauf hin, dass in ähnlicher Weise ein Film erzählt werden kann – man also mit einigem Recht von einer filmischen, einer kinomorphen Schreibweise reden darf.

Zweites Beispiel: Im *Radetzkymarsch* (1932) erreicht die Nachricht von der Ermordung des Thronfolgers in Sarajevo eine buntgemischte Festgesellschaft im Schloss des Grafen Chojnicky. Einigen Offizieren drängt sich in diesem Moment die Lustbarkeit von nebenan, Musik und die schleifenden Schritte der Tänzer als unpassend und peinigend auf. Sie befehlen, dass man den Trauermarsch spiele (aus Chopins h-moll-Suite). Mitten aus ihrer Walzerbelustigung gerissen, müssen die in bunte Papierschlangen verstrickten Gäste nun plötzlich dem neuen „makabren und stolpernden Rhythmus“[9] folgen. Doch da alle betrunken sind, die Musiker ebenso wie die Tänzer, beschleunigt sich langsam das Tempo und „die Beine der Wandelnden fingen an zu marschieren“, bis aus dem Trauermarsch eine Art Freudenmarsch wird. Man muss den Musikern

8 Thomas Mann: Der Zauberberg. Berlin, Frankfurt/Main 1962, S. 533.
9 Joseph Roth: Radetzkymarsch (1932). Reinbek b. Hamburg 1957, S. 222f.

die Instrumente wegnehmen, damit endlich Ruhe eintritt. Auf den Stufen zum Eingang sitzen danach einige Offiziere, vor denen Leutnant Trotta sich aufstellt und um seinen Abschied bittet. Major Zoglauer erhebt sich, kann aber die „unausgesprochenen und unaussprechlichen Worte", die sich in seinem Mund sammeln, nicht artikulieren.

> Man roch den starken Holunder. Man hörte das sachte Tropfen des Regens und das zarte Rauschen der nassen Bäume, und schon begannen die Stimmen der Tiere zaghaft zu erwachen, die vor dem Gewitter verstummt waren. Die Musik im Inneren des Hauses war still geworden.

Am Ende bringt Zoglauer nur den Satz heraus: „Vielleicht haben sie recht, sie sind jung." Wieder sticht der scharf konturierte Nahraum der Szenen hervor. Die berauschten Tänzer werden nicht als ganze Figuren in den Blick genommen, sondern pars pro toto, in einer Art Detailaufnahme: ihre Beine, die sich zunächst nach dem Rhythmus des Trauermarschs vorsichtig über das Parkett oder den Tanzboden hinschleppen, werden plötzlich wieder schneller, im Takt der sich ebenfalls beschleunigenden Musik. Diese filmtypische Einstellung (fast eine Großaufnahme) erschließt die tiefere Bedeutung, eine lapidare Symbolik, die sich mit dem konkreten Vorgang mühelos verbindet: Diese Gesellschaft will nicht begreifen, nach Dezennien des äußeren Friedens, dass nun eine neue, schreckliche Epoche angebrochen ist, in der man nicht mehr nach dem operettenseligen Motto leben kann, dass nur der glücklich ist, der vergisst, was doch nicht zu ändern ist. Die Trägheit und die Gewohnheit der Seelen drückt sich analog in der Trägheit und Gewohnheit der Beine aus, die sich nicht dem Trauermarsch, sondern dem geschwinden Galopp fügen wollen, darüber hinwegtanzen, dass das Haus – metaphorisch gesprochen – schon zu brennen begonnen hat. Kein Wunder, dass sich beide Inszenierungen, sowohl die von Kehlmann, als auch die von Corti, diese aussagekräftige Tanz-Szene mit ihrem eklatanten Stimmungs-Umschwung nicht entgehen lassen. Die allmähliche ‚Entwaffnung' der Musiker allerdings findet nur bei Kehlmann statt. Gleichfalls ein doppelsinniger Vorgang: Einerseits tritt erst jetzt Ruhe ein, weil man denen, die aufspielen, die Instrumente wegnimmt (oder die Waffen). Zugleich wird angedeutet, wie der falsche alte Zustand und die neue kriegerische Situation zu beenden seien, damit die Festmusik und der Waffenlärm verstummen.

Trotta steht vor den Offizieren, die nach dem Gewitter auf den Eingangsstufen platz genommen haben: auf weißen großen Tüchern, die man über die Steine gebreitet hat. Vermutlich der Erzähler – durch seine Neigung, mehrfachen Sinn in Bildern und Situationen zu entdecken, manchmal merklich unterschieden von der etwas engeren Wahrnehmungsweise des jungen Leutnants – bemerkt dazu, dass diese weißen, großen Tücher so aussähen, als seien es Leichentücher. Die Offiziere, die sich weiter nicht rührten und ihre Köpfe gesenkt hielten, „erinnerten an eine wächserne militärische Gruppe im Panoptikum".[10] Die Assoziation zwischen Leinen- und Leichentüchern, die Anspielung auf das Panoptikum leuchten Kinozuschauern nicht so ohne weiteres ein. Beide Inszenierungen ersparen sich daher das Spiel mit diesen Gleichnissen und verkürzen den Auftritt Trottas. Es handelt sich doch um eher ergrübelte Vergleiche mit dem gemeinsamen Nenner der Totenstarre. Man kann indes die Unbewegtheit der Männer als Schreckenslähmung verstehen, nachdem alle begriffen zu haben scheinen, dass mit dem Mord am Thronfolger auch der Beginn eines Weltkrieges unvermeidbar scheint. Der Hinweis auf das Panoptikum setzt voraus, dass man dieses optische Kabinett kennen gelernt hat –für Zeitgenossen der Jahrhundertwende keine unbekannte Spezial-Sensation, da ein sogenanntes Kaiserpanorama in jeder größeren Stadt Neugierige angelockt hat (es wird ausführlich beschrieben in Hermann Brochs erstem Teil der *Schlafwandler* : *Pasenow oder die Romantik*, der im Jahr 1888 spielen soll). Schon im Jahr 1930 werden die wenigsten mit dem Begriff des Panoptikums konkrete Seherfahrungen verbunden haben.

Während sich der Fokus der erzählerischen Kamera auf dem Gesicht des Majors Zoglauer verengt: die Augenlider flattern, die Backenknochen werden durch Muskel bewegt, „alles war in Bewegung geraten": eine mimographisch detaillierte Artikulation des inneren Aufruhrs, den der Offizier durchlebt, wird der sichtbare Nahraum in der Zeit des bedrückenden Schweigens entgrenzt durch einen *suggestiven Klangraum,* der zugleich das Arkadisch-Friedliche, das Ewig-Unvergängliche der unversehrten Natur beschwört – als leisen Widerspruch zur Erwartung des Todes im Lärm des kommenden Krieges: das Rauschen der Bäume, die Stimmen der Tiere, intensiviert sogar durch eine Duftmarkierung: den starken Geruch des Holunders. Die Grenzen des Klangraums, das ist spezifisch für Klangräume, sind nicht genauer bestimmt, sie öffnen sich in die Weite, während der Sehraum bei Roth immer scharf eingestellte Objekte, Gesichter, Figuren vorweist. Die Verschränkung von Seh- und Klangraum (und Duftraum) lässt sich durchaus als *spezifische Atmosphäre* in dieser Szene beschreiben. Bei diesem Beispiel kommt die dritte Kategorie, die Müller aufführt, die Atmosphäre, zur Geltung – als Kategorie, die sowohl im Literarischen wie im Filmischen ihren Platz hat.

---

[10] Roth, Radetzkymarsch, S. 223.

Drittes Beispiel: In Roths *Das falsche Gewicht* (1937) kommt der ehrliche Eichmeister Anselm Eibenschütz nach Hause – im Sommer verschwitzt, im Winter halb erfroren. Dort erwartet ihn „mit finsterer Stirn seine Frau". Er fragt sich, wie er nur so lange Zeit mit einer „so fremden Frau" habe zusammenleben können.[11]

> Es war ihm, als hätte er sie erst vor kurzem erkannt und immer eine Minute, bevor er ins Haus trat, hatte er Angst, sie würde sich seit gestern verändert haben können und wieder eine andere, neue, aber ebenso finstere sein. Gewöhnlich saß sie strickend unter dem Rundbrenner, in emsiger, gehässiger und erbitterter Demut. Doch war sie hübsch anzusehen mit ihrem schwarzen, glatten Scheitel und ihrer trotzigen kurzen Oberlippe, die einen kindlichen Mutwillen vortäuschte. Sie hob nur den Blick, ihre Hände strickten weiter. ‚Sollen wir jetzt essen?' fragte sie. ‚Ja!' sagte er. Sie legte das Strickzeug hin, einen gefährlichen giftig grünen Knäuel mit zwei dräuenden Nadeln, und ein angefangenes Stückchen Strumpf, das eigentlich aussah wie ein Überrest, ein noch nicht geborenes und schon zerstückeltes Werk. Trümmer, Trümmer, Trümmer! Eibenschütz starrte darauf, während er die peinlichen Geräusche vernahm, die seine Frau in der Küche verursachte, und die grelle und gemeine Stimme des Dienstmädchens. Obwohl er hungrig war, wünschte er, die Frau möchte möglichst lang in der Küche bleiben. Warum gab es keine Kinder im Haus?[12]

Die Szene, die hier beschrieben wird, scheint sich zu wiederholen, im Sommer und im Winter. Die zentrale Aussage wird vorweggeschickt: Eibenschütz weiß eigentlich nicht, wer seine Frau ist. Er betritt sein eigenes Haus und wird von der Empfindung einer großen Entfremdung oder Fremdheit überwältigt. Der strickenden Gattin unter dem Rundbrenner und ihrem – von ihm wahrgenommenen – Ausdruck erbitterter Demut (ein Affektausdruck, der mit seiner Angst korrespondiert) begegnet er allabendlich. Das Emsige, Gehässige und Erbitterte bei all der Demut lässt sich nicht nur als seine subjektive Anmutung verstehen, die Aufzählung der Affekte, die sich zur Kennzeichnung unzufriedener Untertänigkeit kombinieren, könnte auch als Anweisung für die Schauspielerin gelten, die die Rolle in der Filmfassung zu übernehmen hat.

Bemerkenswert ist der Bruch in diesem Abschnitt: nämlich das unverhoffte Eingeständnis, Frau Eibenschütz sei hübsch anzusehen – nach Ansicht des Eibenschütz oder eines ihm überlegenen Erzählers, mit ihren schwarzen Haaren und der trotzigen kurzen Oberlippe. Der Erzähler Roth will offensichtlich nicht, dass die Figur nur unter dem Aspekt des strengen und unversöhnlichen Urteils der männlichen Hauptfigur in Erscheinung trete. Er rettet Frau Eibenschütz, indem er die Oberfläche,

---

11 Joseph Roth: Das falsche Gewicht (1937). Köln 1999, S. 144.

12 Roth, Das falsche Gewicht, S. 144f.

ihr attraktives Äußeres hervorhebt, gleichsam aus dem Strom der Verdammnis hervorhebt, in der sie Anselm Eibenschütz ertränken will. Anschließend jedoch triumphiert die Betrachtungsweise des Ehemanns. Die Nadeln im Strickzeug „dräuen". Der Strumpf sieht wie ein „schon zerstückeltes Werk" aus. Der innere Ausruf „Trümmer, Trümmer, Trümmer" pointiert diese Schreckensdeutung der alltäglichen Dinge. Sie erwecken beim tief verdrossenen Eichmeister Ekel und Abscheu. Hinzu kommt der charakteristische Klangraum, die Geräusche aus der Küche, die ebenfalls bei Eibenschütz abstoßende Empfindungen hervorrufen. Weshalb in dieser Ehe keine Kinder zustande kommen, ist nach der kurzen Beschreibung dieser abendlichen Szenerie nicht weiter erstaunlich.

Der Film behilft sich beim Ausdruck dieser quälenden Gefühle dadurch, dass die Kamera die Figur des Eibenschütz näher betrachtet, die Quelle dieses äußersten Unbehagens: Der Schauspieler Helmut Qualtinger gibt mit den aufgequollenen, unendlich traurigen Augen und dem starren feisten Gesicht durchaus den präzisen Eindruck einer im Familienalltag versteinerten Person wieder. Die symbolische Aufladung des Strickwerks zum Trümmerwerk ist auch durch längeres Verweilen der Kamera auf Nadel und Wollfäden nicht in gleicher Weise begreiflich zu machen. Zwar spiegeln Dinge im Film äußere und innere Zustände der Figuren, doch oft in ‚matter', in relativ unscharfer Weise. Allenfalls ruft der Blick der Filmkamera auf die Dinge im Hause Eibenschütz ein leises Gefühl des Fröstelns und des Kümmerlichen hervor, eine Ahnung von der Tristesse des vergeblichen Lebens. Doch auch lang währende Einstellungen können selten die scharfsinnige vertiefende Deutung ersetzen, zu der der sich selbst kommentierende literarische Text im Stande ist.

Im *Falschen Gewicht* herrscht die Perspektive des Eibenschütz vor. Der Hinweis auf das „erbittert Demütige" seiner Frau mag eine Vermutung sein, die Eibenschütz hegt, oder die Wertung preisgeben, die ein überlegener Erzähler riskiert. Sie ist kein zuverlässiges Signal für das Innenleben der Frau Eibenschütz, von dem man nämlich selbst durch den lakonischen Dialog nichts Genaues erfährt. Die Behauptung Müllers, dass Roth vornehmlich „plastische" Charaktere gestalte, scheint mir nicht für alle Figuren gültig zu sein: Dieser Erzähler, wie schon Reinhard Baumgart in seinem Joseph Roth-Essay feststellte,[13] weiß beinahe ausschließlich über die Befindlichkeit seiner männlichen Figuren Bescheid, während die Frauenfiguren durchweg ein unentschlüsseltes Geheimnis bergen. Sie bleiben gewissermaßen völlig im Dunkeln, sogar wenn sie in

13 Reinhard Baumgart: Auferstehung und Tod des Joseph Roth. München, Wien 1991, S. 37ff.

den Lichtkreis der Bühne treten, die für die privilegierte männliche Hauptfigur aufgeschlagen wird.

Diese Einschränkung gilt auch für das sonderbare Verständnis der Euphe-mia, der Zigeunerin in ihrer rätselhaften Schönheit, die im *Falschen Gewicht* den Sinn des Eibenschütz verwirrt. Roth braucht viele Sätze und Vergleiche, um ihre fulminante Wirkung auf Männer, insbesondere auf den Eichmeister, zu illustrieren. Sobald sich Roth über die Beschreibung des ersten Eindrucks bei ihrem Auftritt hinausbegibt, wie sie mit „wiegenden Hüften und straffen Schultern, mit festen und zierlichen Schritten auf hohen Stöckeln sich dem Eichmeister nähert“,[14] und den Kreis der Assoziationen ausmisst, die bei Eibenschütz fast eine gelähmte Bewunderung auslösen, strudelt die Porträtierung ins Problematische. Euphemias tiefblaue Augen erinnern ihn an das Meer, der niemals das Meer gesehen hat, sie lässt ihn an südliche Nächte denken, er glaubt in ihr „die Sünde“ wieder zu erkennen. Ihre Stimme erinnert ihn an den Klang einer Nachtigall, die er in jungen Jahren einmal gehört habe und so weiter. Man vergleiche mit dieser überschüssigen Etikettierung des ‚Faszinosums‘ Frau die vorsichtige und sparsame Charakteristik der Philine, die Goethe in *Wilhelm Meisters Lehrjahren* dieser zauberhaften und gleichfalls für den Leser verführerischen Gestalt zukommen lässt. Der knappe Dialog, den Euphemia und der Eichmeister am Tisch führen, soll Eibenschütz gleichsam in einen Zustand des Entrücktseins versetzen, der daran schuld sein mag, in dieser Frau das Weib schlechthin erkennen zu wollen. Die aufdonnernde Transzendierung ihrer zweifellos hübschen Erscheinung (ihre seidenschwarzen Wimpern sollen schwärzer gewesen sein als ihr Kleid – was für ein gesuchter und unglaubwürdiger Vergleich!),[15] ergibt doch nur das Klischeebild einer ‚verlockenden Zigeunerin‘, wie sie früher verschiedentlich aus Bilderrahmen in die Schlafzimmer bürgerlicher Ehepaare geblickt haben mögen.

Ein viertes und letztes Beispiel:

> Als der Abend zu dämmern begann, entzündete die Schwester eine Kerze. Einsam stand sie, unwahrscheinlich groß und einsam, in der Mitte des Zimmers, in der Mitte auf dem runden Tisch. Ihr Licht war spät und gütig. Es schien dem Eichmeister, sie sei das einzig Gütige in der Welt. Plötzlich erhob sich die Frau. Sie streckte beide Arme nach dem Mann aus und fiel sofort mit einem sehr schrillen Schrei zurück. Die Schwester beugte sich über sie. Sie schlug das Kreuz und drückte der Toten die Augen zu.
> Eibenschütz wollte näher treten, aber die Nonne wies ihn zurück. Sie kniete nieder. Ihr schwarzes Kleid und ihre weiße Haube sahen auf einmal sehr mächtig aus. Sie erinnerten an ein schwarzes Haus mit einem verschneiten

---

14 Roth, Gewicht, S. 157.
15 Roth, Gewicht, S. 158.

> Dach, und dieses Haus trennte Eibenschütz von seinem toten Weibe. Er drückte seine heiße Stirn gegen die kühle Scheibe und begann, heftig zu schluchzen.
> Er wollte sich schneuzen, suchte nach einem Taschentuch, fand es nicht, griff aber nach der Flasche, die er seit Wochen stets bei sich trug, zog sie hervor und tat einen tiefen Schluck.
> Sein Schluchzen erlosch sofort. Er ging leise hinaus, ohne Hut und Mantel, und stand da, im faulen, fauligen Geriesel des Regens. Es war, als regnete ein Sumpf hernieder.[16]

Zu dieser Todesszene wäre manches zu sagen, was als Kommentar zu den vorangegangenen drei Szenen bereits vorgeschlagen wurde. Wieder die äußerste Präzision in der Rekonstruktion des Nahraums, in diesem Fall der Abstand zum Bett. Die merkwürdige Kälte, die zwischen den Ehepartnern eingetreten ist, die Frau, der Mann – gemütlicher wird es nicht im Verhältnis zwischen den beiden. Es kann natürlich sein, dass der Tod bereits Sekunden vorher die Arbeit der Gleichmacherei leistet, die ihm oft nachgesagt wird, so dass das Individuelle vor dem Allgemeinen stirbt und die Frau des Eichmeisters gleichsam namenlos ins Jenseits geht. Wieder die prägnante Gestikulation beim endgültigen Abschied: die beiden Arme, die sie ausstreckt, der Schrei, nach dem sie dann wieder zurückfällt. Kein klinisches Protokoll könnte genauer das Nacheinander festhalten. Aber auch die übersteigerte Metaphorik: das schwarze Kleid und die weiße Haube der Nonne erinnern den Erzähler an ein schwarzes Haus mit verschneitem Dach. Dieses fast preziöse, fast obskure Spiel mit weitläufigen und eher zufälligen Vorstellungen kann der Film nicht wiedergeben. Das Gebaren des Eibenschütz verrät, dass er zum schweren Alkoholiker geworden ist – ein Schluck aus der Flasche stillt sofort sein Schluchzen. Der Alkoholismus löst offenbar die Anästhesierung des Gemüts aus: Eibenschütz wird durch die Trunkenheit in einen Zustand relativer Unempfindlichkeit versetzt, sich selbst gegenüber und auch den anderen. Erinnerungen und Wehmut ersticken gleichsam, sein Wein-Anfall findet sofort ein Ende.

Der Sehraum, ein Nahraum, verschränkt sich mit dem diffuseren Klangraum: das leise Rieseln des faulen, fauligen Regens – auch der Geruchsraum schneidet hier ein. Eine Atmosphäre, die real keinen Ausblick erlaubt: Daher ist die Metapher zwar kühn, aber durchaus treffend, dass sich der Regen herabsenke wie ein Sumpf auf die Menschen. Wiederholt wird in der Erzählung *Das falsche Gewicht* davon gesprochen, dass das kleine Pferdegefährt des Eichmeisters im Nebel oder im Schneegestöber verschwinde. Keine Tiefenschärfe, keine Fern-Sicht auf ein struk-

16 Roth, Gewicht, S. 205f.

turiertes Landschaftspanorama, Dunst verhüllt die Gegend vor den gewissermaßen halb blinden, kurzsichtigen Augen. Rainer Baumgart mag nicht Unrecht haben, wenn er die Auflösung der Grenzen zwischen Subjekt- und Objektwelt auch in der getrübten Wahrnehmung des Trinkers begründet sieht.[17] Insofern ergibt sich Atmosphäre – das gilt jedenfalls für diesen Film von Bernhard Wicki – aus der Brechung des Blicks, der eigentlich im Raum frei umher schweifen will. Wickis Kameramann Jerzy Lipman gleitet oft in kurzem Abstand an den Mauern vorbei, konstatiert die Risse, den herausgefallenen Putz, die Verkommenheit des Gemäuers, Schmutz und Schlamm der Straßen, das Ungemütliche und Zerfallene, das Unwirtliche der Behausungen und der Märkte, auf denen der Eichmeister, in Konfrontation mit Armen und Ärmsten, seinem erbarmungslosen Amt nachgeht. Die Systematik dieser filmischen Einstellungen erzeugt in der Tat eine Atmosphäre, die auf Elend und Tod vorweist, auch auf den elenden Tod im Schlamm, den am Ende der Eichmeister erleiden wird.

Auf die häufig gestellte Frage, welchen ‚Mehrwert' denn nun der Film im Vergleich zu Literatur leiste, zumal wenn der Prosatext von Joseph Roth filmischer Wahrnehmung so eng angeglichen sei, auf diese Frage nach der ästhetischen Differenz lassen sich viele Antworten geben. Zwei von ihnen will ich auf jeden Fall hier skizzieren.

Erstens: die Bilder des Films übertreffen an Reichtum, an Einzelheiten, aber auch an Deutlichkeit fast immer alle Vorstellungen, die sich durch literarische Imagination beschwören lassen. Die *Konkretheit des Filmbildes* kann manchmal auch als Enttäuschung verzeichnet werden – wenn etwa die Euphemia der Schauspielerin Evelyn Opela nicht ganz den schwärmerischen Phantasien entspricht, die Joseph Roth entfacht hat. Dafür immerhin kann sie vor der Kamera die gleiche Objektivität, den Anspruch auf eine eigene Gestalt behaupten wie der Eichmeister Eibenschütz. Um ihre Attraktivität auf andere Weise zu steigern – für Eibenschütz und für die Zuschauer –, lässt der Regisseur die Schauspielerin in mehreren Schlafzimmer-Szenen unbekleidet auftreten: Die Darstellerin vermeidet prüde Scheu und demonstriert, dass selbst nackte Haut, metaphorisch verstanden, eine undurchdringliche Hülle sein kann. Die Figur der Euphemia bleibt dem Eichmeister auch in enger Umarmung eine unerforschlich Unbekannte. Die ‚absolutistische' Vorherrschaft der männlichen Perspektive in Roths Erzählung wird durch die

17 Reinhard Baumgart: Auferstehung und Tod des Joseph Roth, S. 32.

Multiperspektivik des Films wenigstens zum Teil gebrochen oder zurück genommen.

Zweitens: in keinem Drehbuch kann die *Rhythmik im Ablauf der filmischen Erzählung* bis ins Einzelne vorweggenommen werden. Die Bewegung der Dinge vor der Kamera, die Bewegung der Kamera selbst, der Wechsel der Distanzen, der Verteilung von Licht und Dunkel und Farben usw., diese Rhythmen entfalten eigene, auch literarisch nicht vorgesehene Ausdruckskraft. Wenn die Kamera etwa in die Häuser der armen Kaufleute vordringt, vehement und schnell, dann wird die Brutalität sichtbar, mit der der Eichmeister und der ihn begleitende Soldat in die Welt der Einheimischen regelrecht einbrechen[18], die Rücksichtslosigkeit des Ordnungswalters, der Regierungsmacht.

So klingt es vernehmlich an, wenngleich es nicht laut ausgesprochen wird, dass auch im *Falschen Gewicht*, wie in fast allen Erzählungen des Joseph Roth, Protest gegen die Ordnung, die Ordnung der Welt, die Ordnung des Staates erhoben wird, eine trotzige, nicht immer wohlbegründete Anklage oft einfacher Menschen und armer Seelen gegen die dumpfe Last der Verhältnisse (wie schon in der kurzen Erzählung *Die Rebellion*). Dass Anarchie diese Ordnung zerstören wird, präsentiert sich, wenngleich ambivalent betrachtet, als historisches Gesetz. So kommt es zu den Zerfallsgeschichten, die Roth wiederholt: dem moralischen Zerfall von Personen in einer bereits zerfallenden Landschaft, in einer zerfallenden Gesellschaft. Vom Tod, vom Ende bedrohte Existenzen überall. Dass gelegentlich ein Wunder geschieht – wie die Rettung in *Hiob* oder das sanfte Sterben in der *Legende vom heiligen Trinker* – muss man als unerforschlichen Segensakt einer übergeordneten Instanz ratlos hinnehmen.

---

[18] Siehe auch Jürgen Wolff: Schaafs „Trotta" (1971). In: Kessler, Hackert, S. 437.

Markus May

Joseph Roth und die Zeichen

Die Diskussion um das Verhältnis von Modernität und Traditionalismus im Werk von Joseph Roth hat sich in der Vergangenheit nicht zuletzt an den erzählerischen Mitteln und Verfahren entzündet, wobei viele Untersuchungen die Bezüge zu journalistischen und neusachlichen Traditionen betonen.[1] Häufig ist dabei jedoch der komplexe Prozess der Sinnbildung, der ein nicht Geringes zum Raffinement von Roths Erzählen beisteuert, in den Hintergrund getreten. Dabei ist dieser kaum weniger elaboriert als bei prominenteren Autoren der Zeit, die man ebenfalls zu dem eher „traditionalistischen" Lager des Erzählens der Epoche rechnet, wie beispielsweise Thomas Mann.[2] Ähnlich wie im Fall Thomas Manns hängt die Problematik der Modernität Joseph Roths nicht an dem Einsatz scheinbar „konventioneller" Erzählverfahren im Unterschied zu den avantgardistischen Formexperimenten etwa eines Robert Musils, Alfred Döblins oder Herrmann Brochs.[3] Dies wird im Vergleich mit anderen europäischen Literaturen besonders augenfällig. Niemand würde Marcel Proust die „Modernität" absprechen, nur weil sein episches Großprojekt *À la recherche du temps perdu* mit einem durchgehaltenen Ich-Erzähler ohne offensichtliche formale Dissoziationen agiert. 1964 hatte der Philosoph und Bergson-Experte Gilles Deleuze die etablierte Proust-Philologie provoziert, ja düpiert, indem er behauptete, dass die „Einheit" der *Recherche* keinesfalls, wie bis dahin für selbstverständlich erachtet, im Konzept

---

1 Siehe z.B. Frank Trommler: Joseph Roth und die Neue Sachlichkeit. In: David Bronsen (Hg.): Joseph Roth und die Tradition. Aufsatz- und Materialiensammlung. Darmstadt 1975, S. 276–304; Jürgen Heizmann: Joseph Roth und die Ästhetik der Neuen Sachlichkeit. Heidelberg 1990; Irmgard Wirtz: Joseph Roths Fiktionen des Faktischen. Das Feuilleton der zwanziger Jahre und „Die Geschichte von der 1002. Nacht" im historischen Kontext. Berlin 1997.

2 Den Vergleich zu Thomas Mann zieht etwa Lothar Köhn, indem er den *Radetzkymarsch* als „‚intellektualen' Roman" und „Roman einer ‚doppelten Optik'" bezeichnet (Lothar Köhn: Der „Preis der Erkenntnis". Überlegungen zum literarischen Ort Joseph Roths. In: Michael Kessler/Fritz Hackert [Hg.]: Joseph Roth. Interpretation – Kritik – Rezeption. Akten des internationalen, interdisziplinären Symposions 1989, Akademie der Diözese Rottenburg-Stuttgart. Tübingen 1990, S. 167–179, S.175).

3 Für eine dezidiert „modernistische" Lesart auch bereits des frühen Roth plädiert Jon Hughes: Facing Modernity. Fragmentation, Culture, and Identity in Joseph Roth's Writings in the 1920. London 2006.

der Erinnerung, der mémoire involontaire, bestünde, sondern vielmehr in einer Exploration der Zeichenwelten, derjenigen der Gesellschaft, der Liebe, der materiell-sinnlichen Erscheinungen und vor allen anderen derjenigen der Kunst, die in Deleuzes Auffassung die essentielle Dimension schlechthin markiert.[4] Wenngleich man seine radikale antihegelianische Lesart Prousts, die in einer „Art ästhetischen Existentialismus" mündet,[5] nicht in allen Konsequenzen mit nachvollziehen muss, so macht Deleuze doch deutlich, dass die Zeichenproblematik und der Umgang mit ihr als einer der zentralen diskursbildenden Konstituenten von Modernität zu betrachten sind. Dies gemahnt, wenn man der Perspektivierung historischer Kulturanthropologie folgt, nicht zufällig an Heideggers Bestimmung des „homo hermeneuticus" im Kontext der phänomenologischen Existentialontologie von *Sein und Zeit*, wo der Prozess hermeneutischer Deutung eines komplex bis zur Diffusion erfahrenen Welt- (als Sein) und Ich-Zusammenhangs (als Dasein, Sosein etc.) als permanent perpetuierte Aufgabe menschlicher „Sorge" eine kategoriale Grundbestimmung der Existenz bildet.[6] Die Problematik der Spannung von Kontingenzerfahrung und Kontingenzbewältigung – Signatur der „conditio moderna" – zwingt zu permanenten Semiosen.[7] Diese Semiosen verweisen letztendlich immer wieder zurück auf sich selbst bzw. auf weitere Ketten von Semiosen usw., da es keine letztbegründenden Interpretanten – Gott, das Absolute, die Idee etc. – mehr gibt. Deleuze hat in seinem Buch *Proust und die Zeichen* diese Rückbezüglichkeit, die den Denk- und Interpretationsakt auf dem Mangel an Explizität der Bedeutung von Zeichen begründet, mit ebenso existentialistisch wie vitalistisch anmutendem Pathos wie folgt skizziert:

> Was zu denken zwingt, ist das Zeichen. Das Zeichen ist Objekt einer Begegnung; aber gerade die Kontingenz der Begegnung steht für die Notwendigkeit dessen ein, was sie zu denken gibt. Der Akt des Denkens entspringt nicht einer einfachen natürlichen Möglichkeit. Er ist im Gegenteil die einzig wahrhafte Schöpfung. Die Schöpfung ist die Genese des Denkaktes im Denken selbst. Diese Entstehung nun impliziert etwas, was dem Denken eine Gewalt antut, die es seiner natürlichen Starre entreißt, seinen nur abstrakten Möglichkeiten. Denken ist immer interpretieren, das heißt ein Zeichen explizieren, entwickeln, entziffern, übersetzen. Übersetzen, entziffern, entwickeln sind die Formen der reinen Schöpfung. Explizite Bezeichnungen gibt es ebensowenig wie klare Vorstellungen. Es gibt nur in den Zeichen implizierte

4 Vgl. Gilles Deleuze: Proust und die Zeichen. Aus dem Französischen von Henriette Beese. Berlin 1993, insbes. S. 7–15.

5 Christian Jäger: Gilles Deleuze. Eine Einführung. München 1993, S. 46.

6 Vgl. Heidegger: Sein und Zeit. Tübingen 2006.

7 Vgl. Thomas Düllo: Zufall und Melancholie. Untersuchungen zur Kontingenzsemantik in Texten von Joseph Roth. Münster/Hamburg 1994.

> Bedeutungen; und wenn das Denken das Vermögen hat, das Zeichen zu explizieren und in eine Idee zu entwickeln, so deswegen, weil die Idee im Zeichen schon da ist, in eingehülltem und zusammengerolltem Zustand, im dunklen Zustand dessen, was zu denken zwingt.[8]

Diese Kontexte sollten im Sinne von Bezugsgrößen nicht gänzlich vergessen werden, wenn man sich der Bedeutung der Zeichen im Werk von Joseph Roth nähert. In der Tat scheint mir die Problematik der Zeichen und Zeichendeutung im Zentrum Roth'schen Erzählens zu stehen, was sich ebenso auf eine generelle Tendenz des Diskurses der Moderne beziehen lässt wie auf zeittypischere und individuelle Referenzen (etwa in der Art der politischen wie sozialen Unsicherheiten und Umbrüchen bis zu formativen Elementen der intellektuellen Dispositionen des Autors Roth – beispielweise sein Verhältnis zum (Ost-)Judentum betreffend).[9] Von der Zeichenproblematik affiziert ist im Erzählwerk Roths sowohl das Verhältnis der Figuren zu einander wie zu ihrer Welt, das Verhältnis der jeweiligen Erzähler zur Diegesis wie auch das Verhältnis der Rezipienten zum Text. Man kann also sagen, dass alle Ebenen des Textes – intradiegetisch, extradiegetisch, produktions- und rezeptionsästhetisch – von dieser Problematik betroffen sind.

Bereits in den frühen Romanen, die von der Orientierungslosigkeit sowie den Krisen nach dem Ende des ersten Weltkriegs und dem Untergang des alten Habsburgerreiches und des deutschen Kaiserreiches geprägt sind, wodurch die tradierten „Heimatländer" Osteuropas von der Geschichte überholt wurden, wird diese Orientierungslosigkeit nicht zuletzt als ein Problem der Zeichen und ihrer möglichen Deutungsspielräume imaginiert. Gerade der Verlust der alten Ordnung mit ihren klaren Designationen, Zuordnungen und Grenzen im Politischen und Sozialen wie auch in anderen Bereichen der symbolischen Diskursmacht bis hinein ins Intimste der zwischenmenschlichen Beziehungen fordert den „homo hermeneuticus" in besonderer Weise.

Dies zeigt sich z.B. auch im 1924 erschienenen Roman *Hotel Savoy*,[10] einem Text, der mit dem im selben Jahr erschienenen *Zauberberg* Thomas Manns die Reihe der großen Hotel-Romane der zwanziger und dreißiger Jahre eröffnet. Der Ich-Erzähler Gabriel Dan hält sich nach der Rück-

---

8 Deleuze, Proust und die Zeichen, S. 80.

9 Den Aspekt der Ambivalenz als Signatur der Moderne betont Sebastian Kiefer, der in seiner Dissertation eben diese Ambivalenz als Grundfigur des Roth'schen Werks ausmacht, wenngleich diese kaum auf grundsätzliche semiotische oder epistemologische Fragestellungen bezieht. Vgl. Sebastian Kiefer: Braver Junge – gefüllt mit Gift. Joseph Roth und die Ambivalenz. Stuttgart, Weimar 2001.

10 Joseph Roth: Hotel Savoy. In: Joseph Roth: Romane. Bd. 1: Hotel Savoy. Hiob. Köln 1994, S. 9–104.

kehr aus dreijähriger Kriegsgefangenschaft in einer namenlos bleibenden (aber als Łodz identifizierbaren) „Grenzstadt" in Osteuropa auf, eigentlich weil er hofft, bei seinem reichen, aber geizigen Verwandten Phöbus Böhlaug die Mittel für seine Weiterreise in den Westen zu erwirken, und bleibt im Hotel Savoy hängen. Das Hotel selbst, in dem Gabriel Dan die Bekanntschaft unterschiedlichster und zumeist ziemlich skurriler Personen vom Währungsschieber über die Varietétänzerin bis hin zum reichen Fabrikanten macht, wird zu einem allegorischen Mikrokosmos Osteuropas nach dem historischen Umbruch, zum „Welttheater-Hotel[...]",[11] in dem Entwurzelte und Gestrandete, aber auch die Vertreter der neuen, allein durch die Besitzverhältnisse charakterisierten Ordnung sich einfinden.[12] Die Schwierigkeiten des Ich-Erzählers, die wirklichen Verhältnisse hinter der Fassade der Gegebenheiten, Personen und ihrer Beziehungen zu durchschauen – die eigentliche „Architektur" des Hotels Savoy, wenn man so will – finden ihre Korrespondenz in der Konstruktion des Erzählens, die, wie Gotthart Wunberg ausgeführt hat, auf diese Weise „die Brüche und Inkonsistenzen der realen Nachkriegsgesellschaft [repräsentiert]".[13] Wunberg charakterisiert diese erzählerischen Brüche so:

> Figuren und Begebenheiten dieses Romans sind gekennzeichnet von Unvollständigkeit, Widersprüchlichkeit, Inkonsistenz. Es bauen sich Bedeutungen auf, die nicht einzulösen sind, Bedeutungen, die sich nicht halten lassen; nicht durchgespielte Allusionen bestimmen die Darstellung. Immer wieder zerreißt das Bedeutungsgeflecht. Figuren wie Verhaltensweisen beginnen etwas zu besagen, gehen aber in der aufkeimenden Bedeutung nicht wirklich auf.[14]

Die Zeichenhaftigkeit, der Status von stabilen Bedeutungszuweisungen wird also immer wieder unterlaufen, konterkariert oder gebrochen. Das Unterlaufen von Erwartungen von „Bedeutsamkeit"[15] zeigt sich nicht allein thematisch in der Bloomfield-Figur, eines in Amerika zu immensem Reichtum gekommenen Sohnes der Stadt, von dessen Besuch sich die Bewohnern einen ihre marode Wirtschaft sanierenden Geldsegen

---

11 Peter Sloterdijk: Kritik der zynischen Vernunft. Einbändige Sonderausgabe. Frankfurt/Main 2003, S. 898.

12 Zur kultur- und literarhistorischen Signifikanz des Hotels sowie zur semantischen Besetzung seiner Raumstrukturen in der ersten Hälfte des 20. Jahrhunderts siehe Cordula Seger: Grand Hotel. Schauplatz der Literatur. Köln/Weimar/Wien 2005.

13 Gotthart Wunberg: Joseph Roths Roman „Hotel Savoy" (1924) im Kontext der Zwanziger Jahre. In: Michael Kessler / Fritz Hackert (Hg.): Joseph Roth. Interpretation – Kritik – Rezeption. Akten des internationalen interdisziplinären Symposions 1989, Akademie der Diözese Rottenburg-Stuttgart. Tübingen 1990, S. 449–462; hier S. 450.

14 Wunberg, Joseph Roths Roman „Hotel Savoy", S. 450.

15 Zu dieser Kategorie siehe die jüngst erschienene kulturwissenschaftliche Studie von Jochen Hörisch: Bedeutsamkeit. Über den Zusammenhang von Zeit, Sinn und Medien. München 2009.

versprechen, was aber enttäuscht wird, da der vermeintliche Heilsbringer nur gekommen ist, das Grab seines Vaters zu besuchen. Der von Roth häufig verwendete und nicht unkritisch eingesetzte Amerika-Mythos, der sich in den Erwartungen der Bürger mit der Figur Bloomfields alias Blumenfeld verbindet, erhält aber in *Hotel Savoy* eine quasi groteske Dimension, die durch die Figur des anarchistischen Revolutionärs Zwonimir Pansin verkörpert wird. Der Kroate Zwonimir, ein Kriegskamerad Gabriel Dans, der ebenfalls ins Hotel Savoy verschlagen wird, ist ein Agitator der Revolution, allerdings ohne jeglichen intellektuellen Überbau oder ausdifferenzierten Gesellschaftsentwurf. Ausgerechnet er verwendet, wenn er etwas als besonders vorzüglich kennzeichnen will, die Chiffre „Amerika", die so gewissermaßen zum Superzeichen wird, zum mythischen Zeichen zweiter Potenz im Sinne Roland Barthes',[16] das als Signifikant eine vollkommene Welt repräsentiert:

> Er liebte Amerika. Wenn eine Menage gut war, sagte er: Amerika! Wenn eine Stellung schön ausgebaut war, sagte er: Amerika! Von seinem 'feinen' Oberleutnant sagte er: Amerika. Und weil ich gut schoß, nannte er meine Treffer: Amerika.[17]

Der Widersinn solcher Äußerungen eines Anarchisten dürfte acht Jahre nach Beginn der russischen Revolution, als linksgesonnene Amerikaner den Verheißungen einer „klassenlosen Gesellschaft" folgend als „Revolutionstouristen" in den Sowjetstaat reisten und drei Jahre nach Beginn des Prozesses gegen Ferdinando Sacco und Bartolomeo Vanzetti in Plymouth, der in einem Todesurteil für beide enden sollte, ebenso evident sein, wie er charakteristisch für die Brüche des Romans ist. „Amerika" ist bezeichnenderweise denn auch das letzte Wort des Textes.[18] Hier wird die Eindeutigkeit eines Kodes zugunsten einer widersprüchlichen Aufladung mit inkongruenten Konnotationen unterwandert, welche den Mangel an klaren Vorstellungen und Zuordnungen als Signatur der porträtierten Zeit und, wie man hinzufügen darf, des porträtierten Raumes repräsentiert. Die Begrenztheit des Deutungshorizontes, der gewissermaßen nicht mehr ausreicht, um die wahren Verhältnisse hinter den zeichenträchtigen Fassaden zu erkennen, die auch die Validität der Relation von Präsenz und Absenz im Zeichen und dessen Wirklichkeitsbezug betreffen, wird besonders deutlich in dem angeblich abwesenden Hoteleigentümer Kaleguropulos. Erst am Ende des Romans, als das Hotel Savoy aufgrund von revolutionären Unruhen in Flammen aufgeht, ent-

---

16 Vgl. Roland Barthes: Mythen des Alltags. Deutsch von Helmut Scheffel. Frankfurt/Main 1964, S. 92–94.

17 Roth, Hotel Savoy, S. 54.

18 Roth, Hotel Savoy, S. 104.

hüllt sich dem Erzähler, dass der dabei mit verbrannte ältliche Liftboy Ignatz, von dessen „biergelben Augen“[19] sich Gabriel Dan permanent beobachtet und verfolgt fühlt und der die Koffer der zahlungsunfähigen Gäste als Pfand in Verwahrung nimmt, „eigentlich Kaleguropulos war“.[20] Diese Figur Ignatz-Kaleguropulos versinnbildlicht geradezu das Verhältnis von Präsenz und Absenz als Prinzip der Ambivalenz und offenbart zugleich die Instabilität in der Zuordnung von Namen und Zeichen zum Bezeichneten. „Ignatz war wie ein lebendiges Gesetz dieses Hauses [des Hotel Savoy; M.M.], Tod und Liftknabe“,[21] ein Satz Gabriel Dans, dessen vollständige Bedeutung sich erst vom Ende des Romans her erschließen lässt. In der mythopoetischen Tiefendimension verkörpert die Zusammenfügung Ignatz-Kaleguropulos, wie in dem Zitat anklingt, Hades und Hermes Psychopompos in Personalunion, wie Gotthart Wunberg treffend konstatiert hat.[22] Und natürlich ist die onomastische Fügung des Zeichens, bestehend aus dem süddeutsch-österreichischen Ignatz (von „Ignatius“, lateinisch „der Traurige“) und dem griechischen Kaleguropulos wie die Figur selbst – ein alter Mann als Liftboy – ein Oxymoron oder zumindest eine Katachrese, eine Zusammenfügung von Dingen, die eigentlich nicht zusammengehören, wie überhaupt die Namensgebung im Roman voller grotesker und widersprüchlicher Verbindungen ist; es sei hier nur an Phöbus Böhlaug, Hirsch Fisch, die Tänzerin [!] Stasia und den Anarchisten Zwonimir (kroatisch „Friedensbringer“) erinnert. Jean Paul Bier hat diese Verfahren treffend als „onomastische Ironie“ im Frühwerk Roths charakterisiert.[23] Verbürgten in früheren Zeiten Namen traditionell die Identitäten ihrer Träger, so werden solche starren Zuordnungen im Roman infrage gestellt, wird ein skeptischer Nominalismus anstatt eines substantialistischen Realismus geboten. Es zeigt sich, dass nicht allein das Verhältnis von Bezeichnung und Bezeichneten, von Denotation und Konnotation sich gelockert bzw. gelöst hat – wie alle Bindungen in der Nachkriegszeit aus der Perspektive des im noch kakanischen Brody geborenen Roth –,[24]

19 Roth, Hotel Savoy, S. 45.
20 Roth, Hotel Savoy, S. 104.
21 Roth, Hotel Savoy, S. 45.
22 Wunberg, Joseph Roths Roman „Hotel Savoy“, S. 452.
23 Jean Paul Bier: Assimilatorische Schreibweise und onomastische Ironie im erzählerischen Frühwerk Roths. In: Michael Kessler/Fritz Hackert (Hg.): Joseph Roth. Interpretation – Kritik – Rezeption. Akten des internationalen, interdisziplinären Symposions 1989, Akademie der Diözese Rottenburg-Stuttgart. Tübingen 1990, S. 29–40.
24 Soma Morgensterns Erinnerungen zufolge hat Roth den Begriff „Kakanien“ als Bezeichnung für die alte österreichisch-ungarische Doppelmonarchie überhaupt nicht goutiert, ja sogar verabscheut, was sicherlich nicht zuletzt auch auf Roths schwieriges, von wechselseitigem Unverständnis geprägtes

die realen Verhältnisse selbst, und damit meinte der „rote Joseph“ in den frühen zwanziger Jahren vor allem die Besitz- und Herrschaftsverhältnisse, sind nicht mehr erkennbar, da für ihre Repräsentanz keine entschlüsselbaren Kodes mehr zur Verfügung stehen, wenn etwa der omnipräsente ältliche Liftboy zugleich der ewig abwesende Eigentümer des Hotels ist. Die Zeichenproblematik wird in diesem Roman Ausdruck einer allgemeinen Verunsicherung über den Zustand der Welt, sie entfaltet gewissermaßen eine epistemologische und soziologische Fundamentalkritik, darin den Texten Kafkas nicht unähnlich.

Neben solchen semantischen und referentiellen Destabilisierungen des Kodes als Ausdruck sich auflösender Ordnungen werden bei Roth auch Deutungsprobleme im Konflikt verschiedener Kodes thematisiert, etwa in *Das falsche Gewicht*,[25] wo Eichmeister Eibenschütz, der Exponent der wissenschaftlichen und legalistischen Ausrichtung der Ordnung der österreichisch-ungarischen Doppelmonarchie, mit den betrügerischen Machenschaften in der osteuropäischen Provinz, einer Grenzregion zum Zarenreich, konfrontiert wird. Er geht schließlich, nachdem er zum vorläufigen Verwalter der Grenzschenke seines von ihm ins Gefängnis gebrachten Erzfeindes Jadlowker ernannt wurde und sich mit der Zigeunerin Euphemia Nikitsch eingelassen hat, zugrunde bzw. wird umgebracht. Die Topographie entspricht dabei der Semantik einer topologischen Struktur: Eibenschütz' Weg vom Zentrum zum Rand der österreichisch-ungarischen Monarchie ist der von einer rational, legalistisch, disziplinarisch geprägten Welt der Moderne zu einer den Strömungen von Natur, Trieb und Kriminalität verfallen archaischen Grauzone. Wie für Marlow wird dies für Eibenschütz ebenfalls zu einer Reise ins „Herz der Finsternis“, und wie für Kurtz stellt sich für den Eichmeister heraus, dass es sich dabei letztendlich um die Finsternis des eigenen Herzens

---

Verhältnis zu Musil insgesamt zurückzuführen ist: „Ein Jahrzehnt später, vielleicht schon im Jahre 1938 in Paris, fragte mich ein österreichischer Emigrant, ob Roth den *Mann ohne Eigenschaften* gelesen habe. Es saßen mehrere Leute an unserm Tisch, auch Roth, er schrieb, aber er hörte die Frage und beeilte sich, sie selbst zu beantworten: ‚Ich habe ein ganzes Stück mit Vergnügen gelesen. Aber wie er dann auf tausend Seiten Österreich immer wieder Kakanien nennt, und noch einmal Kakanien und noch einmal Kakanien, habe ich aufgehört. Das ist ekelhaft!' Das war alles über den *Mann ohne Eigenschaften*.“ (Soma Morgenstern: Joseph Roths Flucht und Ende. Erinnerungen. Herausgegeben und mit einem Nachwort von Ingolf Schulte. Köln 2008, S. 96).

25 Joseph Roth: Das falsche Gewicht. In: Joseph Roth: Romane. Bd. 3: Beichte eines Mörders, erzählt in einer Nacht. Das falsche Gewicht. Köln 1994, S. 135–231.

handelt.[26] Eigentlich scheitert Eibenschütz an der Unvereinbarkeit zweier Kodes, die in den Gewichten und ihrer Prüfung versinnbildlicht sind – die Maßstäbe beider Kodes sind nicht miteinander in Einklang zu bringen oder irgendwie zu vermitteln. Das tertium datur, die lebenswirkliche Einheit solch paradoxaler Widersprüchlichkeit von Zeichen-, Macht- und Diskursordnungen, findet schließlich in der Vision des sterbenden Eibenschütz vom „Großen Eichmeister" seinen signifikanten Ausdruck. Diese Vision gemahnt in Ton, Motivik und Struktur sowohl an die Tradition der christlichen barocken Allegorien als auch die der jüdischen chassidischen Legenden, bildet also mithin selbst einen liminalen, ambivalent changierenden Diskurs. Die Erzählung wechselt denn auch an dieser Stelle ins epische Präsens:

> Er ist kein Eichmeister mehr, er ist selbst ein Händler. Lauter falsche Gewichte hat er, tausend, zehntausend falsche Gewichte. Er steht da, hinter einem Ladentisch, die falschen zehntausend Gewichte vor sich. Der Ladentisch kann sie gar nicht alle fassen. Und jeden Moment kann der Eichmeister kommen.
> Auf einmal klingelt es auch – die Tür hat eine Glocke –, und herein kommt der große Eichmeister, der größte aller Eichmeister – so scheint es Eibenschütz. Der große Eichmeister sieht ein bißchen aus wie der Jude Mendel Singer und ein wenig auch wie Sameschkin. Eibenschütz sagt: ‚Ich kenne Sie ja!' Aber der große Eichmeister antwortet: ‚Es ist mir ganz gleich. Dienst ist Dienst! Wir prüfen jetzt Ihre Gewichte!' Gut, mögen Sie jetzt die Gewichte prüfen, sagt sich der Eichmeister Eibenschütz. Falsch sind sie, aber was kann ich dagegen machen? Ich bin ein Händler wie alle Händler in Zlotogrod. Ich verkaufe nach falschen Gewichten.
> Hinter dem großen Eichmeister steht ein Gendarm mit Helmbusch und Bajonett, und den kennt Eibenschütz gar nicht. Er fürchtet sich aber vor ihm, das Bajonett funkelt zu sehr. Der große Eichmeister beginnt, die Gewichte zu prüfen. Schließlich sagt er – und Eibenschütz ist höchst erstaunt: ‚Alle deine Gewichte sind falsch, und alle sind dennoch richtig. Wir werden dich also nicht anzeigen! Wir glauben, daß deine Gewichte richtig sind. Ich bin der Große Eichmeister.'[27]

Die entscheidende Bedeutung, welcher dem Topographischen bei der Gestaltung der Problematik der unterschiedlichen Kodes zukommt, der Grenzregion bei der Inkompatibilität von verschiedenen Kodes oder „Sprachen", wird schon zu Beginn von Eibenschütz' Aufenthalt in Zlotogrod angedeutet:

> Eibenschütz ging die ersten Tage einher wie ein plötzlich Ertaubter. Er verstand die Sprache des Landes zwar, aber es ging ja gar nicht so sehr darum, zu verstehen, was die Menschen sagten, sondern was das Land selber sprach.[28]

26 Vgl. Joseph Conrad: Heart of Darkness. Edited by Paul B. Armstrong. New York 2006.
27 Roth, Das falsche Gewicht, Werke 3, S. 229f.
28 Roth, Das falsche Gewicht, Werke 3, S. 140.

Wie das Hotel Savoy im gleichnamigen Roman als Chronotopos des Transitären, so figuriert hier die Grenzregion als Chronotopos des Liminalen schlechthin.[29]

Neben solchen die gesamte Zeichenstruktur betreffenden Gestaltungen gibt es im Werk Roths auch die Konzentration auf das einzelne Zeichen. Entscheidend hierbei kann nicht zuletzt der Status der Zeichen bzw. dessen richtige oder falsche Einschätzung oder Zuordnung sein, also die richtige oder falsche Semiose, so z.B. im *Radetzkymarsch*: Wenn der Leutnant Carl Joseph von Trotta, der Enkel des „Helden von Solferino", versucht, das „Bild" des Kaisers aus dem Bordell zu „retten",[30] so deswegen, weil er glaubt ein Symbol zu retten – doch in Wirklichkeit ist das Bild des Kaisers nicht mehr ein mit komplexer Repräsentationsmacht ausgestattetes „Symbol", sondern nur noch ein „Ikon", dessen beschränkte Verweiskraft nicht allein durch seine kontextuelle Umgebung – das Bordell – eingeschränkt ist, sondern das schon a priori geschwächt ist, durch die Ferne seines Referenten, des in der Wiener Hofburg weilenden Kaisers, dem pater absconditus „seiner" „Völker". Es zeigt sich also, das Roth hier mit den Mitteln der Semiotik Kritik am Zentralismus des kakanischen Paternalismus übt, den er unter anderem auch für den Untergang dieses Reiches mit verantwortlich macht. Dies offenbart sich ganz besonders an dem Ort, an welchem das Bild des Kaisers situiert ist. Das Bild des Kaiser befindet sich im Bordell: Auf der Ebene der symbolischen Verknüpfung des Romans (also der Zeichenebene des arrangierenden Erzählers/Autors) markiert bereits diese Zuordnung die Konstruktion eines semiotischen Feldes, das sich mittels Interpretanten in unterschiedliche Richtungen exponieren lässt. Zum einen ist das kakanische personale Herrschaftsmodell so herabgesunken, das es nur noch in der Heterotopie des Bordells seinen Platz wie seine strukturelle Entsprechung findet – die österreichisch-ungarische Doppelmonarchie als ein personal geführtes und durch das „Bild" des Kaisers repräsentiertes Bordell.[31] Zum anderen wird durch diese karnevaleske Profanierung aber auch die scheinbare ubiquitäre Präsenz des Kaisers in dieser Monarchie betont, eine Präsenz freilich, in der das Symbol zum bloßen formal repräsentierten und repräsentierenden Ikon herabgesun-

---

29 Vgl. Michail M. Bachtin: Chronotopos. Aus dem Russischen von Michael Dewey. Mit einem Nachwort von Michael C. Frank und Kirsten Mahlke. Frankfurt/Main 2008.

30 Joseph Roth: Radetzkymarsch. In: Joseph Roth.: Romane. Bd. 2: Radetzkymarsch. Köln 1994, S. 77.

31 Zum Begriff der Heterotopie siehe Michel Foucault: Andere Räume. [Aus dem Französischen von Walter Seitter.] In: Aisthesis. Wahrnehmung heute oder Perspektiven einer anderen Ästhetik. Essais. Leipzig 1990, S. 34–46.

ken ist. Hieran wird auch die dekadent absteigende genealogische Line sichtbar, durch welche die Familie von Trotta als repräsentativ für den Untergang der Habsburgermonarchie statuiert ist: Rettete der Großvater Carl Josephs dem jungen Kaiser Franz Joseph in der Schlacht von Solferino noch wirklich das Leben, was zum Erhalt des Adelsprivilegs für die Familie führte, so travestiert die Handlung des Enkels rund sechzig Jahre später gewissermaßen diese Tat.[32] Dazwischen steht der ebenfalls Carl Joseph benamte Vater des Leutnants, der als Beamter Repräsentant der dritten Säule des Habsburgerreiches – neben Militär und Kirche – ist. Seine identifikatorische Verinnerlichung der Reichsidee und deren amtierenden Vertreter ist so vollkommen, dass er eine verblüffende physiognomische Ähnlichkeit zum Monarchen ausgeprägt hat – dieses von allen mit Erstaunen registrierte Körperzeichen ist Ausdruck einer völligen Identifikation mit dem Kaiser und seinem nach paternalistischen Prinzipien funktionierendem Staat. Von der Realität über die Mimikry zur Travestie führt die genealogische Zeichenkette, an deren Ende die in ihrer unbeholfenen Ritterlichkeit bereits lächerlich anmutende „Rettung" eines schon in seinem symbolischen Geltungsanspruch entleerten ikonischen Zeichens steht.

Eine dazu komplementäre Funktion erfüllt die Büste des Kaisers in der gleichnamigen Novelle von 1935. Ähnlich wie der Leutnant von Trotta verteidigt Graf Morstin in einem zwielichtigen Züricher Nachtlokal – nicht zufällig *American Bar* genannt –[33] nach dem Krieg ein ehemaliges Symbol kakanischer Herrschaft – die Stephanskrone oder ihr Abbild? – gegen Verunglimpfungen einer gespensterhaft auftretenden, sitten- und respektlosen, in jeder Weise liederlichen Gesellschaft. Zutiefst verstört kehrt der Graf Morstin auf sein Gut Lopatyny zurück, das nun im neu gegründeten polnischen Staat liegt, wo er allerdings ebenfalls nicht mehr heimisch wird. Als der neue Woiwode zur Inspektion in die Gegend kommt, verfügt er, die vor dem Haus des Grafen befindliche Büste des verstorbenen Kaisers Franz Joseph zu entfernen. Daraufhin bestattet der alte Graf in einer feierlichen Zeremonie, an der sowohl der römisch-katholische wie der griechisch-katholische Pfarrer als auch der jüdische Rabbiner teilnehmen. Das Einladungsschreiben des alten Monarchisten zu dieser eulenspiegelhaften Zeremonie bekundet das Bewusstsein, in diesem Akt eine Re-Symbolisierung eines Ikons vorzuneh-

32 David Bronsen nennt denn auch „den Lebenswandel des Enkels eine entkräftete Wiederholung der Laufbahn des Großvaters" (David Bronsen: Das literarische Bild der Auflösung im *Radetzkymarsch*. In: Bernd M. Kraske (Hg.): Joseph Roth. Werk und Wirkung. Bonn 1988, S. 9–24, hier S.12).

33 Joseph Roth: Die Büste des Kaisers. In: Joseph Roth: Die Erzählungen. Köln 2008, S. 283–310; hier S. 297.

men, wobei dieser in größtmöglicher Ökumene durchgeführte religiöse Ritus neben dem würdevollen Abschied eine Hoffnung auf „Auferstehung" mit impliziert, die auch deutlich politisch konnotiert ist:

> Meine lieben Mitbürger,
> ihr alle habt noch die alte Monarchie gekannt, euer altes Vaterland. Seit Jahren ist es tot – und ich habe eingesehen –, es hat keinen Sinn, nicht einzusehen, daß es tot sei. Vielleicht wird es einmal auferstehn, wir Alten werden es kaum noch erleben. Man hat uns aufgetragen, die Büste Seiner hochseligen Majestät, des Kaisers Franz Joseph des Ersten, ehestens wegzuschaffen.
> Wir wollen sie nicht wegschaffen, mein Freunde!
> Wenn die alte Zeit tot sein soll, so wollen wir mit ihr verfahren, wie man eben mit Toten verfährt: Wir wollen sie begraben.
> Infolgedessen bitte ich euch, meine Lieben, mir zu helfen, daß wir den toten Kaiser, das heißt seine Büste, mit aller Feierlichkeit und Ehrfurcht, die einem toten Kaiser gebühren, von heute in drei Tagen auf dem Friedhof bestatten.[34]

Signifikant und Signifikat, Kaiser und Büste, sind hier austauschbar geworden, zumindest in der Semiose des Grafen. Diese Arbeit am Habsburgermythos, die in der Re-Symbolisierung des Ikons der Büste zum Ausdruck kommt und die einen Akt des Kampfes um die Diskursmacht der Geschichte darstellt, ist ganz bezeichnend für den Roth der dreißiger Jahre, und dies betrifft nicht nur den Erzähler Roth.

Eine solche Konzentration auf ein Zeichen, das quasi die Ordnung eines gesamten Kodes begründen oder subvertieren kann, lässt sich auch in anderen Texten Roths nachweisen, etwa in der Erzählung *Der Leviathan.* Der Leviathan fungiert in der Geschichte als Superzeichen. Der Leviathan ist wie Rilkes Einhorn ein „Tier, das es nicht gibt",[35] das jedoch nicht ohne Referenten ist, vielmehr die Zuschreibungen des Imaginären, die sich in kulturellen oder religiösen Diskursen symbolisch manifestiert haben, in potenter Weise konzentriert versinnbildlicht.

Der Leviathan repräsentiert aus der Perspektive des Korallenhändlers Nissen Piczenik nicht allein den numinosen, geheimnisvollen Ursprungsort der Korallen, den Grund des Ozeans, nach dem sich ihr jüdischer Händler sehnt, sondern die göttliche, transzendente Ordnung der Welt selbst, gegen die sich Nissen Piceznik vergeht, indem er gefälschte, synthetisch erzeugte Korallen anbietet. Dies wird im Schluss der legendenartigen Erzählung deutlich, wo Piczenik seiner Sehnsucht nach dem Meer nachgibt, um dort unterzugehen, nachdem er dem Handel mit falschen Korallen wieder abgeschworen hat:

---

34 Roth, Die Büste des Kaisers, S. 308f.

35 Rainer Maria Rilke: Die Gedichte. Nach der von Ernst Zinn besorgten Edition der Sämtlichen Werke, Insel Verlag 1957. Frankfurt/Main 1986, S. 697.

> Am 21. April bestieg er in Hamburg den Dampfer ‚Phönix' als ein Zwischendeckpassagier.
> Vier Tage war das Schiff unterwegs, als die Katastrophe kam. Vielleicht erinnern sich noch manche daran.
> Mehr als zweihundert Passagiere gingen mit der ‚Phönix' unter. Sie ertranken natürlich.
> Was aber Nissen Piczenik betrifft, der ebenfalls damals unterging, so kann man nicht sagen, er sei einfach ertrunken wie die anderen. Er war vielmehr – dies kann man mit gutem Gewissen erzählen – zu den Korallen heimgekehrt, auf den Grund des Ozeans, wo der gewaltige Leviathan sich ringelt.
> Und wollen wir dem Bericht eines Mannes glauben, der durch ein Wunder – wie man zu sagen pflegt – damals dem Tode entging, so müssen wir mitteilen, daß sich Nissen Piczenik lange noch, bevor die Rettungsboote gefüllt waren, über Bord ins Wasser stürzte zu seinen Korallen, zu seinen echten Korallen.
> Was mich betrifft, so glaube ich es gerne. Denn ich habe Nissen Piczenik gekannt, und ich bürge dafür, daß er zu den Korallen gehört hat und daß der Grund des Ozeans seine einzige Heimat war.
> Möge er dort in Frieden ruhen neben dem Leviathan bis zur Ankunft des Messias.[36]

Der hier aufgerufene Messias fungiert aus der Sicht eines orthodoxen Judentums als der ultimative Interpretant, der Garant für die Sinnhaftigkeit der Zeichenordnung der Welt und der Geschichte, seine Ankunft ist der Konvergenzpunkt, Erfüllung und Ziel allen historischen Seins. (Es sei an dieser Stelle in Parenthese daran erinnert, dass sowohl Walter Benjamin als auch Ernst Bloch in jenen dreißiger Jahren ihre großen geschichtsphilosophischen Entwürfe im Zeichen jeweils unterschiedlich akzentuierter Berufung auf das messianische Prinzip konzipierten.) Der bewusste Rekurs auf ostjüdische Traditionen des Erzählens wie die Shtetl-Literatur und die Erzählungen der Chassidim, denen der Tonfall der Schlusspassage entliehen ist, trägt zur Doppelbödigkeit des Erzählten bei.[37] Untergang, Strafe, Heimkehr und Erfüllung werden im Zeichen eines solchen messianischen Glaubens eins, so wie der Leviathan seine eigene Realität gewinnt. „Nicht Pogrody, der Ozean war seine Heimat", heißt es von Nissen Piczenik.[38]

Dies führt zur Frage nach der Auseinandersetzung mit der Zeichendeutung innerhalb der Traditionen der jüdischen Hermeneutik bei Roth. Die jüdische Theologie, vor allem – aber nicht nur – in ihren mystisch-

---

36 Joseph Roth: Der Leviathan. In: Joseph Roth: Die Erzählungen. Köln 2008, S. 349–388; hier S. 387f.

37 Almuth Hammer deutet die Erzählstrategien des Texts als Ausdruck eines „Adaption der Säkularisierung" der Traditionen im modernen Judentums (Almuth Hammer: Erwählung erinnern. Literatur als Medium jüdischen Selbstverständnisses. Göttingen 2004, S.103–154).

38 Hammer, S. 386.

kabbalistischen Ausrichtungen ist in extremer Weise eine Theologie der Zeichendeutung, in viel stärkerem Maße als die anderen ihr affilierten Buchreligionen Christentum oder Islam. Die Offenbarungen Jahwes in der Thora legen sich nicht etwa aus, wie dies im Neuen Testament, für dessen Doxa das erläuterte Gleichnis charakteristisch ist, oder im Koran mit seiner durch den Propheten verbürgten Eingebungen Allahs der Fall ist, weswegen sich die komplexe exegetische Praxis der Midraschim bereits früh entwickelte und wovon der Talmud ein beeindruckendes Zeugnis ablegt. Zugleich ist das Judentum durch die Diaspora vielleicht diejenige Religion, welche am stärksten ihre Identität wie die Auffassung und Gestaltung ihrer Lebenswirklichkeit aus dem Bezug auf die Zeichen der Schrift ableitete und in den Alltag überführt, was insbesondere für das kaum assimilierte Ostjudentum bis ins zwanzigste Jahrhundert, bis zu seiner Vernichtung durch die Nationalsozialisten und ihre Schergen galt. Die Deutung der Zeichen der diesseitigen Welt hängt für das orthodoxe Judentum immer mit ihrer transzendenten Bedeutungsdimension zusammen.

Der Text Roths, in dem die Auseinandersetzung mit dieser jüdischen Semiotik am intensivsten vollzogen wird, ist natürlich der 1930, drei Jahre nach dem Essay *Juden auf Wanderschaft* erschienene *Hiob. Roman eines einfachen Mannes*. Der Roman, einer der letzten Klassiker der Shtetl-Literatur,[39] ist nicht einfach eine Transposition des Buches Hiob „sub specie temporis nostri" wie Joyces *Ulysses* eine solche Homers.[40] Vielmehr hinterfragt und überprüft der Roman, ähnlich wie Joyces Buch, Aspekte der Validität des Mythischen in der Moderne und markiert ebenso deutlich Divergenzen. Das Buch Hiob selbst stellt einen Identifikationstext des Judentums in der Diaspora dar, der an die alles entscheidende Theodizee-Frage geknüpft ist – eine Selbstdeutung, die auch nach der Katastrophe der Shoah aktualisiert wurde, wie beispielweise Margarete Susmans 1947 publiziertes Werk *Das Buch Hiob und das Schicksal des jüdischen Volkes* belegt.[41] Das Buch Hiob ist mithin der Lakmus-Test der jüdischen Hermeneutik. Die Verknüpfung von prüfendem Leid als Zeichen der besonderen Auserwähltheit stellt das Grundraster der Deutungsprozesse dar, die sich in der Klage Hiobs ebenso ins Gegenteil

39 Zu Roth als Chronisten der ostjüdischen Kultur siehe noch immer Claudio Magris: Weit von wo. Verlorene Welt des Ostjudentums. Wien 1974.

40 Zit. nach Jeri Johnson: Introduction. In: James Joyce: Ulysses. Edited with an Introduction and Notes by Jeri Johnson. Oxford et al. 2000, S. vii–xl, hier S. xxxi.

41 Von der anhaltenden Aktualität der Auseinandersetzung mit dieser Deutung zeugt auch die Neuauflage des Werks. Siehe Margarete Susman: Das Buch Hiob und das Schicksal des jüdischen Volkes. Frankfurt/Main 1996.

verkehren lassen, nämlich, warum Gott den Unschuldigen straft. Dass die Figur Hiob als Deutungsfolie für das Schicksal des Cheder-Lehrers Mendel Singer im Roman selbst von den Freunden des Betroffenen in intertextueller Spiegelung zur analogen Szene der Freundesgespräche im biblischen Text diskutiert wird, ist weniger als ein affirmativer Hinweis im Sinne eines Bekenntnisses zum Prätext und dessen theologischen Implikationen, als eine Art „epischer Gottesbeweis" zu verstehen,[42] als vielmehr die Thematisierung eines Deutungsprozesses, einer Semiose selbst, in dem versucht wird, etwas sinnlos Erscheinendes in die Sinnhaftigkeit einer Zeichen- und Deutungsordnung zu überführen. Der wunderbar wandelbare Erzählduktus, der vom Ton der chassidischen Legenden bis zum Surrealen reicht, trägt ein Übriges dazu bei, einer vorschnellen Identifikation des Protagonisten im Sinne einer orthodoxen Theodizee zu misstrauen. Es würde sich lohnen, der Darstellung der Zeichenproblematik bei den verschiedenen Figuren und in den verschiedenen Konstellationen eine eigene umfangreichere Studie zu widmen. Um die Fragilität der dargestellten Utopie nur an einer Stelle einmal zu demonstrieren,[43] sei es erlaubt, die etwas umfänglichere Passage zu Beginn des letzten Kapitels des Roman zitieren, in der Mendel Singer von seinem wiedergekehrten Sohn Menuchim in dessen Hotel, es ist das Astor Hotel am Broadway, gebracht wird:

> Er [Mendel Singer] stieg in den Lift und sah neben sich im Spiegel seinen Sohn, er schloss die Augen, denn er fühlte sich schwindlig werden. Er war schon gestorben, er schwebte in den Himmel, es nahm kein Ende. Der Sohn faßte ihn bei der Hand, der Lift hielt, Mendel ging auf einem lautlosen Teppich durch einen langen Korridor. Er öffnete erst die Augen, als er im Zimmer stand. Wie es seine Gewohnheit war, trat er sofort zum Fenster. Da sah er zum erstenmal die Nacht von Amerika aus der Nähe, den geröteten Himmel, die flammenden, sprühenden, tropfenden, glühenden, roten, blauen, grünen, silbernen, goldenen Buchstaben, Bilder und Zeichen. Er hörte den lärmenden Gesang Amerikas, das Hupen, das Tuten, das Dröhnen, das Klingeln, das Kreischen, das Knarren, das Pfeifen und das Heulen. Dem Fenster gegenüber, an dem Mendel lehnte, erschien jede fünfte Sekunde das breite, lachende Gesicht eines Mädchens, zusammengesetzt aus lauter hingesprühten Funken und Punkten, das blendende Gebiß in dem geöffneten Mund aus einem Stück geschmolzenen Silbers. Diesem Angesicht entgegen schwebte ein rubinroter, überschäumender Pokal, kippte von selbst um, ergoß seinen Inhalt in den offenen Mund und entfernte sich, um neu gefüllt wieder zu erscheinen, rubinrot und weißgischtig überschäumend. Es war eine Werbung

---

42 So etwa die affirmative Deutung von Harald Hartung: Ein epischer Gottesbeweis. *Hiob*. In: Daniel Keel/Daniel Kampa (Hg.): Joseph Roth. Leben und Werk. Zürich 2010, S. 424–431.

43 Auf diese Ambivalenz und deren visionäre Aspekte macht aufmerksam Wolfgang Müller-Funk: Joseph Roth. München 1989, S.128f.

> für eine neue Limonade. Mendel bewunderte sie als die vollkommenste Darstellung des nächtlichen Glücks und der goldenen Gesundheit. Er lächelte, sah das Bild ein paarmal kommen und verschwinden und wandte sich wieder dem Zimmer zu.[44]

Der Lift als Mittel der Himmelfahrt, Coca-Cola-Leuchtreklame als Epiphanie, eine Kakophonie der Geräusche und eine undifferenzierbare Flut von Bildern und Zeichen als flammende Schrift – man fühlt sich an Belsazars Fest und das Menetekel erinnert (Dan. 5, 1-30): Die Ironie dieser Passage ist unüberhörbar, wenn hier die amerikanische Nacht als Äquivalent einer transzendenten Paradiesesvorstellung herhalten muss. Und doch weisen die letzten beiden Sätze, die Mendels Reaktion schildern, auf die eigentliche „Lehre" hin: Nämlich dass jeder letztendlich das Opfer seiner eigenen Semiosen ist; man entkommt den Zeichen nicht, weil man sie selbst als solche erkennen und deuten möchte, es ist ein intentionaler und deshalb niemals unvoreingenommener Akt.[45]

---

44 Joseph Roth: Hiob. Roman eines einfachen Mannes. In: Joseph Roth: Romane. Bd. 1: Hotel Savoy. Hiob. Köln 1994, S. 105–239; hier S. 235f.

45 Diese Auffassung einer Radikalisierung der Zeichen-Problematik bei Roth widerspricht mithin jenen Deutungsansätzen, die positive Sinnsetzungen in Roths Werk postulieren, etwa ideologischer, politischer oder religiöser Art. Als Beispiele für Versuche letzter Art seien genannt: Esther Steinmann: Von der Würde des Unscheinbaren. Sinnerfahrung bei Joseph Roth. Tübingen 1984; Dietmar Mehrens: Vom göttlichen Auftrag der Literatur. Die Romane Joseph Roths. Ein Kommentar. Vorwort von Helmuth Nürnberger. Hamburg 2000.

Ulrike Weymann

Epische Objektivität

Zur Romanästhetik Joseph Roths in den 1920er Jahren

Die Literaturgeschichte behandelt den frühen Joseph Roth gemeinhin als einen Vertreter der Neuen Sachlichkeit. Werkbiographisch werden die Jahre von Roths Anfängen als literarischer Autor bis zur Niederschrift und dem Erscheinen seines Romans *Hiob* zu der Phase des neusachlichen Schreibens gezählt. Als beispielhaft gilt insbesondere sein Roman *Flucht ohne Ende* (1927), in dessen Vorwort es programmatisch und durch das Datum der Niederschrift sowie den Autorennamen ‚beglaubigt' heißt:

> Im Folgenden erzähle ich die Geschichte meines Freundes, Kameraden und Gesinnungsgenossen Franz Tunda.
> Ich folge zum Teil seinen Aufzeichnungen, zum Teil seinen Erzählungen. Ich habe nichts erfunden, nichts komponiert. Es handelt sich nicht mehr darum, zu ‚dichten'. Das wichtigste ist das Beobachtete. –
> JOSEPH ROTH Paris, im März 1927

Roths Zeitgenossen Kurt Pinthus gilt *Flucht ohne Ende* neben Remarques *Im Westen nichts Neues* sowie Glaesers *Jahrgang 1902* als repräsentativ für die „männliche", d.h. die neusachliche Literatur der Nachkriegszeit, die er folgendermaßen bestimmt:

> Der Mann oder die Männer, [...], sind Helden der charakteristischen Bücher und Dramen der letzten Jahre. [...] Der Stil dieser Bücher, tastend versucht oder natürlich gekonnt, ist unpathetisch, unsentimental, schmucklos und knapp; manche nennen diese Technik: ‚Neue Sachlichkeit'. Warum ‚neue' Sachlichkeit? Sie ist sachlich, ist männlich, ist Ausdrucksform des Mannes, wenn man unter Mann nicht das Kraftprotzentum völkischen Männlichkeitsbegriffs begreift, welcher eben in seiner verlogenen Heroisierung sentimental, verstiegen, also unmännlich ist. Eher läßt sich diese Sprache: ohne lyrisches Fett, ohne gedankliche Schwermütigkeit, hart, zäh, trainiert, dem Körper eines Boxers vergleichen.[1]

---

1 Kurt Pinthus: Männliche Literatur. In: Das Tage-Buch 19 (1929), Nr. 1, S. 903–911. In: Neue Sachlichkeit, Bd. 2: Quellen und Dokumente. Hg. von Sabina Becker. Köln, Weimar, Wien 2000, S. 37–41, hier S. 38. Die Bestimmung „männlich" ist nicht biologisch determiniert, sondern wird von Pinthus durch die Kriterien des Wirklichkeitsbezugs, der Desillusionierung und der Präzision des Tatsachenberichts bestimmt. Auch Anna Seghers, Gina Kaus und Marieluise Fleißer gelten dem Autor unter diesen Prämissen als

Den neusachlichen Autoren geht es um eine möglichst emotionslose, soweit als möglich ‚objektive' Wirklichkeitsdarstellung. Als charakteristisch für Stil und Inhalt neusachlichen Schreibens gelten neben dem nüchtern-sachlichen Schreibstil die Verschmelzung des literarischen mit dem journalistischen Schreiben und die typisierte und exemplarische Darstellung, die in der Figurenkonzeption häufig mit Antiindividualismus und Antipsychologismus einhergeht.[2] Die Neusachlichen forderten „die Deflation der Phantasie"[3]: Nach dem Pathos der expressionistischen Literatur sollte nunmehr die prosaische Realität dargestellt werden. Roths *Flucht ohne Ende* wurde von seinen Zeitgenossen als Hinwendung zum Dokumentarischen und Faktualen gelesen, welche – unterstützt durch das Vorwort des Autors – als Absage an das Fiktive interpretiert wurde. Bis heute wird der Roman vielfach als repräsentativ für das Anliegen der neusachlichen Autoren rezipiert. Insbesondere mit der Berufung auf eine fakten- und wirklichkeitsgetreue Darstellung bricht die neusachliche Literatur jedoch ein literarästhetisches Tabu. Gerade die Fiktion galt seit der Ausdifferenzierung der Literatur im 18. Jahrhundert als deren Hauptmerkmal! Die funktionale Abgrenzung literarischer Praktiken von pragmatisch ausgerichteten Kommunikationsformen war die wichtigste Voraussetzung für die Etablierung des literarischen Systems: Im Zuge der Autonomisierung der Literatur wurden Fiktionalität und ‚Erfundenheit' zu charakteristischen Merkmalen des literarischen Systems.[4] In diesem Sinne unternahm die neusachliche und in Abwendung zum Expressionismus sich vollziehende literarische Strömung tatsächlich

---

„männlich". Zu dem Aspekt „Weibliche Sachlichkeit" vgl. den gleichnamigen Aufsatz der Verfasserin in: Jahrbuch zur Kultur und Literatur der Weimarer Republik 13/14 (2009/10), S. 151–177.

2 Laut Sabina Becker lassen sich für das terminologische Feld der Neuen Sachlichkeit poetologische Inhalte wie Realismus, Beobachtung, Berichtform, Funktionalisierung und Materialisierung, Dokumentarismus, Antipsychologismus und Entsentimentalisierung aufzeigen (vgl. Sabina Becker: Neue Sachlichkeit. Bd. 1: Die Ästhetik der neusachlichen Literatur [1920–1933]. Köln, Weimar, Wien 2000, S. 38.) Vgl. zu den neusachlichen Merkmalen auch Horst Denkler: Sache und Stil. Die Theorie der ‚Neuen Sachlichkeit' und ihre Auswirkungen auf Kunst und Dichtung. In: Wirkendes Wort 18 (1968), S. 167–185 sowie Klaus Petersen: Neue Sachlichkeit. Stilbegriff, Epochenbezeichnung oder Gruppenphänomen? In: Deutsche Vierteljahresschrift 56 (1983) Heft 3, S. 463–477.

3 Arno Schirokauer: Garde-Ulanen – abgebaut!. In: Die literarische Welt 4 (1928), Nr. 21/22. In: Becker: Neue Sachlichkeit, Bd. 2: Quellen und Dokumente, S. 235f., hier S. 235.

4 Vgl. Niels Werber: Literatur als System. Zur Ausdifferenzierung literarischer Kommunikation. Opladen 1992. Zu einer systemtheoretisch orientierten Analyse des dokumentarischen Schreibens in der Zwischenkriegszeit, vgl. Matthias Uecker: Wirklichkeit und Literatur. Strategien dokumentarischen Schreibens in der Weimarer Republik. Bern 2007.

etwas ‚Unerhörtes'.[5] Insbesondere auf Grund der durch das Vorwort beglaubigten Faktizität, in der der Autor-Erzähler Joseph Roth sich als realer Zeuge der Begebenheiten stilisiert, gilt *Flucht ohne Ende* als dasjenige Werk, das maßgeblich die neusachliche Ästhetik durchsetzte.[6]

Sowohl im gegenwärtigen akademischen Diskurs als auch im Feuilleton der Weimarer Republik[7] wird Roth als ein Wegbereiter und Initiator der neusachlichen Bewegung gesehen.[8] Der Kritiker und Schriftsteller Hans Georg Brenner sieht die Romane Roths von 1927 und 1928 als Bürgen für „[u]ngeschminkte Berichte aus der Wirklichkeit"[9]:

> Roth verzichtet bewußt auf durchkomponierte Karakterisierungen [!], auf individuelle Gestaltung. Er reiht Beobachtung an Beobachtung, Feststellung an Feststellung. Er dringt von der Außenseite in den Kern jeder Sache, jedes Menschen, jedes Milieus und gibt in großen Umrissen die gesellschaftlichen

---

5 In dieser „Ästhetik des Authentischen", die mit den Wertsetzungen des sich seit dem 18. Jahrhundert herausgebildeten literarischen Systems konfligiert, mag der Grund zu suchen sein, warum die neusachliche Literatur bis in die heutige literaturwissenschaftliche Rezeption und Bewertung eine Marginalisierung erfährt: Eine ästhetische Eigenleistung wird den Texten abgesprochen, da sie zu eng an nicht-literarische Zwecke und Absichten verknüpft, zu wenige L'Art pour L'Art seien. Diese Einschätzung reaktiviert die aus der idealistischen Ästhetik stammende Binarität von autonomer Dichtung versus Gebrauchswert von Texten. In dieser Auffassung wird Ästhetik nicht mit textueller und rhetorischer ‚Gemachtheit', sondern mit einer Wertsetzung und Konnotationen des Originellen und Individuellen verbunden. Mit welchen Erzählstrategien und narratologischen Verfahren die Autoren versuchen, eine Unmittelbarkeit der Darstellung zu erreichen, ist ein bisher weitgehend unerforschter Bereich.

6 Vgl. Frank Trommler: Joseph Roth und die Neue Sachlichkeit. In: Joseph Roth und die Tradition. Aufsatz- und Materialiensammlung. Hg. von David Bronsen. Darmstadt 1975, S. 276–304, hier S. 280. Wie stark sich der Roman jedoch durch Selbst- und Systemreferenzen konstituiert, zeigt Maren Lickhardt in ihrem Beitrag Selbstreferenz/Fremdreferenz. In: Systemtheoretische Literaturwissenschaft. Begriffe – Methoden – Anwendungen. Hg. von Niels Werber unter Mitarbeit von Maren Lickhardt. Heidelbert 2011, S. 358–367. Vgl. zur Frage der Faktizität auch Reiner Wild: Beobachtet oder gedichtet? Joseph Roths Roman ‚Die Flucht ohne Ende'. In: Neue Sachlichkeit im Roman. Neue Interpretationen zum Roman der Weimarer Republik. Hg. von Sabina Becker und Christoph Weiss, Stuttgart, Weimar 1995, S. 27–48.

7 Vgl. Joachim Maaß: „Eine ernsthaftere, literarprogrammatische Zusammengehörigkeit schien sich ungefähr zeitgleich und ein wenig langlebiger in der Neuen Sachlichkeit herausbilden zu wollen, die, wenn ich recht unterrichtet bin, auf das Wirken des ausgezeichneten Joseph Roth zurückging". Joachim Maaß: Junge deutsche Literatur. Versuch einer zusammenfassenden Darstellung. In: Die Tat 24 (1932), Nr. 9, S. 794–802. In: Becker: Neue Sachlichkeit, Bd. 2: Quellen und Dokumente, S. 45–47, hier S.45.

8 Kritisch dagegen Hans Mayer: Retrospektive des Expressionismus. In: Ders.: Zur deutschen Literatur der Zeit. Reinbek 1967, S. 51.

9 Hans Georg Brenner: Berichte aus der Wirklichkeit. In: Die neue Bücherschau 6 (1928), Nr. 12, S. 577–579. In: Becker: Neue Sachlichkeit, Bd. 2: Quellen und Dokumente, S. 108f., hier S. 109.

> Etappen, die zur heutigen Stagnation geführt haben. Und trotz des Pessimismus, der als Grundstimmung vorhanden ist, bleibt ein überzeugungsstarker Eindruck, der für die Richtigkeit der Blickeinstellung bürgt.[10]

Inwiefern die frühen Romane Joseph Roths jedoch tatsächlich der neusachlichen Ästhetik entsprechen oder diese Zuschreibungen eben auch eine der Programmatik der Neuen Sachlichkeit geschuldete Fehleinschätzung beinhalten, wird im Folgenden zu fragen sein. Absicht meines Beitrags ist es, die Romanästhetik Roths unter Berücksichtigung seiner frühen Romane *Das Spinnennetz* (1923; EA postum 1967), *Hotel Savoy* (1924), *Die Flucht ohne Ende* (1927), *Zipper und sein Vater* (1928), *Rechts und links* (1929) sowie seiner Feuilletons analytisch nachzuvollziehen und auf ihre poetologische Fundierung hin zu überprüfen. Dabei soll der Autor einerseits als Chronist seiner Zeit behandelt werden, die Figuren und Motivik der Heimkehrerromane befragt und die Stilistik sowie Erzählperspektivik dieser Romane im Hinblick auf die sprachliche Aneignung der vorgefundenen Wirklichkeit hin untersucht werden. Im Zuge dessen lässt sich zeigen, dass es innerhalb der Werkentwicklung der 1920er-Jahre zwar Veränderungen zu beobachten gibt, Roth jedoch bereits in seinen frühen Romanen umsetzte, was er 1930 in seinem Artikel *Schluss mit der Neuen Sachlichkeit!*[11] für die Literatur einforderte. Um diesen Aspekt zu diskutieren, gilt es Roths Begriff der ‚Beobachtung' und seine damit verbundene Vorstellung von ‚Authentizität' näher zu beleuchten.

Joseph Roths erster Roman wurde 1923 zunächst als Zeitungsroman in der Wiener *Arbeiterzeitung* abgedruckt. *Das Spinnennetz* ist eine Kritik am Mitläufertum der desillusioniert aus dem Ersten Weltkrieg heimkehrenden jungen Generation. Der Autor entwirft das Porträt eines skrupellosen Aufsteigers und zeigt eine Gesellschaft, die auf eine Katastrophe zusteuert – eine Katastrophe, die sich historisch als die nationalsozialistische Machtübernahme erweisen sollte und deren Vorzeichen bei Roth schon zehn Jahre früher diagnostiziert und gedeutet werden. Ähnlich wie Diederich Heßling in Heinrich Manns *Der Untertan* ist die Hauptfigur Theodor Lohse als exemplarischer Vertreter des autoritären Charakters und als moralloser Karrierist angelegt. Allerdings bleiben Lohse unter den Vorgaben der familiären und gesellschaftlichen Sozialisierung nur wenige Optionen. Er kann sich nur negativ entwickeln, wie bereits der Romananfang verdeutlicht:

---

10 Brenner, Berichte aus der Wirklichkeit, S. 109.

11 Joseph Roth: Schluss mit der ‚Neuen Sachlichkeit'!. In: Die Literarische Welt 6 (1930), Nr. 3, S. 3f.; Nr. 4, S. 7f., wieder abgedruckt in: Joseph Roth: Werke 4: Kleine Prosa. Hg. und eingeleitet von Hermann Kesten. Köln 1976, S. 246–258.

> [Sein Gehalt] teilte er mit Mutter und Schwestern, in deren Haus er lebte, geduldet, nicht wohlgelitten, wenig beachtet und, wenn es dennoch geschah, mit Geringschätzung bedacht. Die Mutter kränkelte, die Schwestern gilbten, sie wurden alt und konnten es Theodor nicht verzeihen, daß er nicht seine Pflicht, als Leutnant und zweimal im Heeresbericht genannter Held zu fallen, erfüllt hatte. Ein toter Sohn wäre immer der Stolz der Familie geblieben. Ein abgerüsteter Leutnant und ein Opfer der Revolution war den Frauen lästig. Es lebte Theodor mit den Seinen wie ein alter Großvater, den man geehrt hätte, wenn er tot gewesen wäre, den man geringschätze, weil er am Leben blieb.[12]

Der märchenhafte Ton des letzten Satzes hebt die Hauptfigur des Romans auf die Ebene des Allgemeinen und Überindividuellen. Weil es um Abstraktion geht, wird die Geschichte auch nicht aus der Perspektive Theodors erzählt, sondern aus der Sicht eines heterodiegetischen Erzählers, der die Erfahrungen der Figur von einem extradiegetischen Ort des Erzählens aus soweit verallgemeinert, dass sie teilweise in der unpersönlichen dritten Person erzählt werden. Die Bezugspersonen der Mutter, der Schwestern und des Vorgesetzten werden nicht als Individuen, sondern in ihrer Funktion wahrgenommen. Die Entpersönlichung und Generalisierung des Erlebten verdeutlicht die Entfremdung der Figur und zeigt gleichzeitig an, dass die geschilderte Erfahrung als generationstypisch zu werten ist:

> Gab man sich Mühe, sie hatte keine Richtung. Kräfte verschwendete man an Ungewisses, es war ein unaufhörliches Aufbauen von Kartenhäusern, die ein geheimnisvoller Windzug umblies. Kein Streben nutzte, kein Fleiß erlebte seine Belohnung. Kein Vorgesetzter war, dessen Launen man erkunden, dessen Wünsche man erraten konnte. Alle Vorgesetzten, Menschen in den Straßen, die Kollegen im Hörsaal, die Mütter sogar und die Schwestern auch.[13]

Diese Tendenz zur Typisierung findet sich ebenfalls in dem 1924 folgenden Roman *Hotel Savoy*. Hier setzt Roth ein Erzählkonzept ein, dass sich später auch in dem erfolgreichen Roman von Vicki Baum *Menschen im Hotel* (1929) sowie in Lili Körber neusachlichem Exilroman *Die Ehe der Ruth Gompertz* (1934) findet, oder, zeitgleich in der französischen Literatur in Eugene Dabits *Hotel du Nord* (1929):[14] Die Figuren der Erzählwelt werden in einem kurzen Zeitabschnitt und auf engem Raum durch ihr Zusammenleben in einem Hotel in ihren typischen Eigenschaften erfasst. Held und gleichzeitig Erzähler der Geschichte ist der passive Heimkehrer Gabriel Dan, dem sich der Kamerad Zwonimir

---

12 Joseph Roth: Das Spinnennetz. In: Werke 1. Hg. und eingeleitet von Hermann Kesten. Köln 1975, S. 45–127, hier S. 47.

13 Roth: Spinnennetz. In: Werke 1, S. 49.

14 Für diesen Hinweis sowie für die Kritik und Diskussion des Aufsatzes danke ich Andreas Martin Widmann.

Pansin, die Varietétänzerin Stasia, der Fabrikant Herr Neuner, ein Milliardär, ein reicher Onkel des Erzählers sowie die Arbeiter der Stadt zugesellen. In dem Hotel herrscht eine klare Hierarchie: Je ärmer die Mieter, desto weiter von der luxuriösen Beletage entfernt müssen sie ihr Quartier beziehen. Das Ambiente verändert sich mit der Anzahl der Stockwerke, ja selbst die Uhren gehen in den unteren, den Stockwerken der Wohlhabenden, anders:

> Über den Quadersteinen des dritten Stockwerks liegen dunkelrote, grüngesäumte Teppiche, man hört seinen Schritt nicht mehr. Die Zimmernummern sind nicht an die Türen gemalt, sondern auf ovalen Porzellantäfelchen angebracht. Ein Mädchen kommt mit einem Staubwedel und einem Papierkorb, hier scheint man mehr auf Sauberkeit zu achten. Hier wohnen die Reichen, und Kaleguropulos, der Schlaue, läßt absichtlich die Uhren zurückgehn, weil die Reichen Zeit haben.[15]

Der Erzähler beobachtet detailliert und beschreibt genau, gleichzeitig gewinnt das Erzählen durch die Generalisierungen des Beobachteten einen anektodenhaften Ton. Teilaspekte der Wirklichkeit stehen als *pars pro toto* für allgemeine Aussagen über die Wirklichkeit: Je näher der Erzähler dem Erdgeschoß kommt, umso signifikanter gehen die Wanduhren nach. Da die Reichen nicht arbeiten müssen, ist Zeit für sie kein Wert; sie verfügen schlichtweg über die Zeit.

Über die Generalisierung hinaus, die bereits im Erzählschema angelegt ist, wird mit dem ‚synekdochischen Erzählen', in dem ein Teil für das Ganze steht, eine weitere – sowohl für Roth als auch für das neusachliche Erzählen – Besonderheit relevant: Die für Skizze, Reportage und Feuilleton typische Verweisung von Details auf größere Zusammenhänge überträgt Roth ebenso auf die Struktur des Romans,[16] wie er Themen und Personen aus seinen Feuilletons leicht modifiziert in sein Werk übernimmt.[17] Verschiedentlich fordert er polemisch die Aufhebung der Trennung von Journalistik als einem gemeinen ‚Gebrauchswert' und Belletristik als der ‚schönen Kunst', etwa in *Einbruch der Journalisten in die Nachwelt*, wo es am Beispiel von Egon Erwin Kischs Reportagenband *Hetzjagd durch die Zeit* (1926) heißt:

> Die Reportage braucht nicht erst in den Rang einer ‚Kunstgattung erhoben' zu werden. Sie hat die künstlerische Form, ihre eigene, – eben weil sie ‚nur Tatsachen' berichtet. Was Kisch mitteilt, ist Wirklichkeit von sensationellem

---

15 Roth: Hotel Savoy. In: Werke 1, S. 129–223, hier S. 134.

16 Vgl. Trommler: Roth und die Neue Sachlichkeit, S. 281.

17 Für das Frühwerk hat Ingeborg Sültemeyer diese Übernahme nachgewiesen, vgl. Ingeborg Sültemeyer: Das Frühwerk Joseph Roths 1915–1926. Studien und Texte. Wien, Freiburg, Basel 1976, S. 112–114, 119–121, 127–132.

> Rang. Wieviel ‚Kunst' gehört dazu, eine nackte Realität zu einer künstlerischen Realität zu machen?[18]

Die Details in *Hotel Savoy* verweisen auf die gesellschaftskritische Gesamtthematik des Romans: Die Stadt wird von den Heimkehrern aus dem Ersten Weltkrieg überschwemmt. Deren Zukunftsperspektiven sind genauso aussichtslos wie die der Arbeiter aus Herrn Neuners Borstenreinigungsfabrik, die spätestens mit fünfzig Jahren an Lungenbluten bzw. Tuberkulose sterben. Im Gegensatz zu den begüterten Einwohnern erscheint die Lebenszeit beider Gruppen beschränkt: Die Heimkehrer sind desillusioniert und unfähig, über den Tag hinausgehende Zukunftspläne zu entwickeln. Sie haben keine Lebensperspektive, da der Erste Weltkrieg ihnen ihre Ziele und Ideale geraubt hat. Die Arbeiter hingegen hatten nie eine andere Perspektive in der Stadt, als ihre Gesundheit für das materielle Gewinnstreben des Fabrikanten zur Disposition zu stellen. Die Menschen in Roths Heimkehrer-Romanen sind – als beispielhaft dafür steht die Hauptfigur Gabriel Dan, aber auch Arnold Zipper in *Zipper und sein Vater* (1928) oder Theodor Bernheim in *Rechts und links* (1929) – depravierte, existentiell heimatlos gewordene Menschen. Die Erfahrungen des Ersten Weltkriegs haben sie lebensuntüchtig und entschlusslos werden lassen.

In den Romanen der 1920er-Jahre schildert Roth die Mentalität und Grundstimmung der Nachkriegsgesellschaft. *Hotel Savoy* erzählt, wie sich die Unzufriedenheit der Arbeiter durch die Agitation des kommunistischen Heimkehrers Pansin bis zur Revolution gegen die Mächtigen und Reichen steigert. Die Volksmenge stürmt das Hotel, das qua seiner Raumtopographie als Spiegel der ungerechten Gesellschaftsstrukturen mit ihren Inflationsgewinnlern und Kriegsverlierern dient und damit ebenfalls eine *pars pro toto*-Funktion übernimmt. Einen positiven oder gar utopischen Romanschluss gibt es nicht: Das Hotel geht in Flammen auf, Pansin verschwindet und der Erzähler verlässt ernüchtert die Stadt. Dieser Desillusionismus – und damit wäre ein weiteres Merkmal der Neuen Sachlichkeit erfüllt – ist ein charakteristisches Kennzeichen der Romanwelten von Joseph Roth.[19]

---

18 Joseph Roth: Einbruch der Journalisten in die Nachwelt (Frankfurter Zeitung, 19.12.1925). In: Werke 4, S. 335–337, S. 336f. Vgl. auch Roths Kommentar in der Kritik Das zweite Schatzkästlein: „Das flüchtige Gewerbe eines Redakteurs, überantwortet dem gewissenhaften und starken Herzen eines Poeten, wird ein stabiles Handwerk, das die Kunst fördert und nicht hemmt, das die edle Bescheidenheit züchtet, die Vernunft zur Wachsamkeit erzieht, das Auge zur steten Beobachtung und das Ohr zur geschliffenen Hellhörigkeit." Roth: Werke 4, S. 384–386, hier S. 385.

19 Vgl. Jürgen Heizmann: „Was Roth zusätzlich in die Nähe der Neuen Sachlichkeit rückt, sind die Momente der Desillusionierung und des krassen Ma-

Der konzeptionelle Aufbau des Romans zeigt sich nicht nur in der erzählerischen Anlage mit dem Hotel als Mikrokosmos der Gesellschaft, sondern lässt sich ebenfalls für die Figurenkonzeption konstatieren. Roth macht sich das Märchenmotiv des Doppelgängers zu Eigen,[20] um die Zerrissenheit seines Personals zu verdeutlichen. Den Protagonisten sind gegensätzliche Figuren als Ergänzung oder als Spiegelbild zugeordnet. Im *Hotel Savoy* wird der Passivität des Erzählers Dan die Aktivität seines Kameraden Pansin gegenübergestellt, dem Erzähler in *Zipper und sein Vater* sein Schulfreund Arnold, der gleichzeitig Hauptfigur des Romans ist, dem konservativen Opportunisten Paul Bernheim in *Rechts und links* der nationalsozialistische Versagerbruder Theodor, den beiden zerrissenen und in ihren Rollen gefangenen Brüdern der innerlich freie Ukrainer Nikolai Brandeis, der sich immer wieder neu entwerfen kann. Als Motiv der Abspaltung wird das Doppelgängermotiv am Romanende von *Rechts und links* eingesetzt. Paul Bernheim beobachtet, wie die von ihm bewunderte Schauspielerin Lydia die Stadt verlässt. Da er nun erkennt, dass er die eventuell vorhandene Chance auf eine Liebesbeziehung mit der Frau endgültig vergeben hat, entwirft er ein Wunsch-Ich und versucht damit zumindest in der Phantasie aus seiner determinierten Rolle auszubrechen:

> Ein zweiter Paul Bernheim, ein beweglicher, löste sich aus dem stehenden, sprang zum Auto, stieg ein, fuhr weg. [...] Auf einmal war alles abgetan und erlebt. Weit hinter Paul Bernheim lagen die Abenteuer, der Ehrgeiz, der gesellschaftliche Glanz, die Macht, die Liebe, die Welt.[21]

Die Verwendung des Doppelgängermotivs bei Roth verweist auf die mangelnde Souveränität seiner ‚Helden', die aufgrund ihrer Erlebnisse nicht mehr Subjekt ihrer Lebensentscheidungen sind. Den in den Heimkehrerromanen allesamt männlichen Hauptfiguren ist meist ein Bruder, im wörtlichen oder im übertragenen Sinn, zur Vervollständigung oder als antithetisches Gegenüber zugeordnet. Diese Konzeption trifft auch auf *Flucht ohne Ende* zu. Dem orientierungslosen Protagonisten Franz Tunda ist der in seinem bürgerlichen Leben fest etablierte und seine Werte nicht

---

terialismus in seine Büchern seine immer auf das Konkrete, Sichtbare drängende Schreibweise, der gelegentliche, aber nie grelle Zynismus und die viel häufigere leise Schwermut und Resignation, die die Unveränderlichkeit der Verhältnisse suggeriert." (Jürgen Heizmann: Joseph Roth und die Ästhetik der Neuen Sachlichkeit. Heidelberg 1990, S. 58.)

20 Als weitere märchenhafte Erzählelemente bei Roth nennt Fritz Hackert animistische Motive, Dingbeseelung, Bild und Spiegelmotiv, die Überdimensionierung einer Gestalt sowie die Magie des Wortes und der Zahl, vgl. Fritz Hackert: Kulturpessimismus und Erzählform. Studien zu Joseph Roths Leben und Werk. Bern 1967, S. 92–100.

21 Joseph Roth: Rechts und links. In: Werke 1, S. 529–690, hier S. 686.

in Frage stellende Bruder Georg gegenübergestellt, dem zivilisierten Westeuropäer der naturnahe Pole Baranowicz, der in den sibirischen Taiga-Wäldern in einer einfachen Hütte und von der Jagd lebt, dessen Namen Tunda übernimmt und mit dem er nach seiner Flucht aus russischer Kriegsgefangenschaft lebt. Die Figuren verkörpern Prinzipien, die aufgrund der Überstilisierung häufig durch eine Komplementärfigur ergänzt werden. Der Autor bildet die vorgefundene Wirklichkeit nicht unfokussiert ab, sondern nimmt sie zum Ausgangspunkt, um grundsätzliche Probleme seiner Zeit exemplarisch herauszustellen.

Roth wird zum Chronisten seiner Zeit, nicht indem er die Wirklichkeit dokumentiert, sondern indem er sie beobachtet, um wesentliche Aspekte herauszufiltern. Diese werden literarisch gestaltet und zielen auf eine „epische Objektivität"[22], die gerade durch den subjektiven Blick seiner Protagonisten strukturiert wird. Es geht, wie Roth in einer Kritik zu Neuerscheinungen der Kriegsliteratur 1926 schreibt, nicht darum, „die historischen Tatsachen zu behandeln, sondern den Atem der historischen Tatsachen; nicht das Faktum, sondern den Spiritus."[23] Nach den traumatischen Erfahrungen des Weltkriegs ist Wirklichkeit nicht mehr ganzheitlich, sondern lediglich in Ausschnitten zu erfassen. Sie wird als kontingent und unvorhersehbar erlebt, übergreifende Sinnangebote und -strukturen sind obsolet geworden. Aus diesem Grund gewinnt das „Diminutiv der Teile" gegenüber der „Monumentalität des Ganzen"[24] an Bedeutung (*pars pro toto*-Funktion). Die historische Situation der 1920er Jahre nimmt, wie Roth kulturkritisch in der *Literarischen Welt* anmerkt, Einfluss auf die ästhetische Gestaltung der Wirklichkeitsdarstellung: „[D]er überlieferte Roman mit seiner ‚geschlossenen Handlung' ist „unmöglich geworden"[25], schreibt Roth und fordert die fragmentarische Form des Berichts, die Auflösung der Epik in eine „losere, häufig unterbrochene Form des Erzählens"[26]. Stilistisch wird dieses Anliegen in Roths frühen Romanen durch einen „parataktischen Erzählrhythmus"[27]

---

22 Joseph Roth: Bücher von Soldaten. Frankreich – Tschechoslowakei – Deutschland (Frankfurter Zeitung, 15.8.1926). In: Werke 4, S. 342–345, hier S. 343.

23 Roth: Werke 4, S. 342.

24 Joseph Roth: Spaziergang [1921]. In: Joseph Roth: Das journalistische Werk 1915–1923. Hg. von Klaus Westermann, Köln 1989, S. 564–567, hier S. 565.

25 Joseph Roth: Die gesprengte Romanform (Die Literarische Welt, 12.12.1930). In: Werke 4, S. 387–389, hier S. 387.

26 Roth: Werke 4, S. 388.

27 Wolf Gerhard Schmidt: Realismus und intermediale Differenz. Joseph Roths Roman *Das Spinnennetz* (1923) und Bernhard Wickis gleichnamige Verfilmung (1989). In: Jahrbuch zur Kultur und Literatur der Weimarer Republik 8 (2003), S. 193–229, hier S. 201.

umgesetzt, formal durch eine offene Handlungsstruktur, die häufig nicht zu einer Lösung oder einem handlungslogischen Abschluss, sondern einem abrupten Ende führt, außerdem mit Hilfe einer polyperspektivischen Erzählhaltung, wie exemplarisch anhand des *Spinnennetz*' gezeigt werden soll.

Die Entwicklung der Hauptfigur Lohse im *Spinnennetz* wird von einem heterodiegetischen Erzähler mit variabler interner Fokalisierung erzählt. Der allwissende Erzähler lässt den Leser über eine wechselnde Perspektivierung auch an den Gedankengängen und intriganten Plänen der Gegenspieler von Lohse teilnehmen. Aufgrund dessen ist der Leser besser als die Hauptfigur über die Geschehnisse informiert. Sobald die Darstellung jedoch wieder in die Sicht der Hauptfigur wechselt, verzichtet der Erzähler auf eine allwissende Positionierung. Stattdessen rückt er nahe an seinen Protagonisten heran und bringt die Differenzierung der beiden Instanzen Erzähler – Figur ins Wanken, indem er in den Modus der erlebten Rede oder des Bewusstseinsberichts wechselt. Durch die Osszilation zwischen der subjektiv-eingeschränkten Sicht des Protagonisten und der auktorialen der Erzählerfigur entsteht eine eigentümliche Spannung, die die von Beginn an betonte Zwangsläufigkeit der Ereignisse unterstreicht.

Im *Spinnennetz* berichtet der Erzähler von verschiedenen Standorten aus, er nimmt sowohl den Blickwinkel der Totalen ein, als auch den nur noch Details wahrnehmenden und zur Nahaufnahme tendierenden Blick seiner Protagonisten. Durch den Wechsel sowohl der Perspektiven als auch der ‚Einstellungen' wird die Wirklichkeit als Abfolge isolierter Szenen dargestellt, deren Zusammenhang durch Kontingenz aufgelöst erscheint. Die Erzählweise mit ihrem Wechsel von Außensicht und Innensicht gleicht der einer subjektiven Kamera im Film, entsprechend lässt sich die perspektivische Vermittlung des Geschehens hier unter Verwendung eines filmischen Vokabulars beschreiben.[28] Der Erzähler ‚dokumentiert' die Geschehnisse, macht sich dabei jedoch den subjektiven und persönlichen Blick des Berichterstatters zu Eigen. Er wechselt zwischen totalen Einstellungen (*long shots*), nahen Einstellungen (*close ups*)

---

[28] Mit der subjektiven Kamera, auch Point of View Shot (PoV) genannt, wird der Blickwinkel des Erzählenden oder des Protagonisten nachgeahmt. Ein Point-of-View-Shot ist üblicherweise eine von zwei direkt aufeinanderfolgenden Einstellungen: Die eine Einstellung zeigt die Figur in der Totalen, die irgendwo – meist auf einen Punkt außerhalb des Bildes – blickt. Die andere Einstellung (der eigentliche POV-Shot) zeigt das, was die Figur betrachtet, von der Position der Figur aus gefilmt. Das filmische Schreiben wird in meinem Argumentationszusammenhang lediglich als ein Beispiel für die Visualität des Erzählens bei Roth angeführt, vgl. dazu ausführlich den Beitrag von Thomas Koebner in diesem Band.

und Detailaufnahmen ebenso wie zwischen den Wahrnehmungen der Protagonisten. Durch das polyperspektivische Erzählen relativieren sich die Zielsetzungen und Meinungen der Figuren, wodurch eine Geschlossenheit der Darstellung auch auf der Ebene der erzählerischen Vermittlung vermieden wird.

Dem visuellen Erzählen, bei dem der Erzähler quasi als ‚Kamera' fungiert, entspricht das Interesse, das Roth dem Erscheinungsbild von Menschen und Gegenständen entgegenbringt. Häufig finden sich detaillierte Personen-, Orts- und Dingbeschreibungen und es wird adjektivreich beschrieben, welchen Eindruck Menschen und Dinge hinterlassen. Roths frühe Prosa prägt ein ausgesprochen gegenständliches und sinnliches Erzählen. Häufig werden Dinge zum Sinnbild oder Dingsymbol, wie bereits anhand der Wanduhren im *Hotel Savoy* gezeigt wurde. Auch auf die Beschreibungen der Menschen – insbesondere auf ihr Aussehen – wird reichlich Erzählraum verwendet. Dabei fällt auf, dass die Beschreibungen der Personen, obwohl sie sich auf rein Äußerliches beschränken, derart metaphorisiert sind, das über sie Aussagen zur Rolle der Figur oder zu ihrem Charakter getroffen werden, wie beispielhaft anhand der in einer unglücklichen Ehe gefangenen Frau Zipper verdeutlicht werden kann:

> Das Angesicht der Frau Zipper wird mir immer in Erinnerung bleiben. Es lag hinter einem feuchten Schleier. Es war, als lägen ihre Tränen, immer bereit, vergossen zu werden, schon über ihrem Augapfel. Sie trug lange, blaue Schürzen, die sie einer Krankenschwester zweiter Klasse ähnlich machten. Auf sanften Pantoffeln ging sie durchs Leben. Niemals sprach sie mit lauter Stimme. Oft seufzte sie und schneuzte sich. Wenn sie ihr Taschentuch vors Gesicht führte, sah man ihre Hände, trockene, harte Hände, an denen die Finger unverhältnismäßig stark waren, wie künstlich angesetzt an eine viel zu schwache Hand. [...] Steif – nicht vor Stolz, sondern vor Ergebenheit, Ohnmacht, Unglück und Trauer –, steif saß sie in einem Sessel. Ihr schütteres, farbloses Haar hatte sie in die weite, hohe Stirn hineingekämmt, es war eine Art erzwungener Verschönerung [...]. Nur der Mund der Frau Zipper, der heute eingefallen war und verbissen aussah, verriet, wenn sie ihn zu einem seltenen Lächeln öffnete, einen längst erstorbenen Reiz, eine verschwundene, schöne, runde Fülle, und im Kinn erschien für den Bruchteil einer Sekunde ein sanftes Grübchen – nein! kein Grübchen mehr! – sondern die Erinnerung an ein Grübchen. Ihr Lächeln, ihr seltenes Lächeln war eine sanfte, verstohlene Totenfeier für ihre Jugend. In ihren blassen, feuchten Augen entzündete sich ein schwaches, fernes Licht, das schnell wieder erlosch, wie das Blinkfeuer eines sehr weiten Leuchtturms.[29]

Auch dem in seinen bürgerlichen Vorstellungen gescheiterten Ehemann entgleitet das Leben zunehmend. Seine Vorstellungen von einem glückli-

[29] Joseph Roth: Zipper und sein Vater. In: Werke 1, S. 423–528, S. 434.

chen und sinnhaften Leben erfüllen sich nicht. Ungeachtet seiner tatsächlichen Erfahrung hält Vater Zipper jedoch rigide an seinen unrealistischen Vorstellungen fest, was nicht nur über die anaphorische Wiederholung des Subjekts innerhalb einer parataktischen Reihung, sondern ebenso über die Aufzählung der bürgerlichen Moderequisiten sowie der durch Vergleiche erzielten Vergegenständlichung des Lebensgefühls zum Ausdruck kommt:

> *Der alte Zipper* mit seinem dünnen, hellen, teefarbenen Schifferbart, der sein breites, rundes Gesicht einfaßte und gleichsam ein überflüssiger Luxus war, wie ein Rahmen um ein gleichgültiges Bild, *der alte Zipper* mit seinen braunen, gutmütigen, immer todernsten Augen, *der alte Zipper* mit seinem ewig runden, steifen Hut, den er aufsetzte, wenn er zum offenen Fenster ging, wenn er sich nur einen Schritt vom Haus entfernte, um eine Zeitung zu kaufen, *der alte Zipper* mit seinem schwarzen Stock aus ‚echtem Mahagoni', *dieser alte Zipper* verbreitet heute, sooft ich ihn in meine Erinnerung zurückrufe, eine große Schwermut. [...] Er hatte viel Kummer in seinem Leben und wahrscheinlich keinen Schmerz. Aber eben deshalb ist er so traurig, traurig wie ein aufgeräumtes Zimmer, traurig wie eine Sonnenuhr im Schatten, traurig wie ein ausrangierter Waggon auf einem rostigen Gleis.[30]

Der Erzähler in *Zipper und sein Vater* hat eine sensible, detaillierte Wahrnehmung, die jedoch durch die assoziationsoffene und durch Ding-Vergleiche gestützte Schilderung über die reine Wirklichkeitsdarstellung hinausgeht. Wie der Schriftsteller Hans Georg Brenner in den *Berichte[n] aus der Wirklichkeit* fordert, dringt Roth zwar „von der Außenseite in den Kern jeder Sache, jedes Menschen, jedes Milieus"[31], verzichtet dabei jedoch keineswegs auf die individuelle sprachliche Ausgestaltung des Beobachteten. Roth ist es nicht darum zu tun, ein ‚Abbild' der Wirklichkeit zu liefern, wie es in seinen Augen die Fotografie leistet. In der literaturästhetischen Polemik *Schluss mit der Neuen Sachlichkeit!* setzt er wiederholt die Fotografie als Metapher für die „dokumentarische Authentizität des Geschriebenen"[32] ein. Provokativ heißt es in Bezug auf die neusachliche Literatur:

> Niemals war der Respekt vor dem ‚Stoff' größer, naiver, kurzsichtiger. Er verschuldet die zweite furchtbare Verwechslung: des Simplen mit dem Unmittelbaren; der Mitteilung mit dem Bericht; des photographischen Moments mit dem andauernden Leben; der ‚Aufnahme' mit der Realität. Also verliert selbst das Dokumentarische die Fähigkeit, authentisch zu sein. Beinahe brachte man dem Photographen ein stärkeres Vertrauen entgegen als seinem Objekt, ein stärkeres Vertrauen der Platte als der Wirklichkeit. Die Deklarati-

---

30 Roth: Werke 1, S. 433, Kursivierung von mir.
31 Brenner: Berichte aus der Wirklichkeit, S. 109.
32 Roth: Schluss mit der ‚Neuen Sachlichkeit'!, S. 247.

> on des Photographen genügt. Die Erklärung des Porträtisten, er habe photographiert, genügt.[33]

Roth beschreibt die Menschen weniger über psychologische Vorgänge als über physiologische Merkmale und Bewegungen. Diese sind jedoch in einem hohen Maße der subjektiven Wahrnehmung geschuldet, die eher an eine auf das Wesenhafte orientierte symbolische Porträtmalerei als an die fotografisch genaue Abbildung des Vorgefundenen erinnert.[34] In Roths früher Prosa dient die Fotografie denn auch nicht dem Erkennen von Wirklichkeit. Der Blick dringt nicht hinter „die repräsentative Oberfläche", wie eine entsprechende Textstelle in *Rechts und links* verdeutlicht: Nach einer handgreiflichen Auseinandersetzung der beiden Söhne Bernheims, verlässt Theodor überstürzt das Haus, während Paul es auf der Suche nach der Familiengeschichte durchstreift. Vor dem Porträtfoto des verstorbenen Vaters macht er Halt.

> Paul ging ein paarmal durch das Haus. Er blieb immer wieder vor dem vergrößerten Brustbild seines Vaters stehn. Es hing in seinem Arbeitszimmer über dem Regal, auf dem sich einst zufällige Bücher gehäuft hatten, Korrespondenzen, Zeitungen und auf dessen oberstem Fach heute nur eine Briefwaage stand, einsam, ganz leise zitternd, wie infolge der Kälte, mit einer glänzenden Schale aus Messing. Der Blick des Vaters schien auf der Briefwaage zu ruhen. Sie hatte nichts mehr zu tun, als die Gewichtslosigkeit dieses toten Blicks anzuzeigen. Paul versuchte hinter dem ziemlich mißlungenen und nur die repräsentative Oberfläche der Physiognomie enthaltenden Porträt das wirkliche Angesicht seines Vaters zu finden. Es gelang ihm nicht mehr.[35]

Die Fotografie dient im Frühwerk Roths häufig der Dokumentation des ‚verfehlten' Lebens. Sie spiegelt die Ängste[36] oder – wie im Falle des alten Zippers oder Franz Tundas in *Flucht ohne Ende* – die illusorischen Wünsche der Protagonisten. Zippers Salon hängt voller Porträts, die seinen vermeintlichen gesellschaftlichen Aufstieg demonstrieren sollen: „An der Wand hingen Porträts von den Großeltern und Eltern der Frau Zipper. Der alte Zipper besaß keine Bilder von seinen Ahnen. Denn er

---

33 Roth: Schluss mit der ‚Neuen Sachlichkeit'!, S. 247.

34 Vgl. dazu auch Heizmann: Joseph Roth und die Ästhetik der Neuen Sachlichkeit, S. 97–105.

35 Joseph Roth: Rechts und links. In: Werke 1, S. 573.

36 Auf der Polizeiwache in Rechts und links dient die Fotografie zur Identifizierung unbekannter Leichen. Der heimatlose Nikolai Brandeis betrachtet regelmäßig diese Ahnengalerie unbekannter Toter, deren Unzugehörigkeit er mit ihnen teilt: „Er hielt sich vor dem Kasten mit den Photographien unbekannter Leichen auf, er sah die toten Gesichter, durch furchtbare Wunden entstellt, zertrümmerte Schädeldecken, abgerissene Augenlider, zerfetzte Oberlippen, enthüllte Kiefer, von Wasserratten angenagte Ohrmuscheln. So viele Menschen verschwanden also aus dem Leben – und niemand hatte sie gekannt." (vgl. Roth, Rechts und links. In: Werke 1, S. 597).

stammte aus einer Familie, die ‚einfach' war und die sich nie hatte porträtieren lassen. Er selbst aber schien der Ahnherr eines respektvollen Geschlechtes werden zu wollen. Er ließ sich oft photographieren und alle seine Bilder vergrößern."[37] Die Porträt-Fotografien in Zippers Salon bilden alltagsfremde und gestellte Situationen ab, die weder der sozialen noch der familiären Situation entsprechen. Wie bei Franz Tunda spiegeln sie eine irreale Wunsch-Identität, die längst nicht mehr der Realität entspricht: „Die Photographie seiner Braut war eine Erinnerung wie die Ansichtskarte von einer Straße, in der man gewohnt hat, sein früherer Name auf seinem echten Dokument wie ein alter polizeilicher Meldezettel, nur der Ordnung wegen aufgehoben."[38] In *Flucht ohne Ende* wird die Fotografie Irenes zum Movens der Reise von Russland nach Deutschland. Als Leitmotiv des Textes wird sie an allen entscheidenden Wegetappen aufgerufen. In Europa angekommen, reflektiert Tunda sein Reiseziel kritisch und erkennt, dass er es lediglich in Ermangelung anderer Sinninhalte verfolgt:

> Es ist so, als wäre ich mein ganzes Leben auf der Suche nach Irene und da und dort sagte mir einer, er hätte sie getroffen. Ich suche sie aber in Wirklichkeit ja nicht. Ich sehne mich auch nicht nach ihr. Vielleicht ist sie etwas ganz anderes als die übrige Welt, und es ist ein letzter Rest von Gläubigkeit in mir, wenn ich an sie denke.[39]

Letztlich dient das Foto also, wie auch das Kino[40], der Realitätsflucht und/oder der illusorischen Überhöhung.

Roth sieht sich als einen realistischen Schriftsteller, jedoch nicht im Sinne des Dokumentaristen, sondern im Sinne des poetischen Realismus. Bereits in den hier zur Debatte stehenden Romanen beschränkt sich der Autor nicht auf die kunstlose Abschilderung der Wirklichkeit, sondern versucht diese sprachlich und stilistisch gestaltet wiederzugeben. Der Erzählinhalt soll vorstellbar und aus diesem Grund wahrscheinlich sein, eine Ästhetisierung der Realität ist damit jedoch nicht ausgeschlossen. Vielmehr stellt die Wirklichkeit das Rohmaterial zur Verfügung, das durch die künstlerische Bearbeitung in eine „exemplarische[n] Darstellung"[41] mündet. Der Roman *Zipper und sein Vater* stellt den Versuch dar, „an zwei Menschen die Verschiedenheiten und die Ähnlichkeiten zweier Generationen so darzustellen, dass diese Darstellung nicht mehr als der

---

37 Roth: Zipper und sein Vater. In: Werke 1, S. 428.

38 Joseph Roth: Flucht ohne Ende. Ein Bericht. In: Werke 1, S. 315–421, hier S. 329.

39 Roth, Flucht ohne Ende, In: Werke 1, S. 387.

40 Roth, Flucht ohne Ende, In: Werke 1, S. 378.

41 Joseph Roth: Brief des Autors an Arnold Zipper. In: Joseph Roth: Zipper und sein Vater. In: Werke 1, S. 527.

private Bericht über zwei private Leben gelten kann", wie es in dem als Brief an die Hauptfigur fingierten Nachwort Roths zu seinem Roman heißt. Für dieses Anliegen muss das vorgefundene ‚Realitäts-Material' jedoch gestaltet werden, was unter anderem durch das „physiologische Erzählen" geschieht: Den Gesichtern der Romanfiguren lassen sich bei Roth Schicksale, Schwächen und Tugenden ablesen. Das Gesicht der Menschen wird zum Spiegel ihrer Lebensgeschichten, wie es in *Flucht ohne Ende* heißt:

> Es dauert sehr lange, ehe die Menschen ihr Angesicht finden. Es ist, als wären sie nicht mit ihren Gesichtern geboren, nicht mir ihren Stirnen, nicht mit ihren Nasen, nicht mit ihren Augen. Sie erwerben sich alles im Laufe der Zeit, und es dauert, man muß Geduld haben, bis sie das Passende zusammensuchen.[42]

Allerdings, so muss dieser Textpassage gleich wieder relativierend hinzugefügt werden, haben die Menschen in den frühen Romanen Roths wenig Entscheidungsfreiheit: Die Ausgeliefertheit der Figuren an die Umstände der Zeit und die Unplanbarkeit des eigenen Lebens ist Hauptaussage des 1927 erschienenen Romans *Flucht ohne Ende.*

Zum Abschluss des Aufsatzes möchte ich an dessen Beginn anknüpfen, um vor dem Hintergrund der bisherigen Analyse erneut die Frage zu thematisieren, inwiefern Roths Vorwort zu *Flucht ohne Ende* als Manifest der Neuen Sachlichkeit gelesen werden kann, sein Pamphlet *Schluss mit der Neuen Sachlichkeit!* dagegen als ein Abrücken von vormaligen Ästhetikpositionen. In seinem Vorwort macht Roth „das Beobachtete" stark und stellt es in Opposition zum „[D]ichten". Das Beobachtete soll möglichst authentisch i.S. von glaubwürdig transportiert werden, was durch die Visualität und Gegenständlichkeit des Erzählens, eine polyperspektivische Erzählhaltung und die Exemplarität der Darstellung erreicht werden soll, die zu einer Stilisierung der Figuren führt. Die Figuren vertreten Prinzipien. Auch wenn sie auf die historische Situation rekurrieren, sind sie keineswegs der Wirklichkeit entnommen. Künstlerisches und diskursives Anliegen des frühen Roth ist es, die Mentalität der Kriegsheimkehrer und die gesellschaftliche Problematik seiner Zeit zu vermitteln, wofür jedoch komplexe ästhetische Operationen nötig sind. Der Begriff Authentizität impliziert bei Roth kein Abbildungsverhältnis (wie es seine kulturkonservative Vorstellung von Fotografie und Film tut), d.h. keine Unmittelbarkeit i.S. der dokumentarischen Realität.

Die von einigen Autoren im Umfeld der Neuen Sachlichkeit angestrebte „dokumentarische Aktualität" hat für ihn keinen Kunstwert, sondern wird abschätzig als „journalistischen Dilettantismus ohne geisti-

42 Roth, Flucht ohne Ende. In: Werke 1, S. 388.

ge Tradition"[43] gewertet. Nach Roths Vorstellung ist der Schriftsteller kein „Stoffbehandler", sondern ein Ästhet und Sprachkünstler (was Roth ja in der Tat auch war!). Über die jüngere Generation von Autoren klagt er 1931: „Die meisten unter den sogenannten ‚Jüngsten' schreiben vom Stofflichen her. Sie behandeln ein Material. Sie sind keine Schriftsteller, sondern Stoffbehandler, Mitteiler (nicht einmal immer Mitteilungsbedürftige). Ihre Sprache ist von einer platten, verluderten Sachlichkeit."[44] Sachlichkeit bezieht sich in Roths poetologischem Selbstverständnis nicht auf die ästhetische Gestaltung, denn die Sprache ist nicht ‚objektiv', sondern rhetorisch geformt, der sprachliche Ausdruck expressiv, häufig illustrierend und persönlich gehalten. Für Roth bedeutet Sachlichkeit: „der wache Sinn für die Wirklichkeit"[45]. Der Schriftsteller wird zum Beobachter der Realität, die er in seinem Medium darstellt. Dabei – und hier liegt das Missverständnis in der Interpretation des Vorwortes zu *Flucht ohne Ende* – bedeutet Realität nicht das Faktuale im Gegensatz zum Fiktiven, sondern die authentische, d.h. ästhetisch gelungene und damit glaubhafte literarische Darstellung: „Auch ‚erfinden' heißt ‚beobachten', gesteigertes ‚Finden'. Es lebe der Dichter! Er ist immer ‚dokumentarisch'!"[46], schreibt Roth zur Eröffnung einer Serie von Zeitungsromanen in der *Frankfurter Zeitung*. Inwiefern Joseph Roth dieses Anliegen durch ein Spiel mit Erzählerpositionen in *Flucht ohne Ende* umsetzt, wäre hinwiederum einen eigenen Aufsatz wert.

---

43 Joseph Roth: Die Frau aus Andros. In: Werke 4 , S. 392–394, hier S. 392.

44 Joseph Roth: Hermann Kesten: ‚Die Liebesehe'. In: Werke 4, S. 369–370, hier S. 370.

45 Roth: Schluss mit der Neuen Sachlichkeit!, S. 251.

46 Joseph Roth: Es lebe der Dichter! In: Werke 4, S. 223–225, hier S. 225.

Insa Wilke

So überflüssig in der Welt

Joseph Roths antibiographisches Erzählen[1]

Joseph Roth ist ein Querulant gewesen. Das zeigen seine Briefe, in denen er Gehaltsforderungen stellt und unablässig mit seinem Schicksal hadert. Auch seine Feuilletons weisen die Handschrift des Querulanten auf. Manchmal ist sein Aufbegehren gegen die Weltordnung handfesten Existenzängsten geschuldet, manchmal ist es journalistisches Programm. Wie klingt die Stimme Roths in seinen Romanen? Kann man auch hier dem Querulanten begegnen?

Ich möchte mich auf diese Spur begeben. Allerdings ist das Ziel meines Beitrags nicht, am Ende eine neue Formel für Roths Schreiben zu liefern, wie es der Titel suggeriert. Es geht mir vielmehr um die Widersprüche, die aus Perspektive der Frage nach Roths Querulantentum auffallen und die ich beschreiben möchte.

Joseph Roths Romane erzählen eigentlich immer Lebensläufe, die aber zugleich merkwürdig statisch wirken. Besonders deutlich wird dies bei dem relativ frühen Roman *Die Flucht ohne Ende*[2], der 1927 im Verlag Kurt Wolff erschien. Auf den Schlusssatz bezieht sich der Titel dieses Aufsatzes: „So überflüssig wie er war niemand in der Welt".[3]

Das ist ein Satz, der auch am Anfang des Romans stehen könnte. Denn schon wenn wir als Leserinnen und Leser den Helden des Romans, Franz Tunda, kennenlernen, ist er überflüssig, ein Kriegsgefangener in Sibirien nach dem niemand fragt, um den sich niemand kümmert, der nichts will, nicht auffällt und von dessen Innenleben wir auch wenig erfahren. Sang- und klanglos streift dieser Tunda seine alten Leben ab, nicht einmal mit Freude, wie es der Erzähler in *Hotel Savoy*[4] tut, sondern ohne sichtliche Regung. Erst ist er Offizier, später Offizier in Kriegsgefangenschaft, dann folgt der Einschnitt: die

---

1 Ich danke Everest Girard für die Recherche der Fußnoten und die Vorbereitung meines Beitrags für die Drucklegung.

2 Im Folgenden zit. nach: Joseph Roth: Die Flucht ohne Ende. In: Werke 4: Romane und Erzählungen 1916–1929. Hg. v. Klaus Westermann und Fritz Hackert. Köln 1989, S. 389–496.

3 Roth, Flucht ohne Ende, Werke 4, S. 496.

4 „Ich freue mich, wieder ein altes Leben abzustreifen", sagt die Hauptfigur Gabriel Dan bei seiner Ankunft im Hotel Savoy. Joseph Roth: Hotel Savoy. In: Werke 4, S. 149.

Flucht, die uns in einem Satz mitgeteilt wird, obwohl sie zu einer ganzen Charakterstudie einlädt.

Tundas Flucht verstößt gegen den Ehrenkodex des Offiziersrangs. Selbst wenn man berücksichtigt, dass die Rote Armee ihrerseits gegen diesen Ehrenkodex verstoßen hat, ist auffällig, dass Roth dieses Skandalon, das seinen Lesern 1927 bewusst gewesen sein muss, nicht erzählt. Tunda versteckt sich vom Erzähler unkommentiert und zwar als Pelzhändler – wie passend das Bild von jemandem, der mit Pelzen, mit Einkleidungen, Identitäten handelt. Tunda wird Revolutionär, Bürokrat und Heimkehrer in allen Schattierungen, die der Heimkehrer bei Roth hat.

Die Geschichte Tundas ist eigentlich keine Geschichte. Nichts betrifft die Figur tatsächlich. Es werden nur einige Stationen angefahren, einzelne Bilder von Existenzentwürfen und gesellschaftlichen Zuständen aneinandergereiht, ohne dass sie Auswirkungen auf die Hauptfigur haben. Hugo Dittberner hat diese Geschichte oder Nicht-Geschichte als Entwicklungsroman bezeichnet, weil der Held die Ausweglosigkeit lernt; Claudio Magris nennt *Flucht ohne Ende* umgekehrt einen Anti-Bildungsroman.[5] Tunda wisse seine Chance nicht zu nutzen, sei „ein moderner Held", der „angegriffen und zerstört wird und jedes Maß- und Urteilskriterium verliert".[6]

In diesen zwei Deutungen wird eine Abwärts- oder Abstiegsbewegung impliziert. Zwar erkennt Magris die mangelnde Entwicklung der Erzählung, der Roman sei aus „aneinandergereihten Abschnitten"[7] und „zusammengeheftete[n] Auszeichnungen"[8] gebaut, schreibt er. Doch wird die Stagnation nicht auf die Figur selbst bezogen. So aufschlussreich die gesellschaftskritischen Deutungen in der Spannbreite zwischen Zauber des Alten und Schrecken des Neuen sind, lohnt es sich in Bezug auf *Die Flucht ohne Ende*, den Blick über diese Abwärts- oder Abstiegsbewegung hinaus um einen Grad zu verschieben. Denn häufig begegnet man bei Roth keiner Linearität, sondern einer Kreisstruktur. Er treibt seine Vorzugsschüler, seine Heimkehrer und Frauenfiguren in einen Kreis. Von Geburt an sind sie alt, leben und reifen nicht; vielmehr beginnen sie, wo sie auch enden – von einigen Äußerlichkeiten abgesehen. Diese Kreisstruktur lässt sich an der Figur Franz Tunda verfolgen. Ich muss etwas ausholen, um dies zu beschreiben und dann den Bogen zurück zum Querulantischen zu schlagen.

---

5 Vgl. Hugo Dittberner: Über Joseph Roth. In: Joseph Roth Sonderband Text + Kritik. München 1982, S.10–31, hier S. 25; Claudio Magris: Weit von wo. Verlorene Welt des Ostjudentums. Wien 1974, S. 117f.

6 Magris, Weit von Wo, S. 66–67.

7 Magris, Weit von Wo, S. 69.

8 Magris, Weit von Wo, S. 72.

Der Roman verdankt sich einem beruflichen Umbruch im Leben Joseph Roths. Ende August 1926 besteigt Joseph Roth in Paris den Zug und reist als Berichterstatter für die Frankfurter Zeitung nach Russland.[9] Er lässt Westeuropa hinter sich und betritt nach Alfred Döblin, dessen Polen-Buch er rezensiert hat, sowie nach Egon Erwin Kisch, Ernst Toller und all den anderen Russlandreisenden welthistorisches Neuland.[10] Ein Neuland, das sich seit mehr als einem Jahrzehnt im Umbruch befindet und ihn gerade wieder auf neue Weise erlebt, denn es sind die Jahre nach Lenins Tod, die Jahre, in denen Stalin seine Herrschaft ausbaut.

Das aber interessiert Roth gar nicht so sehr. Die Berichte seiner Vorgänger erklärt er für unwahr, für verkehrt, u.a. weil sie ihre Vorurteile gegen den Osten, insbesondere die Juden, nicht ablegen und: weil sie zu „politisch“ sehen. Das Rasante der sowjetischen Erfahrung liegt für Roth nicht im Politischen, sondern im Kulturellen, Metaphysischen und Religiösen, so schreibt er es zumindest in einem Brief.[11] Das erklärt vielleicht, weshalb die Euphorie und auch der Schrecken der Revolution als solche in seinen Romanen überwiegend merkwürdig unterbelichtet bleiben. Geht man nach dem Roman, hat Roth die Revolution damals schon nüchtern in ihrer Wiederholungsstruktur, der Perpetuierung des Bürokratismus durchschaut. Daraus lässt sich übrigens ein kleiner Widerspruch gewinnen gegen die Kritik, Roth habe sich blenden lassen von dem „schönen Schauspiel: wie aus Knechten Menschen werden“[12]. Vielleicht hat Roth ganz einfach anders geschaut?

Auf dem Boden dieses welthistorischen Neulands nämlich dreht Roth sich um und schaut zurück: „Von hier aus erscheinen mir übrigens Alle

---

9 Vgl. Roths Briefe vom 7. Juli und vom 30. August 1926 an Benno Reifenberg. In: Joseph Roth: Briefe 1911–1939. Hg. v. Hermann Kesten. Köln 1970, S. 92–94. Vgl. auch Roths Brief an die Frankfurter Zeitung vom 2. Juni 1926. In: Kesten, S. 91–92.

10 Alfred Döblin: Reise in Polen. In: Alfred Döblin: Ausgewählte Werke in Einzelbänden. Hg. v. Walter Muschg, weitergeführt von Heinz Graber. Bd. 12, Olten und Freiburg im Breisgau 1968; Egon Erwin Kisch: Zaren, Popen, Bolschewiken. In: Egon Erwin Kisch: Gesammelte Werke in Einzelausgaben Bd. 4. 5. Aufl. Berlin u.a. 1993, S. 5–388; Ernst Toller: Quer durch. Reisebilder und Reden. Mit einem Vorwort zur Neuherausgabe von Stephan Reinhardt. Heidelberg 1978 (1930). Zu Roths Kritik an Kisch und Toller vgl. seinen Brief an Benno Reifenberg vom 1.10.1926. In: Roth, Briefe, S. 96–98. Vgl. auch: Joseph Roth: Döblin im Westen. In: Werke 2: Das journalistische Werk 1924–1928. Hg. v. Klaus Westermann und Fritz Hackert. Köln 1990, S. 532–535.

11 Zu Roths Einstellung zu bisherigen Russlandberichten und zu seiner sowjetischen Erfahrung vgl. seinen Brief an Bernard von Brentano aus Odessa vom 26. September 1926. In: Roth, Briefe, S. 94–96.

12 Joseph Roth: Die Stadt geht ins Dorf. In: Werke 2, S. 643–647, hier S. 647.

verwandelt, alle westlichen Männer und Fräulein Weber als einzige Frau", schreibt er an Benno Reifenberg, den Feuilletonchef der Frankfurter Zeitung.

> Ich habe jetzt die Fähigkeit, zwei Stunden dazusitzen und mir alle Menschen, die nahen und die fernen, anzusehn, ich ziehe sie auf und sie marschieren an mir vorbei, wie auf einer alten Spieldose.[13]

Die Menschen und ihre mechanisierten, typisierbaren Eigenschaften. Es sind die Menschen, die ihn als Autor interessieren, weniger die politischen Bewegungen, weniger die gesellschaftlichen Umbrüche. In der undatierten, vermutlich frühen Erzählung „Kranke Menschheit"[14] heißt es über den Erzähler:

> Oft dauert es, zu seiner Freude oder zu seinem Schaden, lange, bis er den Menschen entdeckt.[15]

Die Entdeckung des Menschen ist eine Suche, die für die Dramaturgien der meisten Romane von Joseph Roth eine Rolle spielt. Auch für den Roman gilt dies, der sich Roths Bewegung nach Osten und seinen Rück-Blicken von dort verdankt, dem aufwühlend Neuen, was er dort oder von dort aus sieht. Dieser Roman heißt *Die Flucht ohne Ende*, seine Hauptfigur „Franz Tunda". Ein Name, in dem klischeehaft zwei Pole mitklingen: der westliche (hell, klar, zackig – Franz) und der östliche, russische (dunkel, rund, klanglich das Bild einer sibirisch-kargen Landschaft entwerfend – Tunda).[16] Wir sehen Tunda zu Beginn des Romans in russischer Kriegsgefangenschaft, am Rande der sibirischen Taiga. Am Ende befindet er sich in Deutschland und Paris. Der Schluss des Romans war der Ausgangspunkt für diesen Aufsatz:

> Es war am 27. August 1926, um vier Uhr nachmittags, die Läden waren voll, in den Warenhäusern drängten sich die Frauen, in den Modesalons drehten sich die Mannequins, in den Konditoreien plauderten die Nichtstuer, in den Fabriken sausten die Räder […] Es war um diese Stunde, da stand mein Freund Tunda, 32 Jahre alt, gesund und frisch, ein junger, starker Mann von allerhand Talenten, auf dem Platz vor der Madeleine, inmitten der Hauptstadt der Welt und wußte nicht, was er machen sollte. Er hatte keinen Beruf, keine Liebe, keine Lust, keine Hoffnung, keinen Ehrgeiz und nicht einmal Egoismus.

---

13 Brief an Benno Reifenberg von [Oktober 1926?]. In: Roth, Briefe, S. 99.

14 Joseph Roth: Kranke Menschheit. In: Werke 4, S. 37–48.

15 Roth, Kranke Menschheit, Werke 4, S. 42.

16 Tundas Herkunft ist ebenfalls von diesen zwei Polen beherrscht, denn er ist der „Sohn eines österreichischen Majors und einer polnischen Jüdin". Roth, Flucht ohne Ende, Werke 4, S. 394.

> So überflüssig wie er war niemand auf der Welt.[17]

Im September 1926 schrieb Roth aus Odessa an Bernard von Brentano über diesen Roman, dem er einen so lakonischen Schluss gegeben hat:

> Es ist ein Glück, daß ich nach Rußland gefahren bin. Ich hätte mich niemals kennengelernt. Endlich habe ich auch das Buch-Thema gefunden, das ich allein schreiben kann und vielleicht noch in Rußland schreiben werde. Es wird der Roman sein, auf den ich so lange gewartet habe und auf den, hoffe ich, noch ein paar Menschen im Westen warten.[18]

Diese Formulierung erinnert an einen anderen Reisenden: Goethe, der 1786 nach Italien fuhr. Roth schreibt seiner Reise eine ähnliche Bedeutung zu, wie sie der Italienaufenthalt für Goethe und sein Werk hatte: Selbsterfahrung, Bildungserlebnis, die Entscheidung für die Dichtung.

Liest man Roths Russlandreise also als Ereignis, so scheint sie nicht als Markierung einer politischen Wendung von links nach rechts von Bedeutung zu sein, sondern ebenso wie bei Goethe als Einschnitt für den Schriftsteller Roth. Der Kontext seiner Reise spielt dafür eine Rolle.

Roth reiste nach Russland, weil er als Korrespondent in Paris zugunsten Friedrich Sieburgs abberufen werden sollte. Russland ist das Trostpflaster, mit dem ihn die „Frankfurter Zeitung“ als Feuilletonist zu halten suchte.[19] Das spielte vermutlich eine Rolle dafür, dass Roth Konsequenzen zog und sich zumindest innerlich vom Journalismus fortbewegte. Als er 1927 den Roman bei Kurt Wolff untergebracht hatte, schrieb er an den jüngeren Freund Bernard von Brentano: „Was mich betrifft, so gedenke ich, die Journalistik als Hauptberuf bald aufgeben zu können.“[20] Die Reise fällt also in eine Zeit der Ernüchterung des Feuilleton-Stars der „Frankfurter Zeitung“, der damals ja zu den Bestbezahlten gehörte.

Roths Reise fällt außerdem in eine Zeit, in der Formen der Reportage und bald schon das Schlagwort der Neuen Sachlichkeit diskutiert wurden. Das hat seine Berichterstattung beeinflusst und läuft als untergründiges Thema mit. Er hat sich dazu in seinen Essays geäußert,

---

17 Roth, Flucht ohne Ende, Werke 4, S. 496.

18 Roth, Briefe, S. 95. Den Roman hat Roth am 2. Oktober 26 angefangen zu schreiben und März 1927 beendet. Etwas später überarbeitete er ihn noch einmal. Vgl. Wilhelm von Sternburg: Joseph Roth. Eine Biographie. Köln 2009, S. 338.

19 Zu den Hintergründen seiner Reise nach Russland vgl. die Korrespondenz mit Benno Reifenberg im Frühling 1926, insbesondere den Brief vom 22.04.1926. In: Roth, Briefe, S. 87f.

20 Roth, Briefe, S. 109.

immer ambivalent, meist und zunehmend ablehnend: In seinem Vorwort zu den Essays und Reiseerzählungen *Die weißen Städte* (1925), schreibt er:

> Seitdem ich in feindlichen Ländern gewesen bin, fühle ich mich in keinem einzigen mehr fremd. Ich fahre niemals in die ‚Fremde'. […] Ich fahre höchstens ins ‚Neue'. Und sehe, daß ich es bereits geahnt habe. Und kann nicht darüber ‚berichten'. Ich kann nur erzählen, was in mir vorging und wie ich es erlebte.[21]

Und im Vorwort zu *Juden auf Wanderschaft*, zwei Jahre später, heißt es:

> Dieses Buch ist nicht für Leser geschrieben, die es dem Autor übelnehmen würden, daß er den Gegenstand seiner Darstellung mit Liebe behandelt statt mit ‚wissenschaftlicher Sachlichkeit', die man auch Langeweile nennt.[22]

Kein Problem, sondern Menschen wolle er schildern. *Die Flucht ohne Ende* rückt Roth zwar 1929 selbst in seinem Essay *Es lebe der Dichter*[23] in die Nähe des Dokumentarischen, klärt aber ein Missverständnis auf. Bei dem Ruf nach dem Dokumentarischen sei durchaus *nicht* die berühmte ‚Neue Sachlichkeit' gemeint gewesen, die das Dokumentarische mit dem Kunstlosen verwechseln möchte. Es folgt eine Polemik gegen Formeln, Formelhaftigkeit und den Glauben, der Stoff allein mache die Kunst, ein Plädoyer für die *Gestaltung* von Stoffen in der Kunst. Das verschärft er ein Jahr später noch einmal in *Schluß mit der ‚Neuen Sachlichkeit'* und auch hier schreibt er, der erhabenste Gegenstand der Dichtung sei der Mensch.[24]

Nun stellt sich natürlich die Frage, wo bei all den biographischen Erläuterungen das Antibiographische bleibt. Mit diesem Blick auf den Entstehungskontext kann der Roman jetzt als ein Werk gelesen werden, in dem Roth etwas für ihn Fundamentales formulieren wollte, als ein Werk, das im Horizont eines Widerwillens gegen die gesellschaftlichen Entwicklungen entstanden ist. Roth begehrte gegen die sich entwickelnden ästhetischen Dogmen auf, die ihn als Journalisten unmittelbar betrafen.

Zunächst zum Titel „Die Flucht ohne Ende. Ein Bericht." Wenn ein spitzzüngiger Autor wie Roth so ausdrücklich die Textform benennt, ist das mit Vorsicht zu genießen. Reiner Wild hat die Problematik, Roths Vorwort als neusachliches Manifest zu deuten, in seinem Aufsatz

---

21 Joseph Roth: Die weißen Städte. In: Werke 2, S. 451–456, hier S. 453.
22 Joseph Roth: Juden auf Wanderschaft. In: Werke 2, S. 827–902, hier S. 826.
23 Joseph Roth: Es lebe der Dichter. In: Werke 2, S. 44–46.
24 Vgl. Joseph Roth: Schluß mit der ‚Neuen Sachlichkeit'. In: Werke 3, S.153–164, hier S. 157.

Beobachtet oder gedichtet? von 1995 benannt.[25] Allerdings beschreibt er nur, wie Roth selbst die Behauptung von Authentizität infrage stellt, hinterfragt aber nicht Tundas Beschreibung als Kriegskamerad und ob Tunda nun erfunden ist oder nicht.

Roth formuliert hier geradezu programmatisch den ersten Widerspruch: Der Behauptung von Endlosigkeit im Titel steht im Untertitel die Abgeschlossenheit der Berichtsform gegenüber. So widersprüchlich geht es im Vorwort weiter:

> Im Folgenden erzähle ich die Geschichte meines Freundes, Kameraden und Gesinnungsgenossen Franz Tunda.
> Ich folge zum Teil seinen Aufzeichnungen, zum Teil seinen Erzählungen.
> Ich habe nichts erfunden, nichts komponiert. Es handelt sich nicht mehr darum zu „dichten". Das wichtigste ist das Beobachtete. –
>
> Paris, im März 1927 Joseph Roth[26]

Man kann dieses Vorwort als Roths Definition des Untertitels „Bericht" verstehen. Das legt Roths Selbstdeutung in seinem Essay *Es lebe der Dichter* nahe, in dem er das Missverständnis um dieses Vorwort aufklärt. Aber unabhängig davon: Eigentlich beginnt Roth seinen Roman mit einer glatten Lüge. Denn wer das Beobachtete zum Programm ausruft und im Satz davor sekundäre Quellen nennt, auf die er sich bezieht, zeigt sich schon einmal als unzuverlässiger Erzähler. Wer dann noch behauptet, einen Bericht, also ohne Ich-Anteil über einen Freund und Gesinnungsgenossen schreiben zu wollen, gerät doch leicht in den Verdacht der Unglaubwürdigkeit. Zumal es eine merkwürdige Freundschaft ist, die sich auf 100 Seiten überhaupt nicht als solche zeigt, sondern allenfalls als entfernte Bekanntschaft. Das lässt sich freilich als Parodie auf den Anspruch von Sachlichkeit, von Objektivität lesen.

Tatsächlich zeigt sich zweierlei: dass der Erzähler sehr wohl erfindet und sich auch einschaltet, und dass Tunda kein Gesinnungsgenosse sein kann, denn er hat keine Gesinnung, so wie er auch keine Geschichte zu erzählen hat. Wie schon Magris andeutet, handelt es sich hier um den Beginn eines Schelmenromans, dessen erstes Signal die „Herausgeber"- und Authentizitätsfiktion ist.[27]

---

25 Vgl. Reiner Wild: Beobachtet oder gedichtet? Joseph Roths Roman Die Flucht ohne Ende. In: Sabina Becker, Christoph Weiß (Hg.): Neue Sachlichkeit im Roman. Neue Interpretation zum Roman der Weimarer Republik. Stuttgart 1995, S. 27–48, hier S. 27–30.

26 Roth, Flucht ohne Ende, Werke 4, S. 391.

27 Vgl. Magris, Weit von Wo, S. 65–66. Auch David Bronsen beginnt seine Biographie mit der Erzählung eines angeblichen Briefs eines Naphtalie Kroj aus Buenos Aires, der sich als von Roth erdichtet erweist. Vgl. David Bronsen: „Die verlorene Heimat. Zur Klärung eines fingierten Briefes und

Dieses Spiel begegnet einem bei Roth schon früher und an anderer Stelle, es ist ein Erzählverfahren. Ein Beispiel liefert eine titellose Erzählung bzw. das Fragment einer Erzählung, das mit dem Satz beginnt:

> Immer seltener werden in dieser Welt der selbstverständlichen Tatsachen und der errechenbaren Konsequenzen die merkwürdigen Schicksale, denen man, wenn man den überlieferten Erzählungen glauben will, vor Jahr und Tag auf Schritt und Tritt hat begegnen können.[28]

Auch hier will ein Ich-Erzähler die Geschichte eines Mannes erzählen, dessen Namen er allerdings verschweigt, da er noch lebe. Die Rede ist von Heinrich P., ein Schriftsteller, der einiges mit Tunda gemein hat, zum Beispiel wenn er sich fragt:

> Was konnte ein Mensch von seiner Passivität in dieser offenbar sehr aktiven Zeit beginnen? Er trieb sich, das fühlte er, an der Peripherie, nicht im Zentrum der Ereignisse herum, und er war ebenso weit davon entfernt, sie zu bestimmen, wie von ihnen bestimmt zu werden.[29]

Glücklich scheint er am Ende den Handlungen, die zur Aktivität verpflichten, und den trügerischen Affekten, die die bürgerliche Gesellschaft Gefühle nennt, zu entkommen.[30]

Die Erkenntnis, dass Roth das Spiel mit der Authentizität liebte, mehr noch, dass dieses Spiel ein Erzählverfahren ist, ist nun nicht verwunderlich oder neu. Es irritiert aber, dass dieser Umstand offenbar nicht oder nur in seltenen Fällen Auswirkungen auf die Deutung der Figur Franz Tunda hat. Für Magris, der ja selbst den Pikaroroman nennt, ist Tunda trotzdem ein Verlorener, der für die Orientierungslosigkeit der „lost generation" steht.[31] Auch in neueren Publikationen wird Roths Held Tunda psychologisierend als eine Figur gesehen, die Halt sucht, als ein desillusioniertes, sogar kompliziertes Individuum, das am Ende in seiner existentiellen Krise gezeigt wird, nach dem Untergang der Doppelmonarchie.[32]

Diese Auslegung passt nicht zu Franz Tunda. Er erfüllt das Konzept des Scheiternden, des bemitleidenswerten Heimkehrers, der vom Alten

---

eines nie veröffentlichen Romans". In: David Bronsen: Joseph Roth. Eine Biographie. Köln 1974, S.15–28.

28 Joseph Roth: Immer seltener werden in dieser Welt... [o.J.]. In: Werke 4, S. 49–53.

29 Roth, Immer seltener, Werke 4, S.50.

30 Ähnliche Passagen finden sich in *Die Flucht ohne Ende*. Siehe u. a. Roth, Flucht ohne Ende, Werke 4, S. 415, S. 427, S. 432.

31 Vgl. Magris, Weit von Wo, S. 66–67, S. 92.

32 Vgl. u. a.: Sternburg, Joseph Roth, S. 341–343 sowie Wie Liu: Einzelgänger und Zeitgenossen: das „besondere" und das „gewöhnliche" Menschenbild in den Werken Joseph Roths. Stuttgart 2006.

verzaubert und vom Neuen verschreckt ist, eben nicht. Und da stehen die Leser und Leserinnen dann und haben sich 100 Seiten von einem Überflüssigen aufhalten lassen. In der Krise sind am Ende sie, nicht Franz Tunda.

Da Roth Tunda nicht als Charakter schreibt, kann diese Figur auch nicht bemitleidet werden. Und wo steht im Roman, dass Tunda den Halt verloren hat, dass dieser Halt in Form einer vergangenen Welt haltenswert gewesen wäre? Tunda hat kein psychologisches Profil und auch kein tragisches Schicksal, er ist weder Spielzeug der Götter noch der Zeiten, er durchwandert sie bloß. Roth schreibt von keinem Verlust, nicht von verlorenen Idealen und entwirft keine Utopien. Das entspricht der Neuen Sachlichkeit, aber der Roman setzt sich insgesamt viel zu direkt mit deren Programmatik auseinander, als dass einem dies als Antwort ausreichen könnte.

Tundas Vorleben, die Zeit vor dem Krieg, kennen wir nur in Andeutungen, die das beschreiben, was er in Deutschland in den 1920er Jahren wiederfindet: Konventionen.[33] Keinesfalls Idyllen, sondern eine Welt der abgestorbenen Formen, in der die jungen Verlobten die Verschollenen erwarten, weil man die „rätselhaft Verschwundene[n]“[34] nun einmal zu erwarten hat.

„Das ist ja ein Maskenfest und keine Wirklichkeit“[35], ruft Tunda in Deutschland aus. „Europäische Kultur“, nach der Tunda seinen Bruder fragt, erscheint in diesem Roman als die Kontaminierung von Mentalitäten und Kulturen durch das Bürokratische. Der Krieg, die Revolution bilden gerade *keinen* Einschnitt. Gefühle und Gesinnungen zu verwalten – das ist die europäische Kultur, in der Tunda sozialisiert wurde, auf die er auch nach dem Krieg in Moskau, Baku, in der deutschen Kleinstadt am Rhein und in Paris stößt. Tunda ist Anlass, davon zu erzählen. Er verkörpert keine Abstiegs- oder Aufstiegsgeschichte, nicht das Schicksal einer Generation, nicht die Symptomatik eines politischen und sozialen Bruchs.

Etwaiger Einspruch sei vorweggenommen: Zumindest zunächst nicht, denn es gibt Passagen, die das Wir-Gefühl der Heimkehrer-Generation beschwören.[36] Auf einmal ist von Erkenntnissen die Rede,

---

33 Eine Vorstellung von Tundas Leben vor dem Krieg gewinnt man anhand der Beschreibung von Irene, seiner Verlobten, in Kapitel III. Vgl. Roth, Flucht ohne Ende, Werke 4, S. 398–401.

34 Roth, Flucht ohne Ende, Werke 4, S. 40.

35 Roth, Flucht ohne Ende, Werke 4, S. 456.

36 Zum Beispiel, als Tunda am Grab des Unbekannten Soldaten steht: „Manchmal war es Tunda, als läge er selbst dort unten, als lägen wir alle dort unten, die wir aus einer Heimat auszogen, fielen, begraben wurden oder auch

kann Tunda hoffen, wünschen, hassen, deutet sich ein Innenleben, eine Entwicklung an. Vor allem in der Paris-Erzählung, der letzten Station, die Roth später zugefügt hat, gewinnt Tunda doch als Charakter, als Schicksal Gestalt. Das wirkt allerdings wie von außen herangetragen, als komme Roth vom eigentlichen Thema ab.

Tatsächlich schreibt er an Benno Reifenberg im April 1927: Er halte den Roman noch nicht für tadellos und müsse noch „40 Seiten Pariser ‚Fleisch' hinzuschreiben".[37] Möglich also, dass diese Veränderung seiner Hauptfigur Ergebnis dieser Überarbeitung ist. Ob Roth damit Zugeständnisse an die Konvention, an sein Publikum macht oder ob dies doch das Buch-Thema ist, auf das er so lange gewartet hat, der Roman seiner Generation, ist für diese Lektüre gar nicht so entscheidend. Entscheidender ist die Beobachtung, dass ein Widerspruch den Roman und insbesondere die Darstellung seiner Hauptfigur prägt.

Blickt man auf den Anfang, beginnt der Roman doch ganz klar, indem er seine Unzuverlässigkeit ausstellt, indem er durch den durchaus pathetischen Titel die Lesererwartung aufs Mit- und Selbstmitleid einstellt (Flüchten wir nicht alle ohne Ende, nie zufrieden, immer getrieben und vom Schicksal verfolgt?), um diese dann fortwährend zu brüskieren. Franz Tunda ist nicht getrieben von der Unruhe seiner Zeit, Tunda leidet nicht. In einem Brief an den Erzähler lässt Roth Tunda schreiben:

> Ich weiß nur, daß nicht eine sogenannte ‚Unruhe' mich getrieben hat, sondern im Gegenteil – eine vollkommene Ruhe. Ich habe nichts zu verlieren. Ich bin weder mutig noch abenteuerlustig. Ein Wind treibt mich, und ich fürchte nicht den Untergang.[38]

Einer der nichts fürchtet, flüchtet auch nicht. Einer der nichts will, scheitert nicht. Roth legt seinem Tunda außerdem Worte in den Mund, die er selbst im Herbst 1927 in seinen Briefen aus Deutschland verwendet: „Dann saß er eines Abends in einem Zug, der nach Westen fuhr, und es schien ihm, daß er nicht freiwillig fahre".[39]

---

zurückkehrten, aber nicht mehr heimkehrten – denn es ist gleichgültig, ob wir begraben oder gesund sind. Wir sind fremd in dieser Welt, wir kommen aus dem Schattenreich." Roth, Flucht ohne Ende, Werke 4, S. 486.

37 Brief von Joseph Roth an Benno Reifenberg vom 23.04.1927. In: Roth, Briefe, S. 102.

38 Roth, Flucht ohne Ende, Werke 4, S. 428.

39 Roth, Flucht ohne Ende, Werke 4, S. 427. Vgl. dazu Joseph Roth in den Briefen aus Deutschland: „Ich sitze in meinem Zug wie in meinem Schikksal [sic!]." Joseph Roth: „Wie es an der Grenze gewesen wäre." In: Joseph Roth: Briefe aus Deutschland. Mit unveröffentlichten Materialien und einem Nachwort herausgegeben von Ralph Schock. 3. ergänzte Auflage, Merzig 1997, S.11–13, hier S. 13.

Was wird hier beschrieben? Der Schriftsteller Roger Willemsen montiert in seinen Essay über das Phänomen des Knackses ein gemeinsames Nachdenken mit der Konstanzer Germanistin Ethel Matala de Mazza über *Die Flucht ohne Ende* und bezieht sich genau auf diese Passage:

> Anders als es die Vorstellung vom selbstbestimmten, selbstverschuldeten Leben will – und diese Vorstellung schmeichelt unserer Souveränität und erleichtert uns alles Urteilen – , könnte der Knacks dagegen ein Prozeß sein, den nicht ein Ich treibt, sondern in den es eingelassen ist, und der dieses Ich transportiert wie in einer eigenen Biographie.[40]

Und weiter schreibt Willemsen über Roths Hauptfigur: „Kaum irgendwo ist seine Prägung an das Ereignis gebunden, vielmehr liefert er sich stoisch der Formung aus und bleibt dabei ein Übersehener"[41]. Inwiefern ist Tunda ein Übersehener? Und wenn er es ist, was an ihm wird dann übersehen? Vielleicht doch eine Überzeugung, die in diese Figur Tunda eingelassen ist?

Tunda sei ein Vorübergehender, ohne Schauseite, schreibt Willemsen.[42] Roth zeigt mit Tunda einen, der sich verschiedene Existenzentwürfe wie die Schaufenster in der Rue de la Paix in Paris anschaut und dabei offenbart, dass die Auslagen vielleicht unterschiedlich sind.[43] Die Schaufenster an sich funktionieren aber nach demselben Prinzip: vor dem Krieg, nach der Revolution, in Russland, in Frankreich.

Der Fabrikant, auf den Tunda im Salon seines Bruders in Deutschland stößt und den man im Spätwerk Roths in *Die Legende vom heiligen Trinker*[44] wiedererkennt, formuliert folgendes Prinzip:

> So wie ich lügen alle Menschen. Jeder sagt das, was ihm das Gesetz vorschreibt. Die kleine Schauspielerin, die Sie früher über einen jungen russischen Schriftsteller fragte, interessiert sich vielleicht mehr für Petroleum. Aber nein, die Rollen sind jedem zugeteilt. [...] Die Haut, in der jeder steckt, ist nicht seine eigene.[45]

---

40 In: Roger Willemsen: Der Knacks. Frankfurt/Main 2008, S.75.

41 Willemsen, S. 93.

42 Vgl. Willemsen, S. 92.

43 Reiner Wild weist auf die wiederholte Erwähnung der „Rue de la Paix" in dem Roman hin. Vgl. Wild, Beobachtet oder gedichtet?, S. 48. Die Straße wird immer dann erwähnt, wenn Tunda mit neuen Existenzentwürfen konfrontiert wird. Vgl. Roth, Flucht ohne Ende, Werke 4, S. 422, S. 424–425, S.461, S. 468.

44 Vergleiche hierzu die Aussage des Fabrikanten in: Roth, Flucht ohne Ende, Werke 4, S. 452 mit der Beschreibung von Andreas Wohltäter im I. und II. Kapitel in *Die Legende vom Heiligen Trinker*.

45 Roth, Flucht ohne Ende, Werke 4, S. 452.

Diese Maskerade, das Gesetz der Konvention ist das „Gesicht der Zeit“[46], das Roth mithilfe seiner Figur Tunda zeichnet. Und es meint nicht nur die Zeit nach dem Krieg, eher im umfassenden Sinn die „europäische Kultur“, die vielleicht sogar älter ist als die Moderne. Ein anderer Zug dieses möglicherweise allgemeinmenschlichen Gesichtes, dass Roth von Russland aus vielleicht erkannt hat, ist die Zielstrebigkeit. „Man muß doch ein Ziel haben?“[47], fragt Tunda. In einem Essay *Hephata. Stätte der Menschlichkeit* schreibt Roth 1926:

> Ein Idiot kann beinahe vernünftig werden, wenn seine Handlungen einen vernünftigen Sinn erhalten. Denn – was nennen wir vernünftig? Das Zielbewußte. Wer nicht arbeiten kann, dem versucht man vorzutäuschen, daß er dennoch einen Zweck erfüllt. Von allen frommen Lügen ist dies die frömmste. Wer weiß, ob es eine Lüge ist? Wissen *wir* etwa Bescheid um die Ziele, denen uns ein unverständliches Gesetz entgegentreibt?![48]

Jenseits vom Heimkehrer-Thema weist die Ziellosigkeit der Figuren auf eine weitere Dimension hin. Roth interessieren ja die „merkwürdigen Schicksale“, die jenseits der Zielstrebigkeit existieren, die auch ein Gesetz der europäischen Kultur ist (das wissen wir heute im vereinigten Europa besser denn je). Bernard von Brentano rät er 1925: „Sie werden Ihren Weg schon – nicht machen, wie ich. Aber Sie werden Ihre Genugtuung haben.“[49] Aktive Passivität wird hier beschrieben.

Dieser Aspekt der geforderten und verweigerten Zielstrebigkeit ist wichtig. Denn weder positiv noch ex negativo passt sie auf Tunda. Weder zu den aktiven noch zu den passiven Naturen gehöre Tunda, meint der Erzähler.[50] In diesem Sinne ist seine Lebensgeschichte, die der Erzähler vorgibt erzählen zu wollen, eben keine. Denn das Konzept von Lebensläufen kennen wir, der europäischen Kultur verhaftet, vor allem als Aufstiegs- oder Abstiegsbewegung. Das unterläuft Roth mit Franz Tunda, oder versucht es zumindest.

Tundas deutlichste Eigenschaft sei der Wunsch nach Freiheit, schreibt Roth.[51] Freiheit vom Gesetz, also auch vom Gesetz der europäischen Kultur – und wenn man weiterdenkt, bezieht es die Freiheit des Erzählers mit ein. Von den Erwartungen an eine Heimkehrer-Geschichte vielleicht. Das ist es, was der Begriff des

---

46 Brief an Benno Reifenberg vom 22.04.1926. In: Roth, Briefe, S.88.

47 Roth, Flucht ohne Ende, Werke 4, S. 463.

48 Joseph Roth: Hephtata. Stätte der Menschlichkeit. In: Werke 2, S. 536–541, hier S. 537.

49 An Bernard von Brentano aus Frankfurt am 19.12.1925. In: Roth, Briefe, S. 71.

50 Vgl. Roth, Flucht ohne Ende, Werke 4, S. 415f.

51 Vgl. Roth, Flucht ohne Ende, Werke 4, S. 432.

Antibiographischen zu fassen versucht: Die Behauptung einen Lebenslauf zu erzählen, aber tatsächlich im Erzählen das Konzept des Lebenslaufs aufzulösen. Die „Ausleerung“ ist das dramaturgische Prinzip des erzählten Lebens. Nicht der Aufstieg, nicht der Abstieg, sondern die sukzessive Entblößung der Nichtigkeit.

Vor seine Abreise nach Russland hatte Roth an Reifenberg geschrieben: „In Rußland ist so viel Neues, daß man nicht unbedingt über kommunistischen Terror schreiben muß. Die Neuartigkeit eines aus der Zerstörung erwachenden Lebens ergibt viel menschlichen *unpolitischen Stoff.*“[52] Und 1925 aus Marseille: „Sie sind alle so entsetzlich positiv, die Dichter. Sie bestärken die Menschheit in ihren bürgerlichen, das heißt überkommenen Empfindungen, statt so viel als möglich zu zerstören.“[53] Nicht Tundas Flucht beschreibt Roth, dem seine Biographen selbst ein Leben in Fluchtversuchen unterstellt haben und dass sich sein Werk ebendieser Realitätsflucht verdanke.[54] Roth erzählt von der Flucht derjenigen, die bleiben, die den Gesetzen folgen und sich der frommsten Lüge, ihrer Zielstrebigkeit, hingeben. Die Überflüssigkeit Tundas macht ihn und seinen Erzähler zu zeitlosen Feinden der Gesellschaft.

---

52 Brief an Benno Reifenberg vom 22.04.1926. In: Roth, Briefe, S. 89.

53 Brief aus Marseille an Benno Reifenberg vom 26. August [1925]. In: Roth, Briefe, S. 58.

54 Vgl. z.B. Ulrich Greiner: Joseph Roth. In: Daniel Keel, Daniel Kampa (Hg.): Joseph Roth. Leben und Werk. Zürich 2010, S. 207–235, hier S. 230.

Beiträgerinnen und Beiträger

WIEBKE AMTHOR, wissenschaftliche Mitarbeiterin am Institut für Deutsche und Niederländische Philologie der Freien Universität Berlin, arbeitet derzeit an einer Habilitation über Warten und Erzählen. Forschungsschwerpunkte: Raum- und Zeittheorien, Literatur des 20. Jahrhunderts. Publikationen: *Schneegespräche an gastlichen Tischen. Wechselseitiges Übersetzen bei Paul Celan und André du Bouchet.* Heidelberg 2006, Aufsätze zu Autoren des 18. und 20. Jahrhunderts, zum Warten und zu Venedig als Heterotopie.

HANS RICHARD BRITTNACHER, geb. 1951, lehrt am Institut für Deutsche und Niederländische Philologie der Freien Universität Berlin, Promotion 1991, Habilitation 2001; Arbeitsschwerpunkte: Intermedialität des Phantastischen; Alterität und Alienität; Imago des ‚Zigeuners'; Kultur- und Literaturgeschichte der Goethezeit, des Fin de siècle und des ersten Drittels im 20. Jh.; letzte Veröffentlichung: Leben auf der Grenze. Klischee und Faszination des Zigeunerbildes in Kunst und Literatur. Göttingen 2012.

ALEXANDER CHERTENKO, geb. 1980, wissenschaftlicher Mitarbeiter am Schewtschenko-Institut für Literatur der Nationalen Akademie der Wissenschaften der Ukraine (Kiew). Forschungsschwerpunkte: das Schaffen Max Frischs, Literatur des 20. Jahrhunderts, deutsche Literatur nach der Wende, Geschichte in der Literatur, Exilliteratur. Publikationen: „*Leben im Fragment.* Die Prosa Max Frischs zwischen Enthusiasmus und Zweifel" (ukrainisch; in Vorbereitung).

GESA DANE, lehrt am Institut für Deutsche und Niederländische Philologie der Freien Universität Berlin, Arbeitsschwerpunkte: Literatur vom 16.-20. Jahrhundert; Lessing- und Goethe-Philologie; Literatur und Recht; Literatur und Theologie/Religion; Frauen im literarischen Prozess [‚Die romantische Diotima']; Wissenschaftsgeschichte der Germanistik; Editionswissenschaft; kulturwissenschaftliche Perspektiven der Literaturwissenschaft. Veröffentlichungen (Auswahl): Zeter und Mordio! Vergewaltigung in Literatur und Recht. Göttingen 2005. ‚Die heilsame Toilette'. Kosmetik und Bildung in Goethes ‚Der Mann von funfzig Jahren'. Göttingen 1994; zus. mit Barbara Hahn (Hg.): Ricarda Huch – Denk- und Schreibweisen einer Intellektuellen. Göttingen 2012.

PHUONG DUONG, geb. 1976, studierte Neuere Deutsche Literatur, Soziologie und Publizistik in Göttingen und an der FU Berlin, wo sie bei Hans Richard Brittnacher über Gottfried Benn promoviert. Autorin u.a. für du, Tagesspiegel und Gegenworte. Seit 2009 ist sie Redaktionsassistentin der Gegenworte.

JANUSZ GOLEC, geb. 1952, Direktor des Instituts für Germanistik der Maria-Curie-Skłodowska-Universität (Polen), Promotion 1985, Habilitation 1995; Arbeitsschwerpunkte: deutsch- und polnisch-jüdische Literatur im 19. und 20. Jahrhundert, Literatur des deutschen Expressionismus und der Weimarer Republik; deutsch-polnische Verhältnisse in der Literatur des 20. Jahrhunderts. Letzte Veröffentlichung: Geschichte und Gedächtnis in der Literatur vom 18. bis 21. Jahrhundert, hg. von Janusz Golec und Irmela von der Lühe. Frankfurt/Main u.a. 2011.

JÜRGEN HEIZMANN, geb. 1958, lehrt am Département de littératures et de langues modernes an der Université de Montréal, Promotion 1996, agrégation 2003, titularisation 2010; Arbeitsschwerpunkte: Geschichte und Theorie des Romans; Narratologie; Fallstudien zur Intertextualität und zur Intermedialität; literarische Fälschungen; Kultur- und Literaturgeschichte der Goethezeit und der ästhetischen Moderne; letzte Buchveröffentlichung: Chatterton oder Die Fälschung der Welt, Heidelberg 2009.

JOANNA JABŁKOWSKA, Professorin am Lehrstuhl für deutschsprachige Literatur und Kultur an der Universität Łódź. Forschungsschwerpunkte: deutsche, österreichische und Schweizer Literatur des 20. Jahrhunderts; Literatur und Politik; Holocaustliteratur. Utopie, Antiutopie, Apokalypse. Die letzten Buchpublikationen: Zwischen Heimat und Nation. Das deutsche Paradigma?. Zu Martin Walser. Tübingen 2001; mit L. Żyliński (Hg.): O kondycji Niemiec. Tożsamość niemiecka w debatach intelektualistów po 1945 roku. Poznań 2008; Die letzten Artikel (Auswahl): „Das gelobte Land" oder das Elend des Frühkapitalismus? ‚Heimatromane' aus und über Lodz. In: S. Dyroff, K. Radziszewska, I. Röskau-Rydel (Hg.): Lodz. Jenseits von „Fabriken, Wildwest und Provinz". Kulturwissenschaftliche Studien über die Deutschen in und aus den polnischen Gebieten. München 2009; Zeitgeschichte als Rekonstrukion einer Familiengeschichte. In: Beatrice Sandberg (Hg.): Familienbilder als Zeitbilder.

Erzählte Zeitgeschichte(n) bei Schweizer Autoren vom 18. Jahrhundert bis zur Gegenwart. Berlin 2010, S. 153-169

MAREK MICHAŁ JAKUBÓW, geb. 1961, lehrt am Institut für Deutsche Philologie der Katholischen Universität Lublin, Promotion 1995, Habilitation 2005; Arbeitsschwerpunkte: Satirische Literatur; Ganzheitskonzepte; Religion und deutschsprachige Literatur des 19. und 20. Jahrhunderts; Letzte Veröffentlichung: „Das Kälteste Land der Welt" Italienerinnerungen katholischer Reisender. In: Golec, Janusz; Lühe, Irmela von (Hg.): Geschichte und Gedächtnis in der Literatur vom 18. bis 21. Jahrhundert. Frankfurt/Main 2011, S. 105-114.

THOMAS KOEBNER, geb. in Berlin 1941; Studium der Germanistik, Kunstgeschichte und Philosophie in München, seit 1959 zehn Jahre lang Musikkritiker, seit 1966 Lehrbeauftragter und Dozent für Germanistik, Theater- und später auch Filmwissenschaft in München und Köln, seit 1973 Professuren in Wuppertal und Marburg für Neuere deutsche Literatur und Medien, 1989-1992 Direktor der DFFB (Deutsche Film- und Fernsehakademie Berlin), seit 1993 Professor für Filmwissenschaft an der Johannes Gutenberg-Universität Mainz, 2007 emeritiert; Veröffentlichungen zur deutschen Literatur des 18., 19. und 20. Jahrhunderts, zum Musiktheater, zur Filmgeschichte und zum Fernsehfilm; Begründung etlicher Fachorgane, ferner mehrerer Buchreihen; Herausgabe vieler Sammelwerke; jüngste Publikation: *Federico Fellini.* München 2010 (Sonderband 2010 der „Film-Konzepte"). Lebt in München.

JACQUES LE RIDER, geb. 1954, directeur d'études an der Ecole pratique des Hautes Etudes Paris, Section des Sciences historiques et philologiques. Letzte Publikationen: L'Allemagne au temps du réalisme. De l'espoir au désenchantement (1848-1890), Paris, 2008. La Galicie au temps des Habsbourg (1772-1918), Histoire, société, cultures en contact (Sammelband, Hg. in Zusammenarbeit mit Heinz Raschel), Tours: Presses Universitaires François Rabelais, 2010. Mémoire et histoire en Europe centrale et orientale, Hg. In Zusammenarbeit mit Daniel Baric und Drago Roksandic, Rennes: Presses Universitaires de Rennes, 2010.

IRMELA VON DER LÜHE, geb. 1947, ist Professorin für Neuere deutsche Literatur an der Freien Universität Berlin. Promotion 1977, Habilitation 1993; Arbeitsschwerpunkte: Literatur des 18. bis 20. Jahrhunderts, Schriftstellerinnen in der Moderne, deutsch-jüdische Literatur im 20. Jahrhundert, Exilliteratur sowie Holocaust und Literatur.

Letzte Veröffentlichungen: Signe von Scanzoni: Als ich noch lebte. Ein Bericht über Erika Mann, hg. und mit einem Nachwort von Irmela von der Lühe, Göttingen 2010; „Auch in Deutschland waren wir nicht wirklich zu Hause". Jüdische Remigration nach 1945, hg. von Irmela von der Lühe, Axel Schildt und Stefanie Schüler-Springorum, Göttingen 2008; Auf der Suche nach einem Weg. Neue Forschungen zu Leben und Werk Klaus Manns, hg. von Wiebke Amthor und Irmela von der Lühe (Berliner Beiträge zur Literatur- und Kulturgeschichte 4.), Frankfurt/Main, Berlin u.a. 2008; Seiner Zeit voraus. Jean Améry — ein Klassiker der Zukunft? Hg. von Irene Heidelberger-Leonard und Irmela von der Lühe, Göttingen 2009.

MARKUS MAY, geb. 1965, 1999 Promotion, 2008 Habilitation; lehrt seit 2008 an der Ludwig-Maximilians-Universität München. Lehr- und Forschungsschwerpunkte: Jüdische Literatur und Kultur, insbesondere Paul Celan; Phantastik als kulturelles und literarisches Phänomen; Literaturtheorie; Geschichte und Theorie der Lyrik; Literatur um 1900; Gegenwartsliteratur und –kultur. Veröffentlichungen (Auswahl): „Ein Klaffen, das mich sichtbar macht". Untersuchungen zu Paul Celans Übersetzungen amerikanischer Lyrik. Heidelberg 2004; zus. mit Christine Ivanović, Jürgen Lehmann (Hg.): Phantastik - Kult oder Kultur? Aspekte eines Phänomens in Kunst, Literatur und Film. Stuttgart; Weimar 2003; zus. mit Clemens Ruthner, Ursula Reber (Hg.): Nach Todorov. Beiträge zu einer Definition des Phantastischen in der Literatur. Tübingen 2006; zus. mit Jürgen Lehmann, Peter Goßens (Hg.): Celan-Handbuch. Stuttgart 2008.

BASTIAN SCHLÜTER, geb. 1978, ist wissenschaftlicher Mitarbeiter am Institut für Deutsche und Niederländische Philologie der Freien Universität Berlin; Promotion 2009; Arbeitsschwerpunkte: Literatur und Kultur der Klassischen Moderne, Literatur und Geschichte, Biographieforschung, Karl Philipp Moritz; Buchveröffentlichung: Explodierende Altertümlichkeit. Imaginationen vom Mittelalter zwischen den Weltkriegen. Göttingen 2011.

INSA WILKE, geb. 1978, ist Programmleiterin im Literaturhaus Köln und freie Literaturkritikerin u.a. für DIE ZEIT; Promotion 2009; letzte Veröffentlichung: Ist das ein Leben. Der Dichter Thomas Brasch. Berlin 2010.

ULRIKE WEYMANN, geb. 1971, lehrt am Deutschen Institut der Johannes Gutenberg-Universität Mainz, Promotion 2005. Arbeitsschwerpunkte: Narratologie, Inter- und Transmedialität, Medienkonvergenzen und ästhetische Realitätsinszenierung, Poetik des Unterwegsseins, Mythen und ihre Aktualisierung; Letzte Veröffentlichung: Odysseus / Passagiere. Über Selbstbestimmung und Determination in Literatur, Medien und Alltag. Hg. von Simone Schröder, Ulrike Weymann und Andreas Martin Widmann, Würzburg 2011.

JEWGENIJA WOLOSCHTSCHUK, geb. 1966, arbeitet am Schewtschenko-Institut für Literatur der Nationalen Akademie der Wissenschaften der Ukraine (Kiew). Promotion 1994, Habilitation 2009. Arbeitsschwerpunkte: Literatur der Moderne; Rezeption der russischen und ukrainischen Kulturen in der deutschsprachigen Literatur des 20. Jahrhunderts. Letzte Veröffentlichung: „Die Zauberflöte der Moderne. Geistige und ästhetische Tendenzen der Moderne in der deutschsprachigen Literatur des 20. Jahrhunderts [am Beispiel der Lyrik von R.M. Rilke, Prosa von Th. Mann und Dramatik von M. Frisch]“, Kiew 2008).